우리편 편향

우리편 편향

신념은 어떻게 편향이 되는가?

The Bias
That
Divides
Us

키스 E. 스타노비치 지음 김홍옥 옮김

The Science and Politics
of Myside Thinking

바다출판사

내가 가는 모든 걸음마다 함께해 준
내 사랑 폴라에게 이 책을 바칩니다.

추천의 글

우리 시대를 위한 책이다. 당파성 현상을 균형감 있으면서도 빼어나게 조
명한다. 즉 당파성이 인간의 인지와 인간 본성에 어떻게 뿌리 내리고 있
는지, 우리의 집단적 합리성을 어떻게 왜곡하는지, 그리고 우리는 거기에
어떻게 대처해야 하는지를 말이다. 매혹적이고 시의적절하며 깊이 있는
책이다.

스티븐 핑커

하버드 대학 존스톤 심리학 교수
《마음은 어떻게 작동하는가》《지금 다시 계몽》의 저자

스타노비치 교수는 타의 추종을 불허하는 학자적 노력을 통해, 광범위한
심리학 문헌을 수집하여 동일한 결론에 도달한다. 즉 사람들은 제아무리
똑똑하고 교육을 많이 받았더라도 자신의 세계관과 일치하는 주장만을 선
호하고 진전시킨다는 결론 말이다. 세계가 직면한 주요 이슈들에 대한 견
해가 극도로 양분된 데다 지독한 당파적 정치를 특징으로 하는 시대이니
만큼, 우리편 편향 현상에 대한 저자의 통찰은 더없이 시의적절하고 의미
심장하다.

조너선 에번스

플리머스 대학 심리학 교수

《우리편 편향》은 학생, 교수, 학부모, 행정가, 그리고 정책 입안자를 포함한 연구의 생산자와 소비자 양편이 반드시 읽어야 하는 책이다. 우리는 인종이나 성별과 관련한 연구 결과를 사전에 승인받아야 하는 잘못된 국면에 접어들었다. 그 연구 결과들이 주도적인 이념에 부합해야 하는 것이다. 이 사실을 서서히 깨닫게 된 대중들은 대학에서 나온 연구 결과를 더 이상 신뢰하지 않는다. 스타노비치는 원치 않는 연구 결과를 가로막으면 어떻게 되는지를 설득력 있게 제시한다. 즉, 대중들은 대학 연구자들이 경멸하는 연구 결과뿐 아니라 그들이 지지하는 사회정치적 가치와 일치하는 연구 결과까지도 회의적으로 바라보게 된다는 것이다. 스티븐 핑커·그레그 루키아노프·조너선 하이트 등의 저서에 필적하는, 지난 몇 년 동안 읽어본 가장 중요한 책들 가운데 하나다.

스티븐 J. 세시
코넬 대학 헬렌 L. 카 발달심리학 교수

지상의 모든 대학 학부생들은 필히 이 예리한 책을 읽어야 한다. 하지만 그것을 읽는 것만으로는 충분치 않다. 마음에서 우러나지 않은 상태로 개방적인 체하면서 그저 우리 모두 우리편 편향에서 자유로울 수 없다고 인정하는 거야 너무 쉬운 일이기 때문이다. 진정으로 어려운 부분은 우리가 어떻게 사고하는지를 좀 더 깊이 숙고해 보는 것이다. 당신이 스스로의 우리편 편향을 시험하면서 본인이 얼마나 폐쇄적인지를 반복적으로 깨닫는 것이야말로 거기서 벗어날 수 있는 가장 좋은 방법이다.

필립 E. 테트록
펜실베이니아 대학 애넌버그 대학 교수

차례

주요 개념

● **편향 Bias**

단순히 정보 처리의 한 경향으로서 중립적인 의미를 갖기도 하지만 이 책에서는 사고 오류로 이어지는 근본적으로 잘못된 추론 과정이라는 의미에 중점을 둔다. 저자는 우리편 편향, 확증 편향, 신념 편향이 과학 문헌에서 지극히 일관되지 않은 방식으로 쓰이고 있다고 지적한다.

● **우리편 편향 Myside bias**

우리가 자신의 사전 견해와 태도를 우호적인 방식으로 증거를 평가, 생성하고, 가설을 검증할 때 나타나는 편향이다. 여기서 문제되는 태도는 확신인데, 확신은 우리가 어떤 대상에 대해 정서적 헌신과 자아 몰두를 보여 주는 원위 신념과 세계관이다. 우리가 사실이기를 바라는 가설에 유리할 법한 방식으로 증거를 찾고 해석할 때 드러난다. 다른 편향들과 달리 모든 인구 집단에서 관찰되며, 고도로 지적인 사람조차 예외가 아니다. 인지심리학, 사회심리학, 정치학, 행동경제학, 법학, 인지신경과학 등 다양한 학문 분야에서 실증적으로 밝혀냈다.

● **확증 편향 Confirmation bias**

우리 마음에 중요하게 자리 잡은 가설들을 긍정적으로 검증하려는 편향.

● **신념 편향 Belief bias**

우리가 세계에 관해 알고 있는 것과 충돌하는 결론을 평가하는 데 어려움을 느낄 때 드러나는 편향. 사전 신념을 유지하기 위하여 증거를 편향되게 평가하는 것을 말한다. 삼단 논법적 추론에서 주로 쓰이며 우리의 현실 세계 지식이 추론 수행을 방해할 때 나타난다.

● 사후 과잉 확신 편향 Hindsight bias

'그럴 줄 알았어'라는 말을 하게 되는 상황처럼 '후견지명 편향'으로도 불린다. 이미 일어난 일에 대해 원래 모두 알고 있었다는 듯이 말하거나 생각하는 경향을 뜻한다.

● 부작위 편향 Omission bias

나서야 할 때 나서지 못하는 편향으로 '무행동 편향'이라고도 한다

● 기준점 편향 Anchoring bias

'정박 효과'라고도 하며, 최초에 습득한 정보에 몰입하여 새로운 정보를 수용하지 않거나 그것을 부분적으로만 수정하는 행동 특성을 가리킨다.

● 인간의 정보 처리

인간의 인지 과정을 컴퓨터 모형으로 이해하는 접근법이다. 여기서 인간의 정신은 마치 컴퓨터처럼 정보를 획득하고 그 형태와 내용을 변화시키는 작업을 수행한다.

● 규범적

인지과학에서 규범적normative이라 함은 '규범norm'의 의미가 아니라, 완벽한 합리성 모델에 따른 최적의 수행을 뜻한다.

● 휴리스틱 Heuristics

간편 추론 방법. 1974년, 트버스키와 카너먼이 불확실한 상황에서 제한된 정보를 바탕으로 사람들의 직관적인 판단을 한다고 주장하며 명명한 개념이다. 복잡한 의사 결정 상황에 대처하기 위해 사람들이 무의식적으로 접근하는 일종의 정신적인 지름길이다.

● 베이즈식 신념 업데이트 Belief updating

이 공식은 특정 가설과 유관한 새로운 증거를 기반으로 그 가설에 관한 기존 신념을 업데이트하는 방식을 보여 준다. 여기에는 두 가지 중요한 개념이 담겨 있다. 하나는 탐구 중인 중심 가설이고, 다른 하나는 그 가설과 관련 있는 새로 수집된 데이터다.

● **정체성 보호 인지** Identity protective cognition

우리편 편향의 주 원천인 집단 정체성과 관련한 것으로 우리가 핵심적인 사회 정체성으로서 특정 신념을 지지하는 친화 집단에 헌신할 때 생겨난다. 우리가 접하는 변화무쌍한 정보들에는 이 같은 핵심 신념의 기반을 약화하는 증거들이 담겨 있을 수 있다. 만약 그 증거들에 기반해 우리 신념을 정확하게 업데이트한다면, 우리는 아마 우리의 정체성을 규정하는 집단으로부터 배척당하게 될지도 모른다. 따라서 집단의 핵심 신념을 지향하는 우리편 편향을 지니게 되는 것은, 다시 말해 부정적인 정보를 수용할 때는 문턱을 한껏 높이고 긍정적인 정보를 흡수할 때는 문턱을 대폭 낮추는 것은 지극히 당연한 일이다.

● **사후 확률**

실제로 관찰된 데이터 수집 후에 중심 가설이 참일 확률.

● **쾰러의 증명B**

자신의 사전 신념과 일치하는 연구를 그렇지 않은 연구보다 더 질이 좋다고 보는 과학자의 평가가 정당한가라는 문제를 본격적으로 다루는 증명이다. 과학자들의 행동이 적어도 질적으로는 규범적으로 적절하다는 것을 보여 주는데, 저자는 쾰러의 증명B가 확신 기반의 사전 확률과 증거 기반의 사전 확률을 구분할 방도가 없다는 것을 지적한다.

● **지식 투사 논증** Knowledge projection argument

사전 신념이 새로운 증거의 평가에 영향을 끼치도록 허용하는 것이 규범적일 수 있다는 의미에서 저자가 약 20년 전에 이름 붙인 개념. 이 표현은 사전 신념이 새로운 정보를 평가하는 과정에 개입하도록 허락하는 것이 이따금 적절하다고 주장하게끔 만든 근거가 되고 있다. 우리의 사전 신념 대부분이 참인 자연환경에서는 우리의 신념을 새로운 정보에 투사하면 좀더 신속한 지식 축적으로 귀결된다고 본다.

들어가며

우리의 뉴스, 우리의 진실

미국에서는 2016년 대통령 선거를 치르고, 여러 이슈와 후보들에 관한 정보의 정확성을 두고 광범위한 우려가 일었다. 얼마나 많은 '가짜 뉴스'가 그 선거에 영향을 끼쳤는지를 놓고 논쟁이 불붙었다. 언론이라는 심판자들의 편향된 뉴스 보도와 검열에 대한 우려가 널리 퍼져 나갔다. 이념 스펙트럼의 양극단에 서 있는 이들은 언론이 공평무사한 정보를 제공하는 데 실패했다고 아우성쳤다. 첨예하게 갈린 유권자들은 완전히 다른 관점으로 세상을 바라보는 것 같았다. 2017년 4월 3일 〈타임〉지 표지에는 '진실은 죽었는가'라는 제목이 실렸다. 수많은 기사와 칼럼이 우리는 이제 '탈진실post-truth'의 사회에 접어들었다고 탄식했다. 탈진실은 옥스퍼드 사전 편집자들이 2016년 그해의 단어로 꼽은 용어다.

탈진실은 이렇듯 인기를 누리는 용어다. 그럼에도 나는 그것을 이 책에서 사용하지 않을 작정이다. 너무도 빈번하게 현재 우리 사회가 진실을 소중하게 여기지 못하고 있음을 암시하는 용어로 받아들여지기 때문이다. 하지만 오늘날 마주하는 사회적 딜레마의 핵심은 우리가 진실을 경시하게 되었다거나 진실에 무신경해진 게 아니다. 그보다 탈진실 경향성을 드러내는 데서 *선택적*이라는 것이다. 정치 논쟁에서는 어느 쪽도 사회의 모든 것이 탈진실이라고는 생각지 않는다. 우리가 굳게 믿고 있는 것은 우리의 정치적 적들이 탈진실이라는 것이다. 우리는 언론에서 보고 있는 모든 뉴스가 가짜 뉴스라고는 여기지 않는다. 오직 우리의 정적들에게서 나온 뉴스만이 가짜 뉴스라고 본다. *우리의* 진실, *우리의* 뉴스는 믿는다. 우리는 진실과 사실을 진정으로 소중하게 여긴다. 다만 그것이 우리의 견해를 지지해 줄 때에만 그렇다.

우리 사회의 고통은 *우리편 편향*myside bias 때문에 발생한다. 바로 자신의 기존 신념·견해·태도에 편향된 방식으로 증거를 평가·생성하고 가설을 검증하는 현상이다. 우리는 탈진실 사회가 아니라 우리편 편향 사회에서 살고 있다. 우리가 정치적 위험에 빠진 것은 사실과 진실을 소중하게 여기거나 존중하는 능력이 모자라기 때문이 아니다. 일반적으로 용인된 사실과 진실을 향해 *수렴하는* 능력이 결여되어서다. 과학적 관례에서는 이를테면 조작적 정의에 대한 공적 합의처럼 진실에 수렴하는 기제들이 두루 존재한다. 하지만 실생활에서 우리는 우리편 편향을 지닌 채 개념을 정의하는 경향이 있으며, 이러한 경향성은 과학에서와 달리 증거가 수렴하지 못하도록 막는다.

우리가 우리편 편향에 직면해 있을 뿐 진실이라는 개념을 무참하게 저버린 것은 아니라는 사실은 적어도 한 가지 면에서는 좋은 뉴스다. 우리편 편향은 지금껏 인지과학에서 광범위하게 연구되어 온 주제다. 우리편 편향을 이해하면 우리가 현재 마주하고 있는 정치적 분열이라는 재앙을 완화하는 데 도움이 될 수 있다.

1장은 독자들에게 우리편 편향 연구에 쓰이는 패러다임 가운데 일부를 소개한다. 그리고 다양한 분야에 몸담은 행동과학자들이 어떻게 실험실에서 우리편 편향을 연구해 왔는지 실제로 보여 준다. 독자들은 우리편 편향이 활개 치고 있다는 사실을 알게 될 것이다. 정말이지 이것은 가장 널리 연구되어 온 편향 가운데 하나다. 2장은 부정적인 결과를 지닌 것처럼 보이는 우리편 편향을 정말로 추론상의 오류로 간주해야 하는지, 아니면 얼마간 합리적 정당성을 지니는 것으로 여겨야 하는지, 라는 골치 아픈 문제를 다룬다.

심리학자들은 상당수의 사고 편향 현상을 연구해 왔지만, 우리편 편향은 몇 가지 점에서 단연 두드러지는 예외다. 3장은 다양한 인지 능력(예컨대 지능이나 실행 기능 척도들) 및 합리성과 관련한 사고 성향에 비추어 그간 연구되어 온 대다수 편향들을 어떻게 예측할 수 있는지 논의한다. 하지만 이 편향들과 달리 우리편 편향은 인지적·행동적 기능의 표준 척도들로 예측할 수 없다. 더군다나 우리편 편향은 영역 일반성domain-generality*도 거의 없다. 이것은 어느 한 영역에서의 우리편 편향이 다른 영역에서의 우리편 편향을 예측해 주는 좋은 지표가 아니라는 뜻이다. 개인차에 의해 예측하기가 가장 까다로운 우리편 편향은 따라서 특이한 편향이다. 그리고 그것은 사회적·정치적·심리

---

* 인지심리학과 발달심리학에서 쓰이는 개념으로, 마음의 구조는 영역 일반성과 영역 특이성(domain specificity)이라는 두 개의 뚜렷한 영역으로 나눠 볼 수 있다. 영역 일반성을 지지하는 입장에 따르면, 인간의 뇌는 어떤 상황에서도 적용할 수 있는 처리 과정과 자원을 발달시키며, 따라서 모든 추론 기제를 모든 처리 과정에 이용할 수 있다. 반면 영역 특수성은 특정 기능을 실행하도록 진화해 온 선천적 조직을 가지고 태어난다는 관점이다. 이를테면 수학적 추론 기제는 수학적 영역의 정보를 처리할 때만 작동하며, 다른 영역들도 마찬가지라는 것이다.

적으로 심대한 결과를 낳는다.

우리편 편향을 연구하려면 상이한 유형의 모델이 필요하다. 우리편 편향을 심리학자들이 연구하는 전통적인 인지 능력 유형 및 성격 특성과 연관 짓지 않는 모델 말이다. 4장에서 나는 인지적 처리 과정보다 습득된 신념이라는 특성에 주목하는 모델이 우리편 편향 연구에 더 나은 개념 틀이라고 주장한다.

그리고 우리편 편향은 전통적인 심리 측정법으로는 예측할 수 없기에, 5장은 그것이 어떻게 인지 엘리트들 사이에서 진정한 사각지대를 빚어내는지 설명한다. 인지 엘리트들(지능·실행기능 등의 심리적 성향이 우수한 자들)은 잘 알려진 다른 심리적 편향들(과잉 확신 편향overconfidence bias, 부작위 편향omission bias*, 사후 과잉 확신 편향hindsight bias**, 기준점 편향anchoring bias***)과 관련해 질문을 받으면 흔히 본인은 남들보다 덜 편향되어 있다고 예측한다. 그들의 예측은 대개 맞다. 인지적 성숙은 연구되어 온 대부분의 편향들을 피하는 능력과 얼마간 상관관계를 보이기 때문이다. 하지만 우리편 편향은 예외이다. 따라서 이 경우에서만큼은 인지 엘리트들이 실상 남들과 다를 바 없이 편향적임에도 자신은 그렇지 않다고 생각하기 일쑤다.

6장은 우리편 편향이 낳는 사각지대가 어떻게 우리 현 정치의 이념적 양극화에 기여하는지 탐구한다. 그리고 그것이 시급한 사회 이슈들에 대한 공정한 심판자여야 마땅한 대학이 진행하는 연구를 신뢰하

---

* 나서야 할 때 나서지 못하는 편향으로 '무행동 편향'이라고도 한다.
** '후견지명 편향'으로, 이미 일어난 일에 대해 원래 모두 알고 있었다는 듯이 말하거나 생각하는 경향을 뜻한다.
*** '정박 효과'라고도 하며, 최초에 습득한 정보에 몰입하여 새로운 정보를 수용하지 않거나 그것을 부분적으로만 수정하는 행동 특성을 가리킨다.

지 못하게 만드는 골치 아픈 추세를 파헤친다. 마지막으로 유해한 정치로 우리를 안내하며 하나의 국가로 통합되는 능력을 저해하는 우리 편 편향의 영향력을 억제하기 위해, 우리는 과연 무슨 일을 할 수 있을지 논의한다.

감사의 글

이번 세기의 처음 10년 동안 나의 연구 팀은 우리편 편향에 관한 몇 편의 논문[1]을 발표했다. 그것들은 하나같이 놀라운 결과를 보여 주었다. 바로 우리편 편향이 인지 능력에 의해 줄어들지 않는다는 점이었다. 필자는 〈우리편 편향, 합리적 사고, 지능〉[2]이라는 논문에서 이처럼 한데 모아지는 결과를 요약하고, 개인차와 관련한 이례적인 연구 결과를 부각시켰다. 신념 편향belief bias 과업 등 우리편 편향 추론 패러다임과 유사해 보이는 것들을 포함한 휴리스틱heuristics*과 편향 연구에서, 능력이 우수한 피험자들은 편향을 더욱 잘 피하는 것으로 드러났다. 우리는 2013년에 발표한 논문에서, 우리편 편향과 관련한 흥

---

* 일종의 간편 추론 방법이다. 불충분한 시간이나 정보로 인해 합리적 판단을 내릴 수 없거나, 체계적이면서 합리적인 판단이 굳이 필요치 않은 상황에서 사람들이 빠르게 이용할 수 있도록 용이하게 구성된 것이다. 스코틀랜드 철학자 윌리엄 해밀턴 경(Sir William Hamilton, 1788~1856)이 발견, 발명, 문제 해결의 논리학에 최초로 '휴리스틱'이라는 이름을 붙였다. 우리말로는 간편법, 간편추론법, 추단법, 어림법, 어림셈, 어림짐작법, 주먹구구법, 편의법, 쉬운 발견법, 판단 효과, 발견법, 경험적 지식, 즉흥적 추론, 지름길 등 다양하게 번역된다. 그렇지만 각 표현이 휴리스틱의 여러 특성을 조금씩 다르게 강조한다는 점을 고려해 그냥 '휴리스틱'으로 옮기는 게 일반적 추세다.

미로운 연구 결과를 이해할 수 있는 예비적인 이론적 맥락을 제공했다. 이 책《우리편 편향》은 우리편 편향이 휴리스틱이나 편향을 다룬 문헌에서 보고된 다른 편향들과 (특히 개인차와 관련하여) 상이하게 작동하는 까닭에 대해 우리가 이론적으로 이해한 바를 더없이 소상하고 충실하게 다룬다.

우리는 2013년 논문에서 성숙한 인지 능력과 무관하게 작동하는 우리편 편향의 사회적 함의를 다루지 않은 채 남겨 놓았다. 이 책 5장에서 상세하게 기술한 바와 같이, 우리 자신의 우리편 편향에 대한 맹목이 어떤 정치적 함의를 지니는지는《합리성 지수The Rationality Quotient》[3]라는 책을 출간한 뒤에야 내게 명료하게 다가왔다. 이제 비로소 이 같은 사회정치적 함의에 대해 이어지는 장들에서 명쾌하게 논의할 수 있게 되었다.

《우리편 편향》을 집필하면서는 보조금 지원을 따로 받지 못했다. 다만 초기에 우리 실험실이 진행한 우리편 편향에 대한 경험적 연구는 존 템플턴 재단John Templeton Foundation이 필자와 리처스 웨스트Richard F. West에게 제공한 보조금, 캐나다의 사회과학 및 인문학 리서치 위원회Social Sciences and Humanities Research Council of Canada가 제공한 보조금, 필자에게 제공한 캐나다 리서치 체어 프로그램Canada Research Chairs Program 보조금, 그리고 캐나다의 사회과학 및 인문학 리서치 위원회가 매기 토플랙Maggie E. Toplak에게 제공한 보조금 같은 반가운 지원을 받았다.

MIT 대학 출판사에서 내 책을 담당한 편집자 필 로플린Phil Laughlin에게 감사드린다. 이 책과 그 이전 책들의 편집을 도운 그는 우리 실험실의 과학적 성취에서 중요한 역할을 담당했다. 처음 시작할 때부터 이 프로젝트를 열렬히 지원해 준 데 대해 감사드린다. 책의 제작 과정을 도운 알렉스 홉스Alex Hoopes와 엘리자베스 그레스타Elizabeth Agresta, 지극히 꼼꼼하고 성실하고 통찰력 있는 교정 작업을 진행한 제프리 러크리지Jeffrey Lockridge에게 감사드린다. 책의 개요에 대해 광범위하고도 날카로운 의견을 개진하고 책의 구성을 제안한 데 대해 필Phil이 보증한 익명의 세 검토자에게 고마움을 전한다. 원고 전체에 대해 해박한 피드백을 제공한 매기 토플랙과 조너선 에번스Jonathan Evans, 적잖은 시간을 들여 초기의 허술한 원고를 읽어 준 리처드 웨스트Richard West와 앤 커닝햄Anne Cunningham에게도 감사드린다.

뭐니 뭐니 해도 나에게 진정한 이 책의 맥스웰 퍼킨스Maxwell Perkins*는 아내 폴라Paula다. 그녀는 시종 내 옆에 머물면서 책의 구석구석 모든 장의 편집 작업을 거들었다. 초고가 절반 넘게 진행된 2019년 초가을, 폴라는 복합적인 중증 심장 질환 진단을 받았다. 그 때문에 대대적인 심장 절개 수술을 했는데, 수술일을 전후한 시기에는 스타노비치 지원팀의 톰 헤이건Tom Hagen과 완다 어거Wanda Auger가, 폴라가 퇴원하고 집에 돌아온 처음 며칠 동안은 앤 커닝햄Anne Cunningham이 그녀의 시름을 시원하게 날려 주었다. 스타노비치 지원팀의 소중한 구성원에는 (언제나처럼) 매릴린 커토이Marilyn Kertoy와 테리 니덤Terry Needham, 수 버트Sue Bert와 잭 버데크Jack Buddeke, 그리고 디 로젠블룸Di Rosenblum과 마크 미치쿤Mark Mitshkun도 포함되어 있었다. 지원을 아끼지 않은 개리Gary와 마이크 카슨Mike Carson에게도 고마움

---

* (1884~1947) 미국의 책 편집자로서 어니스트 헤밍웨이(Ernest Hemingway), F. 스콧 피츠제럴드(F. Scott Fitzgerald), 마조리 키넌 롤링스(Majorie Kinnan Rawlings), 토머스 울프(Thomas Wolfe) 등을 발굴한 것으로 유명하다.

을 전한다. 폴라와 나는 수술 이후 함께 치유하면서 내내 집필과 편집 작업을 이어 갔다. 그녀가 병원에서 심장 재활 프로그램을 막 시작할 무렵, 중국에서 치명적인 바이러스가 퍼져 나가고 있다는 뉴스를 접했다. 몇 주 만에 우리는 집에 고립되었다. 국가 봉쇄 상태에서 폴라의 유능한 도움을 받으며 집필에 전념한 결과 드디어 책을 완성할 수 있었다. 나의 삶과 더불어 이 책 또한 그녀에게 바친다.

1장

어디에나 있는 우리편 편향

나는 누구에게 우호적인가

우리편 편향은 매우 다양한 판단 영역에서 드러난다. 그것은 모든 인구 집단에서 관찰할 수 있다. 심지어 전문적인 추론가, 많이 배운 사람, 그리고 고도로 지적인 사람조차 예외가 아니다. 이는 인지심리학[1], 사회심리학[2], 정치학[3], 행동경제학[4], 법학[5], 인지신경과학[6] 그리고 비공식적 추론 문헌[7] 등 다양한 학문 분야의 연구가 거듭 실증적으로 밝혀낸 결과다. 우리편 편향은 모든 단계의 정보 처리 과정information processing*에서 나타나는 것으로 확인되었다. 즉 여러 연구는 우리가 편향된 증거를 탐색, 평가, 흡수하거나 어떤 결과를 편향적으로 기억하고, 편향된 증거를 생성하는 경향이 있음을 보여 주었다.[8]

---

* 인간 학습에 대한 모형으로, 인간의 정신은 마치 컴퓨터처럼 정보를 획득하고 그 형태와 내용을 변화시키기 위한 작업을 수행한다. 또한 정보를 저장하고 그에 반응하기도 한다. 결국 정보 처리에는 정보의 검색, 획득, 수집, 표현, 부호화, 보관, 유지 등이 포함된다.

표 1.1에는 우리편 편향의 연구 패러다임들이 그 각각을 대표하는 연구와 더불어 제시되어 있다. 표에 담긴 연구들을 훑어보면 우리편 편향이 더없이 다양한 패러다임에서 표출되어 왔음을 알 수 있다. 이 장에서는 가장 이해하기 쉬운 몇 가지 패러다임—예증에 가까운 것들이다—을 실제로 보여 주는 것으로 시작한다. 그런 다음 좀 더 전문적이고 정교한 연구들을 소개하고자 한다.

우리편 편향의 예시 중 자주 인용되는 것 가운데 하나는 또한 가장 오래된 것이기도 하다. 앨버트 해스토프와 해들리 캔트릴(1954)[9]의 고전적 연구다. 그들은 1951년에 열린 악명 높은 미식축구 경기 영상 자료를 자극으로 사용했다. 그것은 그해의 마지막 경기였다. 무패의 프린스턴 팀에서는 〈타임〉의 표지에도 실린, 미국에서 가장 빼어난 선수가 뛰고 있었다. 그 경기는 결국 여러 선수들의 골절 부상과 벌점이 숱하게 쏟아진 잔혹한 경기로 귀결되었다. 프린스턴의 그 스타 선수는 코뼈가 부러져서 하프타임 전에 경기장을 떠났다. 경기는 시비 논란에 휩싸였다. 프린스턴과 다트머스, 두 학교의 학생 신문은 상대 팀의 형편없는 스포츠맨 정신을 맹렬히 비난했다.

해스토프와 캔트릴(1954)은 그 경기를 다룬 동일한 영상 자료를 각각 두 학교의 학생 집단에게 보여 주었다. 그런 다음 종이를 한 장씩 나눠 주고 규칙 위반 사례를 볼 때마다 표시를 하라고 요청했다. 다트머스 학생들은 양쪽 팀이 동일한 수의 반칙을 저질렀다고 보고했다. (실제 경기에서는 다트머스의 반칙이 더 많았다.) 반면 프린스턴 학생들은 다트머스 팀이 총 위반 사례 가운데 70퍼센트를 차지했다고 추산했다. 물론 이 오래된 연구에서는 오늘날 우리가 심리학 연구에서 당연시하는 신중하게 통제된 조건 같은 형태가 존재하지 않았다. 그럼에

표 1.1 우리편 편향 연구 패러다임과 각각을 대표하는 연구

우리편 편향 연구 패러다임	대표적인 연구
사람들이 어떤 집단을 지지할 때 그들의 행동을 좀더 우호적으로 평가하는 것	Claassen and Ensley 2016; Kahan, Hoffman, et al. 2012; Kopko et al. 2011
가설적 실험의 질 평가	Lord, Ross, and Lepper 1979; Munro and Ditto 1997; Drummond and Fischhoff 2019
비공식적 논증의 질 평가	Baron 1995; Edwards and Smith 1996; Stanovich and West 1997, 2008a; Taber and Lodge 2006
논리적 결론이 굳건히 견지하는 신념을 뒷받침해 줄 때, 논리적 규칙을 더욱 잘 적용하는 것	Feather 1964; Gampa et al. 2019
자기 입장을 지지해 줄 가능성이 큰 정보 출처를 탐색하고 선택하는 것	Hart et al. 2009; Taber and Lodge 2006
논증 생성	Macpherson and Stanovich 2007; Perkins 1985; Toplak and Stanovich 2003
공변 탐지	Kahan et al. 2017; Stanovich and West 1998b; Washburn and Skitka 2018
모순 탐지	Westen et al. 2006
도덕적 헌신의 대가 경시	Liu and Ditto 2013
선호에 따른 위험·이익에 대한 인식 왜곡	Finucane et al. 2000; Stanovich and West 2008b
도덕적 원칙의 선택적 사용	Uhlmann et al. 2009; Voelkel and Brandt 2019
에세이 평가	Miller, et al. 1993
문자적 기술의 논증	Wolfe and Britt 2008

정치적 지지율	Lebo and Cassino 2007
자기 정당에 유리한 사실의 선택적 학습	Jerit and Barabas 2012
조건부 확률 평가	Van Boven et al. 2019
공정성 판단	Babcock et al. 1995; Messick and Sentis 1979
원치 않는 사회적 변화를 초래하게 될 증거의 거부	Campbell and Kay 2014
자기 집단에 유리하도록 사실 해석하기	Stanovich and West 2007, 2008a
증거의 과학적 자격에 대해 선택적으로 문제 제기하기	Munro 2010
4카드 선택 과업	Dawson, Gilovich, and Regan 2002
일관성 없는 정치적 판단	Crawford, Kay, and Duke 2015
언론 보도에 대한 편향된 인식	Vallone, Ross, and Lepper 1985

도 이 고전적 연구는 사람들이 동일한 자극을 보지만, 그 상황과의 관계(즉 그들이 어느 '편'에 서 있는지)를 토대로 그것을 다르게 해석할 수 있음을 잘 보여 준다. 해스토프와 캔트릴(1954) 역시 이 연구에 '그들은 동일한 경기를 보았다(They Saw a Game)'라는 반어적 제목을 붙임으로써 이 점을 지적한다. 실제로 피험자들이 자기네가 두 팀과 맺고 있는 상이한 관계를 토대로 *다른* 경기를 '보았다'는 사실을 부각하기 위해서다.

1954년에 해스토프와 캔트릴이 진행한 연구는 그러한 연구에서 오늘날 기대할 법한 방법론적 엄밀함을 갖추지 못했다. 하지만 그로부터 반세기 뒤, 댄 캐헌, 데이비스 호프먼 외(2012)[10]는 피험자들에게 2009년 매사추세츠주 케임브리지에서 발생한 시위 영상 자료를 보여줌으로써 철저한 현대적 통제 기법을 써서 과거와 동일한 연구 결과를 얻어 내는 데 성공했다. 영상 자료만 보면 시위자들이 누구고 무엇에 관한 시위인지 분간할 수 없다. 시위는 정체불명의 건물 밖에서 벌어지고 있다. 알 수 있는 유일한 것은 건물 앞에서 시위자와 경찰 들이 충돌한다는 사실뿐이다. 피험자들은 경찰이 해산 명령을 내렸다는 이유로 시위대가 경찰을 고소했다는 이야기를 들었다. 1954년 해스토프와 캔트릴의 연구와 달리, 2012년 캐헌, 호프먼 외의 연구는 실험적 조작을 가했다. 즉 피험자의 절반은 시위대가 낙태 병원 앞에서 낙태에 반대하는 시위를 벌이고 있다는 이야기를 들었고, 나머지 절반은 시위대가 신병 모집 센터 앞에서 커밍아웃한 동성애자 병사들의 군 복무 금지에 반대하는 시위를 벌이고 있다는 이야기를 들었다.

또한 이 연구는 여러 가지 다차원적인 정치적 태도에 대한 평가를 활용함으로써, 보수적인conservative 사회적 태도를 지닌 피험자와 자유주의적인liberal 사회적 태도를 지닌 피험자[11]가 시위 목적에 비추어 정확히 동일한 시위를 다르게 평가하고 있음을 확인했다. 실제로 그 시위에 대한 꼬리표 붙이기는 두 집단의 시위 해석에 커다란 차이를 가져왔다. 낙태 병원 상황에서는 사회적으로 보수적인 피험자 가운데 70퍼센트가 경찰이 시위대의 권리를 침해했다고 생각했다. 반면 사회적으로 자유주의적인 피험자 가운데는 오직 28퍼센트만이 그렇다고 보았다. 이러한 반응 유형은 같은 시위를 동성애자 군 복무 금지를 반대하는 시위라고 밝힌 후자에서는 완전히 뒤집혔다. 즉 사회적으로 보수적인 피험자 가운데 오직 16퍼센트만이 시위대의 권리가 침해되고 있다고 보았다. 반면 사회적으로 자유주의적인 피험자 가운데는 76퍼센트가 그렇다고 생각했다. 이러한 결과는 캐헌, 호프먼 외(2012) 연구의 제목이 해스토프와 캔트릴의 1954년 연구의 제목을 되풀이한 까닭을 말해 준다. 즉 "그들은 같은 시위를 보았다They Saw a Protest"는 정확히 동일한 시위—정확히 동일한 50년 전의 미식축구 경기처럼—라도 관람자가 어느 쪽에 서 있느냐에 따라 다르게 '볼' 수 있음을 알려 준다.

편향이라는 말에 대하여

추가적으로 몇 가지 우리편 편향 연구 패러다임과 관련 연구를 알아보기 전에, 이 영역에서 쓰이는 매우 혼란스러운 용어들을 명확히 짚고 넘어가야 할 것 같다. '확증 편향confirmation bias' '신념 편향belief bias' 그리고 '우리편 편향' 이 세 가지는 과학 문헌에서 지극히 일관되지 않은 방식으로 쓰이고 있다. '확증 편향'은 일반 언론에서 가장 즐겨 사용되는 용어다. 실제로 구글 트렌드를 보면 '확증 편향'이 '신념 편향'이나 '우리편 편향'보다 훨씬 더 자주 쓰인다는 것을 알 수 있다. 하지만 세 가지 중 가장 혼란스러운 용어이기도 하므로, 나는 이 책에서 '확증 편향' 이라는 말을 신중하게 정의된 의미로만 제한적으로 사용할 생각이다. 실제로 오래전인 1983년에 이미 걸출한 심리학자 바루흐 피시호프와 루스 베이즈-머롬[12]은 가설 검증을 조사하면서 당시에조차 '확증 편향'은 이미 너무 많은 상이한 효과를 한데 버무려 놓은 두루뭉술한 용어가 되어 버렸으므로 쓰지 말아야 한다고 권고했다. 안타깝게도 그들의 권고는 묵살되었다. 이렇게 해서 10년 뒤 또 한 사람의 이론가 조슈아 클레이먼[13]은 확증 편향을 다룬 연구의 숫자만큼 그에 대한 정의가 존재하는 것 같다는 말로 그 용어에 대한 짜증을 내비쳤다.

기본적인 문제는 너무나 많은 상이한 정보 처리 경향이 확증 편향이라는 용어 안에 담겨 있는데, 그 가운데 상당수가 진정한 우리편 편향의 기저인 동기화motivated*된 인지 유형을 보여 주는 지표가 아니라는 것이다.[14] 클레이먼은 1995년 자신이 쓴 정교한 논문에서 확증 편향에 대한 두 가지 상이한 정의를 논의했다. 그는 그중 첫 번째 정의를 '긍정적 검증 전략positive test strategy**'이라 불렀다. 이것이 내가 확증 편향 용어를 위해 따로 떼어 둔 정의다. '긍정적 검증 전략'은 추론자의 마음에 자리 잡은 중심 가설에 비추어 기대되는 증거를 찾는다. 추론자가 기대와 다른 증거를 적절하게 다룰 수만 있다면, '긍정적 검증 전략'에서 비규범적이라 할 만한 구석은 없다.[15] 클레이먼의 두 번째 정의는 현재의 우호적 가설을 폐기하고 싶어 하지 않는 심리적 경향성에 주목하고, 이런 유의 확증 편향을 동기화된 인지 유형의 한 형태로 간주한다.[16] 나는 클레이먼(1995)의 동기화된 정보 처리 범주를 《우리편 편향》에서 강조하려 한다. 따라서 이 두 번째 확증 편향 유형을 위해 별도의 용어인 '우리편 편향'을 사용할 것이다.

다시 말해 나는 확증 편향이라는 용어를, 평가를 중심에 두고 중심 가설에 관한 증거를 검증하는 인지 과정을 언급하는 데 국한해 사용

---

* 자신의 신념에 부합하는 증거만 취하고, 그것을 위협하는 증거는 거부하는.
** 사람들이 어떤 가능성을 점칠 때 일반적으로 틀린 경우보다 맞는 경우를 먼저 찾는 경향을 뜻한다.

할 것이다.[17] 추론자가 기대와 다른 증거를 만날 때 그것이 지니는 함의를 정확하게 처리한다면, 그가 확증 편향을 드러내는 것이 꼭 비합리적이거나 비규범적인[18] 것은 아니다. 이점은 꽤 오랫동안 잘 알려져 왔다.[19] 즉 추론자가 기대와 다른 증거를 만났을 때 베이즈식 업데이트*를 제대로 할 수만 있다면,[20] 추론자가 염두에 둔 중심 가설에 대한 검증 추구는 부적절하지 않으리라는 것이다.[21]

이런 식으로 정의한 확증 편향이 이 경우 추론 오류를 의미하는 게 아니라는 사실은 추론 문헌에서 '편향' 용어가 지니는 두 가지 상이한 의미를 부각시킨다. 첫 번째 평가상 중립적인 의미의 '편향'은 단순히 정보 처리의 경향성을 나타낸다. "나는 돈을 절약하려고 애쓸 때면 코스트코에서 쇼핑하는 '편향bias'을 지닌다—즉 경향이 있다—"라는 표현이 한 가지 예다. 내가 사용하는 확증 편향 용어는 이렇게 평가상 중립적인 유형이다.[22] 클레이먼(1995)은 이 첫 번째 의미의 '편향'을, 그와는 크게 다른 두 번째 의미의 '편향'과 구분 짓는다. 두 번째 경우에서 '편향'은 흔히 사고 오류로 이어지는 근본적으로 잘못된 추론 과정을 지칭한다. 그렇다면 여기서 밝히고 있듯 우리편 편향이 정말 근본적으로 잘못된 사고에서 비롯된 추론 오류라는 의미가 맞는가, 이 주제는 2장에서 따져 보려 한다.

내가 협소하게 정의한 확증 편향과 달리, 삼단 논법적 추론 문헌에서 주로 쓰이는 '신념 편향'은 분명 추론 오류를 암시하는 용어다. 신념 편향은 우리가 세상에 대해 알고 있는 것과 충돌하는 결론을 평가

---

* 영국의 수학자 T. 베이즈(T. Bayes)에게서 유래한 개념으로 이에 대해서는 2장에서 상세히 다룬다.

하는 데 어려움을 겪을 때 발생한다.[23] 주로 삼단 논법적 추론 과업과 더불어 평가되는데, 여기서는 결론의 신뢰성이 논리적 타당성과 갈등을 일으킨다. 다음의 삼단 논법에 대해 생각해 보고 그것이 타당한지, 즉 그 결론이 두 가지 전제로부터 논리적으로 얻어질 수 있는 것인지 스스로에게 물어보라.

전제 1: 모든 생명체는 물이 필요하다.
전제 2: 장미는 물이 필요하다.
따라서 장미는 생명체다.

계속 이어서 읽기 전에 잠시 그 결론이 논리적으로 타당한지, 타당하지 않은지 판단해 보라.

당신이 이 삼단 논법을 평가한 대학생의 약 70퍼센트와 같다면, 당신은 아마 그 결론이 타당하다고 판단할 것이다. 그리고 또한 그 70퍼센트의 대학생처럼 당신 역시 잘못이다. 전제 1은 '물이 필요한 모든 것은 생명체다'가 아니라 '모든 생명체는 물이 필요하다'라고 말한다. 따라서 장미가 물이 필요하다고 해서 전제 1로부터 장미는 생명체라는 결론이 자동적으로 뒤따르는 것은 아니다. 여전히 명료하지 않을 경우, 정확히 구조가 동일한 다음의 삼단 논법을 고려해 본다면 그 사실이 분명해질 것이다.

전제 1: 모든 곤충은 산소가 필요하다.
전제 2: 쥐는 산소가 필요하다.
따라서 쥐는 곤충이다.

이제 두 전제로부터 그 결론이 도출되지 않는다는 사실은 꽤나 분명해 보인다. 장미 삼단 논법을 평가하기 어렵게 만든 동일한 것이 쥐 삼단 논법은 쉽게 만들어 준다.

이 두 가지 삼단 논법에서 우리가 세상의 특성에 관해 이미 알고 있는 지식(즉 장미가 생명체라는 것과 쥐가 곤충이 아니라는 것)은 내용과 별개여야만 하는 모종의 판단, 즉 논리적 타당성에 관한 판단에 영향을 끼친다. 장미 삼단 논법에서 사전 지식은 당신이 올바른 답에 이르는 과정을 방해했다. 만약 정답을 말한다 해도 당신은 필시 혼란을 겪을 것이다. 반면 쥐 삼단 논법에서 사전 지식은 당신이 정답에 이르도록 하는 데 도움을 주었다. 신념 편향은 삼단 논법 추론과 조건 추론 연구에서 가장 광범위하게 다루어졌지만[24] 그 밖의 다른 연구 패러다임들에서도 발견된다.[25]

신념 편향은 우리편 편향과 같지 않다. 즉 신념 편향은 우리의 현실 세계 지식이 추론 수행을 방해할 때 나타난다. 반면 우리편 편향은 우리가 사실이기를 *바라는* 가설에 유리할 법한 방식으로 증거를 찾고 해석할 때 드러난다.[26] 무엇이 신념 편향을 우리편 편향으로 바꿔 주는가? 우리편 편향은 *대단히 가치 있게 여겨지는* 기존 견해에 유리한 정보 처리를 지칭한다. 몇 년 전 로버트 아벨슨[27]이 논의한 구분을 따르자면, 우리편 편향은 우리가 굳은 *확신*을 가지고 고수하는 신념들과 관련된다. 그리고 좀더 전형적인 신념들과 달리 이 확신은 정서적 헌신과 자아 몰두를 수반하며, 좀더 인지적인 정교화 작업을 거쳐 온 듯하다.[28] 린다 스킷카, 크리스토퍼 바우먼, 그리고 에드워드 사지스[29]는 도덕적 명령에 뿌리박힌 태도들이 확신으로 변하는 경향이 있으며, 확신은 결과 변수(사회적 거리, 선의 등)를 말해 주는 특히나 강력한 예측 요소임을 확인했다.

단순한 신념과 확신을 명확하게 구분하려면, 당신이 '지르칸Zircan'
이라는 지구와 거의 비슷한 행성에 있다고 상상해 보라. 그리고 당신
이 그곳의 누군가로부터 장미는 결코 붉지 않으며 늘 갈색이라는 말
을 들었다고 상상해 보라. 당신은 그 신념을 제 것으로 만드는 데 아
무런 어려움을 겪지 않는다. 또한 누군가와 장미가 붉을 수도 있다고
입씨름을 벌이고 싶은 충동 역시 느끼지 않을 터다. 지르칸 행성에서
장미는 그저 붉지 않으며, 당신은 장미가 붉을 수도 있다는 신념을 포
기하는 데 곤란을 겪지 않는다. 다른 한편 만약 당신이 지르칸 행성에
서는 왼손잡이가 오른손잡이에 비해 도덕적으로 열등하다는 이야기
를 듣게 된다고 해 보자. 그러면 아마 당신은 그 신념을 받아들일 수
없을뿐더러 실제로 그것을 반박하려고 노력할 것이다. 당신은 인간의
도덕적 가치는 그가 오른손잡이냐 왼손잡이냐와는 하등 관계가 없다
는 신념을 옹호할 것이다. 당신에게 그 신념은 장미가 붉을 수도 있다
는 신념과는 달리 확신으로 자리 잡는다.

확신은 흔히 '보호받는 가치protected values' 즉 다른 가치들과의 트
레이드오프trade-off*를 거부하는 가치를 낳는 세계관으로부터 파생한
다.[30] 보호받는 가치(때로 '신성한 가치sacred values'라 부르기도 한다.[31])는
어떤 행동이 도덕적으로 요구되는지, 금지되는지, 혹은 허용되는지를
좌우하는 규칙들로부터 야기되는 도덕적 의무라 여겨진다. 그리고 그
것을 위배한다는 생각은 흔히 분노를 불러일으킨다. 여러 실험은 피
험자들이 보호받는 가치가 위태로워지는 상황에서는 금전적 트레이

---

*   질과 양 면에서 어느 한쪽을 늘리면 다른 한쪽은 그만큼 줄어드는 것.

드오프에 관여하길 꺼린다는 것을 보여 주었다.[32] 보호받는 가치인 신념은 증거에 의해 간단히 바뀌지 않는다.

일부 신념은 확신으로 달라질 수 있다는 생각을 다룬 또 다른 글에서 로버트 아벨슨[33]은 그가 지칭한 이른바 '검증 가능 신념testable belief'과 '원위遠位 신념distal belief'을 구분했다. *검증 가능* 신념은 현실 세계, 그리고 그 세계를 기술하기 위해 우리가 사용하는 말과 밀접하게 연관되어 있다. (예컨대 장미는 붉다.) 이 신념은 관찰에 의해 입증된다. 그것은 어떤 경우 쉽사리 이루어지는 개인적 관찰일 수도 있지만, 다른 사람들의 전문 지식이나 좀더 정교한 과학적 방법론에 기댄 관찰일 수도 있다. 반면 *원위* 신념은 경험으로 직접 입증되지도 않고 전문가나 과학적 합의에 의존하며 쉽게 확정되지도 않는다. 예컨대 당신은 제약 회사가 과도한 이익을 누린다고 생각할 수 있다. 또한 당신이 속한 주州가 정신 건강을 위해서는 지출을 늘리고 그린 이니셔티브에는 지출을 줄여야 한다고 생각할 수도 있다. 분명 경제 통계와 공공 정책 관련 사실은 이러한 원위 신념에 영향을 *끼칠 수* 있지만(즉 원위 신념에 대한 당신의 지지를 강화할 수도 약화할 수도 있지만), 검증 가능 신념과 동일한 방식으로 원위 신념을 *입증해* 줄 수는 없다. 수많은 원위 신념은 우리의 가치관을 담아낸다. 그러할 때 그 원위 신념은 아벨슨[34]이 주장한 대로, 정서적 헌신과 자아 몰두로 이어지기에 확신으로 치닫기 쉽다. 원위 신념은 흔히 우리의 보편적 세계관으로부터, 혹은 정치에서는 우리의 이념으로부터 비롯된다.

우리편 편향은 검증 가능 신념이 아니라 원위 신념에 초점을 맞춘다. 반면 신념 편향은 검증 가능 신념에 주목한다. (이어지는 장들에서 논의하겠지만) 신념 편향이 우리편 편향보다 교육을 통해 좀 더 교정 가능하고 인지 능력과 더 높은 상관성을 띠는 이유가 바로 여기에 있다. 의료비 지출이 미국 연방 예산에서 두 번째로 큰 항목이라는 신념은 검증 가능 신념이다. 반면 미국인이 의료에 과도한 지출을 한다는 신념은 원위 신념이다. 경제적 사실은 원위 신념을 향한 우리의 태도를 달라지게 만들지 모르지만, 그것이 검증 가능 신념과 동일한 방식으로 원위 신념을 입증해 줄 수는 없다. 이 책에서 다루는 우리편 편향 연구들은 거의 전적으로 원위 신념에 관한 것이다. 원위 신념은 확신에 찬 채 움켜쥐고 있는 신념에서 비롯된다.[35]

《우리편 편향》에 적용할 용어 구분을 간략하게 정리해 보겠다. 나는 '확증 편향'을 우리 마음에 중요하게 자리 잡고 있는 가설들을 긍정적으로 검증하려는 편향이라고 정의하고자 한다. '신념 편향'은 우리가 세계에 관해 알고 있는 것과 충돌하는 결론을 평가하는 데 어려움을 느낄 때 드러나는 편향이라고 부르려 한다. 신념 편향의 경우, 추론에 개입하는 결론들은 검증 가능 신념이다. '우리편 편향'은 우리가 자신의 사전 견해와 태도에 우호적인 방식으로 증거를 평가, 생성하고, 가설을 검증할 때 나타나는 편향이라고 생각하려 한다. 여기서 문제되는 태도는 확신인데, 확신은 즉 우리가 그에 대해 정서적 헌신과 자아 몰두를 보여 주는 원위 신념과 세계관이다. 마지막으로, 이 책에서는 우리편 편향을 다룬 연구와 희망적 사고wishful thinking에 관한 연구[36]를 구분하고, 그중 오직 전자에 대해서만 다룰 예정이다.[37]

어느 편에 서 있는가

고전적인 해스토프와 캔트릴의 1954년 연구와 그 후속격인 캐헌, 호프먼 외의 2012년 연구는 우리편 편향의 한 가지 특징을 드러내 준다. 즉 그들의 연구에 따르면, 사람들은 '의미가 모호한ambiguous' 행동에 대해서 자신이 속한 집단을 지지할 때 더 우호적으로 평가한다는 것이다. 하지만 표 1.1에서 볼 수 있듯이, 우리편 편향은 서로 다른 수많은 정보 처리 단계를 평가하는 상이한 패러다임 속에서 모습을 드러내 왔다.

좀더 쉽게 설명되는 사례들 가운데 하나는 우리 실험실의 작업에서 나왔다. 몇 년 전 나는 동료 리처드 웨스트Richard West와 함께 어느 피험자 집단(미국의 대학생)에게 다음의 사고思考 문제를 제시했다.[38] 먼저 그들은 미국 교통부의 연구에 따라, 어느 특정 독일제 자동차가 일반 가족용 자동차보다 충돌 사고 시 상대 차의 탑승객 사망률이 8배나 높다는 이야기를 들었다. 따라서 교통부는 미국에서 그 독일 자동차의 판매 금지를 고려하고 있다는 것이다. 그런 다음 그 독일 차에 어떤 조치를 취해야 하냐는 질문을 받았다. 피험자의 78.4퍼센트는 그 독일 차는 판매 금지되어야 한다고 답했다.

연구 뒤에 숨은 속임수는 그 예에서 차의 위험성에 대한 통계치 자체는 사실이지만, 그 차가 실제로는 독일 차가 *아니라* 미국에서 생산되는 자동차 포드 익스플로러Ford Explorer였다는 점이다. 방금 제시된 시나리오에서, 피험자는 미국 거리에서 위험한 독일 자동차를 금지할지 여부를 평가하고 있었다. 우리는 이러한 결과를 확인한 뒤, 정반대 시나리오, 즉 독일 거리에서 위험한 미국 자동차를 금지할지 여부를 평가하기 위해 두 번째 피험자 집단(역시 미국 대학생)을 꾸렸다. 이 집단에 속한 피험자는 미국 교통부의 연구에 따라, '포드 익스플로러'가 일반적인 가족용 자동차보다 충돌 사고 시 상대 차의 탑승객 사망률이 8배나 높다는, 따라서 독일 교통부는 독일에서 포드 익스플로러의 판매 금지를 고려하고 있다는 이야기를 들었다.

두 번째 피험자 집단은 첫 번째 피험자 집단과 동일한 질문을 받았다. 하지만 이제 독일 교통부의 관점에서 답하도록 요청받았다. 이 경우, 오직 피험자의 51.4퍼센트만이 포드 익스플로러가 독일에서 판매 금지되어야 한다고 답했다. 우리의 연구는 사람들이 동일한 피해에 대해서도 그것이 만약 자기 편에 가해질 경우에는 더욱 가차 없는 판단을 내린다는 것을 분명하고도 명쾌하게 보여 준다. 이 사례에서 피험자들은 독일에서의 미국 자동차일 때보다 미국에서의 독일 자동차일 때 위험한 자동차의 판매 금지를 훨씬 더 마땅한 조치라고 보았다.

우리편 편향은 또 다른 연구들에서 훨씬 더 체계적으로 다루어졌다. 이를테면 비공식적 논증의 논리적 타당성에 대한 평가는 우리편 편향에 영향을 받는 것으로 드러났다. 아주 오래된 연구 가운데 하나에서, 노먼 페더[39]는 피험자에게 비공식적 논증으로 제기된 삼단 논법을 평가하도록 요청했다. 그가 실시한 실험 중 전형적인 한 가지 시도에서, 피험자는 인간에 대한 자비롭고 관대한 태도가 사람들을 사랑과 조화 속에서 통합하도록 도와준다는 것을 사실로 받아들이라는, 그리고 기독교는 언제나 사람들이 사랑과 조화 속에서 통합하도록 도와준다는 이야기를 들었다. 그런 다음 '따라서 기독교는 결국 인간에 대한 자비롭고 관대한 태도로 귀결된다'는 결론이 타당한지 평가하도록 요청받았다. 이 결론은 사실 논리적으로 타당하지 않다. 그럼에도 1964년 페더의 실험에서 신앙심 깊은 피험자는 그렇지 않은 피험자보다 이 삼단 논법이 타당하지 않다는 사실을 알아차리는 데 훨씬 더 많은 애로를 겪었다.

애넙 갬파 외[40]는 비공식적 논증을 평가할 때, 정치적 이념은 마치 1964년 페더 실험에서의 신앙심과 대단히 흡사하게 작용한다고 밝혔다. '따라서 마리화나는 합법화되어야 한다'는 결론을 얻은 삼단 논법의 경우, 그 결론이 타당할 때 올바르게 판단하기가 자유주의자는 더 쉽고 보수주의자는 더 어렵다. 반면 '따라서 태아의 생명을 앗아갈 수 있는 권리는 누구에게도 없다'는 결론을 얻은 삼단 논법의 경우, 그 결론이 타당할 때 올바르게 판단하기가 자유주의자는 더 어렵고 보수주의자는 더 쉽다. 논리적 추론과 관련한 또 하나의 패러다임인 카드 선택 과업에서의 수행[41] 역시 우리편 편향의 영향을 받는다. 에리카 도슨, 토머스 길로비치, 그리고 데니스 리건[42]의 연구에 따르면, 규칙이 피험자에게 긍정적인 고정 관념을 언급하고 있을 때(가령 한 아시아인 피험자가 '모든 아시아계 미국인은 똑똑하다'는 규칙을 검증할 때)보다 규칙이 피험자에게 부정적인 고정 관념을 언급하고 있을 때(가령 여성 피험자가 '모든 여성은 운전을 못한다'는 규칙을 검증할 때), 피험자들은 규칙에 어긋나는 카드를 훨씬 더 쉽게 찾아낸다.

페더[43], 갬파 외[44], 그리고 도슨 외[45]가 진행한 연구가 하나같이 신념 편향 실험을 우리편 편향 실험으로 바꿔 놓은 것이 무엇인지 실증적으로 보여 주고 있음에 주목하라. 가령 신념 편향의 삼단 논법 추론 실험에서 결론의 신뢰성에 대한 검증은 잘못될 여지가 거의 없다. 일례로 '장미는 붉다'라는 신뢰할 만한 결론과 '쥐는 곤충이다'라는 신뢰할 수 없는 결론을 비교해 보라. (다시 한번 로버트 아벨슨[46]의 용어를 빌자면) 이 실험 및 기타 신념 편향 실험들에서 나온 결론은 검증 가능 신념이다. 반면 방금 논의한 우리편 편향 실험들에서 핵심적 신념은 원위 신념―마리화나는 합법화되어야 하는지 여부, 혹은 기독교인은 자비로운지 여부―이다. 이 편향들과 개인차 간의 상관관계에 대해 다룰 3장에서는, 이러한 패러다임들에서 원위 신념을 사용할 경우와 검증 가능 신념을 활용할 경우 간에 누가 올바르게 추론하고 누가 그렇지 못할지 예측하는 우리 능력에 큰 차이가 생긴다는 것을 확인할 수 있다.

이러한 우리편 편향 연구들이 시사하는 바처럼, 경험적으로 입증하기 어려운 원위 신념의 대표격인 이념과 정치야말로 우리편 편향의 풍부한 원천이다.[47] 예를 들어 재럿 크로포드, 소피 케이, 그리고 크리스틴 듀크[48]는 자유주의적인 피험자가 군 장성이 미국 대통령을 비판했다는 이야기를 들을 경우, 대통령이 버락 오바마일 때보다 조지 W. 부시일 때 그의 행동을 봐주는 경향이 짙다는 사실을 확인했다. 반면 보수적인 피험자는 대통령이 부시일 때보다 오바마일 때 그의 행동을 눈감아 주려는 경향이 강했다.

우리편 편향은 수많은 종류의 정치적 판단에 관여하며, 협상이나 작업 환경에서 이기적인 결정을 내리도록 부추긴다. 일례로 카일 콥코 외[49]는 선거에서 이의 제기된 투표 용지의 적합성에 관한 판결이 당파적 편향에 영향받는다는 사실을 알아냈다. 데이비드 메식과 키스 센티스[50]는 피험자들이 다른 누군가와의 공동 작업에 따른 적절한 보상에 대해 어떻게 생각하는지 조사했다. 그 결과 자신이 공동 작업자보다 일을 더 많이 했다고 믿는 피험자는 보상을 더 많이 받아야 한다고 생각하는 반면, 자신이 공동 작업자보다 일을 더 *적게* 했다고 믿는 피험자들은 동일한 보상을 받아야 한다고 생각하는 경향이 있음을 확인했다.

이처럼 우리편 편향적 사고는 분명 실생활에서 널리 활개를 치고 있다. 맥스 베이저먼과 돈 무어[51]가 실시한 연구를 예로 들어 보자. 첫 번째 피험자 집단에서는 그들(A)이 만약 누군가(B)를 상대로 소송을 제기해 재판에서 진다면, 그들(A)이 소송 건 사람(B)의 법정 비용을 지불해야 한다고 생각하는 사람의 비율이 44퍼센트였다. 반면 두 번째 피험자 집단에서는 누군가(B)가 그들(A)에게 소송을 제기했는데 그들(A)이 재판에서 이긴다면, 상대방(B)이 그들(A)의 법적 비용을 지불해야 한다고 생각하는 사람의 비율이 무려 85퍼센트에 달했다. 이렇듯 공정함에 대한 피험자의 판단은 자신이 그 결과의 어느 편에 서 있느냐에 따라 판이하다 할 만큼 달라진다.

린다 밥콕 외[52]는 두 명씩 짝을 이룬 피험자들에게 손해 배상금에 대한 판결을 내리는 자동차 사고 소송(텍사스주에서 실제로 일어난 소송으로, 원고는 피고에게 약 1억 원을 청구했다)에서 각각 원고와 피고 역할을 맡도록 요청했다. 원고와 피고는 자기 역할을 배정받은 후 양쪽 다 27쪽에 달하는 증언을 읽었고, 그런 다음 판사 앞에 가지 않고 액수를 정하려고 시도했다. 그들은 액수를 정하지 못하면 양쪽 모두 벌금을 물 거라는 말을 들었다. 이 상황에서는 짝을 이룬 피험자 가운데 72퍼센트가 합의에 도달했다. 두 번째 집단에서는 짝을 이룬 피험자들이 자기 역할을 배정받기 *전에* 27쪽짜리 증언을 읽었다. 그런데 이때는 그들의 94퍼센트가 합의에 이르렀다. 전자 상황에서 합의 비율이 더 낮은 것은 피험자들이 소송 증언을 읽는 동안 지니게 되는 우리편 지향 때문에 소송에서 각자가 맡은 편에 대해 지나치게 확신한 결과였다.

논증 평가 실험[53]에서, 우리는 피험자에게 낙태(그리고 유사한 결과를 낳는 '음주 연령 낮추기'라는 또 한 가지 이슈)에 대한 논증의 질을 평가해 달라고 요청했다. 낙태 합법화pro-choice 논증과 낙태 반대pro-life 논증에 대해 전문가들은 질과 설득력이 엇비슷하다고 판단했다. 이전의 한 연구[54]에서와 마찬가지로, 강력한 우리편 편향이 관찰되었다. 즉 피험자들은 자신의 입장과 일치하는 논증을 그렇지 않은 논증보다 질이 더 좋다고 평가한 것이다.

찰스 테이버와 밀턴 로지[55]는 피험자들에게 '약자 보호 정책affirmative action*'과 총기 규제 같은 이슈에 관한 찬반 논증에 대해 평가해 달라고 요구했다. 그 결과 찬반 논증의 질이 비등비등할 때조차 피험자들은 두 가지 이슈에 대한 자신의 사전 견해와 일치하는 논증을 그와 상충하는 논증보다 선호함을 확인했다. 또한 테이버와 로지는 피험자들이 논증에 대해 선택적으로 반박하고 있는지라, 논증이 자신의 사전 견해와 모순될 때 그 논증에 대해 읽고 생각하는 데 훨씬 더 많은 시간을 들인다고 밝혔다.[56]

우리편 정보 처리는 과학적 연구로 얻은 증거를 평가하는 능력을 훼손한다. 찰스 로드, 리 로스, 그리고 마크 레퍼[57]는 피험자들에게 사형의 효과를 다룬 두 가지 연구의 설계와 결과를 제시했다. 첫 번째 연구는 사형의 범죄 억지 효과를 지지하는 데이터를 발표했고, 두 번째 연구는 사형의 부당성을 증명하는 데이터를 제시했다. 첫 번째 피

---

* '적극적 우대 조치'라고도 한다.

험자 집단은 사형에 찬성했으며, 두 번째 피험자 집단은 그에 반대했다. (두 집단은 동일한 질문지에 대한 반응을 토대로 선정되었다.) 피험자들은 두 연구가 방법론상 유사한 정도로 엄밀하게 설계되었음에도, 자신의 사전 견해를 확인해 주는 연구를 그 부당성을 드러내는 연구보다 더 우호적으로 평가했다.

하지만 로드, 로스, 그리고 레퍼의 1979년 연구로부터 얻은 결과 가운데 가장 빈번하게 인용되는 것은 실험 말미에 피험자들이 그 연구에 보인 반응이었다. 베이즈식 관점에서 '처음에 얼핏[58]' 두 집단은, 모두 종합할 경우 엇갈리는 증거를 낳는 두 연구에 대해 읽은 뒤 견해에서 수렴하는 것처럼 보였다. 하지만 결국에는 그 연구들을 우리편 편향적으로 처리했다. 자신의 견해에 호의적인 증거는 받아들이고 그렇지 않은 증거의 결함은 침소봉대하는 식으로 말이다. 결과적으로 두 집단은 상호 모순되는 두 연구에 대해 읽은 뒤 종전보다 훨씬 더 양극화되었다.

테이버와 로지[59]도 비슷한 양극화 현상을 관찰했다. 그런데 그것은 오직 정치적 지식이 수준급인 사람들에게만 해당했다. 사실 로드, 로스 그리고 레퍼[60]가 발견한 태도 양극화는 우리편 편향 실험에서 언제나 관찰할 수 있는 것은 아니며, 혹여 그럴 때라 해도 늘 모든 이슈에 관한 수행을 특징짓는 것도 아니다.[61] 그러나 실험에서 양극화가 드러나든 그렇지 않든 간에 변함없이 발견되는 한 가지 결과는 있다. 바로 사람들은 거의 언제나 우리편 편향을 지닌 채 증거를 평가한다는 것이다. 피험자가 비우호적인 연구나 논증에 대해 더 무자비하게 비판한다는 사실은 여러 문건에서 반복적으로 드러났다. 예컨대 폴 클라크진스키 연구진[62]은 여러 번의 실험을 통해 피험자에게 그들의 사전 견해나 신념과 일치하는 결론, 혹은 일치하지 않는 결론으로 귀결되는 결함 있는 실험과 논증을 제시했다. 그런 다음 실험의 결함에 대해 비판해 달라고 요청했다. 그 결과 견고한 우리편 편향 효과가 관찰되었다. 즉 피험자들은 실험의 결론이 자신의 사전 견해나 신념과 일치할 때보다 그렇지 않을 때 더 많은 수의 결함을 찾아냈다.

사람들은 우리편 편향적으로 논증을 *평가*하는 데 그치는 게 아니다. 우리편 편향적으로 논증을 *생성*하기도 한다.[63] 나의 연구 집단[64]은 여러 실험에서 피험자들에게 다양한 공공 정책 과제(예컨대 '사람들이 자신의 장기를 매매하도록 허락해야 한다' '대학 교육의 전체 비용을 감당하기 위해 등록금을 인상해야 한다')에 찬성하거나 반대하는 논증을 탐구하도록 요청했다. 피험자들은 이 주제에 대해 강한 의견을 가지고 있을수록 상대편보다 자기 편을 지지하는 논증을 훨씬 더 많이 생성했다. 심지어 그들에게 추론할 때 편파적이지 않도록 유의하라는 명시적 지시가 내려진 경우에조차 마찬가지였다.[65]

우리편 편향은 실생활에서든 실험실에서든 한층 미묘한 방식으로 모습을 드러내곤 한다. 실생활에서는 위험과 이익이 정적positive(양의) 상관관계를 띤다. 고위험 활동은 저위험 활동보다 더 많은 이익을 낳는 경향이 있다.[66] 이 같은 실생활에서의 상관관계와 달리, 여러 연구는 다양한 활동에서 위험과 이익에 관한 사람들의 평가가 피험자 내 활동에서도 피험자 간 활동에서도 *부적*negative(음의) 상관관계를 띤다는 것을 밝혀냈다.[67] 즉, 고이익을 낳으리라 평가되는 것은 저위험으로 간주하고, 고위험이라 평가되는 것은 저이익을 낳으리라 여기는 경향이 드러난 것이다. 폴 슬로빅과 엘런 피터스[68]는 위험 인지가 감정에 이끌리기 때문에, 즉 우리가 어떤 것의 이익을 높이 사면 그것이 그리 위험하지 않다고 생각하는 경향이 있기 때문에, 이런 유의 우리 편 편향이 드러난다고 풀이했다. 우리 연구 집단은 한 '피험자 내 설계within-subjects design*'를 통해 이러한 연구 결과를 확인했다.[69] 음주에서 이익을 보는 피험자들은 음주의 위험을 그러한 이익을 보지 못하는 이들보다 낮게 평가했다. 그리고 살충제 사용에서 상당한 이익을 누리는 피험자들은 살충제 사용에 따른 위험을 그러한 이익을 누리지 못하는 이들보다 낮게 평가했다.

브리타니 류와 피터 디토[70]는 다양한 행동의 도덕성을 평가할 때도 그와 비슷한 자기 본위적 트레이드오프를 관찰했으며, 정치 스펙트럼의 양쪽에서도 그것을 확인했다. 피험자들은 네 가지 상이한 행동―테러리스트 용의자에 대한 강제 심문, 사형, 성교육에서 콘돔 사용 촉구하기, 배아 줄기 세포 연구―에 대해 도덕적으로 수용할 수 있느냐는 질문을 받았다. (처음 두 가지 행동에 대해서는 정치적으로 보수적인 피험자가 정치적으로 자유주의적인 피험자보다 도덕적으로 수용할 수 있는 것으로 보는 경향이 강했다. 나머지 두 가지 행동에 대해서는 정치적으로 자유주의적인 피험자가 정치적으로 보수적인 피험자보다 도덕적으로 수용할 수 있는 행동이라 여기는 경향이 강했다.) 피험자들은 각각의 행동 자체의 도덕성과 그것들이 의도한 목적 충족의 효과성에도 불구하고 각 행동이 비도덕적인지 여부에 대해 질문을 받았다. 또한 그 행동의 이로운 결과를 인지할 가능성(예컨대, 강제 심문을 통해 유효한 정보를 얻게 되는지 여부, 콘돔 사용 촉구가 십대의 임신과 성병을 줄이는 데 도움을 주는지 여부)에

---

* 실험 처치를 한 피험자에게 시간차를 두고 순차적으로 적용하는 것이다. 일시에 여러 피험자에게 다른 실험적 처치를 적용하는 '피험자 간 설계(between-subjects design)'와 대비된다.

대한 질문도 받았다.

네 가지 행동 모두에서 피험자들은, 그 행동이 이로운 결과를 낳는다 해도 그 자체로 비도덕적이라고 강하게 믿을수록 그것이 실제로 이로운 결과를 거두리라고 믿는 경향이 낮아졌다. 따라서 설사 콘돔 사용을 촉구하는 행동이 임신과 성병 예방에 도움을 준다 해도, 그 행동이 도덕적으로 잘못이라는 신념을 강하게 견지할수록 콘돔이 실제로 그 문제를 막는 데 효과적이라고 믿는 경향이 줄어들었다. 역시나 비록 테러리스트 용의자에 대한 강제 심문으로 유효한 정보를 얻을 수 있다 해도, 그 행동이 도덕적으로 옳지 않다는 신념을 강하게 고수할수록 실제로 그를 통해 유효한 정보를 얻는다고 믿는 경향이 낮아졌다. 한마디로 말해, 피누케인 외[71]의 연구에서 피험자들이 자기가 찬성하는 행동의 위험을 축소하는 경향을 보이는 것처럼, 피험자들은 자신의 도덕적 헌신에 따른 비용은 경시하는 경향을 보였다.

마이클 휴머[72]는 우리가 어떻게 자신에게 유리한 방식으로 사실을 신념에 꿰어 맞추는지 논의한다. 그는 사형에 대한 신념의 2×2 행렬(사형의 범죄 억지 여부, 수많은 무고한 사람들이 유죄 판결을 받는지 여부)에서 4칸 가운데 2칸은 미어터지고, 나머지 2칸은 한산하다고 지적한다. 한편의 수많은 사람들은 사형이 범죄를 억지하고, 많은 무고한 사람들이 유죄 판결을 받는 것은 아니라고 믿는다. 다른 한편의 수많은 사람들은 사형은 범죄를 억지하지 못하고, 수많은 무고한 사람들이 유죄 판결을 받고 있다고 믿는다. 하지만 나머지 두 가지 결합(둘 다 꽤나 그럴듯하다) 중 하나를 지지하는 피험자는 거의 없다. 즉 사형은 범죄를 억지하지만 수많은 무고한 사람들이 유죄 판결을 받는다, 또는 사형은 범죄를 억지하지 못하지만 무고한 사람들 가운데 유죄 판결을 받는 경우는 거의 없다, 거의 아무도 이 둘 중 하나를 선택하지는 않는 것이다. 이는 사람들이 사형에 관한 신념을 평가할 때 각 신념들에 관한 증거를 따로따로 판단하기보다, 우리편 편향을 거쳐서 사형에 대한 자신의 확신과 연결 짓는다는 것을 보여 준다.

지금껏 살펴본 우리편 편향의 사례들은 주로 논증이나 실험에 관한 문자적 기술을 해석하는 것이었다. 하지만 또 다른 연구들은 우리편 편향이 실험의 *수치적* 결과를 해석하는 데까지 영향을 미칠 수 있음을 보여 준다. 실험 결과의 공변 데이터에 대한 피험자의 해석은 그 관계의 성격에 관한 그들 자신의 사전 가설에 의해 왜곡될 소지가 있다.[73] 우리편 편향을 평가하지 않는, 순전히 수치적인 전형적 공변 탐지 실험에서, 피험자에게는 치료법과 환자 반응 간의 관계를 조사하는 실험으로부터 얻은 데이터가 제시되었다. 이를테면 그들은 다음과 같은 말을 듣게 될 것이다.

200명이 그 치료를 받았고 차도를 보였다.
75명이 그 치료를 받았고 차도를 보이지 않았다.
50명이 그 치료를 받지 않았고 차도를 보였다.
15명이 그 치료를 받지 않았고 차도를 보이지 않았다.

공변 탐지 실험에서, 피험자들은 그 치료법이 과연 효과적인지 여부를 표현해 달라는 요청을 받는다. 여기에 제시된 예는, 수많은 사람들이 그 치료법이 효과적이라고 믿으면서 오판하는 난감한 상황을 드러내 준다. 피험자들은 먼저 치료 뒤에 차도를 보인 수많은 사례(200명)에 주목한다. 그런 다음 치료받은 사람 가운데 차도를 보이지 않은 사람(75명)보다 차도를 보인 사람(200명)이 더 많다는 사실에 집중한다. 이 확률(200/275＝.727)은 높아 보이므로, 피험자들은 그 치료법이 효과가 있다고 생각하도록 유도당한다. 이는 합리적 사고의 오류다. 치료가 이루어지지 *않았을* 때 차도를 보인 확률을 무시하고 있기 때문이다. 그 확률(50/65＝.769)은 더 크므로, 이 실험이 검증한 특정 치료법은 완전히 비효과적이라고 판단할 수 있다. 비치료 상태에서의 결과를 무시하고, 치료-차도 집단에 속한 많은 수의 사람에게만 주목하는 경향은 다수로 하여금 그 치료법이 효과적이라고 판단하게끔 내몬다.

댄 캐헌 외[74]는 네 가지 조건 가운데 하나에 임의로 배정된 피험자들에게 이와 같은 구조를 지닌 까다로운 문제를 제시했다. 두 가지 조건은 뾰루지를 치료하는 피부 크림이라는 가설적 상황이었다. 두 가지 뾰루지 조건(수치는 같지만 (행렬의) 열 이름이 뒤바뀌어 있다)에 해당하는 피험자들은 2×2 행렬에서 수치 데이터를 제공받았고, 그 치료법이 효과적인지 여부를 판가름해야 했다. 이것들은 '대조' 조건(우리편 편향을 포함하지 않는 조건)이었다.

한편 다른 두 가지 우리편 편향 '실험' 조건에서, 피험자들은 시 정부가 시민 개인의 은닉 무기를 금지하는 법률을 통과시킬지 여부를 판단하는 상황과 관련해 2×2 행렬 데이터(뾰루지 조건들과 수치는 같다)를 제공받았다. 피험자는 연구자들이 이 문제를 다루기 위해 도시를 2개의 범주—최근에 은닉 무기 금지를 시행한 도시 집단, 그리고 그러한 금지가 없는 도시 집단—로 나누었다는 말을 들었다. 두 열은 범죄가 증가한 도시의 수치와 범죄가 감소한 도시의 수치를 보여 주었다. 다른 두 가지 조건이 만들어졌는데, 거기서 2×2 행렬은 수치는 같지만 열의 이름(범죄가 증가한 도시의 수치와 범죄가 감소한 도시의 수치)이 단순히 뒤바뀌어 있다. 따라서 한 연구에서는 데이터가 총기 규제의 효과성을 보여 주며, 또 다른 연구에서는 데이터가 총기 규제의 비효과성을 드러내 준다.

캐헌 외의 2017년 연구는 총기 규제에 대한 피험자들의 사전 태도도 평가했다. 피험자들은 그 조건들에 임의로 배정되었으므로, 일부는 총기 규제에 대한 자신의 사전 견해를 지지하는 수치적 데이터를 받았고, 일부는 자신의 사전 견해와 충돌하는 데이터를 받았다. 하지만 (두 뾰루지 조건에 배당된) 일부 피험자들은 아마 사전 견해가 없기 십상인 데이터를 받았을 것이다. 연구 결과는 총기 규제 데이터가 피험자의 사전 견해와 충돌할 때보다 그것을 지지할 때 그들이 공변 평가에서 좀더 정확했음을 분명하게 보여 주었다. 즉 피험자들은 상응하는 첫 번째 예의 뾰루지 조건에 속한 피험자들보다는 평가를 잘 수행했고, 두 번째 예의 뾰루지 조건에 속한 피험자들보다는 평가를 못 수행했다.

또한 캐헌 외의 2017년 연구는 해당 이슈 양편의 피험자들에게서 우리편 편향이 드러났다고 밝혔다. 즉 우리편 편향이 총기 규제에 찬성하는 피험자와 그에 반대하는 피험자 모두에게서 관찰된 것이다. 이처럼 단순히 수치적인 데이터를 평가하는 데서도(이전의 수많은 우리편 편향 연구에서처럼 복잡한 실험 설계를 평가하는 게 아니라) 우리편 편향이 드러났다. 이 사실은 앤서니 워시번과 린다 스킷카[75], S. 글렌 베이커 외[76]에 의해 강한 확신을 촉발하는 다양한 이슈에서도 거듭 확인되었다. 가령 이민, 의료, 동성애자 결혼, 복지, 원자력 발전, 이산화탄소 배출 같은 이슈에서도 말이다. 매튜 너스와 윌 그랜트[77]는 기후 변화

위험 인지 이슈를 이용해 이들의 연구 결과를 되풀이해 보여 주었다.

수리력이 좋아도 강해지는 편향

2019년, 리프 반 보번 외[78]가 특별히 흥미로운 우리편 편향 연구 설계를 통해 진행한 연구가 소개되었다. 이 연구의 피험자들은 논쟁적인 두 가지 주제의 수량적 확률 정보를 처리해 달라는 요청을 받았다. 하나는 트럼프 행정부가 7개국에서의 이민과 여행을 금지한 조치였다. 그 국가들 가운데 5개는 주요 이슬람국(시리아·이란·리비아·소말리아·예맨)인데, 잠재적 테러리스트들이 미국으로 들어오지 못하도록 막기 위한 것이었다. 또 하나는 대규모 총격을 줄이기 위한 공격용 무기의 금지 조치였다. 여행 금지와 관련해서는 피험자들에게 다양한 다른 법원과 기관들이 그 조치가 차별적이라고 주장하면서 합법성에 의문을 제기했다는 사실을 포함해 맥락을 드러내는 정보가 제공되었다. 그런 다음 피험자들에게는 다음의 통계(M은 이슬람교도, T는 테러리스트)가 제시되었다. 그들은 그 통계가 현재와 과거의 데이터에 기반한 것이라는 이야기를 들었다.

p(M): 이민자가 이슬람 국가 출신일 확률은 17퍼센트다.

p(T): 이민자가 테러리스트일 확률은 0.00001퍼센트다.

p(T|M): 이슬람 국가 출신의 이민자가 테러리스트일 확률은 0.00004퍼센트다.

p(M|T): 테러리스트 이민자가 이슬람 국가 출신일 확률은 72퍼센

트다.

그런 다음 피험자들은 이 확률들 가운데 어느 것이 여행 금지 정책을 지지할지 반대할지 결정할 때 자신에게 개인적으로 가장 중요하냐는 질문을 받았다. (피험자들은 앞서 또 다른 질문지에서 그 정책을 지지하는지 반대하는지 드러냈다.)

대부분의 피험자는 가장 중요한 것으로 두 가지 조건부 확률conditional probability* 가운데 하나를 선택했다. 분명 72퍼센트라는 '적중률' $p(M|T)$은 0.00004퍼센트라는 '역조건부 확률inverse conditional probability**' $p(T|M)$보다 여행 금지 조치를 더욱 지지하는 것처럼 보인다. 실험을 시작할 때 여행 금지 조치에 지지를 표명한 피험자들은 압도적으로 $p(M|T)$을 가장 중요한 확률로 선택했다. 반면 그에 반대를 표시한 피험자들은 압도적으로 $p(T|M)$를 가장 중요한 확률로 선택했다. 여기서 관찰된 심각한 우리편 편향은 이 이슈의 양쪽에서 거의 동일했으며, 결코 수리력이 좋은 사람이라고 해서 덜하지 않았다. 실제로 수리력이 좋을수록 우리편 편향을 한층 심하게 드러냈다. 이 연구 결과에 대해서는 3장에서 좀더 자세히 다룰 예정이다.

2019년 반 보번 외가 진행한 실험에서 가장 흥미로운 대목은 여행 금지 이슈에 답한 것과 정확히 같은 피험자들을 대상으로 당대에 중요한 두 번째 논쟁적 이슈를 검증했다는 사실이다. 바로 대규모 총격을 줄이려는 목적의 공격용 무기 금지 이슈다. 피험자들은 '공격용 무

---

* 주어진 사건이 일어났다는 가정하에 다른 하나의 사건이 일어날 확률.
** 조건부 확률에서 두 사건을 바꾸어 놓은 확률.

기'에 대한 정의(수많은 반자동식 소총, 기타 부착물(망원 조준기, 피스톨 모양의 손잡이, 혹은 유탄 발사기)이나 고성능의 탄창을 장착한 반자동식 무기들 가운데 하나)를 제공받았고, 수많은 공격용 무기를 금지하는 포괄적 법안이 국회에 도입되었다는 이야기를 들었다. 또한 현재와 과거의 데이터에 기반한 다음의 통계(실험에서 다룬 다른 이슈와의 유사점을 숨기려고 이번에는 빈도로 제시했다)를 제공받았다. (S는 대규모 총격, A는 공격용 무기)

p(S): 지난 몇 년 동안, 미국 성인 1억 명 가운데 6명이 대규모 총격을 저질렀다.

p(A): 지난 몇 년 동안, 미국 성인 1억 명 가운데 1200만 명이 공격용 무기를 소지했다.

p(A|S): 대규모 총격을 저지른 미국 성인 6명 가운데 4명이 공격용 무기를 소지했다.

p(S|A): 공격용 무기를 소지한 미국 성인 1200만 명 가운데 4명이 대규모 총격을 저질렀다.

그런 다음 피험자들은 이 통계 가운데 공격용 무기 금지를 지지할지 반대할지 결정하는 데서 자신에게 개인적으로 가장 중요한 통계가 어느 것이냐는 질문을 받았다. 분명 6명 중 4명이라는 적중률(67퍼센트) p(A|S)는 1200만 명 중 4명이라는 역조건부 확률(0.0000003퍼센트) p(S|A)보다 공격용 무기 금지를 더욱 지지해 주는 것처럼 보였다. 공격용 무기 금지를 지지한 피험자들은 압도적으로 p(A|S)를 가장 중요한 것으로 선택했다. 반면 공격용 무기 금지를 반대한 피험자들

은 압도적으로 p(S|A)를 가장 중요한 것으로 꼽았다. 이전 이슈에서와 마찬가지로, 관찰된 심각한 우리편 편향은 이슈 양편에서 거의 비슷했으며, 수리력이 좋은 피험자들 사이에서조차 전혀 약화하지 않았다. 역시나 그들은 되레 우리편 편향을 더욱 심하게 드러냈다.

여러분은 분명 이 실험 결과에서 놀라운 점을 알아차렸을 것이다. 여행 금지를 반대하는 피험자는 공격용 무기의 금지를 *지지하는* 경향을 보였다. (논의를 단순화하기 위해 이들을 '자유주의자'라고 부르기로 하자.) 반면 여행 금지를 지지하는 피험자는 공격용 무기 금지를 *반대하는* 경향을 드러냈다. (역시 논의를 단순화하기 위해 이들을 '보수주의자'라고 칭하기로 하자.) 이는 자유주의자와 보수주의자는 공히 문제되는 이슈에 따라 여러 형태의 증거에 대한 자신의 선호를 바꾼다는 것을 뜻한다. 자유주의자는 이슈가 여행 금지일 때는 적중률에 주목하려 하지 않았지만, 이슈가 공격용 무기 금지일 때는 적중률에 주목했다. 반대로 보수주의자는 이슈가 여행 금지일 때는 적중률에 주목하려 했지만, 이슈가 공격용 무기 금지일 때는 적중률에 주목하려 하지 않았다. 이 실험은 사람들이 어떻게 당면 이슈에 관한 자신의 사전 견해와 가장 일치하는지에 비추어 스스로가 최고로 중시하는 통계를 골라내고 선택하는지를 특별히 잘 보여 준다.

나는 2019년 이 실험이 지니는 함의를 곰곰이 따져 보던 중 우연히 〈뉴욕타임스〉에 실린 기사[79]를 접하게 되었다. 미국 남쪽 국경에서 불법 이민 위기가 불거지고 있다는 주장을 다룬 기사였다. 기사는 온통 미국의 멕시코 쪽 국경 상황이 골치 아프다는 주장을 반박하는 통계를 제시하는 데 주력했다. 기사에 소개된 주요 통계는 세 가지다. 첫 번째는 2006년 이후 불법적으로 멕시코 국경을 넘다가 체포된 사람들 수가 줄어들었다는 통계다. 두 번째는 남쪽 국경에서 압수된 마약은 대부분 트인 국경에서가 아니라 합법적인 진입점에서 압수되었다는 사실이다. 세 번째는 통계를 얻기 어려움에도 불구하고, 미국에서 밀입국 이민자의 유죄 판결률이 실제로 본토 태생인 시민들보다 낮아 보였다는 것이다.[80] 이러한 통계치는 분명 남쪽 국경 상황에 관해 우려하는 사람들의 견해를 논박하려는 수사적인 목적과 더불어 제시되었다.

반 보번 외의 2019년 연구를 접한 데 자극받은 나는 총기 폭력에 대해 우려하는 사람들이, 불법 이민 이슈와 관련해 〈뉴욕타임스〉에 제시된 통계치들과 유사한 통계에 어떻게 반응할지 궁금해졌다. AR-15 반자동식 무기를 금지하자고 제안한 법률이 있다고 상상해 보자. 당신은 화기에 의한 대량 살상자 수가 너무 많다고 우려하는 총기 규제 지지자이므로, 이 법안을 찬성한다고 가정하자. 이제 총기 소유 찬성론자가 당신에게 다음의 통계 자료들을 들이민다고 생각해 보라. 첫 번째, 미국에서 화기를 가지고 저지른 살인의 수치가 1990년 이래 꾸준하게 감소해 왔다. 두 번째, 미국에서 화기에 의한 살인 대다수는 AR-15가 아닌 다른 화기에 의해 저질러졌다. 세 번째, AR-15의 화기당 살인율은 다른 화기들보다 낮았다. 이 가설을 만들어 낸 후 내가 스스로에게 던진 질문은 이것이다. 즉 만약 누군가가 총기 규제 지지자라면, 그가 이러한 통계 자료들을 근거로 AR-15 무기 금지에 반대하는 방향으로 돌아서는 게 가능할까? 나는 결단코 그렇지 않을 거라고 생각한다.

총기 규제 지지자는 부정적인 결과가 일어나고 있다고 생각하며, 그 결과가 사라지길 바란다. 부정적인 결과가 시간이 가면서 줄어들고 있다는 사실, 혹은 AR-15가 오직 전체 살인 사건에서 극히 일부와만 관련되어 있다는 사실은 총기로 인한 사망률이 낮아지길 바라는 총기 규제 지지자에게는 중요한 관심사가 아니다. 하지만 분명 불법 이민이 줄어들길 바라는 시민에게도 같은 말을 할 수 있다. 그 시민이 경험한 부정적인 결과(불법 이민)가 수년 동안 계속 줄어들었다는 사실, 혹은 부정적인 효과를 지니는 모종의 사건들(예컨대 불법적 마약 수입)이 경찰력 없는 국경이 아니라 경찰력이 배치된 국경에서 이루어지고 있다는 사실은 그로선 알 바가 아니다. 두 경우 모두 시민의 안전은 범죄의 상대적 비율이 아니라 절대적 수치에 달려 있다. 그러므로 범죄의 상대적 비율은 중요치 않다. 이는 마치 지구 온난화가 1인당 이산화탄소 수준이 어떠냐가 아니라 절대적인 이산화탄소 수준이 어떠냐에 달려 있는 것이나 마찬가지다. 〈뉴욕타임스〉 기자들은 불법 이민에 관한 그들의 통계 자료—국경 개방 지지자에게는 썩 마음에 들어 보일지 모르지만—가 불법 이민을 종식시키고 싶어 하는 시민에게는 대단히 부적절해 보일 수도 있다는 점을 간과한 듯하다. 그 통계 자료들은 이 부분에서 내가 열거한 비슷한 통계 세트가 총기 규제 지지자에게 그러한 것만큼이나 부적절하다. 반 보번 외의 2019년 실험이 지니는 함의는 우리편 편향의 정치적 함의와 사회 정책적 함의에 대해 얼마간 다루게 될 이후 장들 내용을 살짝 맛보게 해 준다.

모든 나이대와 다양한 곳에서

지금껏 여러 연구를 개괄적이고 선별적으로 살펴본 것은 표 1.1에 한층 광범위하게 제시된 내용을 넌지시 암시하려는 의도였다. 즉 지금껏 우리편 편향은 수많은 행동과학 및 인지과학 분야에 걸친 다양한 패러다임으로 그 모습을 드러내 왔다. 현존하는 문헌 또한 우리편 편향이 어느 특정 인구 통계 집단에만 국한한 것이 아님을 실증적으로 보여 준다. 그것은 모든 나이대에 걸쳐 나타난다. 3장에서 상세히 논의하게 될 사실로, 우리편 편향은 지능이 낮은 사람들에게서만 나타나는 현상이 아니다. 우리편 편향은 온갖 종류의 신념 체계·가치관·확신을 고수하는 사람들이 고루 보여 준다. 특정 세계관을 지닌 사람들에게만 있는 것도 아니다. 확신에 차서 보유하는 신념—로버트 아벨슨(1986)의 용어를 빌리자면, 원위 신념—은 그 어떤 것이든 우리편 사고를 이끌어가는 추진력이 될 수 있다. 한마디로 우리편 인지는 정보 처리 경향으로서 어디서나 흔히 볼 수 있다.

어떤 이들은 너무 흔하고 보편적인 무언가는 우리 인지 체계의 진화 속에 (적응 혹은 부산물로서) 자리 잡고 있음에 틀림없다고 주장할 수도 있겠다. 그런가 하면 또 어떤 이들은 진화적 기제는 진실을 추구하는데, 우리편 편향은 그렇지 않으므로 우리편 편향이 진화 속에 자리 잡기는 힘들다고 맞설지도 모른다. 사실 진화는 인지과학 전반에서 쓰이는 최대화한 의미의 완전한 합리성—최대화한 진정한 신념(인식론적 합리성)으로든 최대화한 주관적 기대효용(도구적 합리성)으로든—을 보장해 주지 않는다. 유기체가 진화해서 그들의 생식 적합성을 증가시킨다 해도, 그것이 반드시 인식론적 합리성과 도구적 합리성의 증진을 수반하는 것은 아니다. 적합성을 키우기 위해서 신념이 늘 최대로 정확하게 세상을 추적할 필요는 없다.

진화는 더없이 정확한 인식론적 기제가 기억·에너지·관심 같은 자원 측면에서 대가가 클 경우, 그것을 선택하지 않을 수도 있다. 진화는 '신호 탐지 이론signal detection theory*'과 동일한 비용–편익 논리에 따라 작동한다. 우리의 일부 인지 과정과 신념 고착화 기제는 수많은 잘못된 경보를 생성한다는 점에서 지극히 반지성적이다. 하지만 만약 이러한 지성의 결여가 빠른 정보 처리와 기타 인지 활동의 비개입 같은 다른 이점을 부여한다면, 신념 고착화 오류는 대가를 치를 만한 가치가 있는지도 모른다.[81] 마찬가지로 우리편 편향은 특정 유형의 오류는 키우지만 다른 유형의 오류는 줄이는 경향을 띨 수도 있다. 그러므로 진화론적 관점에서 볼 때 이상하다고 할 만한 구석이 없다.[82] 이와 같은 트레이드오프의 특성은 무엇일까?

인지과학에서는 수년 동안 추론reasoning의 기원이 자연 세계를 이해하려는 초기 인류의 필요가 아니라 그들의 *사회적* 세계에 있다고 여기는 경향이 커졌다.[83] 실제로 스티븐 레빈슨[84]을 비롯한 수많은 이론가들은 진화 압력이 자연 세계를 이해하는 것보다 협동적이고 호혜적인 상호 주관성을 협상하는 데 더욱 주목한다고 본다. 우리의 추론 경향성 일부가 의사소통의 진화에 근거를 두고 있다는 견해는 적어도 니콜라스 험프리[85]의 연구로까지 거슬러 올라간다. 또한 이러한 견해에는 수많은 이형이 존재한다. 예컨대 로버트 노직[86]은 세상의 진실을 밝혀 주는 기제가 거의 없었던 선사 시대에는, 믿을 만한 지식에 다가가는 대략적인 방법이란 동종conspecifics의 주장에 대해 근거를 들려 달라고 요구하는 것이었을지도 모른다고 논했다.[87] 킴 스테렐니[88]도 그와 비슷한 생각을 발전시켰으며, 사회적 지능이 초기 인류가 지

---

* 자극의 탐지는 자극에 대한 피험자의 민감도와 피험자의 반응 기준에 달려 있다는 이론.

닌 모방 능력의 기초라고 주장했다.[89] 이 같은 견해들은 모두 저마다 미묘한 차이가 있음에도, 동종과 벌이는 논쟁 협상의 유전자-문화 공진화 역사[90]를 가리키고 있다.

이러한 견해들을 종합한 가장 영향력 있는 연구는 휴고 머시어와 댄 스퍼버[91]의 것이다. 이 연구는 우리편 편향과 가장 관련 깊은 연구이기도 하다. 미묘하고 정교한 그들의 추론 이론은 의사소통의 진화에 관한 논리에 근거를 둔다. 머시어와 스퍼버의 이론은 추론이 논증을 통해 다른 사람을 설득하는 사회적 기능을 위해 발달했다고 가정한다. 만약 논증에 의한 설득이 목적이라면, 추론은 우리편 편향에 의해 특징 지어지기 십상이다. 우리 인간은 논증을 이용해서 진실을 찾아내고자 노력하는 게 아니다. 그를 통해 타인을 설득하고자 노력하도록 프로그래밍 되어 있다. 앞서 언급한 레빈슨 및 기타 이론가들과 마찬가지로, 머시어와 스퍼버[92] 역시 인간의 추론 능력이 자연 세계에서 문제를 해결할 필요가 아니라 사회적 세계에서 타인을 설득할 필요로부터 나왔다고 본다. 대니얼 데닛[93]의 말마따나, "우리가 기술을 연마하는 것은 패를 가르고 논쟁에서 남을 설득하기 위해서지 꼭 상황을 바르게 이해하기 위해서는 아니다."

몇 단계에 걸쳐 머시어와 스퍼버의 이론은 추론의 진화에서 우리편 편향을 지닌 채 추론하는 더없이 흔한 인간으로서의 경향성으로 우리를 안내한다. 우리는 머시어와 스퍼버가 지칭한 이른바 '인식론적 경계심epistemic vigilance'을 발휘하는 법을 익혀야 한다. 우리는 순전히 사람들과 상호 작용해 온 역사를 기억하는 것만으로 신뢰할 만한 사람과 그렇지 못한 사람을 분간하는 비효율적인 전략을 취하곤 한다. 하지만 이런 전략은 새로운 개인에게는 먹혀들지 않는다. 머시어와 스퍼버[94]는 논증이 우리가 특정 개인에 대한 사전 지식이 아니라 순전히 내용content에만 기반한 의사소통의 진실성을 평가하는 데 기여한다고 지적한다. 마찬가지로 우리는 믿을 만한 관계를 형성하지 못한 타인에게 정보를 전달하려 할 때면 논리 정연하고 설득력 있는 논증을 생성하고자 한다. 이처럼 논증을 생성하고 평가하는 기술은 사회 구성원들이 다른 사회 구성원과의 신뢰 관계를 구축하지 않은 상태로도 그들과 정보를 주고받도록 도와준다.

하지만 만약 추론 능력의 기원이 논증을 통한 타인 설득을 주요 기능으로 삼는 데 있다면, 모든 영역에 걸친 우리의 추론 능력은 설득력 있는 논증에 큰 영향을 받을 것이다. 만약 논증 생성의 기능이 타인을 설득하는 것이라면, 그렇게 생성된 논증이 해당 이슈를 둘러싼 양 진영에서 편향되지 않게 선택될 도리가 없다. 결국 이러한 논증은 설득력이 떨어진다. 우리는 제 자신의 견해를 지지하는 논증을 생성하는 압도적 경향성을 띠게 될 것이다.[95]

머시어와 스퍼버(2011)는 이러한 우리편 편향은 자기 견해 가운데 하나에 대해 자력으로 추론하는 상황에까지 파고든다고, 그리고 그런 상황에서는 우리가 타인과의 대화를 예상하는anticipate 것 같다고 주장한다. 또한 앞으로 일어날 대화를 앞서 예상하면 우리는 내심 자신에게 유리한 방식으로 생각하게 된다. 하지만 머시어와 스퍼버(2016, 2017)의 이론은 타인의 논증을 평가하는 우리 능력에 관해서는 다르게 예측한다. 기본적으로 문제의 이슈가 원위 신념과 관련될 경우에는 논증을 평가하는 데서 우리편 편향이 드러나겠지만, 문제의 이슈가 검증 가능 신념과 관련될 경우에는 우리편 편향이 한결 덜 드러나리라고 보는 것이다.[96]

한마디로 머시어와 스퍼버(2011, 2017)는 어떻게 우리편 편향이 추론의 진화적 토대 속에 자리 잡게 되는지 보여 준다. 그들의 진화적 기원 이야기로부터, 어떻게 논증 능력의 유전자-문화 공진화 역사[97]가 우리 인지의 우리편 속성을 강화해 주는지 생각해 내는 일은 어렵지 않다. (여기서야 간략히 언급할 수밖에 없지만, 나로서는 좀더 깊이 따져 보아야 하는 주제다.) 이를테면 우리편 편향의 비용-편익과 관련하여 초기에 이루어진 논의에서, 조슈아 클레이먼(1995)은 유전자-문화 공진화 트레이드오프가 일부 관련되어 있었을지 모른다는 의견을 내놓았다. 그는 주류 바깥에서 아이디어를 생성하는 인지적 비용―"그저 열린 마음을 유지하는 데도 심리적 비용이 든다[98]"―과 장황하고 모호한 말을 늘어놓는 이들에 대한 사회적 반감 가능성에 대해 논의했다. 그리고 우리편 신뢰의 즉각적인 이득이 의혹과 불신의 좀더 장기적인 이득을 상대로 승리를 거두는 현상에 대해 논의한다. 여러 면에서 클레이먼(1995, 411)은 마치 머시어와 스퍼버(2011)의 속을 들여다본 것처럼, '사람들은 누군가가 내리는 판단의 정확성에 대한 유용한 정보가 없을 때, 일관성을 올바름의 신호로 받아들일 수 있다'고 주장한다. 그리고 개인과 집단에 사회적 이득을 안겨 줄 수 있는 우리편 논증의 수많은 특성들(예컨대 일관성·확신)에 대해 지적한다. 그와 비슷하게 댄 캐헌의 '정체성 보호 인지identity protective cognition*' 개념에 대한 논의[99]도 집단 응집을 용이하게 함으로써 진화적 이익을 부여하는 다른 잠재적 우리편 편향 기제들을 떠오르게 한다. 우리편 사고의

---

* 사람들은 자신의 정체성과 핵심 가치가 위협받고 있다고 느낄 때 방어 기제를 발동하며, 자신의 신념과 충돌하는 정보에 무의식적으로 저항한다.

전반적인 합리성—2장에서 좀더 소상하게 탐구할 주제다—을 평가할 때는 이처럼 있을 수 있는 사회적 이익을 고려해야 한다.

2장

우리는 언제 비합리적으로 되는가

인간의 정보 처리라는 것

1장에서 우리는 우리편 정보 처리myside processing의 몇 가지 기본적 사항을 확인했다. 그것은 수많은 실험실 패러다임에서 실제로 쉽게 증명해 보일 수 있다. 또한 도처에서 흔히 볼 수 있으며 특정한 인지적 특성을 지닌 개인이나 오로지 소수의 개인에게서만 드러나는 특색도 아니다. 그것은 실생활 이슈에 관한 우리의 생각을 규정한다. 마지막으로 그것은 기본적인 인간 정보 처리의 특징으로서 진화해 왔을지도 모른다. 하지만 우리가 지금껏 본격적으로 다루지 않은 중요한 이슈가 있다. 그것은 우리편 편향적 정보 처리가 과연 비합리적인지 여부다. 그것은 사고 오류인가? 다시 말해 인지과학의 언어를 빌리자면, 우리는 우리편 편향을 드러내는 것이 규범적normative[1]이지 않다고 단정할 수 있는가?

1장에서 우리는 조슈아 클레이먼[2]이 사용한 '편향bias' 용어의 두 가지 의미—즉 평가상 중립적인 것으로서의 편향과 근원적으로 결함이 있는 추론 과정으로서의 편향—에 대해 생각해 보았다. '우리편 편향'에서 '편향'은 단순히 일반적인 정보 처리 경향(그 경향이 옳으냐 그르냐 여부를 뜻하지 않는)을 기술하는 중립적인 의미로 받아들여야 하는가? 아니면 예외 없이 오류나 비규범적인 반응으로 귀결되는, 근본적으로 결함이 있는 정보 처리 방법을 뜻하는 것으로 받아들여야 하는가?

우리편 사고를 연구하는 데 쓰이는 수많은 패러다임(표 1.1 참조)은 저마다 다른 다양한 규범적 이슈와 연관되어 있다. 따라서 여기서는 가장 일반적인 우리편 패러다임을 고려하는 것으로 논의를 시작해 보려 한다. 바로 증거 평가 과업이다. 여기서 피험자들은 가설적 실험이 제공하는 증거의 질을 평가해야 한다.

우리편 편향을 비규범적 추론의 체계적 출처로 간주해야 한다는 주장은 얼핏 명료한 듯 보인다. 우리편 편향은 분명 베이즈식 신념 업데이트라는 구속 조건stricture을 위반한 것 같다. 그러나 지금부터 보게 되겠지만, 이러한 결론은 섣부른 감이 있다. 우리편 편향을 둘러싼 규범적 이슈들은 더할 나위 없이 복잡한 것으로 드러나고 있다. 오늘날 연구자들은 베이즈식 공식이 그동안 수많은 우리편 패러다임에 너무 생각 없이 적용되어 왔으며, 숱한 우리편 패러다임에 그 공식을 적용하려면 좀더 세심한 접근이 필요하다는 사실을 점차 깨달아 가고 있다.

심리학과 교육학의 비판적 사고 문건들은 새로운 증거와 논증을 평가할 때 사전 신념이나 견해의 영향을 배제하는 우리의 능력을 크게 강조한다.[3] 비판적 사고라는 개념 틀 안에서는, 우리편 편향을 균형 잡힌 논증과 증거 평가에서 교육을 통해 억제해야 하는 잘못된 사고 양식으로 여기는 게 당연해 보인다. 베이즈식 추론에 관한 연구들[4]은 적어도 비판적 사고 문헌에서 만날 수 있는 편향되지 않은 증거 평가를 강조하는 듯 보일 것이다.

판단과 의사 결정에서 베이즈 정리Bayes's theorem는 특별한 중요성을 띤다. 다음의 베이즈 공식Beyesian formula은 흔히 신념 업데이트belief updating라는 주요 과업의 공식적 기준으로 쓰인다. 이 공식은 특정 가설과 유관한 새로운 증거를 기반으로 그 가설에 관한 기존 신념을 업데이트하는 방식을 보여 준다. 여기에는 두 가지 중요한 개념이 담겨 있다. 하나는 탐구 중인 중심 가설('H'로 표시)이고, 다른 하나는 그 가설과 유관한 새로 수집된 데이터('D'로 표시)다.

$$P(H|D) = \frac{P(H) \times P(D|H)}{P(H) \times P(D|H) + P(\sim H) \times P(D|\sim H)}$$

이 공식에는 또 하나의 기호, 즉 ~H('not H')가 있는데, 이는 단순히 대립 가설을 지칭한다. 중심 가설, 즉 H가 거짓이면 참이 되어야 하는 상호 배타적인 대립 가설 말이다. 따라서 대립 가설(~H)의 확률은 1에서 중심 가설(H)의 확률을 뺀 값이다.

공식에서 P(H)는 데이터 수집 *전에* 중심 가설이 참일 확률이며, P(~H)는 데이터 수집 *전에* 대립 가설이 참일 확률이다. 거기에 더해 여러 조건부 확률이 작용하기 시작한다. 예컨대 P(H|D)는 실제로 관찰된 데이터 수집 *후에* 중심 가설이 참일 확률(때로 '*사후 확률* posterior probability'이라 부른다)을 나타낸다. P(D|H)는 중심 가설이 참이라는 가정 아래 그 특정 데이터 패턴을 관찰하게 될 확률을, P(D|~H)

는 대립 가설이 참이라는 가정 아래 그 특정 데이터 패턴을 관찰하게 될 확률을 뜻한다. 여기서 우리는 P(D|H)와 P(D|~H)가 서로 여사건complements이 *아니라는* 사실에 주목할 필요가 있다. 즉 둘은 더해도 1이 되지 않는다. 다시 말해 중심 가설이 참일 때 특정 데이터가 관측될 확률 P(D|H)과 중심 가설이 거짓일 때 특정 데이터가 관측될 확률 P(D|~H)은 *동시에* 0이 아닐 수 있고, *동시에* 0일 수도 있다.

우리편 편향의 규범적 적합성에 관한 논의를 용이하게 하기 위해, 나는 베이즈 정리를 다른 형태로도 제시해 볼 것이다. 간단한 수학적 변화를 가해서 얻어 낸 공식이다. 첫 번째 공식은 새로운 데이터(D)가 참이라고 가정할 때 중심 가설(H)의 사후 확률, 즉 P(H|D)에 관하여 정리한 것이다. 당연히 이 공식은 새로운 데이터(D)가 참이라고 가정할 때 대립 가설(~H)의 사후 확률, 즉 P(~H|D)도 적용된다. 두 식을 나누면 베이즈 공식 가운데 가장 이론적으로 명쾌한 형식을 얻을 수 있다.[5] 바로 '확률비odds'로 표현된 형식이다.

$$\frac{P(H|D)}{P(\sim H|D)} = \frac{P(H)}{P(\sim H)} \times \frac{P(D|H)}{P(D|\sim H)}$$

이 비율 공식에서 나열된 3개의 비율 항은 각각 새로운 데이터(D)를 받아들인 뒤 중심 가설(H)을 지지하는 사후 확률, 중심 가설을 지지하는 사전 확률, 그리고 가능도비likelihood ratio, LR ─ 즉 중심 가설에 대한 데이터의 확률을 대립 가설에 대한 데이터의 확률로 나눈 값─ 를 나타낸다. 구체적으로 말하자면 이렇다.

사후 확률비 = P(H|D)/ P(~H|D)

사전 확률비 = P(H)/ P(~H)

가능도비 = P(D|H) / P(D|~H)

이 공식은 두 번째 항(중심 가설이 참일 사전 확률비)과 세 번째 항(가능도비)를 곱하면, 데이터를 받아들인 뒤 중심 가설(H)이 참일 확률 비를 얻을 수 있음을 우리에게 말해 준다. 즉 "중심 가설이 참일 사후 확률비 = 사전 확률비 × 가능도비"가 된다.

베이즈 정리가 포착한 주된 규범적 원칙은 증거의 진단 능력 diagnosticity(증거가 중심 가설과 대립 가설을 식별할 수 있는 정도, 간단히 말해 가능도비)에 대한 평가가 중심 가설이 참인 사전 확률비에 대한 평가와 독립적으로 이루어져야 한다는 것이다. 여기서 요지는 사전 신념이 그 가설의 사후 확률에 영향을 끼쳐서는 안 된다는 게 *아니다*. 사전 신념이 그러는 것은 당연하다. 베이즈 분석은 그러한 사전 신념을 고려하기 위한 명시적 절차다. 대신 요지는 사전 신념을 두 *번* 고려해서는 안 된다는 것이다. 사전 신념은 사후 확률을 정의하는 두 곱셈 항 가운데 하나에 포함되지만, 증거의 진단 능력은 사전 신념과는 별도로 평가되어야 한다. 따라서 베이즈 문헌은 사전 신념과 증거 평가 간의 구분을 강조하는 비판적 사고 문헌의 관점을 지지한다.

그럼에도 우리는 "이것은 그 어떤 수준의 우리편 편향(중심 가설에 대한 확신이 가능도비를 평가하는 데 영향을 미치고 있다는 약간의 조짐)도 자동으로 비규범적임을 의미한다"는 결론으로 비약해선 안 된다. 여기서 본 단순한 분석은 피험자에게 가능도비를 정확하게 계산하도록 해 주는 수치 정보를 제공하는 몇몇 베이즈식 추론 실험에 적용될 것

이다.[6]

하지만 1장에서 논의한 우리편 편향 패러다임의 대부분에서, 그리고 우리편 편향 문헌 전반에서, 피험자들은 가능도비를 계산할 수 있는 특정 숫자 정보를 제공받지 않는다. 대신 중심 가설과 유관한 데이터를 만들어 내는 가설적 실험이나 비공식적 논증을 평가해야 한다. 이러한 정보는 그로부터 주관적 가능도비를 얻어 내기까지 상당한 해석과 추론을 요한다는 점에서 가능도비를 이루는 두 구성 요소의 실질적 수치보다 한층 모호하다.

이러한 연구에서 피험자들은 수치적 가능도비가 아니라 단순히 제공된 정보(비공식적 논증이든 가설적 실험이든)를 평가하도록 요청받는다. 피험자들이 자신의 사전 신념이나 견해와 충돌하는 정보보다 그것을 지지하는 정보의 질을 더 높게 평가할 때 우리편 편향이 드러난다. 흔히 베이즈식 구속 조건이란 피험자들이 그들의 사전 신념이나 견해를 지지하든 반대하든 동일한 정보에 동일한 가능도비를 할당해야 하는 것이라 여겨진다. 이는 1970년대와 1980년대의 초기 휴리스틱과 편향 문헌에서는 일반적인 가정이었다. 하지만 1990년대 이후에는 이러한 베이즈식 구속 조건이 이들 패러다임에 적용되지 않는다는 데 대한 인식이 늘어갔다.

거짓 신념의 고립된 섬들

우리는 앞서 우리편 편향 문헌에서 자주 사용되는 실험 평가 패러다임의 몇 가지 예를 살펴보았다. 흔히 피험자에게는 그들의 기존 입장이나 견해와 일치 혹은 불일치하는 결론에 이르는 결함 있는 가설 실험이 제공되곤 한다. 피험자들은 결과가 본인의 기존 입장이나 견해와 모순되는 연구에 대해서는 그와 일치하는 연구에 대해서보다 한층 신랄한 평가를 내린다. 예컨대 조너선 쾰러(1993)[7]는 초심리학자와 초심리학을 비판하는 과학 비평가 모두 초능력에 관한 본인의 사전 입장과 불일치하는 연구에 대해 낮게 평가한다는 사실을 확인했다. 그런데 쾰러[8]는 그의 실험에 참가한 피험자들에게서 보듯, 자신의 사전 신념이 연구의 질을 평가하는 데 영향을 끼치도록 허락하는 게 진정으로 비규범적인지를 소상히 분석하는 단계에까지 나아갔다. 그의 분석은 제시된 정보의 신뢰성이 의심스러운 패러다임에서는 일정 정도의 우리편 편향이 규범적으로 정당화될 수 있음을 실증적으로 보여 주었다.

이제 우리는 사전 신념 확률이 가능도비의 평가에 영향을 끼쳐선 안 된다는 베이즈식 구속 조건이, 피험자에게 출처의 신뢰성을 평가해야 하는 정보가 주어지는 패러다임에서는 대폭 완화된다는 사실을 알고 있다.[9] 이는 쾰러가 사용한 것과 같은 패러다임에 해당한다. 거기서는 피험자들이 가설 실험을 제공받지만, 실제 과학에서 사용하는 해당 실험 연구실의 실적이라든가 신뢰성 같은 맥락적 지식은 전혀 제공받지 못했다. 맥락적 지식이 없을 때는 피험자들이 부분적으로 그 연구 결과가 가설에 관한 자신의 사전 신념에 비추어 그럴듯해 보이는지 여부에 따라 그 신뢰성을 평가하는 게 당연한 듯하다. 이는 특히 쾰러의 실험에 참여한, 수년 동안 방법론을 훈련받고 행동주의적 주장을 평가해 온 경험이 있는 과학자 피험자들에게는 더욱 맞는 말인 것 같다. 쾰러가 분석한 이슈는 피험자들이 연구 결과와 사전 신념

간의 차이 크기를 그 연구의 질을 평가하는 근거로 삼는 게 과연 온당한가 하는 점이었다.

퀼러[10]는 부록에서 이 같은 사전 신념의 투사가 특정한 환경에서는 정당화된다는 것을 보여 주는 두 가지 공식적 증명을 제시했다. 우리의 목적에 비추어 볼 때 좀더 관련이 깊은 쪽은 증명 B다. 나는 여기서 공식적 세부 사항으로까지 들어가지는 않고, 그저 그 요지만 간략히 개괄할 작정이다. 퀼러의 증명 B는 세 가지 명제를 정의한다.

A=이 연구는 과학자들의 가설, 또는 사전 신념과 일치하는(agree) 결과를 제공한다.

T=이 연구는 자연의 실상(true state)에 부합하는 결과를 제공한다.

G= 이것은 질 좋은(good-quality) 연구다.

단순화를 위해 퀼러는 이 명제들을 0/1 명제*로 간주하지만, 그게 중요한 것은 아니다. 증명 B는 그 연구가 과학자들의 사전 신념과 일치한다고 가정했을 때 그것이 질 좋을 확률 P(G|A), 그리고 그 연구가 과학자들의 사전 신념과 일치하지 않는다고 가정했을 때 그것이 질 좋을 확률 P(G|~A), 이렇게 두 가지 조건부 확률에 미치는 상대적 제약을 가늠한다. 그리고 마지막으로 증명 B는 자신의 사전 신념과 일치하는 연구를 그렇지 않은 연구보다 더 질이 좋다고 보는, 즉 좀 더 공식적으로 말하자면 P(G|A)가 P(G|~A)보다 더 크다고 보는 과학자의 평가가 정당한가라는 문제를 본격적으로 다룬다.

---

* 자명한 명제.

1993년 논문의 방정식 15[11]와 그것을 설명하는 뒤이은 코멘트는 P(G|A)가 반드시 P(G|~A)보다 크려면 두 가지 조건이 충족되어야 함을 보여 준다. 첫 번째, P(T|G)가 P(T|~G)보다 커야 한다. 그런데 이것은 그저 질 좋은 연구는 질 나쁜 연구보다 자연의 실상에 부합하는 결과를 낳을 가능성이 크다는 것을 뜻한다. 이는 지극히 비정상적인 과학적 환경을 제외한 모든 경우에 해당하므로 유효하다고 봐도 무방하다. 두 번째, P(H)가 .50보다 커야 한다. 다시 말해 중심 가설 H는 과학자들이 그와 상호 배타적인 대립 가설 ~H보다 참이라고 여길 가능성이 더 높아야 한다.

따라서 퀼러의 증명 B는 거의 모든 경우에서, 과학자들이 자기가 지지하는 가설과 일치하는 연구를 그렇지 않은 연구보다 더 질 좋다고 평가하는 것이 정당화될 수 있음을 보여 준다. 그리고 일정 정도의 우리편 편향이 퀼러(1993)가 진행한, 그리고 1장에서 논의한 유형의 실험 평가 연구에서 정당화됨을 말해 준다.

실제로 내가 《누가 합리적인가Who Is Rational?》[12]에서 지적했다시피, 퀼러의 1993년 논문은 공식적 증명을 제공하는 데서 이례적이었다. 그럼에도 사전 신념이 새로운 증거의 평가에 영향을 끼치도록 허용하는 것이 규범적일 수 있다는 주장은 과학 철학 문헌[13]뿐 아니라 인지 심리학 문헌에도 수없이 재등장했다. 실제로 그런 주장은 너무 일반적이어서, 나는 약 20년 전 거기에 '지식 투사 논증knowledge projection argument'이라는 이름을 붙여 주기까지 했다.[14] 이 표현은 사전 신념이 새로운 정보를 평가하는 과정에 개입하도록 허락하는 것이 이따금 적절하다고 주장하게끔 만든 근거가 되고 있다.

지식 투사 논증은 기본적으로, 우리의 사전 신념 대부분이 참인 자연환경에서는 우리의 신념을 새로운 정보에 투사하면 좀더 신속한 지식 축적으로 귀결되리라는 것이다. 예컨대 로런 알로이와 나오미 타바크니크[15]는 인간과 기타 동물에 관한 공변 탐지 문헌을 논의하면서 지식 투사에 대해 이렇게 옹호했다. "개인의 기대가 그들의 자연환경에서 맞닥뜨리는 우발적 사건들을 정확하게 반영할 때, …… 그들이 유입되는 사건들 간의 공변 정보를 그 기대에 맞추는 것은 비합리적이지 않다." 물론 알로이와 타바크니크[16]는 우리가 지식 투사의 이점을 누리려면 대단히 정확한 신념 세트를 투사해야 한다고 강조한다.

조너선 에번스, 데이비드 오버, 그리고 켄 맨크텔로프[17]는 삼단 논법 추론에서 신념 편향의 규범적 위상을 고려할 때 이 주장의 또 다른 이형에 기댄다. 피험자는 오직 믿을 수 없는 결론과 마주했을 때만 전제들에 관한 논리적 추론에 관심을 기울인다. 에번스, 오버, 그리고 맨크텔로프[18]는 이러한 추론 전략이 추론자의 목적 성취에 기여한다는 의미에서 합리적일 수 있는지 따져 보았고, 그럴 수 있다고 결론 내렸다. 다시 한번 강조하거니와, 그들의 전략은 오직 그것을 유관 영역에서 대체로 참인 신념들의 하위 세트를 이용하는 데 적용할 때만 유효하다.[19] 지식 투사는 추론자의 사전 신념 대부분이 참인 영역에서만 효과를 발휘한다. 반면 추론자가 투사하는 신념들의 하위 세트가 상당한 거짓 정보를 담고 있을 경우에는 지식 투사가 정확한 정보의 흡수를 지연시킨다.

영역 X에서 연구하고 있는 두 과학자 A와 B가 있다고 해 보자. 과학자 A가 설정한 영역 X에서의 가설은 대부분 참인 반면, 과학자 B가 설정한 영역 X에서의 가설은 대부분 거짓이다. 두 과학자 모두 쾰러[20]가 실험적으로 증명해 보인 방식으로, 즉 증거가 자신의 사전 신념과 상충할 때면 그것을 무시하는 강한 경향성을 띠면서, 자신의 사전 신념을 동일한 새로운 증거에 투사하기 시작한다고 생각해 보자. 참인 신념의 수가 이미 과학자 B를 넘어선 과학자 A가 새로운 증거의 유입에 따라 이득을 누리리라는 것은 자명하다. 상이한 사전 신념들로부터 시작되는 지식 투사는, 1장에서 논의한 찰스 로드, 리 로스, 그리고 마크 레퍼[21]의 유명한 연구가 증명해 준 바와 같이, 신념 양극화 효과를 생성하는 기제다.[22]

추론자의 사전 신념 대다수가 참인 영역에서 효력을 발휘하는 지식 투사 경향은 '거짓 신념의 섬들'에 갇힌 특정 개인들을 고립시키는 효과를 낳을 수도 있다. 그들은 지식 투사 경향성 탓에 그 섬에서 빠져나올 수 없다. 한마디로 투사는 특히 부적당한 상황에서 사용되면 '지식 고립 효과knowledge isolation effect'를 초래하기 쉽다. 지식 투사는 추론자의 사전 지식 대부분이 참인 영역에서는 참인 새로운 신념을 좀더 빠르게 흡수하도록 거들어 준다. 그에 반해 추론자가 계속해서 주로는 거짓인 신념 꾸러미로 다가가고, 그 신념을 증거 평가 구조화에 쓰고, 그에 따라 점점 더 빠르게 향후 투사를 위해 그 꾸러미에 그릇된 정보를 덧붙이는 소수의 경우에서는 덫이 될 수도 있다. '거짓 신념의 섬들'에서 이루어지는 지식 투사는 어째서 그렇지 않았다면 지성적이었을 사람들이 헤어나올 수 없는 영역 특이적 거짓의 망에 붙들리는지 설명해 준다. 다른 면에서는 더없이 유능한 자연과학자들이 창조론을 믿는 현상이 가까운 예다. 실제로 이러한 개인들은 회의론자의 주장을 물리치기 위해 흔히 자신의 상당한 계산력을 이용하여 스스로를 합리화하기까지 한다.[23]

요약하자면, 전반적인 통계를 기반으로 할 때 지식 투사는 참인 신넘의 습득 속도는 응당 높여 주지만, 특히 부적절한 사전 신념을 지닌 특정 개인들이 그것을 투사하고 현실에 한층 부합하지 않는 신념을 키워 나가는 양상을 막아 주지는 못한다. 퀼러의 증명 B에 힘입어, 가능도비가 수량적으로 명시되지 않을 경우 사전 확률은 특히 출처 신뢰성과 신뢰 이슈가 중요할 때 가능도비 평가에 유효하게 쓰일 수 있음을 밝히는 작업에 여러 학자들이 뛰어들고 있다.[24]

내가 옳기를 바라는 마음

이 섹션에서는 퀼러의 증명 B가 규범적이라 여긴 모종의 추론 행동을 좀더 깊이 들여다보려 한다. 상호 배타적인 두 대립 가설이 있을 때, 퀼러의 증명 B는 가능도비의 평가에 도움이 되고자 사전 신념을 이용하는 행위가 정당함을, 즉 $P(G|A)$가 $P(G|\sim A)$보다 크다고 판단하는 것이 정당함을 보여 준다. 여기서 중요한 두 가지 조건 가운데 하나는 $P(H)$가 .50보다 커야 한다는 것이다. 다시 말해 중심 가설 H는 사전의 경험과 증거가 상호 배타적인 대립 가설 ~H보다 참이라 여길 가능성이 더 큰 가설이어야 한다는 것이다.

그런데 '참이라 여길 가능성이 더 커야 한다'는 애매한 표현은 퀼러의 증명 B가 실제로 모든 경우에서 우리편 편향이 규범적임을 말해 주는 것은 아니며, 오로지 협소한, 매우 국지적인local 의미에서만—추론자가 지금 흡수하고 있는 새로운 정보라는 제한된 경우에서만—그러하다는 것을 보지 못하게 한다. 따라서 퀼러의 증명은 추론자가 지금 막 투사하고 있는 사전 신념을 결정해 주었을지도 모를 우리편 편향은 결코 제대로 다루지 못한다. 현재의 사전 신념이 그 자체로 우리편 편향에 의해 결정된 게 아닐 때, 나는 그 상황을 '광역적으로 합리적globally rational'이라고 표현할 것이다. 즉 추론자가 오직 그 자체로 우리편 편향을 띠지 않는 절차를 통해 사전 확률에 이르렀을 *경우에만* 사전 신념 투사는 광역적으로 합리적이다. 우리가 추론자의 사전 확률이 어떻게 결정되었는지 알지 못할 경우, 쾰러의 증명 B는 오직 새로운 증거에 사전 신념을 투사하는 것이 비합리적이지는 않음을, 오직 '국지적으로 합리적locally rational'임을 보여 줄 따름이다.

광역적 합리성을 획득하려면 P(H)는 중심 가설에 대한 우리편 선호가 아니라 새로운 증거의 신뢰성을 유효하게 성찰하는 사전 지식을 담고 있어야 한다. 물론 광역적 합리성은 연속선상에 놓인다. 따라서 우리는 특정 사례에서 우리의 사전 확률이 어느 정도 참인 증거에 토대하고 있는지, 어느 정도 우리편 세계관을 투사한 결과인지 철저히 인식하지 못할 수도 있다. 그리고 우리가 우리편 편향을 얼마나 메타인지적으로 의식하고 있는지와 관련한 개인차는 모종의 흥미로운 아이러니를 만들어 낸다. 가령 우리는 광역적 합리성의 기준을 *가장 적게* 의식하는 사람들이 쾰러의 증명 B의 국지적 사례에서 그들의 사전 신념을 태평스레 투사하길 원치는 않는다. 하지만 H가 무엇인지에 대한 표현상의 애매함 탓에 바로 그 증명이 피해를 볼 소지가 있다. 즉 증거 자체는 H―'참이라 여길 가능성이 더 커야 한다'고 여겨지는 가설―에 대한 추론자의 태도에 아무런 제약을 가하지 않는 것이다.

우리가 H를 어떻게 생각하느냐는 그것이 일치(agreement, A: 증거가 참이라 여길 가능성이 더 큰 중심 가설과 일치하는지 여부)를 정의하는 데서 중요하므로, 쾰러의 증명에서 뒤따르는 모든 것을 결정한다. 일치(A)

는 모종의 연구가 잘 수행된 것으로 여겨지는지 여부(G, 즉 콰일러 분석에서의 질 좋은(good) 연구)—A 혹은 ~A가 해당 연구에서 얻은 최종 결과인지 결정적으로 의존하는 G의 확률—를 결정하는 것이다. 광역적 합리성을 획득하려면, H는 추론자가 사전 증거에 대한 *명확한* 견해를 토대로 참일 가능성이 크다고 여기는 가설이어야 한다. H는 추론자가 참이기를 *원하는* 가설이 아니다. 그뿐만 아니라 증거를 결정하는 데서 과거의 우리편 편향에 잔뜩 영향받은 가설도, 추론자의 세계관에 조응하는 가설도 아니다. 광역적 합리성은 H가 이른바 '개인이 지지하는 가설personally favored hypothesis'이 아니라 '증거가 지지하는 가설 evidence-favored hypothesis'이 될 것을 요구한다. 하지만 콰일러의 증명 B에서 말하는 국지적 합리성은 이것을 요구하지 않는다.

　여기서 한 가지 예를 들면 이해하는 데 도움이 될 것이다. 지능의 유전 가능성에 관한 전형적인 연구의 질을 평가하고, 인간 지능의 유전 가능성은 0이라는 가설 혹은 0이 아니라는 가설을 둘러싼 사전 확률과 사후 확률의 추이를 정리해 달라고 요청받은 심리학 교수가 있다 치자. 그녀는 지능의 유전 가능성이 상당하다고 말해 주는 증거[25]에 대해 알고 있다. 하지만 개인적으로 인간 본성이 백지 상태blank-slate라는 견해를 선호하는지라 그 증거가 사실이 아니기를, 즉 인간 지능의 유전 가능성이 0이기를 바란다. 문제는 그 교수가 P(G|A)〉P(G|~A)라 여기는 정당한 전략을 가지고 새로운 증거에 접근하기 위해 사용하는 H가 무엇이냐 하는 것이다. 새로운 증거가 사전 확률과 일치하느냐(A), 혹은 일치하지 않느냐(~A) 여부를 결정하기 위해 그와 비교할 때 그 교수가 채택하는 H는 무엇인가?

　우리는 이 교수를 '켈리'라 부를 것이다. 그리고 그녀가 메타 인지*적 인식 능력이 있으며 정신적으로 훈련되어 있다고 가정할 것이다. 켈리는 참일 가능성이 더 큰 가설('인간 지능의 유전 가능성은 0이 아니다')은 자신이 참이기를 *바라는* 가설('인간 지능의 유전 가능성은 0이다')이 아님을 알고 있다. 하지만 훈련된 정신을 발휘하여 더 참일 가능성이 큰 가설('인간 지능의 유전 가능성은 0이 아니다')을 P(H)〉.50로 삼는다. 그런 다음 계속 이 사전 가설을 새로운 증거에 투사한다. 이럴 경우 켈리는 국지적으로도 광역적으로도 합리적이다.

만약 국지적 합리성을 평가하는 데에만 한정한다면, 한편으로 자기 인식의 힘이 있는 켈리 교수, 다른 한편으로 인간 지능은 그 어떤 유전적 원인에 의해서도 달라지지 않는다는 백지 상태 견해[26]를 그저 수용하는 또 다른 심리학 교수를 구분할 재간이 없다. 퀼러의 증명 B가 지닌 한계가 드러나는 것이다. '데일Dale'이라 부르게 될 이 두 번째 교수는 동료들을 통해 지능의 유전 가능성이 적지 않음을 보여 주는 증거가 있음을 알지만, 그것을 애써 외면한다. 정신적으로 훈련되어 있지 않은 데일이 '인간 지능의 유전 가능성은 0이다'라는 명제를 중심 가설로 채택하고 P(H)〉.50라 가정한다 치자. 우리는 그가 증거에 관한 올바른 견해가 아니라 우리편 가설을 사용하고 있다고 생각할 것이다. 그리고 그가 더 나아가 새로운 증거의 신뢰성을 평가하는 데 이 사전 신념을 투사할 때, 즉 새로운 증거가 A인지 ~A인지 평가하는 데 이 H를 사용할 때, 역겨움을 느낄 것이다. 하지만 퀼러의 증명 자체에는 데일이 잘못이라고 주장하는 우리를 도와줄 만한 게 담겨 있지 않다.

---

*   자신의 사고 능력을 바라보는 또 하나의 눈.

요컨대, 켈리는 좀더 가능성 있는 가설 H가 반드시 그녀가 참이길 원하는 가설은 아니라는 사실을 알고 있다. '증거가 지지하는 가설'과 '개인이 지지하는 가설'이 늘 같지는 않다는 점 또한 인식하고 있다. 반면 데일은 자신이 *참이기를 바라는* 가설이 참일 *가능성이 더 크다*고 생각한다. 하지만 퀼러의 증명 B는 켈리와 데일을 분간하지 못한다. 즉 우리는 두 경우 모두 자신의 사전 신념을 투사하는 것이 규범적이라고 본다는 점에서 그 증명의 포괄 범위가 꽤나 제한적임을 확인할 수 있다. 퀼러의 증명 B는 오직 우리편 편향이 *국지적으로* 규범적이라는 사실을 규명할 뿐, 광역적으로도 규범적인지에 대해서는 아무것도 말해 주지 않는다. 내가 '국지적으로'라는 용어를 사용하는 것은 새로운 증거가 나오기도 전에 힘든 일heavy lifting이 모두 이루어지기 때문이다. 새로운 증거가 광역적으로 합리적인지 평가하는 데 사전 신념을 투사하는 경우, 새로운 증거를 수용하기에 *앞선* 신념 업데이트에서, 증거에 기반한 사전 신념이 개인이 지지하는 사전 신념보다 최소한 우세하기는 해야 한다. 그리고 만약 상이한 사전 신념을 지닌 사람들이 좀더 광역적인 유형의 합리성을 획득하지 못한다면, 그들은 베이즈식 수렴에 이르지 못할 것이다. 즉 결국에 가서 동일한 증거들을 충분히 검토한 뒤에도 사후 신념에서 수렴에 도달하지 못할 것이다. (수렴 자체에는 확인되지 않은 수많은 복잡성이 담겨 있긴 하지만 말이다.)[27]

퀼러의 증명 B는 켈리와 데일 둘 다에게 새로운 실험의 신뢰성을 평가할 때 그들이 지닌 사전 신념을 투사하도록 허락한다. 하지만 그럼에도 그들이 서로 다른 P(H)에 *이르도록* 해 주었을 무언가는 지지하지도 반대하지도 않는다. 구체적으로 말해, 이는 데일이 이슈와 관련한 사전 증거를 무시하고 증거에 토대한 가설이 아니라 자신이 희망하는 가설을 중심 가설로 삼은 데 대해서는 침묵한다. 퀼러의 증명 B는 국지적 지식 투사는 *허용하지만*, 광역적 지식 투사는 허용하지 않는다. 국지적 차원에서는 아마 켈리와 데일의 지식 투사가 둘 다 규범적일 것이다. 하지만 광역적 차원에서는 데일의 경우가 덜 합리적이다.[28]

널리 정당화되는 우리편 사고

광역적 합리성은 중심 가설 H를 적절하게 선택해야 한다고 요구한다.[29] '적절하게 선택해야 한다'는 말은 P(H)〉.50이 단순히 세계관에 입각한 게 아니라 사전 증거에 기반한 것이 되어야 한다는 의미다. 퀼러의 증명 B가 지닌 크나큰 한계는 '연쇄적 오용serial abuse'이라 부를 법한 것에 영향을 받는다는 점이다. 그것은 사전 신념이 어디서 유래했는지, 즉 그것이 증거에 확실히 토대를 두고 있는지 여부는 판단하지 않는다. 그에 따라 데일 같은 이들이 증거가 아니라 그저 단순히 세계관 위에 구축된 사전 신념을 들여오도록 허락한다. 증명 B의 오용자는 증거에 기반한 검증 가능 신념이 아니라 세계관과 관련한 사전 신념에서 시작하기로 마음먹는다.

투사되어도 좋을 중심 가설과 그래서는 안 되는 중심 가설로 귀결되는 모종의 상황을 일반화하는 것은 가능하다. 나는 다시 한번 로버트 아벨슨[30]을 따라서 검증 가능 신념과 원위 신념을 구분할 생각이며, 원위 신념을 확신이나 세계관과 동의어로 간주할 것이다.[31]

우리편 편향이 국지적으로뿐 아니라 광역적으로도 합리적인지 여부를 알아보려면, 우리는 추론자가 어떻게 중심 가설 H를 얻어 내는지 그 경위에 대해 질문해 보아야 한다. 즉 추론자는 어떻게 중심 가설 H가 그와 상호 배타적인 대립 가설 ~H보다 더 참일 가능성이 높다고 여기게 되었는가? 만약 추론자가 검증 가능 신념을 지식 투사에 사용하기 앞서 인식론적으로 정당한 업데이트의 지배를 받으면서 사전 확률을 얻어 낸다면, 그의 지식 투사는 국지적으로도 광역적으로도 합리적이다. 켈리의 경우가 이에 해당한다. 하지만 데일의 사례는 다르다. 그의 경우는 증거가 아니라 세계관이 인간 지능의 유전 가능성을 0이라고 보는 사전 신념을 중심 가설(추론자의 관점에서 참일 가능성이 높은 가설)로 귀결되도록 이끈다.

물론 이 상황은 실제로는 연속선상에 놓인다. 대다수 사람들의 사전 신념은 한편으로는 증거에 기반한 지식에, 다른 한편으로는 검증 불가능한 신념이나 세계관과의 관련성에 영향을 받기 때문이다. 대다수 사람들의 사전 신념은 모두 세계관과 증거가 어우러진 결과다. 그림 2.1은 세 가지 예를 보여 준다. 처음의 두 가지 예는 앞서 논의한 교수, 데일과 켈리에 해당한다. 문제된 특정 이슈는 사립 학교 바우처 제도가 교육적 성취를 높이는 데 효과적인지 여부와 관련한 새로운 데이터를 어떻게 평가할 것인가다. 데일은 분명 증거의 진단 능력(화살표 C)과 딱 들어맞는 사전 신념(화살표 B)을 형성해 그것을 증거 자체의 평가(화살표 A)에 사용할 것이다. 그는 학교 교육이나 교육적 논쟁에 관해 아는 바가 거의 없으며, 따라서 사전 확률을 형성하는 데 영향을 줄 만한 실제적인 검증 가능 지식을 거의 갖추고 있지 않다. 하지만 데일이 견지하는 세계관은 사립 학교 바우처의 효율성에 대

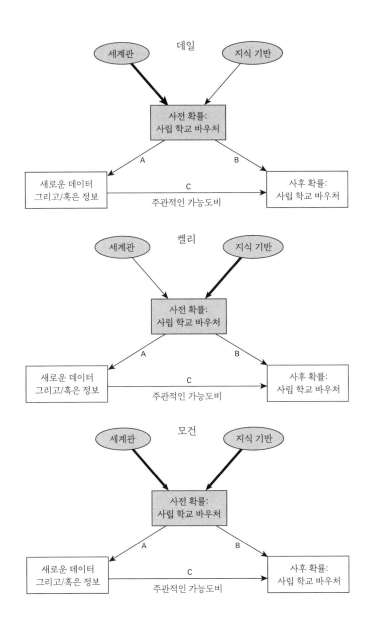

그림 2.1.
사전 확률을 결정하는 데 영향을 끼치는 세계관과 실제 지식 간의
가중치 차이를 보여 주는 세 가지 사례

한 관점에 오랫동안 영향을 끼쳤고, 그 결과 그는 사전 신념을 형성하는 데서 자신의 세계관에 과도하게 기댄다. 데일이 사전 신념을 투사할 때(화살표 A), 그는 증거에 기반한 지식이 아니라 세계관을 투사하고 있는 것이다.

반면, 켈리는 양질의 언론 출처에서 사립 학교 바우처의 효율성 문제를 다룬 자료를 광범위하게 찾아 읽은 터라 교육 관련 이슈에 해박하다. 그녀는 사전 확률을 개발하는 데서 이 모든 것을 고려하고, 그 이슈에 대한 특정 입장과 관련한 세계관에는 거의 의존하지 않는다. 켈리는 사전 신념을 투사할 때(화살표 A) 주로 증거에 기반한 지식을 투사한다. 그녀의 우리편 편향은 데일의 경우에서와 달리 광역적으로 합리적이다.

세 번째 예로 든 심리학 교수는 모건이라고 부르겠다. 그는 세계관과 검증 가능 지식 간의 트레이드오프가 정말이지 연속적임을 보여 준다. 사립 학교 바우처의 효율성에 관한 연구 평가 과업에 임할 때, 그는 자신의 사전 신념을 형성하는 데서 검증 가능 지식을 데일보다는 많이, 켈리보다는 적게 사용한다. 반면 세계관(원위 신념)을 켈리보다는 많이, 데일보다는 적게 사용한다.

그림 2.1은 우리가 중심 가설을 위한 사전 확률을 형성하는 데 정보를 활용할 때, 본인은 이 연속선상의 어디쯤에 위치할지 생각해 보게 한다. 추론자가 사전 확률을 형성하는 데서 켈리와 비슷하고, 더 나아가 쾰러가 보여 준 것처럼 규범적으로 적절한 방식으로 증거 평가에 사전 확률을 투사한다면, 그는 이 특정 경우에 사전 확률을 투사하는 데서 증명 B가 부여하는 허가증을 오용하지 않을 것이다. 그는 국지적으로도 광역적으로도 합리적이다.

누구의 결점에 관대한가

퀼러(1993)[32]의 증명 B는 1장에서 논의한 로드, 로스, 그리고 레퍼의 1979년 연구[33]에서 살펴본 신념 양극화 효과를 설명해 준다. 로드, 로스, 그리고 레퍼(1979)[34]가 피험자들에게 사형의 효과를 다룬 두 가지 연구를 제시했음을 상기해 보라. 결과가 서로 상반된 방향을 가리켰으므로 충돌하는 증거가 제공되었다. 그럼에도 사형 찬성 집단과 반대 집단은 혼합된 증거를 살펴보고 나서 실험을 시작했을 때보다 한층 더 심하게 양분되었다. 그들은 신념 양극화 효과를 실질적으로 증명해 보였다. 즉 상이한 견해를 가진 피험자들은 뒤섞인 동일한 증거를 보고도 그들의 사후 확률에서 수렴하기보다 더욱 확산하는 경향을 보인 것이다.

우리는 퀼러의 분석을 활용하여, 지식 투사의 조건이 로드, 로스, 그리고 레퍼가 진행한 1979년 연구의 두 피험자 집단에게도 유지되고 있으며, 두 집단이 P(G|A)가 P(G|~A)보다 크다고 가정하는 것은 정당하다고 추정할 수 있다. 따라서 두 집단이 제공받은 두 가지 연구—각각 그 이슈의 양 측면에 기초한 연구—가 똑같이 강력하다는 것은 함수적으로 맞지 않는다. 사실 P(G|A)가 P(G|~A)보다 크다고 가정함에 있어 두 집단은 그들의 핵심 신념과 일치하는 연구가 그렇지 않은 연구보다 약간 더 낫다는 것을 발견했다. 따라서 사형에 찬성하는 집단과 반대하는 집단 둘 다 1보다 더 큰 가능도비를 얻었다. 그리고 두 집단의 가능도비는 사후 확률을 더 극단적인 방향으로 몰아감으로써 양자 간의 양극화를 한층 심화시켰다.

어떤 조건에서 신념 양극화가 사실상 규범적으로 적합한지를 좀더 광범위하고 공식적으로 분석한 것은 앨런 전, 카이민 챙, 그리고 찰스 켐프(2014)[35]의 연구다. 그들의 분석에서 얻을 수 있는 메시지는 상이한 피험자들이 제공받은 증거와 중심 가설을 연관 짓는 데서 상이한 틀 짓기framing 방식을 취할 때 신념 양극화가 발생하는 경향이 있다는 것이다.

그들의 주장을 설명하기 위해 나는 전, 챙, 그리고 켐프의 2014년 논문에 실린 단순한 한 가지 사례를 가져와서 고쳐 쓸 것이다. 두 체스 선수 바비Bobby와 보리스Boris가 대결을 벌이다가 휴식을 취하려고 경기 도중 체스판을 떠난다고 가정해 보자. 그리고 역시 당신과 나는 그 순간 그 방에 들어간 관중이라서 경기의 시작을 보지 못했다고 치자. 당신은 바비가, 나는 보리스가 뚜렷하게 차이 날 만큼 상대보다 훌륭한 선수라고 생각한다. 우리는 둘 다 체스판을 들여다보고 흰색이 상당한 우위에 놓인 것을 확인한다. 선수들에 대한 우리의 사전 신념을 고려할 때 당신은 바비가, 나는 보리스가 흰색일 가능성이 높다고 생각한다. 만약 우리 둘 다 바비와 보리스 중 누가 경기에서 이길지에 대한 자신의 사전 확률을 업데이트한다면, 우리의 사후 확률은 훨씬 더 벌어질 것이다. 우리는 증거(아직 끝나지 않은 경기의 체스판 상태)를 해석하는 데 상이한 가정을 도입하고, 둘 다 비합리적으로 행동하지 않았음에도 신념 양극화를 드러낸다.

하지만 전, 챙, 그리고 켐프[36]가 제시한 또 다른 사례들은 이보다 훨씬 더 미묘한 것으로, 상당수가 실제 실험에 관한 분석이었다. 여기서는 내가 진행한 가설적 실험의 다소 약한 버전이 신념 양극화를 드러내고 있는 듯하다. 3명의 공동저자는 스콧 플라우스[37]가 실시한 실험에 대해 논의한다. 그 실험은 원자력 지지자와 반대자에게 펜실베이니아주 스리마일섬Three Mile Island에서 1979년 발생한 원자로 사고를 다룬 균형 잡히고 공정한 기술을 제공한다. 원자력 지지자와 반대자는 기술된 내용을 읽은 뒤 원자력의 유용성과 안전성을 두고 결과적으로 훨씬 더 크게 갈라졌다. 그들의 견해는 단순화한 베이즈 모델에서 기대되는 바와 달리 수렴하지 않았다.

전, 챙, 그리고 켐프[38]는 원자로가 고장 났지만 그 고장이 안전하게 수습된 스리마일섬 사고에 대한 기술이 어떻게 해서 원자력 지지자와 반대자의 서로 다른 세계관을 더욱 크게 벌려 놓았는지 논의한다. 전, 챙, 그리고 켐프는 원자력을 지지하는 피험자들은 고장이란 일어나게 마련이지만 안전하게 처리되는 것 같다는 '결점에 관대한fault-tolerant' 세계관을 지녔다고 지적한다. 플라우스(1991) 자신은 실험의 일부인 자유 답변 부분에서, 원자력 지지자는 고장을 원자력의 시스템 안전 보장 조치에 대한 성공적인 시험으로 간주하는 경향이 있다고 언급했다. 반면 원자력에 반대하는 피험자들은 여하한 고장도 받아들일 수 없는 것으로 여기는 '무결점fault-free' 세계관을 지니고 있었던 것 같다. 따라서 양쪽 피험자 집단은 그 사건에 대한 기술을 각자의 이전 세계관을 더욱 강화해 주는 것으로 삼았을 가능성이 있다. 그 결과가 바로 신념 양극화다. 그들은 정확히 동일한 증거를 전혀 다른 함의를 지니는 것으로 해석했다. 그 증거가 그들의 이전 세계관에 접속하는 방식 때문이었다.

퀼러(1993)의 분석도, 전, 챙, 그리고 켐프(2014)의 분석도 사전 확률이 가능도비의 평가에 영향을 미쳐선 안 된다는 단순한 베이즈식 구속 조건이 유지되는 것은, 오직 고전적인 책가방 실험과 포커칩 실험[39]에서처럼 가능도비에서 확률이 명시되어 있거나 직접 관측될 경우에 한함을 보여 준다. 거기서는 가능도비가 분명하게 계산될 수 있으며, 새로운 증거 출처의 신뢰도도 의심의 여지가 없다. 하지만 퀼러(1993)와 전, 챙, 그리고 켐프(2014)의 분석은 둘 다 울리크 한과 애덤 해리스[40]가 심도 있게 다룬 점을 잘 보여 주는 예다. 베이즈 추론은 새로운 출처의 신뢰성이나 타당성이 의심될 때는 한층 복잡해진다는 점을 말이다.[41] 한과 해리스가 민감하고 미묘한 2014년 리뷰에서 얻은 가장 중요한 결론은, 베이즈식 업데이트를 위해 제시된 새로운 증거의 실제 내용은 그 *진단* 능력에 대한 우리의 평가에 영향을 미칠 수 있다는 것이다. 사전 확률과 가능도비의 규모 및 방향의 차이 크기에 따라 증거 출처의 신뢰성에 대한 우리 평가가 영향을 받기 때문이다. 그 차이가 크면 클수록 증거는 점점 더 놀라운 것이 되고, 우리는 그 출처가 지니는 신뢰성에 더욱 의문을 품게 된다. 따라서 그 증거의 암묵적 진단 능력은 떨어진다. 한과 해리스[42]는 '증거의 내용 자체는 출처의 신뢰성을 드러내는 한 가지 지표(그리고 여러 맥락에서 우리의 유일한 지표)를 제공해 줄 수 있다'고 주장한다. 그리고 메시지 내용에 기반해 출처 신뢰성에 대한 믿음을 결정하는 것이 적절함을 보여 주는 다른 분석들[43]에 대해서도 논의한다.

전, 챙, 그리고 켐프[44]는 특정 예에서는 신념 양극화가 규범적이라고 옹호한다. 이는 퀼러(1993)가 연구의 질을 평가하기 위해 사전 확률을 사용하는 것이 규범적이라고 인정한 경우와 유사하다. 두 가지 다에서 그들이 옹호한 것은 국지적 규범성이지 광역적 규범성이 아니다. 퀼러의 규범적 분석은 사전 확률의 개발로 이어지는 단계에 대해서는 비평하지 않는다. 하지만 좀더 광역적인 관점에서 만약 사전 확률이 비합리적이라면(즉 과거의 비규범적인 우리편 정보 처리에서 유래한 것이라면), 사전 확률을 투사하는 것은 광역적으로 비합리적인 사후 확률로 귀결될 것이다. 마찬가지로 전, 챙, 그리고 켐프(2014)의 분석은 증거 해석에 쓰이는 틀 짓기의 합리성[45] 또는 그와 관련한 보조적 가정들의 합리성[46]을 평가하지 않는다. 만약 신념 양극화 실험에 참여한 당사자들 가운데 한쪽이 사용한 틀 짓기가 심각하게 비합리적이라면, 양극화의 두 당사자 가운데 적어도 한쪽의 사후 확률은 광역적으로 비합리적일 것이다.

좋은 편향과 나쁜 편향

1970년대부터 1990년대까지 휴리스틱과 편향 전통에서 초기 연구들[47]이 진행되는 동안, 우리편 편향(흔히 확증 편향이라고 부르기도 한다[48])은 단지 늘어나는 여러 편향 목록(기준점 편향, 사후 과잉 확신 편향, 가용성 편향availability bias 등)의 하나에 불과한 것으로 간주되었다. 우리편 편향은 연구를 위해 설계된 실험실 패러다임에서 발견될 경우 그저 비규범적이라고만 여겨졌다. 대다수 논문에서 그 문제가 충분히 논의되지 않았음에도 불구하고 말이다. 1990년대 전반의 지식 투사 논증[49]은 휴리스틱과 편향 연구자들로 하여금 목욕물과 함께 아기까지 버렸다는 사실을 깨닫도록 해 주었다. 이 초기 연구자들은 모든 증거의 탐색과 평가를 구조화하는 데 원위 세계관을 사용하는 것을 분명 잘못된 행동으로 여겼고 그것을 어떻게든 억제하고자 했다. 하지만 새로운 실험적 증거의 신뢰성을 평가하는 데 극도로 심사숙고한 증거에 기댄 사전 신념을 이용하는 과학자의 효율성에 대해 알지 못했다. 그들은 이런 식의 사전 지식 투사는 규범적으로 적절하다는 사실을 간파하지 못했다. 이것이 실제로 퀼러의 경험적 연구(1993)에서 훈련받은 과학자들이 초능력에 관해 제공받은 증거와 실험을 통해 실제로 한 일이었다. 퀼러는 사실상 가장 심한 우리편 편향을 드러낸 것은 다름 아닌 회의적인skeptical 과학자들이었음을 확인했다.

이 책에서 개괄한 바와 같이, 퀼러의 증명 B는 과학자들의 행동이 적어도 질적으로는 규범적으로 적절하다는 것을 보여 주었다. 하지만 퀼러의 증명이 지닌 문제는 사전 확률이 원위 신념에서, 즉 증거가 뒷받침하지 않는 확신에서, 비롯되었음에도 여전히 적용되고 있다는 데 있다. 퀼러의 증명 B 자체는 확신 기반의 사전 확률과 증거 기반의 사전 확률을 구분할 방도가 없다. 마찬가지로 전, 챙, 그리고 캠프(2014)의 신념 양극화에 대한 규범적 합리화 역시 정당한 과학적 차이에 토대한 틀 짓기와 검증 불가능한 원위 신념(즉 세계관)에 토대한 틀 짓기를 분간하는 데 실패하고 있다.

따라서 우리는 하나의 불만족스러운 상황에서 또 다른 불만족스러운 상황으로 넘어간 듯하다. 과거의 휴리스틱과 편향 문헌은 너무 심한 우리편 중심적 사고를 비합리적이라 여겼다. 사전 확률은 절대로 가능도비의 평가에 영향을 끼쳐서는 안 된다는 규칙을 너무 엄격하게 적용함으로써, 그 문헌은 대단히 합리적인 모종의 추론 행위마저 배제했다. 게다가 우리가 비공식적으로 '나쁜' 유형의 우리편 편향(즉 검증 불가 신념이 새로운 증거를 해석하는 데 영향을 미치도록 허용하는 것)이라 부를 법한 것을 겨냥하느라, 실수로 '좋은' 유형의 우리편 편향(새로운 증거의 신뢰성을 평가하기 위해 증거 기반의 사전 확률을 사용하는 것)까지 싸잡아 비난했다. 하지만 퀼러(1993)와 전, 챙, 그리고 캠프(2014)

의 통찰력에 힘입어 그 실수를 바로잡는 과정에서 우리는 이제 그와 정반대 유형의 문제를 드러냈다.[50] 다시 말해 이러한 새로운 분석들은 좋은 유형의 우리편 편향을 규범적으로 승인해 주긴 하나, 나쁜 유형의 우리편 편향을 걸러 내는 데는 실패하고 있는 것이다.

이렇게 되고 보니 교착 상태에 빠진 듯하다. 우리편 편향의 인식론적 합리성에 관한 철학적 논의를 살펴보노라면 우리가 직관적으로 원하는 것을 얻지 못하지 싶으니 말이다. 즉 우리는 좋은 유형의 우리편 편향은 규범적인 것으로 간주하되, 나쁜 유형의 우리편 편향은 비합리적인 것으로 판단하는 철학적 분석에 영영 도달하지 못할 것만 같다. 인지과학에서 흔히 그렇듯이, 이런 유의 교착 상태는 직관을 재검토해 보도록 요구하는 신호일지 모른다. 우리에게는 증거 평가에 세계관을 투사하는 행위를 규범적으로 비난해 줄 이론이 없다. 따라서 우리는 그러한 직관이 잘못인지, 잘못이라면 적어도 어떤 의미에서 잘못인지를 좀더 철저하게, 그리고 합리성 개념을 한층 폭넓게 바라보면서 탐구해 볼 필요가 있다.

세계관 투사가 꼭 비합리적인가

지금껏 우리는 우리편 편향을 전적으로 인식론적 합리성의 주제로서만 여겨 왔다. 그러나 그 규범적 위상에 대해 광범위하게 논의하려면 도구적 합리성도 고려해야 한다. 두 가지의 차이는 무엇이 참인가(인식론적 합리성 영역)와 무엇을 할 것인가(도구적 합리성 영역)[51] 간의 차이에 명확히 담아낼 수 있다.

우리의 신념이 인식론적 합리성을 획득하려면 그것은 세상의 이치와 조응해야 한다. 즉 참이어야 한다. 반면 우리 행동이 도구적 합리성을 얻으려면 그것은 우리의 목적을 달성하는 최선의 수단이어야 한다. 즉 행할 수 있는 최선의 것이어야 한다. 약간 더 전문적으로 표현하자면, 도구적 합리성은 개인이 추구하는 목적 충족의 최적화라고 할 수 있다. 경제학자와 인지과학자 들은 이를 기대 효용expected utility이라는 전문적 개념에 담아 냈다.

우리가 지금껏 논의한 규범적 분석―쾰러(1993)와 전, 챙, 그리고 켐프(2014)의 분석―은 우리편 편향을 오로지 인식론적 합리성의 관점에서만 살펴보았다. 즉 한 개인의 신념이 성공적인 정보 처리를 위해 올바른 확률을 지니고 있는지 여부만 따진 것이다. 하지만 이러한 분석은 그 장부의 또 다른 편인 도구적 측면을 완전히 무시한다. 이것이 심각한 누락인 까닭은 철학자 리처드 폴리(1991)[52]의 말마따나, '당신의 신념이 비非지적인 목적을 얼마나 잘 촉진해 주느냐 하는 관점에서 자기 신념의 합리성을 평가하는 데는 원칙적으로 아무런 잘못이 없'기 때문이다. 러셀 골먼, 데이비드 해그먼, 그리고 조지 로웬스타인(2017)[53]은 어떻게 해서 신념을 교란하는 정보를 피하는 것 역시 도구적으로는 합리적일 수 있는지 보여 준다.

인식론적 합리성과 도구적 합리성은 특히 인간 같은 복잡한 유기체에서는 서로 충돌할 가능성이 있다. 우리가 진실을 더없이 맹렬하게 추구할 때면 목적 달성에서 대가를 치러야 할 수도 있다. 마찬가지로 부적절한 신념을 채택하는 데 따른 도구적 이익도 있을 수 있다. 이를테면 닉 체이터와 조지 로웬스타인(2016)[54]은 신념 변화가 적잖은 비용을 발생시키므로 그와 관련해서는 상당한 관성이 드러날 수 있다고 밝혔다. 새로운 정보를 수용하기에 더 나은 모델을 탐색하는 것은 어려우며 인지적으로도 벅찬 일이다. 체이터와 로웬스타인(2016)[55]은 신념 네트워크의 변화를 요구하는 정보에 대한 가장 손쉬운 대처법이란 될수록 현재 모델을 가장 적게, 국지적으로 조정하는 것이라고 주장한다. 또한 인지과학의 수많은 컴퓨터 모델은 지극히 국지적으로 더 나은 인지 모델을 탐색함으로써 새로운 정보를 수용한다고 언급한다. 체이터와 로웬스타인(2016)은 새로운 정보의 수용은 흔히 그 네트워크상에서 다른 정보들의 재구조화를 요구한다고도 지적한다.

요컨대 효율적인 인지 행위자cognitive agent는 현재 모델을 가능한 한 가장 적게 변화시켜야 하며, 그 변화가 되도록이면 국지적이어야 한다. 바로 그러한 효율성이 우리편 편향을 수반한다. 즉 사전 신념과 충돌하는 정보를 처리하고 수용하길 달가워하지 않는 경향성을 드러내는 것이다. 문서로 잘 정리되어 있는 바지만, 신념 변화에 비용이 따른다는 것은 참인 신념을 대놓고 *기피하는* 사례가 왜 그렇게나 많은지를 설명해 준다.[56]

이렇듯 도구적 합리성을 획득하는 것은 때로 인식론적 합리성의 희생을 필요로 한다. 신념 변화 비용에 관한 분석을 보완하는 것이 이를테면 동기 영역에서 보듯 정확하게 진실을 추구하지는 않는 신념을 채택하는 데 따른 도구적 *이익*에 관한 분석이다.[57] 그와 마찬가지로 개인적 관계 영역에서도 이익이 발생할 수 있다. 가령 리처드 폴리(1991)는 반대되는 증거가 적잖은데도 애인이 (바람을 피우지 않고) 자신에게 충실하다고 믿는 한 남성의 사례를 기술한다. 애인이 충실하다고 믿는 것은 그의 욕구를 상당 정도 충족시켜 준다. 관계가 지속되었으면 하는 욕구, 가정의 생활 질서가 무너지지 않았으면 하는 욕구 등을 말이다. 그러므로 만약 그와 같은 상황에 처한다면, '당신 역시 꽤나 높은 수준의 증거를 요구하는 스스로의 모습을 발견하게 될 테고, 그에 따라 놀랄 일도 아니지만 당신에게 애인의 부정을 납득시키려면 이례적으로 확실한 증거가 필요할 것이다.[58]' 목적이나 욕구가 담겨 있다는 사실을 알지 못하는 외부 관찰자는 신념의 기준이 가당치 않게 높다고 여길 수도 있다. 하지만 인식론적 목적, 그리고 도구적 목적에 대한 고려는 여기서의 높은 인식론적 기준 설정을 합리적으로 보이도록 해 준다.

일반적으로 우리의 목적 달성에 가장 크게 기여하는 것은 다수의 진실과 소수의 허위를 포함하는 신념 네트워크를 보유한 상태다. 참인 신념은 대부분의 경우 우리의 목적 달성을 용이하게 해 준다. 하지만 신념과 관련하여 인식론적 이유와 실제적 이유가 충돌한 폴리(1991)의 예에서 보듯 늘 그런 것은 아니다. 그럴 경우 도구적 목적이 인식론적 목적보다 우세하도록 하는 것은 적어도 비합리적이지는 않다.

사회적 영역은 흔히 도구적 합리성을 인식론적 정확성보다 우위에 두는 영역이다. 집단 응집group cohesion은 집단 구성원들이 상당한 관성을 드러내는 신념을 유지하도록 요구한다. 집단의 훌륭한 구성원이 되려면 집단의 신념과 배치되는 생각에 부딪혔을 때, 당연하다 할 만큼 상당 정도의 우리편 편향을 드러내야 한다. 하지만 거의 언제나 집단의 구성원 자격을 얻음으로써 누리는 적잖은 편익benefit은 우리편 편향에 의해 특정 구성원의 신념 네트워크에 부정확성이 끼어드는 데 따른 비용cost을 능가한다.[59]

정치학 분야의 연구들은 우리편 사고를 조성하는 데서 집단 멤버십의 중요성을 더욱 강조하는 듯하다. 릴리아나 메이슨(2018a)[60]은 정파 집단 간의 정서적 양극화 정도는 '이슈'에 기반한 이념보다 '집단 정체성'에 기반한 이념에 훨씬 더 많은 영향을 받음을 밝혀냈다. 통계적으로 정당 일체감partisan identification은 특정 사안에 관한 실질적 차이보다 훨씬 더 강력한 예측 변수였다.[61] 메이슨[62]은 "이념적 내집단에 대한 강력한 선호를 예측하는 데서 '자유주의자'와 '보수주의자'라는 딱지가 발휘하는 위력은 주로 그와 관련한 태도들로 이루어진 구조가 아니라 그들 집단에 대한 사회적 동일시에 토대를 둔다"고 결론지었다. 메이슨[63]은 이 점을 강조하고자 자신의 논문에 '이슈 없는 이데올로그들Ideologues without Issues*'이라는 제목을 달았다.

수많은 이론가들이 신념의 심리학에서 각축을 벌이는 두 가지 동기에 대해 가정했다. 즉 인식론적 정확성을 추구하는 동기, 그리고 집단적 목적에 기여하는 신념을 받아들이고자 하는 사회적 동기다.[64] 우리편 편향의 일부 사례는 개인이 도구적인 사회적 목적에 봉사하고자 인식론적 정확성을 희생한 결과일 수도 있다. 따라서 그가 도구적 차원에서 합리성을 추구하고 있었을지도 모르므로, 인식론적 작업에서 드러난 비규범적 반응을 무작정 비합리적이라고 몰아붙이는 것은 잘못이다. 1장에서 다룬 독일 자동차 실험[65]의 피험자들은 우리편 편향을 드러내고 있다. 하지만 그 같은 특정 상황에서의 편향을 비합리적이라 여기는 것은 옳지 않다. 자국에 이득을 안겨 주는 규제적·경제적 결정을 선호하는 사람에게 내재적으로 비합리적이라 할 만한 구석은 없기 때문이다. 코리 클라크 외[66]가 지적했다시피, "제가 속한 부족

---

* 이데올로그는 특정 이데올로기를 신봉하는 이론가 또는 공론가를 의미한다.

을 고운 눈으로 바라보는 편향이 꼭 비합리적인 것은 아니다." 따라서 집단 정체성은 우리편 편향의 핵심적 원천이다.[67]

댄 캐헌(2013, 2015)[68]은 우리편 편향의 주 원천인 집단 정체성을 집중적으로 탐구했다. 그가 이른바 '정체성 보호 인지'라고 부른 것 말이다. 캐헌(2013, 2015)[69]에 따르면, 그것은 우리가 핵심적인 사회 정체성으로서 특정 신념을 지지하는 친화 집단에 헌신할 때 생겨난 다. 우리가 접하는 변화무쌍한 정보들에는 이 같은 핵심 신념의 기반 을 약화하는 증거들이 담겨 있을 수 있다. 만약 그 증거들에 기반해 우리 신념을 정확하게 업데이트한다면, 우리는 아마 우리의 정체성을 규정하는 집단으로부터 배척당하게 될지도 모른다. 따라서 집단의 핵 심 신념을 지향하는 우리편 편향을 지니게 되는 것은, 다시 말해 부정 적인 정보를 수용할 때는 문턱을 한껏 높이고 긍정적인 정보를 흡수 할 때는 문턱을 대폭 낮추는 것은 지극히 당연한 일이다.[70]

인식론적 비용과 집단 정체성에 따른 편익을 적절하게 평가하지 않는다면 우리편 편향의 비합리성 여부를 판단하기 어렵다. 결과적으 로 '정체성 보호 인지'가 추동하는 우리편 편향이 꼭 비합리적인 것 은 아니다. 캐헌[71]이 지적한 대로, '사회과학은 시민들이 그 자신과 동 료들 사이를 틀어지게 만드는 정보를 걸러내는 등 사실상 지나치게 합리적이라서 문화적으로 양극화된다고 넌지시 암시한다.' 캐헌[72]의 '정체성 보호 인지'는 다양한 개념적 표현(상징적 효용symbolic utility, 윤 리적 선호ethical preferences, 보호받는 가치 등)에 의해 논의되어 온 일종의 상징적 행동 가운데 하나다. 이는 내가 과거에 표현적 합리성expressive rationality이라는 일반적 용어 아래 분류한 행동이다.[73]

자신을 표현하는 의사소통

우리가 하는 의사소통의 대다수는 무엇이 참인지에 관한 정보를 전달하려는 게 목적이 아니다.[74] 그렇다기보다 남들에게 보내는 신호로서, 때로는 자기 자신에게 보내는 신호로서 기여하는 *기능적* 의사소통이다. 남들에게 전달될 경우에는 우리가 가치롭게 여기는 집단에 우리를 묶어 주고, 자신에게 전달될 경우에는 동기적 기능을 부여하기 때문이다. 이러한 신호는 때로 일차적 욕구, 또는 즉각적 소비 효용의 극대화를 겨냥하고 있지 않음을 보여 주는 표현적 합리성의 전형으로 일컬어지곤 한다.[75]

로버트 노직[76]의 대안적 용어, 상징적 효용symbolic utility은 효용의 표현적 원천을 좀더 가시적인 다른 원천들과 구분 짓는 데 기여한다. 노직[77]은 상징적 효용을 '특정 상황을 상징화하는 행동'이라고 정의하며, '상징화한 상황의 효용은 상징적 연결성을 통해 다시 그 행동 자체로 귀속된다'고 밝힌다. 노직의 설명에 따르면, 상징적 행위와 실제 결과 간의 인과관계 부족이 더없이 분명한데도 상징적 행동을 이어 갈 때, 우리는 상징적 효용에 대한 관심을 비합리적이라고 여기는 경향이 있다. 노직(1993)은 이 범주에 해당하는 것으로 여러 마약 반대 조치를 꼽는다. 이 경우 지금껏 마약 반대 프로그램이 실질적인 불법 마약 사용을 줄이지 못했음을 가리키는 증거가 쌓여 왔음에도 노력은 계속된다. 그 프로그램이 불법 마약 사용의 근절을 향한 우리의 관심을 상징적으로 보여 주기 때문이다. 오늘날 지구 온난화에 관심이 있다는 신호를 보내는 숱한 행동도 이러한 논리를 띤다. 그 행동의 즉각적 효과는 발신자의 신호가 지니는 의미보다 덜 중요하다. 결코 읽지 않으리라는 것을 스스로 잘 알고 있는 책을 구매하는 행위도 또 다른 예다. 행동경제학 또한 신념을 투자로 취급하고, 따라서 자신의 정체성이 그러한 '인식론적 자산'을 총망라하고 있다는 신호를 보냄으로써 효용을 얻는 이들의 예를 제시한다.[78]

수많은 표현적 합리성 행위가 이루어지는 것은 우리가 '특정 유형의 인간이 되는 데' 혹은 자신이 그렇다는 것을 사회 집단에 신호 보내는 데 관심이 있기 때문이다. 투표 행위는 우리 다수에게 상징적 기능을 부여한다. 우리는 자신의 투표가 정치 체제에 미치는 영향력(선거에 따라 100만분의 1, 혹은 10만분의 1에도 못 미치는 영향력)으로부터 얻는 직접적 효용이 그 투표를 하는 데 들이는 수고보다 적다는 것을 잘 알고 있다.[79] 그래도 우리 대다수는 절대 선거를 빼먹지 않는다. 심지어 자신의 효능감이 잘못된 대상을 향한 것임을 알아차린 뒤에도 여전히 투표에 임할 때면 기대감에 부푼다.

하지만 방금 기술한 예에서, 투표 행위의 수행은 사람들로 하여금 자신에 대한 *이미지*를 유지하도록 해 준다. 이런 식으로 표현적 행동은 동기적 기능을 제공한다. '그런 유의 사람'으로서 스스로에 대해 강화된 이미지는 그들이 나중에 자신을 *진짜* '그런 유의 사람'으로 만들어 주는 데서 인과적으로 효과적인 행동을 수행할 수 있도록 거든다.

경제학 문헌에서 보는 윤리적 선호 개념[80]은 표현적 합리성을 잘 보여 주는 또 하나의 예다. 1970년대의 노동조합을 인정하지 않는 포도에 대한 보이콧, 1980년대의 남아프리카공화국 제품에 대한 보이콧, 그리고 1990년대의 공정 무역 제품에 대한 관심은 모두 윤리적 선호의 사례다. 마찬가지로 투표를 표현적 행위로 해석하는 것은 투표의 도구적 효용보다 그것의 신호 보내기와 심리적 이익을 더욱 강

조한 결과다.[81]

정치학의 우리편 연구 결과에 따르면, 사람들은 자신이 지지하는 정당에 우호적인 사실을 그렇지 않은 사실보다 더욱 잘 습득하고 보유한다.[82] 표현적 반응은 잘 알려진 이 연구 결과에 대해 그것이 왜 그런지를 부분적으로 설명해 준다. 다른 한편 존 벌록 외(2015)[83]는 올바른 반응에 대한 꽤나 소박한 유인들이 이러한 우리편 격차를, 완전히 근절하지는 못하겠지만, 크게 줄여 줄 수 있음을 발견했다. 벌록 외(2015)와 기타 유관 연구들[84]이 시사한 바에 따르면, 일부 사람들은 제 반대 정파의 입장을 지지하는 사실을 부인함으로써 그들을 화나게 만드는 데 아무 비용도 들지 않으면 기꺼이 그렇게 하려 든다. 이런 식의 부인은 오해라는 실질적인 인식론적 오류가 아니라, '홈 팀에 대한 표현적 지지'를 뜻한다.

표현적 행동은 흔히 1장에서 논의한 보호받는 가치, 즉 신성한 가치로부터 비롯된다. 다름 아니라 다른 가치들, 특히 경제적 가치와의 트레이드오프를 거부하는 가치다.[85] 더글러스 메딘과 맥스 베이저먼[86]은 피험자들이 보호받는 가치가 걸려 있을 때는 두 항목을 거래하거나 비교하길 꺼리는 모습을 보여 주는 숱한 실험에 대해 논의한다. 이를테면 사람들은 자신의 반려견이나 결혼반지가 시장에서 거래되기를 바라지 않는다.

따라서 보호받는 가치에 대한 믿음은 어떤 종류의 증거에 의해서도 쉽사리 달라지지 않는다. 신성한 가치와 관련한 새로운 정보는 엄청나게 큰 편향의 지배를 받는다. 즉 긍정적인 증거는 가뿐히 기존의 신념 네트워크에 흡수되고, 부정적인 증거는 극심한 검토의 대상이 된다. 우리는 표현적 행동을 그저 비합리적인 것이라고 치부해선 안 된다. 적어도 비용-편익 분석을 통해 그 행동이 이익을 낳을 가능성을 따져 보아야 한다.

의사소통 공유지의 비극

우리는 이제 우리편 편향의 규범적 적절성에 관한 논의에서 뜻하지 않은 접점에 이른 것 같다. 추론자가 새로운 증거를 평가하는 데 사전 확률을 사용하는 것이 비규범적인 경우는 오로지 그가 사전에 명시된 수치적 가능도비를 가지고 있을 때에 한한다. 그에 반해 추론자가 증거의 신뢰성을 판단해야 할 때, 그 증거와 사전 확률의 차이를 신뢰성 판단의 근거로 삼는 것이 언제나 비규범적인 것은 *아니다.*

아마 이는 증거에 기반을 둔 사전 확률의 경우에는 그리 놀랄 게 없다. 이 논의를 진행하기 전에 우리는 증거가 아니라 원위 신념(즉 세계관)에서 비롯된 사전 확률을 새로운 증거에 투사하는 것은 결단코 안 된다고 생각했을지 모른다. 하지만 나는 이것을 전적으로 배제하는 논의는 이제껏 보지 못했다. 우리가 도구적 합리성과 표현적 합리성에 관한 이슈까지 들여오기 위해 인식론적 합리성을 넘어설 때는 특히 더 그랬다. 우리편 편향을 (휴리스틱과 편향 문헌에서 드러나는 수많은 다른 추론 결함과 유사한) 인지적 오류라고 여기는 우리의 직관은 부적절해 보인다.

휴리스틱과 편향 문헌에서는 일반적으로 특정 편향이나 휴리스틱이 '전반적으로 유용하다'고, 그리고 분명한 진화적 이유 때문에 우리 뇌 속에 자리 잡고 있다고, 그러나 이따금 그것이 전개되어 온 진화적 환경과 오늘날 환경 간의 부조화로 인해 우리가 더러 오류에 빠지는 경향이 있다고 말한다.[87] 하지만 우리편 편향의 경우는 이러한 주장이 그리 맞는 것 같지 않다. 우리편 편향이 사회에 미치는 부정적인 효과가 아니라 개인한테 미치는 부정적인 효과에 대해 말할 때는 특히 더 그렇다. 아마도 우리편 편향은 그것의 부정적인 효과가 대부분 자기 자신에게가 아니라 남들에게 미친다는 점에서 특이한 편향이다. (3장에서 더 자세히 다룰 주제다.) 사회는 우리편 편향의 부정적인 결과로 인해 고통받지만, 개인들 각자도 그런지는 전혀 명확치 않다. 이는 법학 교수 댄 캐헌(2013)[88]이 탐구한 주제다.

이 섹션의 제목은 캐헌 외가 사용한 구절 "과학 의사소통 공유지의 비극tragedy of the science communications commons[89]"에서 따온 것이다. 사회 전반은 공공 정책이 객관적이고 실제로 참인 것에 기반을 두었을 때 더욱 잘살게 된다. 따라서 '과학 의사소통 공유지의 비극'은 우리편 편향을 지닌 채 증거를 합리적으로 처리함으로써 효용을 얻는 이가 득시글한 사회에서는 그 개인들 역시 결국에는 얻는 것보다 잃는 게 많아지는 데서 비롯되는 난국을 지칭하는 개념이다. 모두가 저마다 우리편 편향에 기대어 증거를 처리할 경우 결과적으로 그 사회는 좀처럼 진실에 수렴할 수 없게 된다.

캐헌 외가 사용한 이 구절은 1968년 개럿 하딘Garrett Hardin*의 유명한 개념, '공유지의 비극tragedy of the commons'에서 가져온 것이다. 공유지의 비극 자체는 숱한 연구가 이루어진 죄수의 딜레마prisoner's

---

* (1915~2003) 미국의 생물학자이자 생태학자로 '공유지의 비극' '구명 보트 윤리(life-boat ethics)' 개념의 주창자로 유명하다.

dilemma 패러다임에서 왔다.[90] 게임 이론의 고전인 이 논의에서는 함께 범행을 저지른 두 범죄자가 다른 방에 격리된다. 검사는 경미한 공동 범죄에 대한 증거는 가지고 있되 중대한 공동 범죄에 대한 증거는 충분히 확보하지 못한 상태다. 각 죄수는 격리된 다른 방에서 그 중대한 범죄를 자백하도록 요구받는다. 만약 둘 중 하나는 자백하고 상대는 자백하지 않으면, 자백한 죄수는 풀려나고 나머지는 그 중대한 범죄를 저지른 대가로 20년형을 꽉 채워 복역하게 된다. 둘 다 자백하면 둘 다 유죄 판결을 받고 10년 형을 살게 된다. 만약 둘 다 자백하지 않으면 둘 다 경미한 범죄에 대해서만 유죄 판결을 받고 2년 형에 처해친다.

두 죄수는 상대가 어떻게 하든 자신은 자백하는 게 이득임을 대번에 알아차린다. 따라서 각자는 제한적으로 합리적인 판단을 내리고 자백한다. (배반 반응) 결국 둘 다 중대한 범죄에 유죄 판결을 받고 10년 형에 처해진다. 둘 다 자백하지 않고(협력 반응) 2년형을 선고받는 경우보다 훨씬 나쁜 결과다. 일반적인 상황은 개인의 관점에서 보면 배반 반응이 협력 반응을 압도한다. 하지만 두 죄수가 각각 개인적으로 합리적인 반응을 하면 두 사람에 대한 보상은 낮아진다. 죄수의 딜레마의 다수 참가 버전은 '공유지 딜레마commons dilemma'로 알려져 있으며[91], 그와 비슷한 논리를 지닌다. 오염 억제, 인구 억제, 지구 온난화 대처 같은 집단 행동 문제가 이 논리를 잘 보여 준다.

캐헌 외[92]는 유관 공공 정책 정보에 관한 의사소통 영역에도 동일한 논리가 작용하고 있다고 보았다. 그리고 그것을 '과학 의사소통 공유지의 비극'이라고 불렀다. 우리가 이 장에서 검토한 분석들[93]은 새로운 증거를 평가하는 데 도움을 받고자 사전 신념을 사용하는 것이 개인적 합리성을 지님을 분명히 해 준다. 또한 인간이 새로운 증거의 의미를 해석하는 데 자신의 관점을 이용하는 자연스러운 경향성을 지지한다.[94] 그 분석들은 우리의 인식론적 활동의 합리성이 부분적으로 더 큰 도구적 목적에 의해 결정된다는 것을 보여 준다. 그리고 마지막으로 우리가 신념을 업데이트하고 표현할 때 의미 있는 친화 집단을 고려하는 것이 합리적임을 명확히 해 준다. 하지만 이처럼 규범적으로 적절한 개인의 인식론적 행동은 도무지 진실에 합의할 수 없는 정치적으로 분열되고 성마른 사회를 만들어 내는 데 일조했다.[95] 정말이지 수많은 공공 정책 이슈들과 관련한 가장 기본적인 사실에 대해서조차 합의하기가 극도로 어려운 사회를 말이다.[96] 찰스 테이버, 던컨 캔, 그리고 시모나 쿡소바[97]가 탄식한 바와 같이, "만약 사회가 일반적인 정보 흐름에 대응하는 데서 양극화한다면, 생각들의 시장이 정책 차이를 해결해 주는 효과적인 중재자로서 작동한다고 보기는 어렵다."

이 책《우리편 편향》은 '의사소통 공유지의 비극'에 간단한 해결책을 제시해 주지 않는다. 만약 규범적 고려에 대한 분석이 우리편 편향을 분명히 비합리적인 정보 처리 경향이라고, 즉 개인적 차원에서 최적이 아니라고 지적한다면 한결 간단할 것이다. 그럴 경우 사람들에게서 그런 편향을 제거하기 위해 교육 프로그램을 실시하면 되니 말이다. 또한 다른 모든 편향과 마찬가지로 정보 처리 경향으로서 우리편 편향이 어떤 상황에서는 적절하지만 또 다른 상황에서는 그렇지 않다고 말한다면 더 쉬울 것이다. 그럴 경우 어떤 상황이 우리편 정보 처리에 부적절한지를 사람들에게 일러 주면 되니 말이다.

하지만 우리편 편향은 그게 아니라 개인적 차원보다는 사회적 차원에서 우리에게 상처를 입히는 듯하다. '의사소통 공유지의 비극'을 치유할 수 있는 내 나름의 권고 사항을 들려주는 것은 이후 장들을 위해 남겨 둘 것이다. 그 권고 사항을 개괄하기 전에, 우리편 편향이 어떻게 휴리스틱과 편향 문헌에서 다루는 나머지 편향들과 그토록 다른 '특이한 편향outlier bias'인지 기술할 필요가 있다.

3장

우리편 사고는 왜 특이한 편향인가

편향과 지능의 관계

1990년대 말 나는 리처드 웨스트와 함께 인지 편향에서의 개인차를 연구하기 시작했다. 당시의 초기 연구에서는 한 가지 일관된 연구 결과가 드러났다. 편향들은 서로 상관관계를 보이는 경향이 있다는 것이었다.[1] 그 상관관계는 대체로 크지 않았지만, 다른 한편 단 몇 개 문항만 가지고 측정한 과업에서 나온 것들이라 신뢰도가 다소 낮았다.

우리는 초기 연구들에서 또 한 가지 일관된 연구 결과를 얻었다. 거의 모든 인지 편향이 다양한 인지 능력 지표와 함께 측정했을 때, 지능과 상관관계를 보인다는 사실이었다. 또한 거의 대다수 인지 편향에서의 개인차는 잘 연구된 여러 사고 성향에 의해 예측할 수 있었다. 이런 사고 성향 가운데 조너선 베이런[2]의 작업에서 영향을 받았으며, 우리 실험실이 처음 개발한 '능동적 열린 사고actively open-minded thinking, AOT' 척도[3]는 특히 주목할 만하다.

다양한 인지 편향을 피하는 경향성은 인지 능력 및 사고 성향에서
의 개인차와 상관관계가 있다는 우리의 연구 결과는 오랜 세월이 지
나도 꿋꿋이 건재했다. 우리는 실험실에서 지금껏 20년 넘는 기간 동
안 이러한 경향성을 거듭 관찰해 왔다.[4] 다른 연구자들도 수많은 실
험을 통해 같은 연구 결과를 되풀이해 보여 주었다.[5] 그 연구 결과는
휴리스틱과 편향 전통에서 가장 많이 연구된 편향들 가운데 일부에
서도 유지되었다.[6] 그중 대표적인 것으로는 기준점 편향, 틀 짓기 편
향framing bias, 사후 과잉 확신 편향, 과잉 확신 편향, 결과 편향outcome
bias, 결합 오류conjunction fallacy, 대표성 오류representativeness error, 도박사
의 오류gambler's fallacy, 확률 매칭probability matching, 기저율 무시base rate
neglect, 표본 크기 무시sample size neglect, 비율 편향ratio bias, 공변 탐지 오
류covariation detection error, 허위 진단성 효과pseudo-diagnosticity effect 등을
들 수 있다.

이 상관관계의 특성을 보여 주기 위해 나는 우리가 '종합적인 합리
적 사고 평가Comprehensive Assessment of Rational Thinking, CART[7]'의 구조를
조사할 목적으로 실시한 연구 가운데 최대 규모의 연구에서 몇 가지
예를 빌려 올 것이다. '종합적인 합리적 사고 평가'에는 인지심리학자
들이 연구해 온 편향 상당수를 피하는 능력을 측정하는 20개의 하위
실험이 포함되어 있다. 예컨대 틀 짓기 편향을 피하는 능력은 인지 능
력과 .28의 상관관계를 보인다. 과잉 확신 편향을 피하는 능력은 인지
능력과 .38의 상관관계를 보인다. 다양한 편향들과 정보 처리 오류(예
컨대 도박사의 오류, 결합 오류, 기저율 무시, 표본 크기 무시 등)를 피하는 능
력을 평가하기 위한 '종합적인 합리적 사고 평가'의 확률적 추론 하
위 실험에서는 인지 능력과의 상관관계가 .51인 것으로 드러났다. 실

제로 인지 편향들을 조사한 '종합적인 합리적 사고 평가'의 하위 실험 전부가 이들 편향을 피하는 능력과 인지 능력 간에 높은 상관관계가 있음을 보여 준다.

이 같은 과거의 연구를 기반으로 할 때, 새로 연구할 그 어떤 인지 편향도 개인차 변수와 동일한 상관관계를 보일 거라고 기대할 법하다는 데는 의심의 여지가 없다. 과거의 연구 성과들이 그러했던지라, 우리편 편향과 관련한 다음의 결과는 정녕 놀랍지 않을 수 없었다. *개인차 변수들은 우리편 편향을 거의 예측해 주지 못한다!*

개인차 변수가 없는 특이한 사례

수년 전 데이비드 퍼킨스, 마이클 패러디, 그리고 바버라 부시 (1991)[8]는 지능이 논증 생성 과업에서 만들어지는 개념들 *전부*와 다소간 상관관계를 보인다고, 하지만 피험자 자신의 입장과 *상반되는* 논증과는 사실상 전혀 상관관계를 드러내지 *않는다*고 보고했다. 퍼킨스, 패러디, 그리고 부시[9]의 연구 결과는 10년 넘게 거의 묻혀 있다시피 했다. 그러다가 좀더 최근에 갑작스레 많은 연구가 그 연구 결과를 반복적으로 보여 주고 그것이 일반화할 수 있는 결과임을 말해 준 뒤에야 다시금 주목받기 시작했다.

퍼킨스, 패러디, 그리고 부시(1991)와 유사한 패러다임에서 나는 매기 토플랙과 함께[10] 피험자들에게 논쟁적 주제들(예컨대 '사람들이 장기를 팔 수 있도록 허용해야 하는가?')과 관련해 논증을 생성해 달라고 요청했다. 우리는 비록 피험자들이 그 과업에서 상당한 우리편 편향을 드러냈음에도, 즉 자기 입장에 불리한 논증보다 유리한 논증을 생성하는 경향이 있었음에도, 그 정도는 인지 능력과 아무런 상관관계가 없음을 확인했다. 나는 로빈 맥퍼슨Robyn Macpherson과 함께 논증 생성 과업에서 인지 능력은 우리편 편향과 관련이 없다는 중요한 연구 결과를 동일하게 얻어 냈다. 실험 평가 과업에서도 인지 능력이 우리편 편향과 상관관계를 보이지 않음을 밝혔다.[11]

1장에서 기술한 '포드 익스플로러' 연구에서, 리처드 웨스트와 나는 피험자들이 보여 준 우리편 편향의 크기와 그들의 지능 수준 간에는 결단코 아무런 상관관계도 없었음을 확인했다.[12] 1장에서 나는 우리 연구진[13]이 수행한, 높은 우리편 편향이 관찰된 논증 평가 패러다임 연구들에 대해서도 언급했다. 즉 피험자들은 자신의 입장과 일치하는 논증을 그와 충돌하는 논증보다 더 낫다고 평가했다. 하지만 우리편 편향은 결코 인지 능력이 높은 표본의 피험자에게서보다 낮은 표본의 피험자에게서 더 크게 나타나지 않았다.

폴 클락진스키 외[14]는 일련의 실험에서 피험자에게 그의 견해와 일치 혹은 불일치하는 결론으로 이어지는 결함 있는 가설 실험과 논증을 제시했다. 클락진스키 외는 실험의 결함을 비판할 때 피험자가 행한 추론의 질을 평가했다. 그 결과 언어 능력은 피험자의 견해와 일치 혹은 불일치하는 조건 둘 다에서 그들이 행한 추론의 전반적인 질과 상관관계를 보임을 알아냈다. 하지만 우리편 편향 효과의 크기—즉 자기 견해에 일치하는 실험적 결과보다 일치하지 않는 실험적 결과를 더욱 가혹하게 비판하는 경향성—와는 상관관계가 없다는 것을 발견했다.

이처럼 지능과 우리편 추론이 서로 무관하다는 연구 결과는 자연주의적naturalistic* 추론 패러다임에서도 등장한다. 이 경우 피험자들은 과업의 성격에 관해 듣지도 않고, 그 실험을 평가하는 요소가 들어 있다는 안내도 받지 않는다. 예컨대 리처드 웨스트와 나는 사회적·인구 통계적 지위에 토대를 둔 편향된 신념을 다수 연구했다.[15] 피험자들은 단순히 그들의 지위를 긍정적 혹은 부정적으로 보는 사실에 동의하거나 반대해야 했다. 우리가 진행한 두 연구에서 그들은 우리편 편향을 현저히 드러냈다. 즉 흡연 피험자는 비흡연 피험자보다 간접 흡연이 건강에 미치는 부정적인 영향을 인정할 가능성이 적었다. 그리고 신앙심 깊은 피험자는 그렇지 않은 피험자보다 종교인이 비종교인보다 더 정직하다고 생각할 가능성이 높았다. 또한 조지 부시에게 투표한 피험자는 존 케리에게 투표한 피험자보다 이라크 침공이 우리를 테러리스트로부터 더 안전하게 막아 준다고 믿는 경향이 컸다. 등등. 하지만 우리가 이런 편향의 존재 여부뿐 아니라 지능이 그것을 약화하는 데 기여하는지 여부까지 조사했을 때, 그 결과는 정말이지 명쾌했다. 조사한 15개의 상이한 우리편 편향 가운데 높은 지능에 의해 약화하는 경우란 단 하나도 없었던 것이다.[16]

지능이 우리편 편향을 누그러뜨리지 못하는 현상은 수리력, 과학적 문해력, 그리고 일반적 지식 등 지능과 밀접하게 연관된 여러 변수들에도 똑같이 해당한다. 이를테면 카이틀린 드러몬드와 바루흐 피시호프[17]는 건강 보험 개혁법Affordable Care Act, ACA**의 지지자거나 반대자인 피험자를 대상으로 실험을 실시했다. 그들의 개인차 변수는 지능

---

* 실험실에서 진행되는 실증적 연구가 아니라 면담, 관찰, 그리고 참여 관찰을 주된 방법으로 삼는 민족지학(民族誌學, ethnography) 등을 이용하는 것.
** 미국에서 저소득층까지 의료 보장 제도를 확대하는 법안, 일명 오바마케어.

이 아니라 과학적 추론 능력이었다. 피험자들은 건강 보험 개혁법의 긍정적 효과를 보여 주는 어느 과학 연구에 관한 기술을 읽고 평가했다. 놀랄 것도 없이, 연구자들은 우리편 편향 효과를 관찰했다. 하지만 클락진스키 외, 그리고 나와 웨스트가 그랬듯이, 드러몬드와 피시호프[18] 역시 과학적 추론 능력의 수준은 드러난 우리편 편향의 크기와 아무런 상관관계를 보이지 않음을 알아냈다. 실제로 그들의 실험 가운데 일부에서는 과학적 추론 능력 수준이 높은 피험자가 낮은 피험자보다 훨씬 더 많은 우리편 편향을 보이는 약간의 경향성마저 드러났다. 직관에 반하는 이러한 연구 결과는 우리편 문헌에 이따금 등장한다.[19] 그중 가장 두드러지는 예가 댄 캐헌 외[20]의 연구들이다.

댄 캐헌, 엘런 피터스 외(2012)[21]는, 놀랄 것도 없지만 좌편향적 피험자는 우편향적 피험자보다 기후 변화가 건강과 안전에 더 많은 위험을 제기한다고 생각한다는 사실을 확인했다.[22] 그런데 놀라운 것은 두 집단 간의 차이가 수리력에서 낮은 평가를 받은 피험자보다 높은 평가를 받은 피험자에게서 더 크게 나타났다는 점이다. 대다수 사람들은 2장에서 다룬 간략화한 베이즈식 사고의 방침에 따라, 일반적 지능, 수리력, 과학적 문해력, 일반적 지식의 수준이 높으면 사실에 대해 피험자들의 관점이 한데 모아지리라 기대한다. 하지만 캐헌, 피터스 등의 2012년 연구에 따르면 전혀 그렇지 않았다. 실제로 수리력이 더 좋은 경우 집단 간의 신념 양극화는 더욱 커지는 양상을 보였다.

캐헌(2013)[23]은 좀더 직접적으로 우리편 편향을 측정한 패러다임을 이용하여 다시금 상이한 개인차 지표, 즉 '인지 반응 검사Cognitive Reflection Test, CRT[24]'를 토대로 집단 간의 신념 양극화를 밝혀냈다. 정신 측정학상으로 복잡한 '인지 반응 검사'는 인지 능력뿐 아니라 사고 성향과 수리력의 관련성을 보여 준다.[25] 그런데 이것은 그저 캐헌(2013)의 연구 결과를 한층 더 매력적으로 만들어 줄 따름이다. 그는 어느 지표가 그들의 신념과 일치하는 결과를 내놓을 때 대비 불일치하는 결과를 내놓을 때, 얼마나 많은 피험자가 그 신뢰성을 지지하는지 평가함으로써 우리편 편향을 측정했다. 표출된 우리편 편향은 이번에도 '인지 반응 검사'에서 높은 점수를 받은 피험자들 사이에서 통계적으로 더 컸다.

1장에서 살펴본 대로 캐헌 외(2017)는 수치 정보에 관한 직접적 정보 처리를 담은 2×2 공변 탐지 패러다임을 써서 같은 결과를 관찰했다. 그들의 실험에서 양극화한 이슈는 총기 규제였다. 표본 피험자의 절반은 총기 규제에 찬성하고 나머지 절반은 그에 반대했으며, 개인차 변수는 수리력이었다. 주제의 양쪽으로 나뉜 피험자들은 총기 규제 정보에 대해, 중립적인 또 다른 주제(뾰루지 치료법)에 관한 정보보다 부정확하게 평가했다. 그런데 수리력이 높을수록 총기 규제 주제를 둘러싼 양쪽의 우리편 편향은 더욱 *커졌다.*

1장에서 논의한 반 보번 외(2019)[26]의 연구는 이러한 추세를 좀더 잘 보여 주는 예다. 그들은 피험자에게 두 가지 조건부 확률(적중률 혹은 역조건부 확률) 가운데 어느 것이 정치적으로 논쟁적인 두 가지 이슈—트럼프 행정부가 실시한 7개국(그중 5개는 이슬람교도가 대다수인 국가다) 출신 국민의 여행 및 이민 금지, 그리고 공격용 무기에 대한 금지안—에 따른 정보를 파악할 때 좀더 적절한지 선택하도록 요구했다. 논리가 비슷한데도 피험자들은 두 가지 이슈와 관련해 전혀 다른 조건부 확률을 선택했다. 왜냐면 한 가지 이슈에 대해서는 금지에 찬성한 피험자들이 다른 이슈에 대해서는 금지에 반대했기 때문이다. 그들이 드러낸 우리편 편향은 실제로 수리력이 더 좋지만 분명 본인의 우수한 능력을 상이한 조건에 걸쳐 편향되지 않은 방식으로 추론하는 데가 아니라, 어떤 확률이 그 이슈에서 자기 편에 유리한지 파악하는 데 사용한 피험자들에게서 한층 크게 나타났다.

캐헌과 반 보번 외가 실시한 연구들의 결과는, 교육 수준·지식 수준·정치 의식 등 인지적 성숙을 드러내는 다양한 지표는 당파적 우리편 편향을 누그러뜨리지 못할뿐더러 흔히 그를 증폭시킨다는 것을 보여 주는 정치학의 연구 결과와 일맥상통한다. 예컨대 마크 조슬린과 도널드 하이더-마르켈(2014)[27]은 교육 수준이 높은 당파적 조사 응답자들이 그렇지 못한 당파적 조사 응답자들보다 정책 관련 사실에 대해 더 큰 불일치를 드러냈음을 발견했다. 그들이 보여 준 것 가운데 두 가지를 예로 들어 보자. 민주당을 지지하는 응답자는 인간 활동 탓에 지구가 점점 더 온난해지고 있다는 데 대한 정보를 좀더 정확하게 알고 있었다. 반면 공화당을 지지하는 응답자(그 연구가 시행되었을 당시)는 조지 부시 대통령이 2006~2007년 이라크에 미군을 파견한 조치가 거기서 미군 사상자 수 감소에 기여한 데 대한 정보를 한층 분명하게 알고 있었다. 많은 이들이 좀더 교육받은 응답자들 사이에서는 이러한 차이가 더 적으리라 짐작할 것이다. 하지만 두 이슈에 대한 당파적 불일치는 외려 교육 수준이 높은 사람들 사이에서 가장 크게 나타났다.

조슬린과 하이더-마르켈(2014)[28]이 관측한 추세는 당파적 태도에 관한 다른 정치학 연구에서도 발견되었다. 필립 존스(2019)[29]는 경제 상태 등 정책 관련 상황에 관한 정치 인식은 좀더 정보가 많고 정치적으로 의식 있는 당파적 조사 응답자들 사이에서 한층 양극화되었음을 발견했다. 여러 인지적 성숙 척도는 인지 엘리트들이 다양한 정치 이슈와 관련해 양극화를 더욱 심하게 드러낸다는 것을 보여 준다.[30]

이러한 정치 연구에서의 조사 응답은 우리편 편향의 직접적 척도는 아니며, 다른 다양한 복잡성을 내포한다. 정치 양극화는 우리가 1장에서 살펴본 우리편 정보 처리 경향을 말해 주는 순수한 척도가 전혀 아니다. 하지만 여기서 이런 반응에 대해 언급하는 것은 정치 조사 연구의 결과와 우리편 편향 실험실 연구의 결과가 수렴하는 흥미로운 현상 때문이다. 내가 이 장에서 주목하고자 하는 수렴은 지능을 비롯한 여러 인지적 성숙 척도는 추론자가 우리편 편향에 맞서게 해 주는 힘이 없다는 *약한* 결론과 관련된다. 캐헌을 비롯한 수많은 정치 연구자들이 얻어 낸 *강한* 결론, 즉 인지 엘리트는 실제로 더 많은 우리편 편향을 보여 줄 소지가 있다는 결론은 내 논증을 진척시키는 데 필요한 게 아니다. 따라서 교육이나 지능은 우리가 2장에서 논의한 '의사소통 공유지의 비극'에서 벗어나게 해 줄 묘책이 못 된다는 약한 결론에 이른 연구들이 나는 더 좋다.

요컨대, 우리편 편향을 다룬 잘 통제된 실험실 연구들은 정치 조사 연구나 투표 관련 데이터와 맥을 같이한다. 지식과 교육이 우리편 편향이나 양극화 경향성에 빠지지 않도록 막아 주는 힘이 없음을 보여 준다는 점에서 말이다. 피터 디토 외[31]는 이렇게 지적한다. "편향이 무식한 사람들의 전유물이 아니라면 어떻게 될까? ……흔히 인지 성숙도와 전문 지식이 높으면 정치적 편향의 수준은 줄어드는 게 아니라 도리어 늘어난다고 암시하는 연구 결과가 증세 추세다. ……인지 성숙도는 사람들로 하여금 좀더 능숙하게 제가 선호하는 결론에 유리한 주장을 펼칠 수 있도록 해 주고, 따라서 남들에게, 그리고 스스로 에게 자신의 신념이 옳다는 사실을 설득하는 능력을 한층 키워 주는 것 같다."

개인차와 흥미로운 지점들

개인차의 관점에서 볼 때 우리편 편향은 그 밖에도 여러 가지 흥미 로운 경향성을 드러낸다. 휴리스틱과 편향 문헌에서 다뤄지는 다른 편향들 대부분은 지능뿐 아니라 '능동적 열린 사고' 및 인지 욕구need for cognition* 등 합리적 사고와 유관한 사고 성향과도 상관성을 띤다.[32]

나는 수많은 중요한 인지 편향과 정보 처리 오류를 피하는 능력을 측정하는 20가지 하위 실험이 담긴 '종합적인 합리적 사고 평가[33]'의 몇 가지 예에 다시 한번 기대 보려 한다. 예컨대 틀 짓기 편향을 피하 는 능력은 '능동적 열린 사고'와 .20의 상관관계를 보였다. 과잉 확신 편향을 피하는 능력은 '능동적 열린 사고'와 .29의 상관관계를 나타냈 다. '종합적인 합리적 사고 평가'의 확률 추론 하위 실험은 '능동적 열 린 사고'와 .43의 상관관계가 있었다. 그와 비슷하게 인지적 편향을 조사하는 '종합적인 합리적 사고 평가'의 하위 실험들은 하나같이 사 고 성향과 상당 정도의 상관관계를 보여 주었다.

다른 거의 모든 인지적 편향과 관련한 연구 결과는 이처럼 서로 일 치한다. 하지만 우리편 편향만큼은 (지능과의 상관관계를 보이지 않은 것

---

* 인지적 노력을 필요로 하는 일에 참여하고 그것을 즐기는 개인적 성향.

처럼) 사고 성향과도 아무런 상관관계를 드러내지 않았다.[34] 예컨대 퍼킨스[35]의 논증 생성 패러다임을 이용한 연구[36]의 경우, 우리는 여러 이슈에서 우리편 편향이 상당하다는 것을 알아냈다. 즉 피험자들이 자신의 입장과 상반되는 논증보다 그것을 지지하는 논증을 더 많이 생성하는 경향이 있다는 것을 말이다. 하지만 우리편 편향의 정도는 '능동적 열린 사고', 독단주의dogmatism, 인지 욕구 같은 여러 사고 성향과 전혀 상관성이 없음을 확인했다. 로빈 맥퍼슨과 함께 진행한 연구[37]에서 우리는 논증 생성과 증거 평가 둘 다에서 우리편 편향을 조사했으며, 세 가지 상이한 사고 성향─'능동적 열린 사고', 인지 욕구, 그리고 미신적 사고 피하기─을 측정했다. 그 결과로 얻은 여섯 가지 상관관계 가운데 성숙한 사고 수준이 우리편 편향 피하기와 의미 있게 관련된 경우는 단 하나도 없었다.

사고 성향과 관련성을 띠지 않는 이러한 결과는 우리의 자연주의적 우리편 편향 연구[38]에서도 되풀이되었다. 그 연구에서는 네 가지 지위 변수를 활용했다. 흡연, 음주, 종교적 신념, 성별이다. 그 결과 우리는 이 모든 변수에서 우리편 편향을 확인했다. 즉 흡연 피험자는 간접 흡연이 건강에 미치는 부정적인 영향을 덜 인정하는 듯했다. 알코올을 더 많이 소비하는 피험자일수록 알코올 소비가 건강에 가하는 위험을 인정하는 경향이 낮았다. 좀더 신앙심 깊은 피험자는 그렇지 않은 피험자보다 종교인이 정직하다고 여길 가능성이 높았다. 마지막으로 여성은 남성보다 여성이 급여에서 불공정한 대접을 받는다고 생각하는 경향이 컸다. (효과 크기: .35~.67) 우리는 이 네 가지 지위 변수에 걸쳐 두 가지 상이한 개인차 변수('능동적 열린 사고'와 인지 욕구)를 살펴보고, 두 가지 다른 방식(이분법적으로, 그리고 회귀 분석regression analysis*을 통해)으로 지위 변수와 사고 성향의 상호 작용을 분석했다. 서로 다른 16가지(4개의 지위 변수 × 2개의 사고 성향 × 두 가지 분석 유형) 범주 가운데 딱 3개에서만 유의미한 상호 작용이 드러났다. 비록 기대되는 방향에서 그 상호 작용은 꽤나 작았고(약 1퍼센트의 분산을 설명해 준다), 그것이 유의미한 것은 주로 (피험자 수가 1000명이 넘을 정도로) 표본 크기가 컸기 때문이지만 말이다.

우리는 연구를 진행하는 과정에서 이따금 '능동적 열린 사고'와 우리편 편향 피하기 사이에서 상관관계가 드러나는 결과를 얻곤 한다. 그러나 그 상관관계는 흔히 너무 미미하며, 표본 크기가 충분히 큰 연구에서만 통계적으로 의미가 있다. 이를테면 우리의 논증 평가 패러다임[39]에서, 피험자들은 두 이슈(낙태, 그리고 음주 가능 연령 낮추기)에 대해 자신의 입장과 일치하는 논증을 그렇지 않은 논증보다 더 높게 평가했다. 우리편 편향은 지능 혹은 인지 욕구와 상관관계를 보이지 않았지만, '능동적 열린 사고'와는 약간의 부적 상관관계를 보였다. (두 이슈에 대해 각각 -.17과 -.13) 그 상관관계는 피험자가 400명 이상으로 표본 크기가 컸기 때문에 통계적으로 의미가 있었다.

마지막으로 심지어 우리편 편향 피하기와 가장 직접적으로 관련될 성싶은 성격 성향도 그와 상관관계를 드러내지 않는다. 공감 부족은 정치적 양극화, 당파적 편향, 이념적 충돌의 전개에서 핵심 기제인 양 보인다. 하지만 예컨대 엘리자베스 시마스, 스콧 클리포드, 그리고 저스틴 커클랜드(2019)[40]는 그들이 실시한 실험 가운데 두 경우에서, 공

---

* 관찰된 연속형 변수들에 대해 두 변수 사이의 모형을 구한 뒤 적합도를 측정하는 분석법.

감적 관심의 차이가 논쟁적인 공적 사건을 평가할 때 당파적 편견의 정도를 예측해 주지 않았다는 것, 그리고 공감적 관심은 당파적 사람들이 드러내는 감정 양극화 정도를 누그러뜨리지 못했다는 것을 확인했다. 시마스, 클리포드, 그리고 커클랜드(2019)는 그 조사 결과에 대해, 공감 자체는 그 감정 보유자의 내집단을 향한 것이라서 우리편 편향을 막아 주지는 못한다고 해석했다.

인지 능력과 관계없는 편향

만약 우리 실험실의 과거 연구에 대해 잘 알고 있다면, 당신은 아마도 이 대목에서 개인차 변수들과 우리편 편향이 상관관계가 없다는 사실에 어리둥절할지도 모르겠다. 그리고 마음속으로 '1990년대로 거슬러 올라간 스타노비치와 웨스트의 초기 연구들을 내가 분명히 기억하는데, 거기서는 지능과 사고 성향들이 신념 편향과 상관관계를 보였는데……?'라며 의아해할 수도 있다. 만약 그렇게 생각한다면 당신이 맞을 것이다. 하지만 우리편 편향과 신념 편향은 같은 게 아니라는 것을 여기서 한 번 더 강조할 필요가 있겠다. (1장의 논의 참조) 실제로 두 가지 편향에서 나타난 상관관계를 살펴보면 둘이 정확히 어떻게 다른지를 똑똑히 알 수 있다.

신념 편향이 드러나는 것은 현실 세계 지식이 피험자의 추론에 끼어들 때다. 신념 편향은 결론의 신뢰성이 그 논리적 타당성과 충돌하는 삼단 논법적 추론 과업에서 평가되는 경우가 대부분이다. 하지만 다른 과업들[41]을 활용하여 평가되는 경우도 더러 있다. 가장 중요한 것으로, 신념 편향 과업은 검증 가능 신념을 이용한다. 반면 우리편 편향은 사람들이 자신의 견해나 확신에 기운 방식으로 증거를 평가하거나 생성할 때 드러난다. 문제되는 신념이 검증 가능 신념에서 원위 신념으로 달라질 때, 즉 신념이 확신으로 번질 때, 우리는 신념 편향에서 우리편 편향으로 옮아가는 것이다.[42]

신념 편향은 우리편 편향의 정도를 예측해 주는 데 *실패한* 것과 동일한 개인차 변수들과 상당하고도 유의미한 상관관계를 드러낸다. 그런 점에서 다른 대다수 인지적 편향들과 다를 바가 없다. 우리의 초기 연구들은 지능과 신념 편향 피하기 간의 상관관계가 .35~.50임을 관찰했다.[43] 그 기간 동안 지능의 척도는 연구를 진행할 때마다 각기 달랐지만, 우리는 상관관계가 .35~.50의 범위 안에 든다는 사실을 누차 확인했다.[44] 아동을 대상으로 한 발달 연구에서는 .30~.45라는 상관관계를 얻었다.[45] '종합적인 합리적 사고 평가'를 논의한 책[46]에서 우리는, 이 이슈에 대해 연구해 온 약 20년 동안 확보한 신념 편향과 다양한 지능 척도 간의 상관관계 21개를 제시했다. 그 중간값 상관관계는 .42였고, 21개 가운데 19개의 상관관계가 .30~.50 사이에 놓였다. 다른 연구 실험실들도 신념 편향이 인지 능력과 상관관계가 있음을 밝혀냈다.[47]

이러한 내용은 사고 성향과 신념 편향 효과의 크기 간 상관관계와 관련해서도 수치가 낮다(하지만 거의 언제나 통계적으로 유의미하다)는 점만 빼면 별반 차이가 없다. 우리는 아주 초기에 진행한 연구들에서 사고 성향과 신념 편향 피하기 간의 상관관계가 .25~.35 사이임을 관찰했다.[48] 여러 해에 걸쳐 사고 성향의 척도는 연구마다 다양했지만, 우리는 사고 성향과 신념 편향 피하기의 상관관계가 .20~.30이라는 것을 거듭 확인했다.[49] 아동을 대상으로 한 발달 연구에서도 상관관계가 그와 동일한 .20~.30임을 알아냈다.[50] 우리는 2016년 출간한 책[51]에서 신념 편향과 다양한 사고 성향의 상관관계 26개를 제시했다. 그 중간값 상관관계는 .24였고, 26개 가운데 19개의 상관관계가 .15~.35 사이에 놓였다.

요컨대 피험자들이 드러내는 신념 편향의 정도는, 휴리스틱과 편향 문헌(이전의 인용 참조)에 나오는 다른 편향들 거의 전부와 마찬가지로, 피험자의 인지 능력 및 합리적 사고 성향을 통해 예측할 수 있다. 반면 우리편 편향―관여하는 신념이 검증 가능 신념이라기보다 원위 신념(확신)일 때 나타난다―은 그 문헌에 속한 다른 모든 편향에서와 동일한 심리적 변수들을 가지고 예측할 수 없다. 개인차의 관점에서 볼 때 우리편 편향은 개인적 특성과는 무관해 보이는 제멋대로 부유하는 외골수 편향이다.

규칙성을 보이는 우리편 편향

지능 같은 강력한 개인차 변수가 우리편 편향 피하기와 상관관계를 보이지 않는 현상이 처음에는 당혹스러워 보일 수 있다. 하지만 그것은 실제로 2장에서 소개한 분석들, 즉 우리편 편향 드러내기가 비규범적이라고 보기 어렵다는 것을 확인한 분석들과 수렴한다. 20여 년 전, 나는 리처드 웨스트와 함께(2000)[52] 개인차 연구 결과가 휴리스틱이나 편향 문헌에서 규범적 논쟁을 판정하는 데 도움을 줄 수 있다고 제안했다. 특히 연구자들이 대안적 반응들을 규범적인 것으로 옹호하고 있는 경우에 말이다.

우리(2000)[53]는 개인차 상관관계의 방향성은 어떤 반응이 규범적인지 나타내는 데에서 적어도 다소간의 증명적 가치를 지닌다고 암시했다. 그리고 찰스 스피어만[54]의 '정적 다양체positive manifold*'가 그 목적에 유용한 장치로 쓰일 수 있다고 밝혔다. 그 문헌의 수많은 고전적 과업들과 관련해, 우리는 트버스키와 카너먼[55]이 규범적이라 여긴 전통적인 반응들은 지능과 정적 상관관계를 보였지만, 그와 달리 휴리스틱과 편향 전통의 비판론자들**이 옹호한 반응들은 지능과 부적 상관관계를 띠었음을 증명해 보였다. 우리는 지능과의 상관관계가 보여주는 방향이 대안적인 규범적 반응을 주장하는 비판론자들을 혼란에 빠뜨린다고 지적했다. 그들은 분명 계산력 좋은 개인들이 체계적으로 비규범적 반응을 계산하고 있다는 결론은 피하고 싶을 것이다. 이는 100여 년 동안 수천 가지 연구가 이루어진 심리 측정학 분야에서 정말이지 최초의 결과다. 그것은 스피어만이 주창한 인지 과업에서의 정적 다양체, 즉 100년 동안 사실상 한 번도 도전받지 않은 그 개념이 끝내 실패했음을 의미한다.

우리의 주장은 기본적으로 정적 다양체를 보존하는 반응이 적어도 통계적으로는 좀더 적절한 반응일 가능성이 있다는 것이었다.[56] 그렇

---

* 모든 상관관계가 '정적'이라고 보는 개념.

** 대표적 인물이 독일 심리학자로서 독일 최고의 두뇌 집단이라 불리는 막스 플랑크 협회의 인간 개발 연구소(Max Planck Institute for Human Development) 소장 게르트 기거렌처(Gerd Gigerenzer)다. 그는 인간의 사고를 비합리적인 인지적 편향들로 가득 찬 것으로 여기지 말라고, 대신 결합 오류(conjunction fallacy), 기저율 무시(base rate neglect), 과잉 확신 편향(overconfidence bias) 등 수많은 인지적 오류를 불확실한 세상에 대한 적응적 반응으로 이해해야 한다고 주장했다.

다면 여러 인지 과업들에서 정적 다양체가 규범임을 감안할 때, 전통적으로 규범적이라 여겨지는 반응과 기본적인 인지 능력 척도들의 상관관계가 부적이거나 0이라는 것은 어떤 의미일까? 우리는 그것을 잘못된 규범적 모델을 사용하고 있다거나, 또는 적어도 동일하게 적절한 대안적 모델이 존재한다는 신호로 받아들여야 한다.

우리는 실제로 휴리스틱과 편향 문헌에서 일부 과업의 경우 후자가 사실임을 관찰했다.[57] 예컨대 몇몇 비인과적 기저율 문제는 사회심리학에서의 '거짓 합의 효과false consensus effect'처럼[58], 인지 능력과 상관관계를 보이지 않았다. 실제로 '거짓 합의 효과'에 잘못된 규범적 모델이 적용되었다고 생각하는 데는 별도의 이유가 존재했으며[59], 따라서 개인차 상관관계는 이론적 분석들과 수렴했다. 이는 또한 우리편 편향과 관련해서도 불거졌던 것 같다. 2장의 분석들은 모종의 과업에서 드러나는 그 어떤 정도의 우리편 편향도 필연적으로 비규범적이거나 비합리적인 것이라 여겨선 안 된다고 결론 내렸다. 3장에서는 개인차 분석들이 인지 능력이나 사고 성향과 우리편 편향의 정도 사이에는 눈곱만큼도 상관관계가 없다는 결론을 내놓고 있음을 보게 될 것이다.

우리편 편향의 영역 특이성

우리편 편향이 특이한 편향임을 보여 주는 또 한 가지 특징은 그것이 대부분의 환경에서 영역 일반성을 거의 드러내지 않으며, 지극히 '내용content' 의존적인 듯이 보인다는 것이다. 하나의 이슈에 대해 높은 우리편 편향을 보이는 피험자라고 해서 그와 상관없는 또 다른 이슈에서도 반드시 그런 것은 아니다. 이는 내가 매기 토플랙과 시행한 연구(2000)[60]에서 분명하게 밝혀졌다. 그 연구에서 피험자들은 다음의 세 가지 이슈에 대해 논증을 생성하는 데서 상당 정도의 우리편 편향을 드러냈다. '학생들은 대학 교육에 드는 비용을 전액 부담해야 하는가?' '사람들이 장기를 팔 수 있도록 허용해야 하는가?' '사람들의 운전을 말리기 위해 기름값을 두 배로 올려야 하는가?' 하지만 여러 이슈들 간에 표출된 우리편 편향의 정도는 유의미한 상관관계를 보이지 않았다. 이 결과는 틀 짓기 편향 같은 기타 편향에 관한 연구들이 내놓은 결과와 다르다. 거기서는 우리 및 다른 연구자들이 12개 남짓한 서로 다른 항목에 걸쳐 내적 일관성 신뢰도가 .60~.70 사이에 놓인다는 것을 관찰했다.[61] 사실 이 문헌이 다룬 대부분의 편향에서는 영역 일반성 정도가 상당히 크다.[62] 하지만 우리편 편향의 경우는 그렇지 않다.

매기 토플랙과 나(2003)[63]는 개인차 변수들(인지 능력과 사고 성향)이 그 연구에서 다룬 세 가지 이슈 중 어느 것에 대해서도 피험자들이 드러낸 우리편 편향을 예측할 수 없음을 확인했다. 하지만 또 한 가지 변수, 즉 특정 이슈에 대한 피험자 견해의 강도strength는 그 이슈에 대해 피험자가 보여 주는 우리편 편향의 정도를 일관되게 예측해 주었다. 견해의 강도는 이슈 명제에 대한 동의 혹은 반대와 별개로 코드화되었다. 따라서 각 특정 이슈들에서 그 이슈 명제에 강하게 동의하거나 반대하는 피험자는 3점, 중간 정도로 동의하거나 반대하는 피험자는 2점, 약하게 동의하거나 반대하는 피험자는 1점을 받았다. 이러한 견해의 강도 변수는 우리가 연구에서 다룬 세 가지 이슈 모두에서 우

리편 편향과 정적 상관관계를 보였다.[64]

논증 평가 패러다임을 이용한 우리의 이후 연구들(2008a)[65]은 표본 크기가 컸고, 견해의 강도 변수를 좀더 철저하게 조사했다. 앞서 언급한 대로, 지능은 두 실험에서 다룬 모든 이슈에서 우리편 편향을 전혀 예측해 주지 못했다. 많이 연구된 사고 성향인 인지 욕구 또한 우리편 편향의 정도와 상관관계를 드러내지 않았다. 반면 '능동적 열린 사고'는 두 이슈에서 나타난 우리편 편향의 정도와 부적 상관관계를 보였다. 즉 낙태 명제에서는 –.17, 음주 연령 낮추기 명제에서는 –.13이었다. 토플랙과 스타노비치 연구(2003)[66]의 사례와 달리, 두 가지 명제에서 우리편 편향은 .21이라는 의미 있는 상관관계를 드러냈다. 하지만 두 이슈에서 견해의 강도와 방향은 개인차 변수를 모두 합한 것보다 우리편 편향에서 더 많은 분산을 설명해 주었다.

우리는 표 3.1에서 견해의 강도 효과를 좀 더 자세히 살펴볼 수 있다. 표의 위쪽 절반은 피험자들이 사전 견해 질문에 어떻게 답하는지에 관한 함수로, 낙태 이슈에서의 평균적인 우리편 편향을 드러낸다. 이 표는 기울어진 U자형 함수를 보여 준다. 그 함수에서는 낙태 반대론자 집단이 더 많은 우리편 편향을 드러낸다. 그럼에도 낙태 찬성론자, 낙태 반대론자 집단 양쪽에서 견해가 강할수록 우리편 편향은 더욱 커진다. 표의 아래쪽 절반은 음주 연령 이슈에 대한 응답 전반에서 유사한 평균 세트를 보여 준다. 다시 한번 우리편 편향이 양 집단에서 견해의 강도가 커짐에 따라 증가함에도, 음주 연령 낮추기에 반대하는 사람들이 모든 견해의 강도 수준에서 더 많은 우리편 편향을 보여 주었다.

리처드 웨스트와 나(2008a)[67]는 견해의 내용(낙태 찬성과 낙태 반

대: 0/1)과 강도(1·2·3)가 낙태 이슈에서 우리편 편향의 정도에 미치는 효과, 그리고 유의성valence*과 강도에 '고정값을 부여한partial out' 뒤, 인지 능력이 여하한 분산을 설명해 줄 수 있는지 여부를 조사하기 위해 회귀 분석을 실시했다. '동시적 회귀 분석simultaneous regression analysis**'에서 유의성 변수와 강도 변수의 베타 가중치는 둘 다 통계적으로 의미 있었다.(두 경우 모두에서 p<.001***) 하지만 인지 능력의 베타 가중치는 통계적으로 의미 있지 않았다. 음주 연령 명제에 대한 분석도 결과적으로 동일한 패턴을 띠었다. 즉 유의성 변수와 강도 변수는 둘 다 통계적으로 의미 있었지만(두 경우 모두에서 p<.001), 인지 능력의 베타 가중치는 통계적으로 유의미하지 않았던 것이다. 사전 견해의 강도와 방향 변수는 자력으로 낙태 이슈와 음주 연령 낮추기 이슈에서 우리편 편향의 정도를 보통 정도로 예측했다. (각각 다중 R값이 .336, .328; 두 경우 모두에서 p<.001)[68]

좀더 광범위한 분석은 견해의 내용 변수 대 그 연구의 다른 모든 개인차 변수들의 상대적 힘을 드러내 주었다. 낙태 이슈의 경우, 견해의 강도와 방향 변수를 우리편 편향의 예측자로 집어넣으면, 세 가지 개인차 요인(인지 능력, '능동적 열린 사고', 인지 욕구)은 2.7퍼센트의 추가적 분산을 설명해 주었다. 반면 인지 능력과 두 가지 사고 성향을

---

* 유인성·유인가·호감도·공감 등으로도 번역한다. 유의성(誘意性)은 '사건, 대상, 혹은 상황에 대해 개인이 느끼는 가치'를 뜻한다. 특히 심리학에서는 정서와 관련해 쓰이는데, 분노와 두려움 등의 정서는 '부정적 유의성'을, 기쁨이나 행복 등의 정서는 '긍정적 유의성'을 지닌다.

** 모든 변수를 방정식에 한꺼번에 투입하는 회귀 분석으로, 변수들을 단계적으로 방정식에 투입하는 '위계적(hierarchical) 회귀 분석'과 대비된다.

*** p는 유의수준을 의미하고, p<.001는 연구 결과가 우연에 의한 차이일 확률이 1000분의 1, 즉 0.1퍼센트 미만이라는 의미.

표 3.1
이슈 명제에 대한 동의 수준의 함수로서,
낙태 이슈에서의 평균 우리편 편향[a]

	평균(표준편차)
매우 반대한다 (n = 86)	4.86 (4.68)
보통 정도로 반대한다 (n = 33)	2.15 (4.44)
약간 반대한다 (n = 41)	0.83 (3.50)
약간 찬성한다 (n = 74)	0.82 (3.61)
보통 정도로 찬성한다 (n = 75)	1.07 (3.31)
매우 찬성한다 (n = 111)	2.74 (3.92)

이슈 명제에 대한 동의 수준의 함수로서,
음주 허용 연령 낮추기 이슈에서의 평균 우리편 편향[b]

	평균(표준편차)
매우 반대한다 (n = 61)	3.16 (4.61)
보통 정도로 반대한다 (n = 51)	0.90 (3.31)
약간 반대한다 (n = 42)	0.55 (3.78)
약간 찬성한다 (n = 104)	−1.15 (3.80)
보통 정도로 찬성한다 (n = 92)	0.50 (3.30)
매우 찬성한다 (n = 70)	1.61 (4.46)

a "나는 이 나라에서 낙태가 합법화되어야 한다고 믿는다."(Stanovich and West 2008a) 실험 3
b "18세에게는 술을 마실 수 있는 합법적 권리가 주어져야 한다."(Stanovich and West 2008a) 실험 3

그 방정식에 투입한 뒤에는, 견해의 강도와 방향 변수가 약 4배 이상의 추가적 분산(10.6퍼센트 고유 분산)*을 설명해 주었다. 음주 연령 이슈도 비슷한 패턴을 띠었다. (즉 개인차 변수의 경우 고유 분산이 1.8퍼센트고, 견해의 내용 변수의 경우 고유 분산이 10.5퍼센트다.)

다른 연구들 역시 개인의 심리적 특성보다 신념의 내용이 우리편 편향의 정도를 예측해 준다는, 우리가 2008년에 실시한 연구[69]의 시사점과 일치했다. 필립 테트록[70]은 환경 보호·범죄 억지·의료 같은 주요 이슈에 관한 피험자 추론의 복잡성을 연구했다. 이 연구에서 분화 복잡성differentiation complexity 척도는 피험자들이 이슈에 관해 추론할 때 대안적 관점을 얼마나 잘 고려하고 복잡한 트레이드오프를 제대로 알아차리는지 보여 준다. 따라서 우리편 편향 개념과 밀접하게 연관된다. 즉 그것은 피험자가 우리편 편향을 *피하도록* 만들어 주는 과정을 조작적으로 정의하므로 역척도inverse measure가 된다. 피험자들은 검증 대상인 6개 이슈 전반에 걸쳐 평균 낸 전반적인 분화 복잡성 점수를 받았다. 그런데 그 평균 점수는 특정 이슈들에 대한 분화 복잡성을 예측할 때, 그 이슈들에 담긴 가치관들 간의 충돌(예컨대 감시 이슈에서의 자유와 국가 안보) 정도보다 덜 강력한 예측자였다.

카이틀린 토너 외(2003)[71]는 가장 흥미로운 방식으로 우리편 편향 사고를 조사하는 패러다임을 사용했다. 그들은 미국의 자유주의자와 보수주의자가 서로 동의하지 않는 경향이 있는 아홉 가지 이슈(의료, 불법 이민, 낙태, 약자 보호 정책, 정부의 빈민 지원, 투표자에 대한 신분증 제

---

* 고유 분산(unique variance)은 단 하나의 예측자(변수)가 설명해 주는 분산으로, 공통분산(common variance)과 대비된다.

시 요구, 세금, 테러리스트에 대한 고문 사용, 종교에 바탕을 둔 법률)에 대해 조사했다. 연구자들은 이 이슈에 대한 피험자의 견해를 평가한 다음, 그들에게 스스로 생각하기에 남들에 비해 본인의 관점이 얼마나 옳은지 직접 평가해 달라고 요청했다. 척도는 무척이나 겸손한 '다른 관점들만큼이나 옳지 않다'에서 '다른 관점들보다 약간 더slightly 옳다' 즉 '다른 관점들보다 조금 더somewhat 옳다' '다른 관점들보다 훨씬 더 much more 옳다' 그리고 마지막으로 '전적으로totally 옳다' (즉 '내 관점이 유일하게 옳다')에 걸쳐 있었다. 따라서 토너 외(2013)는 9개 이슈 각각에 대한 견해와 그들이 지칭한 이른바 각 이슈에서의 '신념 우월성 정도degree of belief superiority' 즉 피험자들이 자기 견해가 남들에 비해 우월하다고 생각하는 정도를 측정했다.

토너 외(2013)는 9개 이슈 각각에서, 회귀 분석상 상당히 뚜렷한 2차 효과quadratic effect로 드러나는, 대단히 큰 신념 효과를 관찰했다. 피험자의 관점이 (양쪽 방향으로) 극단적일수록 그가 본인 관점이 남들의 관점보다 낫다고 믿는 경향이 더 컸다. 모든 경우에서 견해의 강도 변수는 견해의 방향 변수보다 더 강력한 예측자였다. 피험자들은 9개 이슈 가운데 오직 4개에서만 2차 효과에 더해 선형 효과linear effect (1차 효과)를 보여 주었다. (선형 효과는 이념 스펙트럼의 한쪽 끝이 다른 쪽 끝보다 더 많은 신념 우월성을 드러냈음을 시사한다.) 그 4개 이슈 가운데 2개(정부의 빈민 지원과 종교에 바탕을 둔 법률)에 대해서는 자유주의적인 피험자가 보수적인 피험자보다 더 큰 신념 우월성을 보여 주었다. 반면 나머지 2개 이슈(투표자에 대한 신분증 제시 요구와 약자 보호 정책)에 대해서는 보수적인 피험자가 자유주의적인 피험자보다 더 큰 신념 우월성을 드러냈다. 우리가 2008년에 실시한 연구[72]에서와 마찬가지로,

토너 외(2013)도 견해의 강도 변수가 개인차 변수인 독단주의보다 더욱 강력한 예측자임을 확인했다.

수십 년 전 로버트 아벨슨[73]이 단순한 신념과 확신이 어떻게 다른지 추적한 고전적 논문들에서, 이 책의 처음 3개 장에서 살펴본 우리편 편향의 연구 결과와 맞아떨어지는 여러 결과를 보고했다는 사실은 자못 흥미롭다. 아벨슨(1988)[74]은 일련의 조사지에 답한 피험자들의 응답에 기반을 두고, 1980년대에 불거진 여러 사회적 이슈(원자력, 신에 대한 믿음, 남아프리카공화국으로부터의 투자 회수, 낙태, 복지, 전략 방위 구상Strategic Defense Initiative*, 에이즈) 각각에 대한 '확신 점수conviction score'를 고안했다. 우리가 신념의 강도 변수에 관해 막 검토한 결과를 고려할 때, 아벨슨의 '확신 점수'는 각 이슈에서 드러난 우리편 편향의 정도와 높은 상관관계를 보이리라 가정할 수 있다. 하지만 여기서 검토한 결과들과 일치하는 것으로, 아벨슨(1988)은 교육 수준이 그 각각의 이슈에 대한 확신과 아무 상관성이 없다는 것, 확신의 영역 일반성만 그저 중간 정도의 상관관계를 보인다는 것(중간값 상관관계 .25)을 발견했다. 그는 자신이 얻은 연구 결과를 토대로, "그 강력한 개인차 변수(교육 수준)는 사회 이슈들에 확신하는 경향에 대해 말해 주지 못한다[75]"고 결론 내렸다.

---

* 과학 기술을 이용하여 탄도 미사일을 요격하려 한 미국의 군사 계획.

당신이 어느 편인지에 달려 있다

우리는 우리편 편향의 영역 일반성 정도가 낮다고 말할 때, 그것이 무엇을 의미하는지 이해할 필요가 있다. 상관관계를 보이는 것은 특정 명제에 대해 동의하는 정도가 아니라 그 명제에 관해 추론할 때 드러나는 *우리편* 편향의 정도다. 둘은 같은 게 아니다. 물론 수많은 견해들은 정치적 이념 같은 광범위한 개인차 변수로부터 예측할 수 있다. 분명 자유주의와 의료비 지출 인상 및 최저임금 인상에 대한 신념은 밀접한 연계성을 띤다. 이는 보수주의와 군사비 지출 인상 및 학교 선택권 확대에 대한 신념이 긴밀한 연관을 보이는 거나 마찬가지다. 피험자가 어떤 명제(예컨대 '군사비 지출을 늘려야 한다')에 대해 어느쪽 태도를 지지하느냐와 이념 간에는 긴밀한 관계가 존재할 게 분명하다. 특정 피험자의 이념으로부터 예측할 수 있는 것은 그 명제에 대한 유의성이며, 따라서 그 피험자의 '편'이 어느 쪽이냐다. 하지만 이는 피험자가 자신의 이념 때문에 드러내게 될 *우리편* 편향의 정도를 예측하는 것과는 *다르다*.

한편의 최저임금 인상, 다른 한편의 군사비 지출 인상, 이 두 명제에 대해 생각해 보자. 만약 특정 피험자 A의 사전 견해가 최저임금 인상 찬성이라면 군사비 지출 인상 반대가 그의 사전 견해가 될 것임은 충분히 예측 가능하다. 그와 반대되는 예측은 이렇다. 즉 피험자 B의 사전 신념이 최저임금 인상 반대라면 역시 군사비 지출 인상 찬성이 그의 사전 신념이 될 것이다. 하지만 이런 예측은 어떤 *견해*들이 함께 가느냐에 대한 것일 뿐, 우리편 편향의 정도가 함께 가느냐에 대한 것은 아니다. 다시 말해 *견해의 방향*은 높은 정도의 예측 가능성을 지니지만, 그것이 반드시 표출된 우리편 편향의 정도에까지 이어지는 것은 아니다. 실제로 조사한 연구들에서 우리편 편향의 정도는 이념적 방향으로부터 예측할 수 없다.

표 3.2는 우리가 수치상으로도 통계적으로도 6인 피험자 모의 실험에서의 차이를 볼 수 있게 해 준다. 피험자들은 정치적 이념(1에서 10척도로 측정한다) 같은 세계관 변수가 크게 다르다고 가정된다. 피험자 가운데 3명은 다른 3명과 뚜렷하게 대조되는 이념적 신념의 소유자다. 그들은 자신의 정치적 이념과 관련해 2개의 상이한 견해로 평가된다. 여기서는 간단히 두 가지 이슈에 대한 '견해 1' 그리고 '견해 2'(역시 1에서 10 척도로 측정한다)라 부른다. 이 표본에 속한 서로 다른 두 이념 집단은 두 가지 이슈—이를테면 공립 학교에 대한 지출 증가, 그리고 단일 보험자 건강 보험single-payer health care*—에서 의견이 모아질 것으로 예상된다. 우리는 이 책의 1·2·3장에서 기술한 방법들—증거 평가, 논증 생성 등—가운데 어느 것이든 이용하여 각 견해에서 우리편 편향을 측정할 수 있으리라 가정한다. 우리편 편향 점수는 견해들 각각에 대해 피험자들에게 부여된다. 방금 검토한 실제적인 연구들의 결과를 뒤따르는 것으로, 우리편 편향의 정도는 견해의 극단성 정도와 높은 상관성을 띤다.

여러분이 표의 숫자들을 보고 생각할 수 있겠듯이, 그리고 실생활에서 실제로 일어나고 있을 법한 대로, 정치적 이념은 두 이슈에 관한 견해를 꽤나 정확하게 예측하도록 해 주는 지표다. 예컨대 공립 학교에 대한 지출 증가 이슈와 단일 보험자 건강 보험 이슈는 이념과 긴

---

* 즉 국가 주도의 의료보험 제도.

표 3.2

우리편 편향이 사전 견해의 강도와 어떻게 연관되는지에 관한 데이터 모의 실험

피험자	이념 점수	견해 1	우리편 편향 1	견해 2	우리편 편향 2	사고 성향
1	10	10	5	8	3	95
2	9	8	3	10	5	97
3	8	6	1	6	1	89
4	3	4	1	1	5	77
5	2	2	3	4	1	85
6	1	1	5	2	3	83

상관관계: 이념과 견해 1 = .97

이념과 견해 2 = .88

견해 1과 견해 2 = .82

견해 1에서의 우리편 편향과 견해 2에서의 우리편 편향 = .00

이념과 견해 1에서의 우리편 편향 = .00

이념과 견해 2에서의 우리편 편향 = .11

사고 성향과 이념 = .85

사고 성향과 견해 1에서의 우리편 편향 = .36

사고 성향과 견해 2에서의 우리편 편향 = .00

밀하게 연관되어 있는 것들이다. 따라서 표 3.2에서 이념은 견해 1과 .97, 견해 2와는 .88이라는 높은 상관관계를 보인다. 더욱이 실생활에서도 기대할 수 있는 바와 같이, 두 이슈에 대한 견해들도 높은 상관관계(.82)를 드러낸다.

하지만 이념이 두 견해를 예측해 줌에도 불구하고, 그리고 두 견해가 서로 간에 높은 상관관계를 보임에도 불구하고, 두 이슈에서 드러나는 우리편 편향의 정도는 전혀 상관성을 드러내지 *않는다*. 더욱이

이념은 견해의 유의성을 예측해 주기는 하나, 우리편 편향을 예측해 주지는 않는다. 이념과 우리편 편향 1, 이념과 우리편 편향 2의 상관관계는 각각 .00, .11인 것이다.

이러한 결과가 나타나는 것은 우리편 편향의 정도가 견해의 전반적인 방향이 아니라 그 강도와 관련되기 때문이다. 두 이슈 가운데 하나에 대한 견해의 정도 10은 견해의 정도 1만큼이나 극단적이다. 그것은 양쪽 사례에서 강한 확신이고, 따라서 높은 정도의 우리편 편향으로 귀결된다. 두 이슈 가운데 하나에서 견해의 정도 6은 견해의 정도 4와 비슷하다. 비록 견해의 방향성과 관련해서는 전반적으로 불일치하지만, 두 가지 모두 약하고, 결국 약한 수준의 우리편 편향으로 이어지리라는 점에서 그러하다. 이념과 상관관계를 보이는 사고 성향이 반드시 우리편 편향의 정도를 예측해 줄 수 있는 것은 아님에 유의하라. 표 3.2의 마지막 세로 줄은 그러한 가설적 사고 성향 하나를 보여 주는데, 이는 이념과는 .85, 견해 1과는 .78, 견해 2와는 .98의 상관관계를 드러낸다. 반면 그 사고 성향은 견해 1에서의 우리편 편향과는 .36, 견해 2에서의 우리편 편향과는 .00의 상관관계를 드러낼 따름이다.

표 3.2는 우리편 편향보다 견해를 예측하기가 훨씬 더 쉽다는 것을 실증적으로 보여 준다. 우리편 편향의 수준과 상관성을 보이는 것은 각 이슈들에 대한 견해의 강도이지 그 견해의 전반적인 유의성 valence이 아니다. 물론 이는 얼마간 단순화한 결과다. 강도 효과뿐 아니라 견해의 방향 효과도 분명 우리편 편향을 예측해 줄 수 있을 것이다. 앞서 언급한 바와 같이 토너 외(2013)[76]는 아홉 가지 이슈 가운데 네 가지에서 선형 효과(방향 효과)를 확인했다. 마찬가지로 우리도

2008년 연구[77]에서 낙태와 음주 연령 낮추기 이슈 양쪽에서 견해의 방향 효과를 발견했다. 하지만 두 연구 모두에서 방향 효과는 강도 효과보다 크기가 훨씬 적었다. 견해의 강도에 방점을 찍는 우리의 주장을 뒷받침해 주는 연구 결과는 디토 외(2019a)[78]의 메타 분석이다. 거기서는 전반적으로 이념의 스펙트럼 전체에 걸쳐 우리편 편향이 차이가 없었다. 따라서 정치적 이념 — 수많은 이슈에서 우리편 편향을 추동하는 중요한 세계관 — 은 대부분의 '거시적macro' 수준에서는 방향적으로 균형을 잡고 있다. 하지만 방향 효과가 특정 '미시적micro' 이슈들에서 나타나지 못하도록 막지는 못할 것이다. 그러나 여기에서조차 토너 외(2013), 그리고 스타노비치와 웨스트(2008a)의 연구들이 내놓은 결과를 기반으로 해서, 우리는 강도 효과가 모든 방향 효과를 통계적으로 압도할 거라고 예상해 볼 수 있다.

따라서 특정 패러다임에서 특정 이슈와 관련해 드러나는 우리편 편향의 수준은 대단히 내용content 의존적이다. 이것이 바로 우리편 편향이 특이한 편향으로 밝혀지고 있는 이유다. 앞서 지적한 대로 대부분의 다른 편향들은 지능과 부적 상관관계를 보인다. 즉 지능이 높은 사람들이 그 편향을 피하는 능력이 더 좋다. 하지만 우리편 편향은 그렇지 않다. 또한 더 연구된 그 어떤 합리적 사고 성향들을 통해서도 높은 수준의 예측치를 얻어 낼 수 없다. 특정 개인이 표출하는 우리편 편향의 정도를 예측해 줄 수 있는 개인차 변수는 거의 없다. 전반적인 정치적 지향 역시 다양한 미시적 주제에서 신념의 강도에 관한 지극히 미세한 정보를 얻지 못할 경우[79], 우리편 편향을 예측하는 데서 제한적인 능력만 발휘한다.[80] 한마디로 우리편 편향은 개인차 변수들로 측정할 수 있는 광범위한 심리적 과정보다 특정 신념의 강도 및 내용과 더 깊이 관련되어 있다. 4장에서 우리는 이 사실이 어떤 이론적 함의를 지니는지 좀더 자세히 살펴보고자 한다.

4장

우리의 확신은 어디서 오는가

대안적 개념을 위하여

수많은 심리학 분야에서는 심리적 과정과 축적된 지식 중에서 어느 편이 더 중요한지를 두고 이론적 논쟁이 벌어지고 있다. 일부 영역에서 그 논쟁은 좀처럼 해결의 실마리를 찾지 못하고 있다. 예를 들어 비판적 사고 영역에서 연구자들은 여전히 비판적인 정보 처리 기술을 강조하는 입장과 풍부한 지식 기반을 강조하는 입장 사이를 오락가락하고 있다. 반면 지식 연구자들은 지식에 관한 카텔-혼-캐롤Cattell-Horn-Carroll, CHC 이론[1]에 관해 거의 합의에 도달한 것처럼 보인다. 바로 유동적 지식(과정)과 결정화한 지식(축적된 지식) 둘 다를 강조하는 이론이다.

구두쇠적miserly 정보 처리에 오랫동안 천착해 온 휴리스틱과 편향 연구[2]는 축적된 지식보다는 정보 처리 이슈를 훨씬 더 강조하는 듯 보였다. 하지만 최근에는 이러한 경향에 변화가 일기 시작했다. 이제 수많은 이론가들이 꾸준히 연습하고 '미리 컴파일하고precompile' 그렇게 한 결과 올바른 반응을 자동적으로 촉발할 수 있게 된다면, 자동적 과정을 중단할 필요가 없음을 강조하고 나선 것이다.[3] 리처드 웨스트, 매기 토플랙, 그리고 나는 합리적 사고의 토대인 중요한 지식 기반을 신중하게 평가한 여러 하위 실험을 담은 '종합적인 합리적 사고 평가[4]'에서 이러한 강조점 변화를 포착하고자 노력했다.

3장에서는 우리편 편향 이론의 디폴트default* 입장이 그것을 과정 중심으로 바라보는 쪽임에도, 심리적 과정 지표들보다 견해의 내용이 우리편 편향의 분산을 더욱 잘 설명해 준다는 것을 확인했다. 거기서 논의한 연구 결과들은 우리편 편향 이론의 디폴트 입장을 재조정할 필요가 있음을 시사한다. 만약 우리편 편향이 정말로 과정 중심이라면, 필시 심리학에서 가장 연구가 많이 된 개인차 변수들—지능, '능동적 열린 사고'나 인지 욕구 같은 사고 성향—로부터는 그를 결정하는 과정을 예측할 수 없는 것 같다.

이 장에서 우리는 우리편 편향을 개인차 특성보다는 내용 기반 편향으로 바라보면서 대안적 개념화를 모색해 볼 작정이다. 실제로 정치학 및 사회심리학의 여러 영역에 종사하는 연구자들은 최근에, 그들 분야에서 오래전부터 확립된 연구 결과를 재해석하거나, 자극 물질의 내용적 중요성이 충분히 인정된다면 심지어 그것을 뒤엎어야 하는 상황이 종종 발생한다는 것을 발견했다. 대체로 영역 일반성을 띤다고 여겨지던 심리적 특성들이 특정 실험에서 사용한 내용이 무엇이냐에 따라 나타나기도 하고 사라지기도 한다는 사실이 드러난 것이다.

---

* 컴퓨터 프로그래밍 용어로 기대하는 값이 주어지지 않을 때 자동으로 쓰이는 고정값.

최근의 심리학이 간과한 것

쥐타 프로흐, 줄리아 엘라드-스트렝거, 그리고 토머스 케슬러의 연구(2019)[5]는 연구자가 충분히 광범위하게 내용을 표집하지 않았을 때 조차 자신이 일반적인 심리적 특성을 측정하고 있다는 결론으로 빠르게 비약할 수 있음을 잘 보여 준다. 그들의 2019년 연구는 정치적 보수주의가 변화 거부와 관련되어 있다는, 심리학 문헌에서 끈질기게 견지되어 온 견해[6]에 도전장을 던졌다. 프로흐, 엘라드-스트렝거, 그리고 케슬러(2019)는 변화에 대한 개인의 입장은 변화 그 자체에 대한 함수라기보다 그가 현 상태를 어떻게 바라보는지에 대한 함수라고 지적한다. 현 상태를 인정하는 사람은 변화를 원치 않는 경향을 보인다. 반면 그것을 인정하지 않는 사람은 변화를 지지하는 경향을 드러낸다. 1960년대, 1970년대, 1980년대에, 심지어 1990년대에 접어들어서도 사회적·경제적·기술적·문화적 변화는 지금보다 한층 더뎠으며, 그 세월 동안 현 상태status quo의 상당 부분은 자유주의자가 좋아하는 그런 유의 것이 아니었다. 따라서 질문지에 답한 자유주의적 응답자들이 변화를 원한다는 것을 보여 주었을 때, 그들은 변화 그 자체가 아니라 자신들이 원하는 방향의 변화를 지지하고 있었던 셈이다.

하지만 산업화한 현대 사회에서는 상황이 크게 달라졌다. 우리가 처한 현 상태의 수많은 측면은 인적 자원 부서의 다양성으로부터 산업의 오염 규제, 대학 입학에서의 인종 선호, 기업 이사회의 여성 할당제에 이르는 수많은 자유주의적 사회 원칙을 이행하는 이들이 도모하고 구축한 결과인 것이다. 따라서 프로흐, 엘라드-스트렝거, 그리고 케슬러(2019)가 자유주의자들이 지지하는 현 상태를 만들어 낸 사회적·정치적 정책의 목록을 꽤나 길게 확보하고, 그것을 보수주의자들이 지지하는 현 상태를 만들어 낸 사회적·정치적 정책의, 마찬가지로 긴 목록과 견줘 보는 것은 어려운 일이 아니었다.

프로흐, 엘라드-스트렝거, 그리고 케슬러(2019)는 이렇게 견줘 본 여러 정책을 자극으로 사용한 결과, 보수적 피험자가 자유주의적 피험자보다 변화를 더 거부한다는 일반적 경향성을 발견하지 못했다. 그들의 연구 결과는 양쪽 정치 집단 공히 현 상태가 자신의 사회 정치적 세계관과 조화를 이룰 때는 그에 찬성하고, 만약 변화가 현 상태를 자신의 사회 정치적 세계관에서 멀어지게 만들면 그에 반대한다는 상식적인 결론을 매우 분명하게 확인시켜 준다.

프로흐, 엘라드-스트렝거, 그리고 케슬러(2019)의 연구는 편향된 자극 선택이 어떻게 특정 상황에 대한 내용 의존적 반응보다 광범위한 심리적 특성을 강조하는 섣부른 이론의 구축으로 귀결되는지 보여 준다. 그들의 연구 결과는 매기 토플랙과 내가 '능동적 열린 사고' 척도를 써서 진행한 분석의 연구 결과와 일치한다.[7] '능동적 열린 사고' 척도가 측정한 한 가지 핵심적 정보 처리 양식은 피험자가 증거에 기반해 신념을 수정하려는 의지다. 수십 년 전에 처음 사용된 우리의 초기 척도에는 이 정보 처리 양식을 측정하고자 설계한 몇 가지 항목이 들어 있었다. 하지만 매기와 내가 발견한 것은 피험자들이 아무런 일반적인generic 수정 경향성도 드러내지 않았다는 것이다. 신념의 수정은 내용으로 측정되어야 한다. 그것은 피험자가 수정하는 특정 신념에 의해 결정된다. 즉 피험자가 기꺼이 신념을 수정할지, 그렇게 하기를 꺼릴지는 내용이 무엇이냐에 따라 달라진다. 우리의 2019년 연구 결과는 3장에서 검토한 우리편 편향 연구의 결과를 연상시킨다. 피험자는 해당 특정particular 이슈에 관한 사전 견해의 강도에 따라 우리편 편향을 더 보여 주거나 덜 보여 주는 경향이 있다는 연구 결과 말이다. 내용과 무관하고 광범위한 심리적 특성들을 통해 예측할 수 있는 우리편 편향의 일반적 경향성은 없었다.

다양한 사회 집단을 향한 감정의 온기, 편견, 불관용에 관한 초기의 사회심리학 연구를 재고해 보는 최근의 움직임에서는 연구에 쓰인 자극의 포괄 범위를 확장하는 것이 특히나 중요했다.[8] 이 초기 연구들에 대한 관심이 최소한 필립 테트록[9]의 연구까지 거슬러 올라가는 것임에도 불구하고 말이다. 사람들은 오랫동안 외집단 편견과 불관용은 보수주의적 이념, 낮은 지능, 경험에 대한 낮은 개방성과 함께 떠오르는 특성이라 여겨 왔다. '이념 충돌 가설ideological conflict hypothesis'의 지지자들[10]은 이런 연구에서 표적이 된 사회 집단*이 흔히 자유주의자와 이념적 친화성을 공유하며, 보수주의자와 충돌하는 가치관을 지닌 집단이라고 지적함으로써 이러한 초기 연구 결과의 일반성에 의문을 제기했다. 따라서 보수적 피험자가 보여 준 외집단에 대한 온정과 관용의 부족은 아마도 초기 연구에서 사용된 표적 집단들과의 이념 갈등 탓이었을 터다.

이 가설을 다룬 실험에서, 존 챔버스, 배리 슐렝커, 그리고 브라이언 콜리슨(2013)[11]은 보수주의와 편견의 관계에 대한 초기 연구들이 어떻게 표적 집단과 이념을 혼동했는지 실증적으로 보여 주었다. 편견을 다룬 고전적 실험의 대부분에서 표적 집단은 자유주의적 가치관

---

* 아프리카계 미국인, LGBT(레즈비언(lesbian)·게이(gay)·양성애자(bisexual)·트랜스젠더(transgender)의 머리글자로 성소수자를 지칭), 라틴 아메리카계 미국인.

을 공유하는 것으로 알려진 집단들이었다. 따라서 보수주의적 피험자들은 특정 집단에 대한 온정을 보여 주어야 했을 때, 혹은 그 집단의 구성원을 관용으로 대해야 했을 때 갈등에 휩싸였다. 즉 그들이 평가해야 하는 집단의 가치관은 보수적 가치관과 충돌하는 것으로 알려져 있었기 때문이다. 자유주의적 피험자들은 그러한 갈등에 부딪히지 않았다. 즉 그들은 그저 표적 집단에게 보여 줄 관용의 정도를 드러내도록 요청받았고, 표적 집단의 구성원들은 정확히 그들이 한 대로 믿었으니 말이다.[12] 하지만 챔버스, 슐렝커, 그리고 콜리슨(2013)은 자유주의적 피험자들이 그들과 충돌하는 가치관을 지닌 집단(기업인, 기독교 근본주의자, 부자, 군인)에 보여 준 관용과 온정의 정도를 측정한 결과, 그들 역시 보수적 피험자들 못지않게 외집단에 대한 혐오를 드러냈음을 발견했다. 이념적 유사성은 집단 선호를 강하게 예측해 주어 그 상관관계가 무려 .80을 넘었다.

수많은 경험적 연구들이 '이념 충돌 가설'을 실험했다. 이러한 연구에서 나온 결과들에 따르면, 외집단 관용, 편견, 그리고 온정에 대한 측정치는 피험자의 심리적 특성들의 함수라기보다, 피험자의 가치관이 표적 집단의 가치관과 일치하거나 충돌하는 정도의 함수였다.[13] 한편의 불관용 및 온정 부족, 다른 한편의 보수주의, 낮은 지능, 경험에 대한 낮은 개방성과의 상관관계는 일단 포괄범위가 좀더 다양한 사회집단들을 평가 작업에 포함하면 사실상 사라진다. 자유주의적 피험자들도 불관용을 드러낼 수 있는 것으로 보이는데, 다만 그들과 세계관이나 가치관을 공유하지 않는 집단(기업인, 기독교 근본주의자, 부자, 군인)을 향해서만 그런 듯하다.

라일리 카니와 라이언 에노스(2019)[14]는 구체적인 내용이, 자주 쓰이는 현대의 인종 차별 척도에 대한 응답을 결정하는 데 어떤 역할을 하는지 실증적으로 보여 주었다.[15] 이런 척도는 인종 차별을 보수적 견해와 연결 짓는 시도에서 특히 두드러진다. '아일랜드인, 이탈리아인, 유대인, 그리고 수많은 다른 소수 민족은 편견을 극복하고 노력해 끝내 성공했다. 흑인들은 어떤 특별한 은전 없이도 동일한 일을 해내야 한다' 또는 '한껏 열심히 노력하지 않는 것은 정말이지 일부 사람들의 문제다. 만약 흑인들이 더 열심히 노력한다면 백인들처럼 잘살 수 있을 것이다' 같은 명제가 대표적이다. 카니와 에노스(2019)는 통상적인 표적 집단인 아프리카계 미국인(피험자들을 특별히 인종에 맞추기 위한 척도 항목에서는 흔히 '흑인'이라 불린다) 자리에 다른 집단들을 집어넣었다. 그들은 상이한 실험 조건에서 표적 집단으로 대만인, 라틴 아메리카인, 요르단인, 알바니아인, 앙골라인, 우루과이인, 몰타인을 사용했다. 그들이 얻은 결과는 놀라웠다. 보수적 피험자들은 자유주의적 피험자들보다 그 척도에 대한 모든 명제에 좀더 강한 지지를 보냈지만, 그 지지는 표적 집단이 누구냐와 *무관*했다. 반면 자유주의적 피험자들은 표적 집단이 아프리카계 미국인일 때 그 척도에 대한 명제를 덜 지지하는 경향을 보였다.[16]

카니와 에노스(2019)는 더 나아가 이 같은 현대적인 인종 차별 척도들은 구체적으로 보수주의자와 관련한 인종적 분노라기보다 자유주의자와 관련한 인종적 공감을 담아냈다고 결론 내렸다.[17] 보수적 피험자에게 이른바 현대의 인종 차별 척도는 그들의 인종 차별이 아니라 노력에 보상하는 데서 오늘날 사회의 상대적 공정에 대한 그들의 신념을 측정하는 데 기여했다. 게다가 엄밀히 말해 이러한 척도는 처음부터 이름이 잘못 붙은 것이었다. 자유주의적 피험자에게 그 척도는 분명 구체적으로 흑인을 겨냥해 무언가를 측정하는 데 기여했다. 그런데 그 무언가란 어느 편인가 하면, 그들이 아프리카계 미국인에게 각별한 친밀감을 드러내는 경향성이 있다는 사실, 혹은 아마도 아프리카계 미국인이 미덕 과시virtue signaling 면에서 최대의 이득을 안겨주는 표적 집단임을 그들이 의식하고 있다는 사실이었다.[18]

  더 최근의 연구들은 사용된 자극에서 피험자의 가치관과 표적 집단의 가치관이 일치하는지 여부에 따라 편견이나 관용 같은 심리적 특성과의 상관관계가 달라진다는 것을 보여 주었다.[19] 마크 브랜트와 재럿 크로포드(2019)[20]는 편견을 다룬 최근 연구의 전개상에 대해 상세히 논의했다. 그러면서 일반적인 예측자로 여겨지는 심리적 특성(경험에 대한 개방성, 인지 능력 등)의 상당수가 오직 특정한 경우에서만 편견의 예측자임을 보여 주었다. 즉 그것들은 모든 표적 집단에 대한 예측자로 작용하지 않았다. 브랜트와 크로포드(2019)는 결국 간단히 네 가지로 이루어진 일관된 편견 예측자 목록을 확보했다. 그 목록은 순전히 심리적인 피험자의 특성들로부터 편견을 예측하고자 하는 목적과 관련해서는 지나치게 안이하다. 그렇게 보는 데는 분명한 이유가 있다. 목록에 실린 가장 널리 인정받는 두 가지 예측자—세계관 충돌과 인지된 위협—는 결코 일반적인 심리적 특성이라고 보기 어려운 것이다. 즉 그 두 가지는 전적으로 피험자 내부에 들어있는 개인차 변수라기보다 원위 신념과 표적 자극의 중첩 여부와 관련한 불일치mismatch 변수인 것이다. 세계관 충돌은 피험자의 세계관과 표적 자극에 대한 사회적 태도 간의 일치match에 좌우된다. 인지된 위협 역시 마찬가지다. 그것은 피험자와 표적 자극의 조화(fit)를 반영하는 변수다. 따라서 그 두 가지는 사람들의 심리적 특성을 나타내는 변수가 아니다. 그렇다기보다 피험자가 가진 신념 내용의 속성이자 그 내용이 표적 자극과 관련되는 방식이다.

요컨대, 피험자의 인성적 특성과 인지 능력의 척도들은 흔히 그 피험자의 특정 신념보다 예측력이 떨어지는 것으로 드러났다. 우리편 편향은 이 일반적 관찰의 극단적 사례 같다. 3장에서 검토한 연구들에 따르면, 우리편 편향은 거의 완전하다 할 만큼 인지 능력과 무관하다. 그리고 합리적 사고 성향과도 기껏해야 매우 약한 정도의 상관관계만 보일 뿐이다. 정말이지 우리편 편향은 초지일관 중심 신념 자체의 방향 및 강도와만 관련된다. 우리편 편향을 드러내는 경향성은 한 개인의 타고난 특성이라기보다 그가 획득한 특정 신념 및 견해의 함수 쪽에 더 가까운 것 같다. 따라서 우리편 편향을 제대로 이해하려면 (정보 처리 경향이 아니라) 신념의 *내용*을 강조하는 관점을 새로이 취할 필요가 있다.

소유물과 밈으로서의 신념

수년 전 로버트 아벨슨(1986)[21]이 쓴 논문의 제목, '신념은 소유물과 같다Beliefs Are like Possessions'에는 우리편 편향이 심리적 특성이 아니라 내용에 기반을 둔 것이라고 볼 수 있는 한 가지 이유가 암시되어 있다. 과소비에 대한 오늘날의 비판은 잠시 접어 두고 말하자면, 우리 대부분은 특별한 이유가 있어서 물질적 소유물을 획득했다고, 그 소유물은 어떻게든 우리의 목적에 기여한다고 느낀다. 우리는 자신의 신념에 대해서도 동일하게, 즉 신념이 다른 소유물들과 마찬가지로 우리가 획득하기로 결정한 어떤 것이라고 여긴다.[22] 한마디로 우리는 이렇게 가정하는 경향이 있다. 첫째, 우리는 자신의 신념을 획득하는 데서 행위 주체성agency을 발휘했다. 둘째, 그 신념들은 우리의 이익에 봉사한다. 이런 가정 아래서는 우리의 신념들을 두둔하는 포괄적 정책blanket policy을 취하는 것이 타당한 듯하다.

하지만 이에 대해 생각할 수 있는 또 한 가지 방법이 있다. 우리로 하여금 어떤 것이든 간에 스스로의 신념을 방어하는 경향성에 좀더 회의적이 되도록 안내하는 방법이다. 3장에서 논의한 대로, 지능이 높아지거나 깊은 사고와 상관성을 띠는 사고 성향이 증가한다 해도, 그만큼 우리편 편향이 줄어드는 것은 아니다. 그리고 3장에서 살펴본 바와 같이 우리편 편향에 영역 일반성이 거의 없다는 연구 결과[23]는, 우리편 편향이 더 많거나 적은 사람 자체가 아니라 신념들이 그가 드러내는 우리편 편향의 정도를 달라지게 만든다는 것을 암시한다. 요컨대, 신념들은 그와 상충하는 생각을 격퇴하기 위해 구조화되는 데서 그 강도가 저마다 다를 수 있다는 것이다. 이것이 정확히 진화론적 인식론evolutionary epistemology이 표방하는 이론적 입장이다. 즉 우리로 하여금 다음과 같은 놀라운 질문이 지니는 함의를 탐구하도록 이끄는 입장이다. '당신이 신념을 소유하는 게 아니라, 신념이 당신을 소유한다면 어떻게 될까?'

문화 복제자cultural replicator 이론과 미메틱스memetics* 분야는 우리가 이 질문을 정확하게 탐구하도록 도왔다. '문화 복제자'라는 용어는 비

---

* 리처드 도킨스(Richard Dawkins)의 1976년 저서 《이기적 유전자》에 소개된 주요 개념 밈(meme) — '대물림 가능한 정보의 기본 단위' 혹은 '문화와 관련한 복제의 기본 단위'라는 의미 — 에서 파생된 학문으로 '밈학(學)'이라고도 부른다.

유전적 수단에 의해 전달되는 문화의 요소를 지칭한다. 문화 복제자를 대신하는 용어, 즉 '밈meme'은 리처드 도킨스가 1976년에 쓴 유명한 책《이기적 유전자The Selfish Gene》에 소개된 것이다. 또한 이 용어 밈[24]은 더러 일반적으로 '밈플렉스memeplex'라 칭해 온 것을 언급하기 위해 사용되기도 한다. 밈플렉스는 서로 맞물린 일련의 생각들로서 함께 복제된 상호 적응한 밈들을 지칭한다. 따라서 민주주의 개념은 상호 관련된 복잡한 일련의 밈, 즉 밈플렉스의 한 가지 예다.

밈학은 '나의 신념' 그리고 '나의 생각'이라는 구절 속에 암시된 '소유물로서의 신념' 은유를 몰아내는 데 얼마간 도움을 줄 수 있다. '나의 밈'은 낯선 표현으로 '나의 신념'과 동일한 방식의 소유를 말해 주지 않는다. 밈 개념은 대다수 우리편 정보 처리의 원천인 원위 신념을 옹호하는 입장을 깨부술 수 있다. 그리고 그것은 유전자 개념과의 비유를 통해, 우리가 보편적인 다윈주의의 통찰을 이용해 신념의 획득과 변화를 이해하도록 안내한다.[25]

도킨스(1976)는 우리에게 유기체는 그 자체의 이익이 아니라 그들 유전자의 이익을 증진하기 위해, 즉 유전자를 복제하기 위해 만들어진다고 말한다.[26] 유전자의 이익과 그 유전자가 기거하는 유기체의 이익은 대부분의 경우 일치한다. 하지만 거기에 예외가 아주 없는 것은 아니다. 유전학과 이론 생물학 분야에서의 광범위한 연구는 유전자—하위 인격적subpersonal 복제자—가 언제나 그 유전자를 보유한 유기체의 도구적 목적에 가여하지는 않는 방식으로 그들의 생산력과 수명을 키워 나갈 수 있음을 보여 주었다.[27] 이기적 유전자 개념은 밈 역시 제 주인의 이익을 희생하면서 복제할 수 있다는, 그 밈이 경솔하게 획득되었을 때는 특히 더욱 그렇다는 그와 유사한 통찰을 촉발한다. 우리는 데닛(2017)[28]이 지칭한 이른바 '밈의 관점meme's-eye point of view'을 취하면, 밈도 (유전자와 마찬가지로) 오직 제 스스로의 이익을 위해 행동하는 복제자임을 이해하게 된다. 한마디로 우리편 편향은 그 주인의 이익이 아니라 그 주인 안에 기거하는 밈의 이해에 봉사할 수 있다. 아마 이것이 사람들의 심리적 특성이 우리편 편향의 정도를 예측해 주지 못하는 까닭일 것이다.

밈 개념으로 촉발된 중요한 통찰은 신념이 반드시 참이 아닌 채로, 혹은 그 신념을 지닌 사람들을 돕지 않는 채로 퍼져 나갈 수도 있다는 것이다. '이 편지를 5명에게 전달하지 않으면 불운이 닥칠 것이다' 라고 적힌 행운의 편지를 떠올려 보라. 이것은 밈—생각의 단위—의 한 가지 예다. 이는 뇌 속에 복사되고 저장될 수 있는 행동을 하라는 지시다. 그것은 수없이 복제된다는 점에서 더없이 성공적인 밈이었다. 하지만 이처럼 성공적인 밈에는 두 가지 분명한 특징이 있다. 한편 사실도 아니고, 다른 한편 그를 이행하는 사람에게 도움도 되지 않는다는 것이다. 하지만 밈은 꿋꿋이 살아남는다. 밈 자체의 자기 복제 속성 때문이다. 밈의 근본 논리는 '나를 따라 해라, 안 그러면 재미없어'라는 말에 가장 잘 담아낼 수 있다. 오늘날 존재하는 모든 밈은 그의 진화를 통해, 성공적인 복제자를 규정하는 특징인 고도의 생산성, 장수, 그리고 충직한 따라하기를 보여 주었다.

밈 이론은 신념에 관한 우리의 추론에 지대한 영향을 끼친다. 우리가 신념에 대해 생각하는 방식을 뒤집어 주기 때문이다. 사회심리학자와 성격심리학자는 전통적으로 '특정 개인들은 어떻게 모종의 신념을 얻게 되는가'라고 묻는 경향이 있다. 이 인과관계 모델은 개인이 어떤 신념을 가질지 결정하는 모델이다. 반면 밈 이론은 '특정 밈들은 어떻게 그 자신을 위해 수많은 *주인*들을 모을 수 있었는가?'라고 묻는다. 따라서 이 질문은 '사람들은 어떻게 신념을 획득했는가?'가 아니라 '신념은 어떻게 사람들을 획득했는가?'다.

신념 X가 왜 퍼져 나가느냐에 대한 상식적 관점은 그것이 그저 '사실이기 때문'이라는 생각이다. 하지만 이는 사실이지만 인기가 없는 신념, 그리고 인기 있지만 사실이 아닌 신념을 해명하는 데는 곤란을 겪는다. 밈 이론은 우리에게 신념이 확산하는 또 다른 이유를 제공해 준다. 즉 신념 X가 사람들 사이에 퍼져 나가는 이유는 그것이 좋은 복제자이기 때문이라는, 즉 그것이 주인을 확보하는 데 능란하기 때문이라는 것이다. 밈 이론은 우리로 하여금 신념을 획득하는 사람들의 자질보다는 신념의 복제자로서 특성에 주목하도록 해 준다. 이야말로 밈 개념이 기여하는 한 가지 독특한 기능으로, 매우 의미심장한 것이다.

네 가지 이유에서 살아남고 확산하는 밈과 밈플렉스는 그에 따라 네 가지 성공적인 밈 전략을 낳았다.[29] 과거에 어떤 밈이 널리 퍼져 나갔다면 그것은 아마 다음 전략 간의 모종의 조합이 낳은 결과일 것이다.

전략 1. 밈은 그 주인에게 도움이 되기 때문에 살아남고 확산한다.

전략 2. 특정 밈들은 이전부터 존재한 유전적 성향, 혹은 영역 특이적 진화 모듈과 잘 맞아떨어지기 때문에 널리 퍼져 나간다.

전략 3. 특정 밈들은 그에 알맞은 주인 유기체를 만드는 유전자의 복제를 촉진하기 때문에 증식한다. (사람들로 하여금 더 많은 아이를 낳도록 촉구하는 종교적 신념이 이 범주에 속한다.)

전략 4. 밈은 그 자체의 자기 영속적 속성 때문에 살아남고 퍼져 나간다.

대부분의 밈이 이중 한 가지 이상의 이유에서 살아남았다는 데는 의심의 여지가 없다. 하나의 밈이 퍼져 나가는 것은 그것이 그 주인에게 이롭기 때문임과 동시에, 그것이 유전적 성향에 알맞기 때문임과 동시에, 그 자체의 자기 영속적 속성 때문일 것이다.[30]

전략 4는 거기에 쓰인 복제 전략이 주인에게 기여하지 못하기 때문에 문제가 있는 범주다. 다양한 이론가들이 문제 있는 이 밈의 자기 영속적 전략에 대해 논의해 왔다. 예컨대 유익한 생각들의 구조를 모방하고, 주인을 속여서 그 밈으로부터 이익을 얻을 수 있다고 여기도록 만드는 '기생충 같은 마인드웨어parasitic mindware'가 있다. 물론 광고자들은 ("이 차를 사면 이 아름다운 모델을 얻을 것이다"라는 무의식적 연상을 촉발하면서) 밈 기생충—다른 신념이나 이미지의 등에 올라타는 신념—을 구축하는 데 이골이 난 사람들이다. 다른 자기 영속적 밈 전략에는 인지 환경을 변화시키는 것이 포함된다. 예컨대 수많은 종교는 내세에 대한 약속을 좀더 매력적으로 보이도록 하기 위해 죽음을 향한 사람들의 두려움을 공략한다. '광고 전략'은 한층 사악해서, 문화적 환경을 경쟁적 밈들에게 더욱 적대적이 되도록 내모는 식으로, 혹은 신념의 주인이 대안적 신념의 주인들을 공격하도록 부추기는 식으로 바꿔 놓는다. 수많은 온건파 종교 신자들은 다른 구성원들이 부여 잡고 있을지도 모를 밈이 겁나서 그 공동체의 극단주의자들에 대한 비난을 삼간다.[31]

데닛(2017)의 '밈의 관점'은 우리편 편향을 현존 밈의 유지를 위해 신념 변화가 어려워지게 만드는 전략적 기제로 바라보도록 안내한다. 그리고 우리가 신념 검토에 대한 적대감이 만연한 '밈의 세계 memosphere[32]'에서 살아가고 있음을 깨닫도록 이끌어 준다. 비판적 사고의 교육 이론가들은 수십 년 동안 신념과의 거리 두기, 신념에 대한 중립적 평가, 관점 바꿔 보기, 맥락에서 떼어 놓고 고찰하기, 현재 견해에 대한 회의 같은 비판적 사고 기술을 심어 주기가 어렵다고 탄식해 왔다. 비판적 사고 연구들은 거의 하나같이 사람들이 기왕에 지닌 신념의 강화를 보장하지 않는 관점에서 증거를 검토하는 일이 얼마나 힘든지 보여 준다. 한마디로 현재 우리 뇌에 자리 잡은 밈들은 거기에 거주하고 싶어 하거나 기존 밈들을 내쫓을 소지가 있는 다른 밈들과 소중한 뇌 공간을 나눠 가지는 데 더없이 시큰둥한 것 같다.

우리 대다수가 새로운 밈을 적대시하는 특성을 공유한다는 사실은 몇 가지 골치 아픈 질문을 떠오르게 한다. 만약 우리의 밈들 대다수가 우리에게 곧잘 기여한다면, 그들은 왜 선택을 통한 검증을 한사코 피하려 들까? 경쟁자 밈들, 특히 자신과 충돌하는 밈들은 실패하게 될 게 뻔한데 말이다. 한 가지 이유는 상호 지원적 관계에 놓인 밈플렉스 내의 밈들은, 마치 게놈genome* 속의 유전자들이 협동하는 것과 동일한 몇 가지 이유에서, 그와 모순을 일으키는 밈들이 뇌 공간을 차지하지 못하도록 막는 구조를 형성하기 때문이다.[33] 유기체는 만약 신규 돌연변이 대립 유전자가 협력자가 아니라면 유전적 결함을 띠는 경향이 있고, 그게 바로 게놈의 다른 유전자들이 협력을 요구하는 이유다. 마찬가지로 현재 거주하는 밈도 협력자, 즉 저와 같은 밈을 선택하고 있다. 전부터 살아온 밈과 대립하는 밈들은 쉽사리 흡수되지 않

---

* 세포나 생명체의 유전자 총체.

는다.[34]

이러한 이야기는 한 영역에서 높은 우리편 편향을 보여 주는 피험자가 반드시 다른 영역에서도 그런 것은 아니라는 우리의 개인차 연구 결과, 그리고 영역들에 따라 불러일으키는 우리편 편향의 정도가 꽤나 다르다는 우리의 좀더 일반적인 연구 결과[35]를 설명해 준다. 이게 바로 밈이 자신과 모순되는, 그리고 자신을 대체할지도 모를 다른 밈들을 몰아내기 위해 구조화되는 정도가 저마다 다른 이유다. 어떤 *개인*이 얼마나 높거나 낮은 우리편 편향을 지니는지와 관련하여 일반적인 경향성은 없다. 하지만 특정 밈플렉스는 다른 것보다 충돌하는 밈들에 더욱 저항한다.

기능성과 성찰적 신념 획득

이 섹션에서는 밈 개념이 어떻게 우리가 2장에서 논의한 '의사소통 공유지의 비극'을 극복할 수 있도록 돕는지 다루어 볼 참이다. 원위 신념을 소유물로 삼으면 최악의 우리편 편향 유형을 북돋우게 된다. 근거에 기반하지 않고 검증 불가능한 확신으로부터 추정한 사전 신념을 투사하는 것 말이다. 우리편 편향을 피하려면, 스스로의 확신으로부터 거리를 둘 필요가 있다. 그리고 그렇게 하기 위해 우리 신념을 제 스스로의 이익을 지니게 마련인 밈으로서 바라보면 도움이 된다.

밈의 관점에서 신념에 대한 거리 두기 기능을 논의하기 전에, 밈 개념의 불운한 역사에 대해서 간략히 개괄해 볼 필요가 있다. 즉 밈 개념의 어떤 측면이 심리학 등 여러 학문 분야의 연구자들로 하여금 밈적 접근을 제대로 인식하지 못하도록 막아 왔는지에 대해서 말이다. 도킨스[36]는 비록 밈이라는 용어를 창시했음에도 그 개념이 좋지 않게 출발하는 데 기여했다. 익히 알려진 사실로서, 그가 블랙모어(2000)[37]와 함께 대부분의 종교는 기본적으로 '나를 따라하라copy-me' 밈플렉스라고, '그들의 주장을 검증하지 못하도록 막는 방법·위협·약속의 지원을 받는다[38]'고 주장했기 때문이다. 그들의 주장은 종교심리학 문헌에서 일련의 논박을 촉발했다.[39] 물론 도킨스-블랙모어의 입장에 대한 비판론자들은 그들 사이에서도 생각이 조금씩 다르다. 그중 일부는 종교가 진화적 적응evolved adaptation이라고 믿는다. 또 일부는 종교가 다른 목적(행위자 탐지agent detection, 마음 이론theory of mind) 등*을 위해 진화한 인지 기제의 부산물이라고 여긴다. 수많은 이론가들은 적응주의적 입장을 취하든 부산물 입장을 취하든, 종교가 밈 바이러스라는, 즉 인간 주인을 위해 기능하지 않는 '나를 따라하라'는 지시라는 도킨스-블랙모어의 입장에 반대한다.

악명 높은 도킨스-블랙모어의 입장은 안타깝게도 밈의 개념이 앞 섹션에서 열거한 전략 4의 개념—즉 스스로를 복제하기 위해 행동하며, 유전적 기능성이나 유기체를 위한 기능성은 가지고 있지 않다는 개념—만 언급한다는 오해를 불러일으켰다. 앞서 강조한 대로 이는 잘못이다. 통계적으로 대다수 밈은 그 자체의 자기 복제 속성을 띰과 동시에 유전적·유기체적 기능성도 지니고 있다. 종교에 대한 도

---

* 인류는 오랜 진화사의 시기에 걸쳐 수렵 채집을 해 왔다. 이 기간 동안 인류는 당면한 적응 문제를 풀기 위해 몇 가지 능력을 키워야 했다. 포식자의 존재를 알아차리고 추론하는 능력, 다른 사람들의 마음을 읽는 능력 따위를 말이다. 진화 심리학자들은 전자를 '행위자 탐지' 후자를 '마음 이론'이라 부른다.

킨스-블랙모어의 입장은 수많은 사람들로 하여금 밈 개념이 전적으로 '바이러스 신념virus beliefs' 즉 스스로를 복제하는 것 말고 다른 기능은 없는 신념만을 지칭했다고 믿도록 만들었다. 예를 들어 댄 스퍼버 (2000)[40]는 밈 용어를 일반적인 의미의 문화 복제자와 동의어로 보지 않는다. 대신 '그들을 보유한 인간이 아니라 그들 자신에게 이득을 주기 때문에 선택될 것 같은 문화 복제자'로서 사용한다. 즉 그 용어를 전적으로 전략 4에 의거하는 신념을 위해 남겨 둔다. 하지만 나는 밈 개념을 좀더 포괄적으로, 즉 일반적인 의미의 문화 복제자와 동의어로 사용할 것이다.

정의상의 혼란은 잠시 접어 두더라도, 종교를 밈 바이러스라고 보는 도킨스의 입장[41]은 또 한 가지 해로운 부작용을 낳았다. 밈을 '바이러스'라고 칭할 때 도킨스는 밈이 두 가지 속성을 띤다는 것을 암시했다. 첫째, 밈은 성찰적으로 획득되지 않는다는 것이다. 둘째, 밈은 기능적이지 않다는 것이다. 그리고 그는 또한 이 두 가지 속성이 늘 함께 다닌다고 시사했다. 이로부터 만약 밈이 그 주인에게 기능적이라면if a meme *is* functional for the host[*], 그것은 필시 성찰적으로 획득되었음이 분명하리라는 가정이 생겨났다. 하지만 이는 유감스러운 가정이다. 훨씬 더 중요하고도 일반적인 상황, 즉 밈이 성찰적으로 획득되지 *않지만* 어떻게든 계속 기능적이기는 한 상황에 주의를 기울이지 못하도록 만들기 때문이다. 밈 바이러스 비유는 한 가지 중요한 점, 즉 밈은 앞서 소개한 전략 1이나 전략 2 덕분에 자신을 성공적으로 복제할 수 있지만, 그럼에도 여전히 성찰적으로 획득된 것은 아니라는 점을

---

[*]   저자가 강조한 부분을 밝히고자 원문을 병기한다.

가볍게 본다. 실제로 성공적인 삶을 고무하고 가능하게 해 주는 신념과 생각의 대부분은 의식적 성찰을 통해 획득되지 않지만, 그럼에도 여전히 우리에게 기능적인 믿음들이다.

대니얼 데닛(2017)은 이 마지막 통찰을 상당한 이점을 지니는 밈 개념으로 삼는다.[42] 이는 우리가 문화적 인공물을 구축하는 것은 데닛이 지칭한 이른바 '의식적 흡수conscious uptake' 같은 뭔가로부터가 아니라, 일련의 무의식적 결정을 통해서라는 사실을 분명하게 보여 준다. "우리가 전통적인 심리학적 관점에서 신념과 생각을 바라본다면, 문화 지형에서의 변화가 부지불식간에 확산할 수 있다는 사실은 설명하기 어렵고 따라서 간과되기 쉽다."[43] 이는 신념이 우리에게 올바르게 느껴지거나 우리의 목적 달성을 위한 기능적 도구인 듯싶다 해도, 우리가 분명 성찰과 합리적 사고를 통해 그것을 의식적으로 채택했다고 생각하는 건 잘못이라는 내 주장의 문화적 버전이다.

하지만 그렇다면 우리는 어떻게 성찰 없이 중요한 신념(확신)을 획득하는가? 비전문가의 통념 이론('나의 신념은 내가 의식적으로 깊이 숙고하고, 믿겠다고 의도적으로 결정한 결과다')은 이 질문에 대한 답이 직관에 반한다는 것을 발견할지도 모른다. 하지만 심리학자들은 그 답에 놀라지 않을 것이다.* 심리학에는 사람들이 자신의 선언적 지식, 행동 경향, 의사 결정 양식을 획득하는 것이 '선천적 성향innate propensities'과 대체로 무의식적인 '사회적 학습social learning'의 조합을 통해서임을 보여 주는 사례가 넘쳐나기 때문이다. 조너선 하이트(2012)[44]는 도덕

---

* 통념이론(folk theory)은 몇 문단 아래에 나오는 통속 심리학(folk psychology)과 같은 의미다.

적 신념과 행동을 설명하기 위해 바로 이 모델을 언급하면서 이렇게 주장한다. "만약 도덕성이 주로 추론에서 오지 않는다면, 가장 가능성 있는 후보로는 선천성과 사회적 학습의 조합이 남는다. …… 나는 도덕성이 어떻게 선천적 경향이 될 수 있는지(일련의 진화한 직관이 될 수 있는지), 그리고 (아이들이 특정 문화권에서 이러한 직관을 적용하는 법을 배우는 것처럼) 학습될 수 있는지 설명하고자 노력할 것이다."

하이트[45]가 도덕성 발달을 규명하기 위해 언급한 모델은 우리편 편향의 사례에도 쉽게 적용된다. 우리편을 유발하는 확신은 흔히 정치적 이념—적절한 사회 질서order of society가 어떠해야 하며, 그것을 어떻게 획득할 수 있는지에 대한 일련의 신념—에서 온다. 하이트가 도덕성 발달에 적용한 것과 동일한 선천적 성향과 사회적 학습 모델을 사용하여 정치적 이념의 발달을 모델링 하는 이론가들이 점차 늘고 있다.[46]

우리의 이념적 경향성의 원천에 관해서는 여전히 알아내야 할 것이 많다. 하지만 지금 내 주장에 필요한 것은 그저 광범위한 결론일 뿐이다. 그 결론이란 바로 어떤 사람을 자유주의자 혹은 보수주의자로 만들어 주는 기질적 특성이 있을 수 있으며, 그것이 점점 더 생물학적 기반을 지니는 듯 보인다는 것이다. 이를테면 정치적 이념과 가치관의 척도들은 상당 정도의 유전 가능성을 드러낸다.[47] 또한 자유주의자와 보수주의자는 그 자체로 유전 가능성이 상당한 '빅5Big Five' 성격 특성(개방성, 성실성, 외향성, 우호성, 신경증적 경향) 중 두 가지가 크게 다르다.[48] 자유주의자는 보수주의자보다 개방성에서는 점수가 높고, 성실성에서는 점수가 낮은 경향을 보이는 것이다.[49]

이 성격적 차이는 유전되는 데 그치는 게 아니다. 좀더 직접적인 연구들은 자유주의자와 보수주의자 사이의 유전적 차이를 신경 전달 물질 기능상의 차이와 연결 짓기까지 한다.[50] 이러한 연구 결과는 심리학적 조사를 통해 보수적 피험자가 자유주의적 피험자보다 위협, 부정적 성향, 혐오에 더욱 민감하다는 것을 보여 주는, 오래 이어져 온 추세와 수렴했다.[51] 또 다른 연구들은 센세이션 추구 경향(자유주의적 피험자에게 높게 나타난다)을 정치적 이념과 연결 지었다. 보수주의자와 자유주의자 간의 이러한 성격적 특성 차이는 아동기 초기에, 심지어 유치원생 사이에서조차 드러나는 것 같다.[52] 마지막으로 여러 연구는 뇌의 신경 화학적·생리학적 차이와 이념적 차이가 상관관계를 보임을 밝혔다.[53]

이념과 관련한 기질적 특성 및 생물학적 특성을 다룬 이 모든 연구의 결론은 분명 더 많은 연구를 통해 도전받고 정교화될 것이다.[54] 하지만 모든 구체적인 이슈가 어떻게 해결되든 간에, 이러한 기질적·생물학적 특성이 우리가 의식적으로 선택한 게 아니라는 사실을 달라지게 만들지는 못한다. 그런 기질적·생물학적 특성과 잘 맞아떨어지는 밈들도 우리가 의식적으로 선택한 게 아니기는 매한가지다. 우리 모두는 특정한 방식으로 만들어졌으므로 우리가 특정한 밈플렉스와 마주했을 때 그것이 올바르다고 느꼈다. 우리가 신념에 도달하는 방식의 기저에 깔린 기제는 대부분 성찰적인 마음의 과정(시스템 2의 높은 통제 기능)[55]이 아니라 이중 처리 이론dual-process theory의 시스템 1이다.[56]* 선천적 성향은 우리의 통제를 벗어난다. 조너선 하이트(2012)[57]

---

* 심리학자로서는 최초로 2002년 노벨경제학상을 수상한 대니얼 카너먼(Daniel Kahneman)은 행동경제학과 인지심리학을 결합한 그의 저서 《생각에 관한 생각》에서 생각의 종류를 두 가지로 구분한다. 하나는 생각의 98퍼센트를 차지하는 빠른 생각, 즉 시스템

가 지적한 대로 "진기함·다양함·다채로움을 통해 각별한 즐거움을 맛보지만, 위협 신호에는 덜 민감한 뇌를 유전자로부터 받은 사람은 자유주의자가 되기 쉬운 성향을 띤다. ……그와 정반대로 세팅된 뇌를 유전자로부터 물려받은 사람은 같은 이유에서 우파의 대서사에 공감하는 성향을 드러내기 십상이다."

하지만 이념적 경향성이 우리가 의식적으로 선택한 결과가 아님을 강조하는 것은 하이트의 '선천성과 사회적 학습' 공식의 오직 절반만 다루는 꼴이다. 하이트 공식의 사회적 학습 부분은 신념에 관한 전통적 통속 심리학folk psychology*, 즉 '나는 틀림없이 스스로에게 큰 의미를 지니기에 나의 확신을 의식적으로 선택했'는 생각을 견지하는 이들에게는 거의 도움이 되지 않는다. 가치관과 세계관은 아주 어릴 적부터 발달하며, 어린아이로서 우리가 노출되는 신념은 부모, 이웃, 친구, 그리고 학교 같은 기관들에 의해 적잖은 영향을 받는다.[58]

아이들이 노출되는 밈들 가운데 일부는 이미 논의한 선천적 성향과 일치하기 때문에 재빨리 습득된다. 그보다 좀 느릴지 모르지만 일부 밈은 선천적 성향과 잘 맞아떨어지든 그렇지 않든 자신이 아끼는 친지나 소중한 친구들이 되풀이해 보여 주기 때문에 습득된다. 이는 흔히 그 아이가 가치 있게 여기는 집단들이 고수하는 신념이다. 즉 비록 '우리편 편향'이라는 용어의 '편'이 진짜로 '나의' 확신이 속한 편이라 할지라도, 그 확신은 흔히 개인적 성찰보다는 집단의 속성과 더

1이다. 무의식적이고 자동적인 생각이다. 다른 하나는 생각의 2퍼센트를 차지하는 느린 생각, 즉 시스템 2다. 의도적·의식적·합리적·논리적·회의적·성찰적 생각이다.

* 즉 통념이론(folk theory)은 보통사람들이 자신의 마음과 행동에 대해 비전문적 지식과 경험만으로 설명하는 능력이나 방식을 일컫는다.

욱 관련이 깊다.[59]

요컨대 아이들은(그리고 이 문제와 관련해서는 어른들도) 그들의 사회적 세계, 사회적 학습의 분배, 혹은 모종의 확신을 향한 그들의 선천적 성향에 직접적인 통제력을 거의 행사하지 못한다. 우리는 자신의 선천적 성향을 의식적으로 선택하지 않았으며, 우리가 사회적 학습을 통해 획득한 것 역시 성찰적 사고의 결과가 아니다.[60] 우리의 이념적 신념들이 주로 비성찰적으로 얻어졌다는 사실은 정확한 정보를 제공함으로써 정치적 오보를 바로잡는 일이 얼마나 힘든지를 보여 주는 연구와도 일치하는 결과다.[61] 그와 반대로 대니얼 홉킨스, 존 사이즈, 그리고 잭 시트린(2019)[62]은 한 피험자 집단에서 이민 관련 통계치에 관한 잘못된 정보를 수정하는 것이 가능하다는 것을 확인했다. 하지만 그와 더불어 그 수정이 이민에 대한 피험자의 고차원적인 정치적 태도에는 아무런 영향을 주지 않았음을 발견했다. 따라서 홉킨스, 사이즈, 그리고 시트린[63]은 여기에 개괄한 하이트의 '선천성과 사회적 학습' 공식에 부합하는 다음과 같은 결론을 얻었다. '이민에 대한 태도는 부분적으로 흔히 인생 초기에 확립되고 훗날의 사회화에 의해 강화되는 확고한 성향에 기반을 둔다. 따라서 이미 존재하는 신념에 도전하는 정보들에는 저항하는 태도가 자리 잡는다.'

다양한 영역의 학자들은 원위 신념이 성찰적이지 않다는 일반적인 생각을 분명하게 표명해 왔다. 이를테면 역사가들은 '우리의 견해 대부분은 개인적 합리성보다 공동의 집단적 사고에 의해 형성되며, 우리는 집단 충성심 때문에 그 견해들을 고수한다[64]'고 했다. 그런가 하면 인지과학자들은 '추론은 대체로 시민의 신념 공동체로부터 획득한 신념을 전달하는 데 기여하려는 동기를 지닌다. 인지는 주로 공동체의 규범을 처리하고 공유하는 필터다[65]'라고 했다. 이러한 견해는 다양한 행동 연구 분야에서 흔히 볼 수 있다, 그럼에도 확신이 어디서 오는지에 관한 비전문가적 생각은 여전히 꽤나 다르다. 우리 대다수는 아직도 깊이 자리 잡은 우리의 확신을 스스로가 의식적으로 선택했다고 생각하는 쪽을 좋아하는 것이다.

우리편 편향을 추동하는 확신이 어떻게 해서 비성찰적으로 획득될 수 있는지 보여 주는 연구 결과는 3장에서 검토한 연구 결과(즉 우리편 편향 피하기는 지능과 상관성을 띠지 않는다)와 아귀가 맞는다. 만약 잘 조정된 견해, 즉 우리편 편향 피하기로 귀결되는 기본 기제가 지능과 강한 상관성을 보인다면, 어떻게든 우리의 확신이 성찰적으로 얻어진다고 말해 주는 자취가 있을 것이다. 하지만 그런 상관성 자체가 존재하지 않는다면, 우리가 확신을 획득할 때 얼마나 성찰적인지에 대해 진지하게 질문을 던져 보아야 한다.[66]

2장에서 언급한 바와 같이, 문제 있는 우리편 편향이란 개인이 광역적으로 합리적인 증거 처리에서 얻은 검증 가능 신념이 아니라, 확신을 사전 확률에 투사할 때 얻게 되는 유형임을 다시금 떠올려 보자. 흔히 이념적 입장 같은 확신은 이처럼 문제적 유형의 우리편 편향을 이끌어 가는 요인이다. 그것이 문제가 되는 까닭은 2장에서 논의한 바와 같이 '의사소통 공유지의 비극'으로 치닫기 때문이다. 즉 사회가 공공 정책에서 최상의 결정을 내리는 데 중요한 사실에 대해 베이즈식 수렴을 이루지 못하도록 막기 때문이다.[67] 따라서 우리가 확신을 얼마간 약화한다면, 즉 사전 확률을 얻을 때 증거에 기반한 검증 가능 신념이 아니라 확신을 사용하는 경향을 다소 줄인다면, 공유지 딜레마를 (완전히 벗어나지는 못한다 해도) 최소한 완화하는 데는 보탬이 될

것이다.[68]

그러므로 만약 우리가 약간만 더 자신의 확신(원위 신념)에 대해 회의적 태도를 취한다면(그것이 소유물로 바뀌는 상황을 피하기 위해), 우리의 확신을 부적절하게 투사하지 않을 수 있을 것이다. 우리의 확신이 어디서 오는지 이해하고자 한 이 섹션의 접근은 스스로의 신념을 좀 더 객관적으로 바라볼 필요가 있음을 시사한다. 밈학은 우리에게 그렇게 할 수 있는 도구를 제공해 준다.

확신과 거리를 유지해 주는 도구

우리는 신념을 둘러싼 통속 심리학을 변화시킬 필요가 있다. 통속 심리학은 의식적이고 개인적인 행위 주체성을 강조하면서, 우리편 편향에서의 개인차를 설명하려고 노력할 때 개인의 심리적 특성을 찾아보도록 요구하기 때문이다. 현재 구성되어 있는 상태의[69] 통속 심리학은 우리로 하여금 '소유물로서의 신념'을 디폴트로 택하도록 장려한다. 밈의 가장 중요한 통찰은 신념이 사실이어야 할 필요 없이도, 혹은 어떻게든 그 신념을 보유한 사람에게 도움을 주지 않은 채로도 확산할 수 있다는 것이다. 이는 우리가 그 통속 심리학의 디폴트 가정에서 놓여나도록 돕는다.

선천성 및 사회적 학습과 결합한 밈 개념은 우리가 중시하는 모든 것을 의식적으로 선택했다는 개념을 벗어던지도록 거드는 개념 틀을 형성한다. 이 개념 틀은 기본적으로 우리 모두에게 이런 말을 들려준다. "당신은 그 모든 것을 의식적으로 선택하지 않았다. 그리고 특정한 선천적 성향 및 그와 긴밀하게 연결된 밈플렉스를 지니고 있다. 당신은 그것을 믿는 경향이 있으며, 그 특정 밈은 특별히 '잘 들러붙도록sticky'(그렇지 않다면 그렇게까지 오랫동안 살아남지 못했을 것이다) 구조화되어 있다." 한마디로 당신의 확신인 밈들은 당신과 '안성맞춤'일 수 있고 당신의 일상적 삶에서 (예컨대 집단 정체성 기능에 기여하는 등) 기능적이기조차 할지 모르지만, 이게 그 밈들이 사실이라거나 당신이 그 밈들에 대해 성찰했음을 말해 주는 것은 아니다.[70]

밈 이론은 우리로 하여금 여러 생각의 획득에 대해 설명할 때, 사람들의 심리적 특성보다 그 생각이 지닌 복제자로서의 속성에 주목하도록 이끈다. 이를테면 방어할 수 없는 밈들이 비판을 물리치기 위해 사용하는, 상대방을 무장 해제시키는 한 가지 전략에 대해 살펴보자. 그것은 바로 '우리는 누구나 자신의 견해를 가질 권리가 있다'는 말이다. 문자 그대로 받아들이면, 이 주장은 별 대단할 게 없다. 견해란 그저 생각idea, 즉 밈이다. 우리가 사는 사회는 전체주의적이지 않다. 이 자유로운 사회의 일원인 우리는 다른 사람에게 해가 가지 않는 한도 내에서 자신이 원하는 그 어떤 견해든 가질 수 있도록, 즉 그 어떤 밈의 주인도 될 수 있도록 허락받는 것을 당연시한다. 지금껏 누구도 이 '견해 보유 권리'를 부인한 적이 없다. 그렇다면 실상 아무도 사람들에게서 견해 보유 권리를 빼앗지 않았는데도, 그 권리를 요구하는 이들이 그토록 많은 까닭은 무엇인가? 누군가에게 '나는 내 견해를 가질 권리가 있다'고 외칠 때면, 당신은 실상 당신의 신념을 방어하도록 요청하지 말아 달라고 그에게 요구하는 셈이다. 만약 당신이 '내 견해를 가질 권리'라는 방패를 들고 있다면, 누군가가 끈질기게 당신한테 그 정당성을 입증하도록 요구하는 일이 무례하게 여겨질 것이다. 따라서 하나의 밈에게 대단히 유용한 예방 접종 전략은 그 밈에 '견해' 딱지를 붙이고, 그 밈의 논리나 경험적 지원이 취약할 때면 주인으로 하여금 '내 견해를 가질 권리' 방패를 마구 휘두르게 만드는 것이다. 마찬가지로 '정치와 종교에 관해 결코 입씨름을 벌이지 말라'는 훈계 역시 이 범주에 속한 오늘날의 밈들이 행하는 저의가 뻔히 들여다보이는 시도다. 즉 밈의 주인들이 현재 자리 잡은 밈들을 대체하려 애쓰는 다른 밈들의 전향 전략[71]에 맞서도록 도우려는 것이다.

도구적 합리성의 수많은 원칙은 밈들의 일관성 여부를 알아보기 위해 그것들을 시험한다. 이를테면 신념에 부착된 일련의 확률들이 서로 일관되는지 여부, 그리고 일련의 욕구들이 논리적으로 일관된 방식으로 서로 잘 들어맞는지 여부 등을 따지는 것이다. 과학적 추론은 밈들의 진리값truth value*이 무엇인지, 즉 그것들이 세상의 실상에 부합하는지 여부를 알아보기 위해 그에 대한 검증에 뛰어든다. 참인 밈은 우리에게 유익하다. 세계를 정확하게 추적하면 우리가 목적을 달성하는 데 이롭기 때문이다. 하지만 어떤 밈은 참이 아님에도 불구하고, 그리고 우리의 목적을 달성하는 데 도움이 되지 않음에도 불구하고 살아남을 수 있다. 이런 밈들은 마치 우리 몸의 '정크 DNA'—junk DNA: 말하자면 그 어떤 유용한 단백질도 암호화하지 않지만** '그저 함께 어우러져 있는' DNA —와 같다. 정크 DNA는 복제자로서의 논리가 명확해질 때까지는 아리송한 존재였다. DNA는 그저 스스로를 복제하기 위해 존재할 뿐, 반드시 유기체를 위해 어떤 유익한 일

---

* 어느 명제의 내용이 참인지 거짓인지 나타내는 값으로 진위값, 논리값이라고도 한다.
** 즉 유전자로서의 기능은 없지만.

을 행하는 것은 아니라는 사실이 밝혀졌다. 그러자 어째서 게놈 속에 정크 DNA가 더러 존재할 수도 있는지에 대한 의문이 비로소 풀렸다. 인체 형성에 도움을 주지 않는 DNA가 복제된다 해도 아무 문제가 되지 않는다. 복제자는 그저 복제에만 관심을 기울이기 때문이다.

이것은 밈의 경우에도 마찬가지다. 만약 어떤 밈이 인간 주인에게 도움을 주지 않으면서도 보존되고 전달될 수 있다면, 그 밈은 아마도 그렇게 할 것이다. (행운의 편지 사례를 떠올려 보라.) 밈 이론은 우리를 새로운 유형의 질문으로 안내한다. 우리의 신념 가운데 어느 정도가 '정크 신념'인가, 즉 우리에게 도움을 주지 않으면서도 제 스스로를 널리 퍼뜨리느라 여념이 없는 신념인가? 과학적 추론 및 합리적 사고의 원칙은 기본적으로 우리가 자신의 신념 가운데 어느 것이 참이고, 따라서 자신에게 이익을 줄 가능성이 있는지 결정하는 데 기여하는 밈 평가 장치로서 기여한다.

반증 가능성falsifiability 같은 과학적 원칙은 가능한 '정크 밈junk memes' 즉 우리의 목적이 아니라 단지 그들 자신의 목적에 복무하고자 복제하는 밈을 식별하는 데 엄청나게 유용하다. 생각해 보라. 우리는 반증할 수 없는 밈을 논박하는 증거는 결코 찾아내지 못할 것이다. 따라서 그러한 신념을 단념하기 위해 증거에 기반한 추론을 결코 행하지 못할 터다. 반증할 수 없는 밈은 (검증 가능한 예측을 허락지 않으므로) 정말이지 세상의 본성에 대해 아무것도 말해 주지 않는다. 따라서 우리가 세상을 있는 그대로 추적하도록 거드는 식으로 우리의 목적에 봉사하지도 않는다. 이러한 신념은 그를 보유한 우리에게 거의 아무 도움도 주지 않지만, 버려질 것 같지 않은 '정크 밈'이기 쉽다. 그 어떤 성찰적 검증도 거치지 않은(따라서 반증 가능성·일관성 등을 거부하는)

밈은 오로지 제 이익에만 봉사하는 녀석일 가능성이 높다. 즉 우리가 그 녀석을 믿는 이유는 그저 그것이 우리를 쉽게 제 주인으로 만드는 속성을 지녔기 때문이다.

우리는 또한 인생 초기에 받아들인 밈들, 즉 부모, 친지, 그리고 친구들이 전수해 준 밈들에 대해 좀 더 회의적인 태도를 취할 필요가 있다. 이렇듯 초기에 얻은 밈들이 집요하게 살아남는 것은 그것들이 그 유용성에 대해 의식적이고 엄정하게 검증받을 기회를 한사코 피해 온 결과인 듯하다. 그 밈들이 엄밀한 검증을 거치지 않은 것은 성찰 능력이 부족한 시기에 습득되었기 때문이다.

만약 자신의 원위 신념에 대해 좀더 회의적인 태도를 취하고 그와 좀더 거리를 둔다면, 그것을 정당하지 않은 우리편 편향으로 부적절하게 투사할 가능성이 낮아진다. 이러한 거리 두기에는 우리 신념이 우리가 선택한 소유물이 아니라 우리와 별개인 독립체로서 부단한 평가를 요구한다고 시사하는 밈 과학의 언어가 큰 도움이 된다. 밈 개념이 우리의 인지적 자기 분석을 돕는 한 가지 방법은, 신념에 관한 인식론을 강조함으로써 우리 대다수에게 신념의 우연성contingency을 넌지시 암시해 주는 것이다.

요약과 결론

이 장 앞머리에서 나는 정치심리학과 사회심리학의 여러 분야에 몸담은 연구자들이 개인차 변수보다 내용 요인이 좀더 강력한 예측자임을 발견했다고 언급했다. 우리편 편향은 신념 자체의 속성이 그 신념의 주인인 피험자 개인의 심리적 특성(이를테면 지능이나 열린 마음 같은)보다 더 예측력 있는 또 하나의 심리 영역일지 모른다.

우리편 편향을 연구하는 것이 중요한 까닭은, 증거에 따라 결정될 수 있는 공공 정책 논쟁에서 양 진영이 우리편 편향을 가지고 새로운 정보를 처리할 때 '의사소통 공유지의 비극'이 빚어지기 때문이다. 2장에서 살펴보았듯이, 사람들이 *기존의* 증거를 적절하게 수용함으로써 얻어 낸 사전 신념을 투사하는 일부 사례에서는 얼마간의 사전 확률(국지적 우리편 편향)을 새로운 증거에 투사하는 것이 규범적으로 정당화된다. 하지만 문제된 이슈에 관한 기존의 증거가 없을 때 우리는 중립의 원칙에 입각해야 하고, 새로운 증거에 대한 평가에 영향을 미치지 않도록 우리의 사전 확률을 .50이라고 가정해야 한다. 하지만 우리 대부분은 이런 상황에서 그렇게 하는 대신 문제의 명제가 (H)〉.50라고 보는 우리의 일부 원위 신념(이를테면 이념)과 어떻게 연관되는지 따져보며, 그런 다음 그 사전 확률을 새로운 증거 평가에 투사한다. 이렇게 해서 우리 사회는 급기야 어떤 이슈를 둘러싼 양 진영의 정파가 그 이슈와 관련한 사실에 합의할 수 없고, 결코 베이즈식 수렴에 도달하기 어렵게 된 듯하다.

이 장에서 나는 우리 자신과 우리가 보유한 신념의 관계에 대해 재고해 본다면, '의사소통 공유지의 비극'을, 완전히 치유할 수는 없지만, 적어도 완화할 수는 있다고 시사했다. 무엇보다 자기 신념을 의식적으로 선택하는 정도는 스스로 생각하는 것보다 훨씬 적다는 사실을 인지할 수만 있어도 보탬이 될 것이다. 우리의 원위 신념은 주로 우리가 속한 소중한 집단들 내에서의 사회적 학습과 모종의 생각 유형들에 이끌리는 선천적 성향 간의 함수라는 사실을 말이다. 문화의 '이중 유전 이론dual-inheritance theory*'은 한동안 "대다수 사람들은 자신의 문화를 통제하고 있다고 느끼며, 그 대부분을 선택에 의해 획득했다고 믿는다"고 강조해 왔다. 하지만 기실 우리에게는 스스로가 생각하는 정도보다 선택의 여지가 훨씬 적다.[72]

우리가 스스로의 신념을 의식적으로 선택했다고, 그리고 그 신념들이 우리에게 봉사한다고 생각할 때, 우리는 자신의 신념을 소유물로 간주하는 셈이다. 그에 반해 밈의 관점은 우리로 하여금 자신이 그 신념을 스스로 선택했다는 생각, 그리고 그 신념이 우리의 사적 목적에 기여한다는 생각에 의문을 품도록 이끈다. 우리의 밈들은 우리에게 유익하거나 말거나 개의치 않고 그저 복제되기만을 바란다. 게다가 그것들이 어떻게 우리에게 들어오게 되었는지는 괘념치 않는다. 즉 우리의 '의식적' 사고를 통해 들어왔는지, 아니면 그저 우리의 타고난 심리 성향과 잘 맞아떨어진 '무의식적' 결과인지는 알 바가 아닌 것이다. 밈학은 신념 소지자가 지닌 심리적 특성보다 신념 자체의 속성[73]에 주목한다. 이는 우리편 편향의 정도를 전자보다 후자에 의해 더욱 잘 예측할 수 있다고 밝힌 연구 결과와도 맥을 같이한다.

우리는 왕왕 남들의 추론에 대해 평가해야 하는 상황에 처하곤 한다. 이러한 평가에는 흔히 그들이 드러내는 우리편 편향의 정도를 판단하는 일도 포함된다. 그런데 이는 3장과 이 장에서 논의한 여러 이유로 해서, 우리가 판단 내려야 하는 것들 가운데 유독 까다롭다. 우리는 합리적 사고 성향 척도에서 높은 점수를 받은 피험자와 지능이

---

* '유전자-문화 공진화'라고도 알려져 있으며, 인간 행동에 대해 유전적 진화와 문화적 진화의 상호 작용이 낳은 산물이라고 설명한다.

높은 피험자가 대부분의 편향을 피하는 능력이 더 우수하다는 것을 확인했다. 하지만 그 사실이 우리편 편향에만큼은 해당하지 않았다. 우리편 편향의 수준을 예측해 주는 것은 그 신념을 보유한 개인의 인지 성숙도가 아니라 신념 그 자체의 강도인 것이다. 신념의 방향도 이따금 약간의 차이를 만들어 내지만[74] 자주 그런 것은 아니다.[75] 이런 상황은 우리편 편향을 평가하는 순간과 마주한 인지 엘리트들에게 특별한 장애로 작용한다. 스스로가 남들보다 덜 편향되어 있다는 그들 자신의 가정은 실제로 휴리스틱과 편향 문헌에 나오는 대다수 편향에서는 옳다. 다만 그것이 우리편 편향에서는 성립하지 않는다. 이 사실이 바로 오늘날 우리가 보고 있는 짜증 나는 정치적 교착 상태의 원인이다. 나는 이 문제를 다소 사변적인 이 책의 나머지 두 장에서 분석해 볼 것이다.

5장

엘리트의 맹목적인 우리편 추종

유독 지식인에게 보이는 편향

3장에서 우리는 우리편 편향이 인지적 성숙에 의해 약화하지 않았음을, 즉 높은 인지 능력이나 잘 발달한 합리적 사고 성향에 의해서도 누그러지지 않았음을 보여 주는 증거들을 검토했다. 4장에서는 왜 인지적 성숙이 우리편 편향을 막아 주는 예방 접종이 아닌지 규명한 이론에 대해 살펴보았다. 그에 따르면 우리편 편향이라는 특이한 편향을 추동하는 것이 개인의 심리적 특성이 아니라 획득된 밈플렉스의 속성이기 때문이다. 5장에서는 우리편 편향과 관련한 이 두 가지 기본적 사실이 어떻게 상호 작용하여 한 개인이 우리편 편향을 향해 모종의 맹목성을 드러내도록 이끄는지 알아볼 것이다. 더불어 그런 현상이 어째서 인지 엘리트들, 즉 쉽게 말해 지식인들 사이에서 유독 맹위를 떨치는지 살펴보려 한다.

편향 사각지대, 즉 편향에 대한 무감각은 프로닌, 린, 그리고 로스 (2002)[1]의 논문이 실증적으로 증명해 보인 중요한 메타 편향이다. 그들이 발견한 바에 따르면, 실험에 참가한 피험자들은 여러 가지 동기적 편향이 그들 자신에게서보다 남들에게서 훨씬 더 만연하다고 믿는다. 이러한 결과는 다른 수많은 연구에서도 재현되었다.[2] 편향은 남들의 사고 속에서는 상대적으로 인식하기 쉬운 것으로 드러나지만, 흔히 본인 자신에게서는 감지하기 어렵다. 남의 눈의 티끌은 잘 보되, 제 눈의 들보는 보지 못하는 것이다.

이러한 편향 사각지대 자체도 우리로 하여금 자신이 세상을 객관적으로 인식하고 있다고 믿게 만드는 순진한 리얼리즘에서 비롯된 우리편 편향의 일종이다.[3] 남들의 판단이 우리 자신의 판단과 다를 때, 우리는 그 차이가 증거에 대한 그들의 정당한 대안적 해석 때문이라기보다 그들이 편향적이기 때문이라고 넘겨짚는다.

우리 연구 집단[4]은 두 가지 실험을 통해 다음을 실증적으로 증명해 보였다. 피험자들은 고전적인 인지적 편향의 대부분(기준점 편향, 결과 편향, 기저율 무시 등등)과 관련하여 편향 사각지대를 지니고 있다는 것, 즉 이 편향들 대부분이 그들 자신에게서보다 남들에게서 더 많이 나타나는 특징이라고 믿고 있다는 것을 말이다. 그런데 우리는 피험자들이 편향 사각지대를 지니는 것과 그들의 인지적 성숙이 정적positive 상관관계를 보이고 있음을 확인했다. 다시 말해, 좀더 인지적으로 성숙한 피험자가 그렇지 못한 피험자보다 편향 사각지대를 가질 가능성이 더 컸던 것이다. 이는 얼마든지 사리에 닿는다. 3장에서 살펴본 바와 같이, 우리편 편향이라는 두드러지는 예외가 있긴 하지만, 휴리스틱과 편향 문헌에서 볼 수 있는 대다수 인지적 편향의 표출은 실제로 인지적 능력과 부적negative 상관관계를 띠기 때문이다. 즉, 더 지적인 사람이 덜 편향적이기 때문이다. 따라서 지적인 사람들이 스스로가 남들보다 편향이 덜하다고 믿는 것은 일리가 있다. 대다수 편향에서는 그들이 진짜로 그렇기 때문이다.

하지만 우리편 편향은, 올바르게도 대다수 편향에서 자신이 덜 편향적이라고 생각하는 데 익숙해 있는 인지적으로 성숙한 이들을 함정에 빠뜨린다. 그들이 높은 교육 수준에 딸려오는 지능과 인지 성숙도 덕분에 자신은 당연히 남들보다 편향적 사고를 덜한다고 믿도록 만들기 때문이다. 이는 몇몇 추론 영역에서는 사실이지만, 우리편 사고의 경우에서는 그렇지 않다. 실제로 우리편 사고는 인지 엘리트들 사이에서 유독 맹렬한 편향 사각지대를 빚어낼 가능성이 있다.

만약 당신이 높은 지능의 소유자라면, 교육을 많이 받았다면, 그리고 이념적 관점에 대단히 열성적이라면, 스스로 자기 견해를 의식적으로 선택했다고 생각할 가능성이 농후하다. 심지어 당신은 스스로의 믿음이 제가 속한 사회 집단에서 온 것이고, 그것을 지니게 된 게 본인의 기질이며 선천적 심리 성향과 잘 맞아떨어지기 때문임을 보통 사람보다 더 알아차리지 못할 소지마저 있다.

실제로 지능이 높고 교육을 많이 받았으며 이념적 관점에 대단히 열렬한 사람들로 이루어진 집단이 있다. 다름 아니라 우리편 편향을 연구하는 사회과학자 집단이다! 그들의 실태는 '의사소통 공유지의 비극'이 어떤 결과를 초래하는지 우리에게 똑똑히 보여 준다.

편향의 사각지대는 어디인가

지난 20년 동안 시행된 수많은 연구에서 실증적으로 드러난 바와 같이, 대학교수 집단은 압도적이라 할 만큼 자유주의적이며 이념적으로 한쪽에 크게 치우쳐 있다.[5] 이러한 불균형은 대학의 인문학 관련 학과, 교육학과, 그리고 사회과학 분야에서 유독 도드라진다. 우리편 편향 연구의 상당 부분을 담당하는 심리학과 사회학·정치학 유관 학과들에서 특히 더 그렇다.[6]

물론 심리학 교수들이 이념적 균형을 이룬 적은 이제껏 단 한 차례도 없었다. 심지어 30~40년 전에도 보수적인 심리학 교수보다 자유주의적인 심리학 교수가 더 많았다. 공화당 지지자보다 민주당 지지자가 더 많았던 것이다. 하지만 수많은 연구는 지난 20년 동안 이러한 불균형이 훨씬 더 확연해졌음을 일관되게 보여 주었다.[7] 너무 그러해서 심리학 분야를 사실상 이념적 단일 문화 집단이라고 묘사해도 크게 무리가 없을 정도다. 대학 사회학과에 대한 연구들에 따르면, 교수 가운데 58~66퍼센트가 스스로를 자유주의자라고 밝혔으며, 오직 5~8퍼센트만이 보수주의자라고 밝혔다.[8] 심리학과의 불균형은 좀 더 심각해서 무려 교수의 84퍼센트가 스스로를 자유주의자로, 그리고 오직 8퍼센트만이 스스로를 보수주의자라고 밝혔다. 이 불균형은 최근 들어 더한층 심화했다. 1990년에는 심리학 교수 가운데 자유주의자와 보수주의자의 비율이 4 대 1 정도였다. 심한 불균형인 것은 맞지만, 그래도 여전히 교수진의 20퍼센트를 차지하는 보수주의자가 적어도 얼마간의 다양성을 부여하고 있었다. 하지만 2000년에는 그 비율이 6 대 1로 벌어졌다.[9] 그러던 것이 2012년에 이르자 경악할 정도인 14 대 1이 되었다. 한 대학에서 사회심리학 교수 가운데 스스로를 좌파라고, 선거에서 민주당에 투표한다고 밝히는 이들이 90퍼센트가 넘는 것은 이제 특별할 것도 없는 일이다.[10] 하버드 대학에서 500명의 예술 및 과학 분야 교수진을 대상으로 진행한 조사[11]에서는 스스로에 대해 '보수적이다' 혹은 '매우 보수적이다'라고 밝힌 비율이 채 2퍼센트도 되지 않았다. 반면 스스로에 대해 '매우 리버럴하다'라고 밝힌 비율은 38퍼센트가 넘었으며, '리버럴하다' 혹은 '매우 리버럴하다'라고 답한 비율은 거의 80퍼센트에 육박했다.

사실 심리학의 수많은 영역에서 이런 식의 이념적 불균형이 딱히 문제될 것은 없다. 생리심리학이나 지각심리학의 연구, 예컨대 인간 기억의 기본 과정에 관한 연구는 연구자의 정치적 편향에 아무런 영향을 받지 않는다. 실제로 나는 이것이 심리학 연구의 대부분 영역에서 문제가 된다고 말할 생각은 없다. 하지만 몇 가지 중요한 영역에서는 분명 걸림돌로 작용한다고 본다. 사람들이 지닌 우리편 편향적 정치 태도는 성적 취향, 도덕성, 가난이 심리에 미치는 영향, 가족 구조, 범죄, 보육, 생산성, 결혼, 인센티브, 훈육 기법, 그리고 교육 관례 등 다양한 이슈에 관한 그들의 사전 신념과 밀접하게 연관된다. 연구자들의 정치적 이념이 연구를 어떻게 설계할지, 혹은 그 결과를 어떻게 해석할지에 입김을 불어넣을 소지가 있다는 것이 바로 우리가 가장 관심을 기울이려는 지점이다.

과학이 매끄럽게 굴러가는 것은 결코 과학자들 자체가 편향되지 않아서가 아니다. 그들이 견제와 균형이라는 시스템에 충실하기 때문이다. 거기서는 상이한 편향을 지닌 다른 과학자들이 비판과 수정을 이어 간다. 연구자 A의 편향을 연구자 B가 공유하지 않을 수 있는데, 그러면 연구자 B는 의혹을 담은 눈길로 연구자 A의 결과를 살펴볼 것이다. 마찬가지로 연구자 B가 결과를 내놓으면, 연구자 A는 비판적 경향을 띨 테고, 회의적인 시선으로 그것을 검토할 것이다.

모든 연구자들이 동일한 편향을 공유하고 그 편향이 당면한 연구에 곧바로 영향을 끼친다면, 위와 같은 과학적 오류 탐지 과정과 교차 점검이 파괴될 수 있음은 물론이다. 그런데 안타깝게도 이런 지적이 심리학 분야에는 해당하는 듯하다. 연구자들 사이에 정치적 이념이 거의 동질적이라는 것은 위에 언급한 논쟁적 주제들을 과학적으로 객관성 있게 다루는 상황을 보장할 수 없다는 의미가 된다.

심리학자들은 타당한 과학적 연구에 필수적인 비판과 교차 점검의 분위기를 망가뜨리는 이 같은 이념적 단일 문화 문제를 쉽사리 해결할 수 있을까? 만약 그들이 그렇다고 여긴다면 그거야말로 오산이다. 그들은 과학적 작업을 수행할 때 자신의 이념적 선호를 그저 한쪽으로 제쳐 두는 식으로 우리편 편향 문제를 개인적으로 극복할 수 있다고 여길지도 모른다. 하지만 여러 연구들은 이것이 사실상 가능하지 않음을 보여 주었다. 정말이지 그러한 생각이야말로 그 자체로 편향 사각지대를 유감없이 드러내 준다.

그럼에도 학계에 종사하는 심리학자들에게 도피처는 있다. 교수들이 우리편 편향을 연구할 때 '올바른' 유의 이념을 취하는 경우가 그에 해당한다. 어쨌거나 오늘날 한동안 민주당 지지자는 자기네는 '과학 편'이고 공화당 지지자는 '과학 부인론자 편'(이에 대해서는 나중에 좀더 소상하게 다룰 것이다)이라고 우겨 왔다. 아마 실험실 연구에서 우리가 관찰해 온 우리편 편향의 정도는 하나같이 민주당 지지자 때문이 아니라 그 표본에 포함된 공화당 지지자 때문일 것이다, 이 경우 대학 사회과학 관련 학과들에 몸담은 민주당 지지자들의 단일 문화는 상술한 그 어느 주제에 대한 연구도 방해하지 않을 것이다……. 아뿔싸! 하지만 이러한 극단적인 가설('면역성 있는 민주당 지지자 가설immune

Democrates hypothesis'이라 부를 법하다)이 전혀 사실이 아님을 우리는 알고 있다. 즉 여러 연구에서 민주당 지지자는 어김없이 우리편 편향을 드러낸다. 더욱이 우리는 심지어 이런 가설의 좀더 약한 버전—민주당 지지자는 공화당 지지자보다 우리편 편향이 *덜하다*—역시 사실이 아님을 알고 있다. 3장에서 언급한 피터 디토 외[12]의 메타 분석은 사회적·정치적 이슈에 관한 우리편 편향은 이념 스펙트럼의 양쪽 끝에서 똑같이 강하게 드러났음을 확인했다.

요컨대 사회과학을 특징짓는 특정 유형의 이념적 단일 문화(리버럴 진보주의liberal progressivism)가 우리편 편향에 면역성이 있다*는 것을 보여 주는 근거는 없다. 실제로 디토 외(2019a)[13]는 학계의 인지 엘리트들이 우리편 편향에 영합하지 않은 채 스스로 강한 의견을 지닌 논쟁적 정치 주제를 연구할 수 있다고 생각하는 것은 위험천만하다고 경고했다. 사실상 학계 인지 엘리트들의 특정 이념은 그들이 진행하는 연구의 피험자들이 지닌 상반되는 이념만큼이나 우리편 편향에 이끌린다. 하지만 우리 사회의 인지 엘리트들은 그들의 인지적 성숙과 교육 배경 때문에 자신들의 증거 처리가 동료 시민의 그것보다 우리편 편향에 영향을 덜 받는다고 자부하는 경향이 있다.

교수들이 대체로 이념적 설득력을 지닌다는 것을 보여 주는 연구들[14], 그리고 교수들의 이념적 설득력이 남들의 그것만큼이나 우리편 편향에 영향받기 쉽다는 것을 보여 주는 디토 외(2019a)의 메타 연구는 대학 교수들 사이에 드넓은 우리편 편향 사각지대가 존재한다는 사실을 뒷받침해 준다. 교수들은 지능 검사로 측정된 인지 능력이 좋

---

* 즉 영향을 받지 않는다.

고 높은 수준의 정규 교육을 받았다는 점에서 인지 엘리트들이다. 하지만 3장에서 살펴본 대로 높은 인지 능력과 교육 수준이 우리편 편향을 막아 주는 예방책이 되지는 못한다. 그리고 4장에서 확인했듯이, 인지 엘리트든 아니든 간에 실제로 스스로의 원위 신념을 의식적으로 선택한 사람은 거의 없다. 그렇다기보다 엘리트 사고가거나 비엘리트 사고가거나 사람들은 거의 모든 경우에서 자신의 중요한 원위 신념을 비성찰적으로 획득했다.

이러한 연구 결과는 하나같이 인지 엘리트들에게서 유독 광대한 편향 사각지대가 조성될 가능성이 있음을 말해 준다. 대학에는 본인은 관점을 *의식적으로 선택*했지만 자신의 이념적 적敵들은 그렇지 않았다고 믿는 사회과학자들이 차고 넘친다. 그리고 이렇게 짜인 집단에는 그 구성원들이 자신의 연구에 깔린 우리편 편향을 들춰내도록 도와줄 이념적 다양성이 없다. 그런데 학계에 만연한 우리편 편향 사각지대는 정적政敵들의 심리를 연구하는 상황에서는 재앙의 원천이 된다. 이를 가장 분명하게 보여 주는 예가 교수들이 자유주의적 아이디어에 반대하는 정적들에게는 어쩐 일인지 몰라도 인지적 결함이 있음을 실증적으로 밝히려 한 무자비한 시도들이다.

보수주의자의 인지적 결함을 찾아서

압도적으로 좌파인(자유주의적인) 교수 집단은 자신의 정치적 적들에게서 심리적 결함을 발견하기 위한 탐구를 꽤나 오랫동안 추진해 왔다. 그리고 이런 노력의 강도는 지난 20년 동안 두드러질 정도로 거세졌다. 보수주의와 권위주의적 사고를 연결 짓는 고전적 심리학 연구[15]는, 오늘날 사회심리학과 정치심리학에 '우익의 경직성rigidity of the right'이라는 주제를 되살려 놓은 자주 인용되는 존 조스트 외(2003)[16]의 문헌 검토에 새로운 자극을 받았다. 2003년에 이어지는 몇 년 동안 불관용, 편견, 낮은 지능, 고리타분한 사고방식 등 바람직하지 않은 인지적·성격적 특성이 보수주의와 상관성이 있다고 밝힌 연구들이 쏟아져 나왔다.

문제는 대다수 초기 연구들과 다른 이념적 틀에서 나온 비판을 받게 하자 그 상관성이 더는 유효하지 않았다는 것이다. 그것은 연구 틀의 여러 중요한 특성을 바꾸자 극도로 약화하거나 완전히 사라졌다.[17] 예를 들어 4장에서 논의한 존 챔버스, 배리 슐렝커, 그리고 브라이언 콜리슨의 2013년 연구는 외집단 관용, 편견, 그리고 온정은 피험자 이념의 함수가 아니라, 표적 집단의 가치관과 일치하는 정도 혹은 피험자의 가치관과 충돌하는 정도의 함수임을 실증적으로 증명해 보였다. 자유주의적 피험자도 보수적 피험자도 동일 수준의 불관용과 외집단 거부 경향을 드러냈다. 즉 그들은 그야말로 서로 상이한 집단들을 향해 이런 경향을 보여 주었다.

약 5천 명의 미국인으로 이루어진 전형적인 표본의 응답을 조사하기 위한 후속 연구에서, 마크 브랜트[18]는 인지된 표적 집단의 이념이 편견과 이념의 관계를 예측하는 주요 지표임을 보여 주었다. 자유주의적 이념은 LGBT·무신론자·이민자·여성에 대한 우호적 태도와는 정적 상관관계를 보였지만, 기독교인·부자·남성·백인을 향한 우호적 태도와는 부적 상관관계를 드러냈다. 따라서 편견은 이념적으로 분열된 양편 모두에서 나타나지만, 상이한 표적 집단을 겨누는 경향이 있다.[19] 가령 재럿 크로포드[20]는 보수적 피험자가 총기 규제 옹호자, 낙태 찬성론자, 동성애자 결혼 지지자에게 보이는 정치적 불관용은, 자유주의적 피험자가 총기 소지 권리 옹호자, 낙태 반대론자, 동성애자 결혼 반대자에게 드러내는 정치적 불관용과 다를 바 없는 크기였음을 발견했다. 즉 두 집단은 상대편에서 벌이는 조직하기, 홍보하기, 정보 퍼뜨리기 노력에 반대하는 정도가 동일한 것 같다.

이 모든 연구 결과로 미루어 볼 때, 자유주의자든 보수주의자든 일반적으로는 불관용하지도 편견에 기울어 있지도 않다는 것을 알 수 있다. 그들은 외려 유발 노아 하라리[21]의 용어를 빌리자면, '문화주의자cuturalist'들이다. 즉 자신이 해당 집단과 문화적 가치관을 공유하느냐 여부에 따라 표적 집단에 찬성하기도 반대하기도 하는 것이다.[22] 미국에서는 노골적인 인종 차별주의를 공개적으로 표명하는 경우가 좀체 드물지만, 미국인은 강한 문화주의를 빈번하게 드러낸다. 그리고 하라리[23]가 주장한 대로, 문화주의가 도덕적 결함인지는 전혀 분명치 않다.

'우익의 경직성' 내러티브는 그와 관련한 연구들[24]에서 나온 '감정 온도계feeling thermometers'라는 표현의 오용에 영향을 받아 촉발하기도 했다. 그 연구들에서 집단들은 0점(차가운/비우호적인)~100점(따뜻한/우호적인)에 이르는 척도로 평가되며, 평가 결과는 거꾸로 점수화된다. 즉 점수가 높으면 '편견'이 강하다는 의미를 띠는 것이다. 여기서 오용 가능성은 분명하다. 이 척도로 얻은 연구 결과, 이를테면 '심리적 특성 X는 표적 집단 Y에 대한 편견과 상관관계를 보인다'를 보고할 경우, 이는 심리적 특성 X가 낮은 피험자가 표적 집단 Y에 대해 모종의 편견을 드러낸다는 의미가 전혀 아니다. 그저 심리적 특성 X가 낮은 피험자가 높은 피험자보다 표적 집단 Y를 더 낮게 평가한다는 뜻일 뿐이다. X 점수가 높은 집단과 낮은 집단 둘 다 표적 집단 Y에 대해 꽤나 우호적인 태도를 보일 수 있는데, 후자에 '좀더 편견이 많다'는 꼬리표가 붙는다. 크리스티나 레이나(2018)[25]는 이를 '하이/로우 오류high/low fallacy'라고 부른다. 즉 이는 두 집단이 그 척도에서 얻은 절대적 수준과 상관없이 표본을 둘로 나눈 다음, 한 피험자 집단은 하이high, 또 다른 집단은 로우low라고 부르는 경향성을 뜻한다. 이는 수많은 연구자들로 하여금 척도상에서 절대적 점수는 비록 반감이 거의 없음을 말해 주고 있음에도 그 피험자 집단에게 편견이 많다는 꼬리표를 붙이도록 해 준다. '하이' 꼬리표가 달린 집단이 이념적 보수주의 지수에서도 꽤나 높은 점수를 드러낼 경우, 연구자들은 '보수주의자는 인종 차별주의 성향이 높다'라는 '낚시성' 제목을 단다.

이러한 전략은 보수주의자에게 '편견이 강하다'는 낙인을 찍는 데 흔히 쓰인다. 4장에서 우리는 라일리 카니와 라이언 에노스가 2019년에 진행한 연구에 대해 논의했다. 그들은 실험에 참여한 보수적 피험자는 흑인 집단과 백인 집단을 동등하게 평가한 반면, 자유주의적 피험자는 백인보다 흑인에게 더 많은 동정심을 보여 주었기에 상관관계가 일부 관측되었음을 발견했다. 그들의 연구 결과는 크리스티나 레이나(2018)[26]의 지적을 뒷받침한다. 사회심리학 문헌에 사용된 수많은 척도는 보수적 피험자가 소수 집단에게 표출하는 편견이나 분노혹은 반감을 측정하는 게 아니라, 자유주의적 피험자가 그 소수 집단을 향해 드러내는 각별한 동정심을 측정하고 있다는 지적 말이다. 한 마디로 그들의 연구 결과는 보수주의자의 억압적 태도를 보여 준다기보다 자유주의자의 '달뜬 평등주의hyperegalitarianism'를 드러낸다.[27]

보수주의가 인종 차별주의와 연관성을 띤다고 주장하는 연구들은 기본적으로 보수적 사회관과 편견을 동일시하는 항목을 포함하는 인종 차별주의 척도를 사용함으로써 큰 도움을 받았다. 쓰인 상이한 척도들 상당수는 약자 보호 정책, 범죄 예방, 학교 통합을 성취하기 위한 강제 버스 통학busing* 같은 정책 이슈, 혹은 복지 개혁에 대한 태도 등의 항목을 담았다. 약자 보호 정책이나 강제 버스 통학 정책에 관해 정당한 견해차를 지닌 피험자나 범죄에 관해 우려한다고 밝힌 피험자는 이 척도상에서는 거의 언제나 '인종 차별주의자' 축에 속하는 점수를 얻는다.[28] 심지어 '미국에서는 대다수 사람들의 경우 열심히 일하면 성공할 수 있다'는 견해에 동의하는 것조차 피험자를 '상징적 인종 차별주의' 척도상에서 높은 점수를 받도록 만든다.[29] 이런 연구들에서 심리학자의 공공연한 이념적 편향은 그 어떤 중립적 관찰자가 보기에도 노골적이라 할 만큼 명백하다. 이러한 연구가 추구하는 명확한 목적은 자유주의적 정설을 고수하지 않는 사람에게는 누구에게든 가차 없이 '인종 차별주의자' 낙인을 찍기 위한 것 같다.

제이슨 위든과 로버트 커즈번(2014)[30]은 이를 '직접 설명 재명명 심리Direct Explanation Renaming Psychology, DERP 증후군'이라 부른다.** 연구자들이 새로운 척도와의 상관성을 드러내고 싶은 개념을 위한 새로운 척도 항목을 끼워 넣으려는 경향성을 말한다. 이 증후군은 인종 차별주의 연구 도처에서 쉽사리 발견된다. 심리학자들이 보수주의가 인종

---

* 백인과 흑인의 균형을 맞추기 위해 아동을 거주 지역 밖의 학교로 보내는 정책.

** 위의 예에서 새로운 척도는 '인종 차별주의'고 이와 상관성을 드러내고 싶어 하는 개념은 '보수주의'다. 또한 이를 가늠해 줄 새로운 척도 항목들은 '약자 보호 정책' '버스 통학' 등을 의미한다.

차별주의와 연관되어 있는지 여부를 탐구하고 싶어 하는 까닭은 실제로 그들이 그렇다고 지레짐작하기 때문이다. 먼저, 그들은 보수적 세계관을 반영한 인종 차별주의 척도 항목('미국에서는 누구라도 열심히 노력하면 출세할 수 있다' '오늘날 미국에서 아프리카계 미국인에 대한 차별은 과거보다 한층 덜하다' 등등)을 생각해 낸다. 그런 다음 그 척도와 자기 보고한 자유주의 혹은 보수주의 척도 간의 상관관계를 구한다. 자 보시라. 그들은 자신들이 기대한 방향의 상관성을 얻어 낸다. 그들은 부분적으로 보수적 신념을 담은 척도를 통해 자유주의·보수주의와의 상관관계를 얻고, 보수적 신념을 '인종 차별적'이라 불렀으며, 그런 다음 보수주의는 인종 차별주의와 상관성을 띤다는 경험적 연구 결과를 얻었노라고 보고한다. 이것이 바로 '직접 설명 재명명 심리DERP' 증후군의 완벽한 본보기다.

자유주의적인 정책적 입장에 치우친 항목을 사용하는 경향성은 비단 편견이나 인종 차별주의에 관한 연구에만 국한하지 않는다. 호세 두아르테 외[31]는 보수적 세계관을 '환경 현실의 부인'과 얽어매고자 시도한 연구에 대해 논의한다. 피험자에게는 '만약 상황이 현재 추세대로 이어진다면 우리는 곧 중대한 환경적 재앙을 맞게 될 것이다'라는 항목이 제공된다. 만약 이 진술에 동의하지 않을 경우 그들은 '환경 현실을 부인한다'는 점수를 받는다. 하지만 두아르테 외[32]가 지적한 대로 '부인한다'는 표현은 은연중에 기술된 사실 자체를 부인하는 것 같은 인상을 풍긴다. 하지만 '곧' 혹은 '중대한' 혹은 '재앙'이 무엇을 뜻하는지에 대한 명확한 기술이 없으면, 그 진술 자체는 사실이 아니다. 따라서 한 무리의 피험자에게 '과학 부인론자'라는 꼬리표를 붙이는 것은 그 연구를 진행하는 저자들의 이념적 편향을 오롯이 담아내는 데 지나지 않는다.

자유주의적 응답을 '올바른' 혹은 윤리적인, 혹은 공정한, 혹은 과학적인, 혹은 개방적인 응답과 동일시하는 경향성은 사회심리학과 성격심리학의 특정 영역에서 유독 도드라진다. 그 경향성은 자유주의와의 정당한 정책적 견해차를 여하한 것이든 '독단주의'니 '권위주의'니 '인종 차별주의'니 '편견'이니 '과학에 대한 부인'이니 하며 낙인찍는 행태를 띤다. 20년 넘는 세월 동안 이른바 성 차별주의 척도에 포함된 항목들은 정상적인 남성의 행동에 심리적으로 해로운 것이라는 딱지를 붙이려고 시도하는 과정에서 이런 식의 '개념 변형concept creep[33]'을 겪었다. 이제 또 한 가지 성차별주의가 자리 잡았다. 이른바 '자비로운 성 차별주의benevolent sexism'다. 이에 따르면 다음과 같은 항목을 지지할 경우 피험자의 성 차별주의 점수가 올라간다. 여성은 남성에 의해 소중하게 대접받아야 하며 보호되어야 한다, 남성은 여성 없이는 완전하지 않다, 여성이 남성보다 좀 더 품위가 있다, 여성은 특별한 도덕적 감수성을 지녔다, 그리고 남성은 살아가는 동안 여성을 재정적으로 부양하기 위해 희생해야 한다 같은 항목 말이다.[34] 누군가는 고립된 학계라는 버블 안에 꼼짝없이 갇혀 있어서 이런 유의 연구들이 과학을 가장한 이념이라는 사실을 깨닫지 못할지도 모른다. 실제로 이들 실험에서 정작 여성 피험자는 연구 저자들의 개념적 정의에 동의하지 않는다. 이들 실험은 여성 피험자가 이 항목들을 지지하는 남성을 여성에게 편견을 가지고 있다고 보지 않는다는 것,[35] 외려 그런 남성을 좀더 '호감 가고' 좀더 '매력적'이라고 여긴다는 것을 거듭 확인하고 있다.

한마디로 보수적 태도를 '인종 차별주의' '성 차별주의' '과학 부인론' '불관용' '편견' 등의 꼬리표와, 그리고 부정적인 심리적 특성과 연결 지으려는 연구 노력의 상당수는 확실하게 자리 잡았지만, 가장 표준적인 과학적 원칙들을 적용하면 그렇게 하는 데 이내 실패하고 만다. 수렴 타당도, 대안적 설명 방식의 검증, 눈금값scale values에 대한 정확한 라벨링, 연구자들이 증명하러 나선 것을 보장해 주지 않는 조작적 정의operational definition* 같은 과학적 원칙들 말이다. 하지만 보수주의 이념을 부정적인 심리적 특성과 결부 짓는 연구들 가운데는 무시하기가 쉽지 않은 것들도 있다.

보수주의가 지능과 부적 상관관계가 있다―비록 그 상관관계가 그리 크지는 않음에도―고 밝힌 연구 결과는 오랫동안 명맥을 유지해 왔다. 엠마 온래트 외[36]가 진행한 메타 연구에서 보수주의와 다양한 지능 척도들 간의 상관관계는 -.13이었다. 그런데 그 문헌에서 사회적 보수주의는 지능과 부적 상관관계를 보이지만, 경제적 보수주의, 즉 자유 지상주의libertarianism는 오히려 인지 능력과 정적 상관관계를 보여 주는 듯한 조짐을 보여 왔다.[37] 노아 칼[38]은 사회적 보수주의의 합성 척도와 지능의 상관관계가 -.26이라는 것을, 하지만 경제적 보수주의의 합성 척도와 지능의 상관관계는 +.21이라는 것을 확인했다. 이 연구 결과는 비록 사회적 보수주의는 수많은 바람직한 인지적·성격적 특성과 부적 상관관계를 보이지만, 경제적 보수주의는 흔

---

* 사회과학에서 조작적 정의란 어떤 개념을 경험적으로 관찰 가능한 수준까지 세밀하게 구성하는 것을 말한다. 일반적으로 조작적 정의는 추상적 개념이나 변수를 측정하는 데 필요한 활동 및 과정을 상세히 기술함으로써 그에 의미를 부여하는 구조로, 추상적 개념의 세계와 경험적 현실의 세계를 잇는 가교 구실을 한다. 조작적 정의를 통해 추상적 현상에 대한 실증적 연구가 가능해진다. '빈곤'을 '4인 가구 기준 월소득 100만원 이하'로 정의하는 것이 조작적 정의의 예다.

히 그러한 특성과 정적 상관관계를 드러낸다는 것을 밝힌 다른 연구들과도 일치한다. 이를테면 노아 칼, 네이선 코프라스, 그리고 마이클 우들리[39]는 사회적 보수주의는 과학적 문해력 및 과학적 증거 의존 경향성과 부적 상관관계를 나타내지만, 경제적 보수주의는 그것들과 정적 상관관계를 보인다는 것을 확인했다. 브라이언 캐플런과 스티븐 밀러[40]는 자신들의 연구를 특히 경제적 보수주의에 초점을 맞추었는데, 그 결과 그것이 지능과 정적 상관관계가 있음을 알아냈다.

칼[41]은 여러 실험과 인지 능력 척도에 걸쳐, 스스로를 공화당 지지자라고 밝힌 유권자가 민주당 지지자라고 밝힌 유권자보다 지능 테스트 점수가 1~4점 높다는 것을 발견했다. 이는 표본 크기가 컸으므로 통계적으로 유의미한 차이였다. 요브 간자흐[42]는 인종을 추가적 공변량$_{covariate}$*으로 사용함으로써 칼[43]이 보고한 데이터를 재분석하고 이 새로운 데이터 세트를 가지고 같은 작업을 진행했다. 그 결과 공화당 지지자와 민주당 지지자는 지능 지수$_{IQ}$에 거의 차이가 없다는 사실을 확인했다. 그들의 연구는 기실 지능 차이가 기본적으로 정당 일체감과 관련이 없음을 보여 주는 결과로 수렴한다.[44]

요브 간자흐, 야니브 하노흐, 그리고 베키 초마[45]는 앞서 언급한 '감정 온도계'를 이용하여 2012년과 2016년의 대통령 선거에서 수많은 피험자들이 미국 선거 연구$_{American National Election Study, ANES}$ 데이터베이스에 제공한 후보자 호감도 평가를 연구했다. 오바마와 클린턴 지지의 경우 호감도 평가와 지능의 상관관계가 각각 -.17과 -.03이었고, 롬니와 트럼프 지지의 경우 같은 수치가 각각 +.08과 -0.8이었다.

---

* 관심 있어 하는 변수 말고 종속 변수에 영향을 줄 수 있는 모든 변수.

여기서 보듯 민주당 후보와 공화당 후보에 대한 각각의 호감도 평가는 둘 다 지능과 아무런 상관성을 띠지 않았다.

지능과 이념을 다룬 연구는 규모도 커지고 숫자도 많아지고 있다. 그런데 현재로서는 그 모두를 단 한 문장으로 요약할 수 있을 것 같다. 즉, 공화당 지지자가 민주당 지지자보다 지능이 낮다는 증거는 어디에도 없다. 자기 보고 척도를 통해 직접적으로 이념을 측정할 경우, 그 결과는 사회적 보수주의와 경제적 보수주의에서 각기 다르게 나온다.[46] 지능과 사회적 보수주의는 부적 상관관계를, 지능과 경제적 보수주의는 정적 상관관계를 보이는 경향이 있는 것이다. 사회적 보수주의와 경제적 보수주의를 구분하지 않은 채 자유주의와 비교하는 연구들은 결국 사회적·경제적 관심을 한데 버무린 종잡을 수 없는 결과물로서 두 이념에 대한 측정치를 내놓는다.[47] 여러 가지가 뒤섞인 혼란스러운 보수주의 척도들은 보수주의와 지능 간에 부적 상관관계가 있음을 보여 주지만, 그때도 그 상관관계는 극히 미미하다.[48] 이에 따라 정적들이 정치적 동지들보다 지능이 낮다는 것을 증명하고 싶었던 학계 연구자들은, 있을 게 틀림없다고 넘겨짚은 인지적 결함을 찾아내는 데 끝내 실패했다.

보수주의자가 지닐 법한 심리적 결함은 인지적 능력이라기보다 행동이나 사고 성향 쪽이기 쉽다. 4장에서 우리는 빅5 성격 특성에 관해 시험할 때 자유주의적 피험자가 보수적 피험자보다 개방성에서는 높은 점수를, 성실성에서는 낮은 점수를 받는 경향이 있다고 말해 주는 연구를 소개했다. 자유주의자는 이 연구 결과를 다행스럽게 여기는 듯하다. 대다수 사람들은 둘 중 하나를 골라야 한다면 성실성보다는 개방성 쪽에 더 후한 점수를 주기 때문이다. 하지만 사고 성향이 합리적 사고 모델 전체에서 어디에 위치하는지 이해할 필요가 있다.[49] 개방성, 유연한 사고, 성실성 같은 사고 성향은 합리적 사고의 *밑바탕이 되는* 심리적 기제들이다. 그러므로 이들 성향의 최대화가 합리적 사고 자체의 기준은 아니다. 합리성은 그보다 현명한 의사소통과 신념을 증거에 맞추기 위한 최적화된 노력을 통해 목표 달성을 최대화하는 것과 연관된다. 성찰적 정신에게서 보이는 사고 성향은 이 목표에 이르는 수단이다.

합리적 사고와 합리적 행동을 위해서는 분명 능동적 열린 사고, 신념 유연성, 인지 욕구, 신중함, 성실성 등 흔히 연구되는 사고 성향이 '높은 수준'이어야 한다. 하지만 '높은 수준'이라는 말이 꼭 최대의 maximum 수준이 모든 사람에게 최적의optimal 수준이라는 의미는 아니다. 예를 들면 신중함이라는 사고 성향을 최대화하면, 끝없는 숙고 속으로 빠져들어서 끝내 결정을 내리지 못하는 사태를 맞을 수도 있다. 신념 유연성이라는 사고 성향을 최대화하면, 병적으로 불안정한 성격으로 귀결될지도 모른다. 지능 테스트에서 높은 점수를 얻은 피험자가 인지적으로 우월한 것은 분명하다. 하지만 개방성이나 성실성 같은 사고 성향 테스트에서 높은 점수를 받은 피험자가 좀더 최적의 심리 구조를 갖추고 있는지는 전혀 분명치 않다.

자유주의자와 개방성 같은 특성의 관계를 보여 주는 연구 결과를 해석할 때 생길 수 있는 또 한 가지 문제는, 이러한 연구 결과에 적어도 어느 정도는 '직접 설명 재명명 심리DERP 증후군'이 반영되어 있다는 점이다.[50] 에번 차니(2015)[51]는 흔히 사용되는 NEO 성격 검사 개정판Revised NEO Personality Inventory, NEO PI-R[52]에서 '경험에 대한 개방성'이라는 사고 성향을 검증하는 일부 항목들이 피험자에게 높은 점수를 받으려면 자유주의적 정치 친화성을 가지도록 요구한다고 지적했다. '나는 우리가 도덕적 이슈들에 관해 결정할 때 종교적 권위에 의존해야 한다고 믿는다'라는 항목이 노리는 목적은 분명 개인이 도덕적 신념에 대해 판단할 때 권위에 의존하는 경향성이 있는지 여부를 확인하려는 것이다. 하지만 피험자가 높은 점수를 받기 위해 무시해야 하는 구체적 권위는 바로 종교적 권위다. 그에 상응해 피험자가 마찬가지로 비종교적 권위에 의존하는지 여부를 검증하는 항목은 없다. 도덕적 지침을 얻기 위해 신학자에 의존하는 것이 대학의 '생물윤리학자'에게 의존하는 것보다 진정 더 편협한 것인가? 자유주의적 피험자에게야 답이 자명하겠지만, 그 밖의 피험자에게 이 항목은 '직접 설명 재명명 심리DERP 증후군'을 내비치는 것처럼 보인다. 차니(2015)는 또 다른 항목, '나는 다른 사회에 속한 사람들이 지닌 옳고 그름에 대한 상이한 생각이 그들에게는 정당할 수 있다고 믿는다'의 경우, 높은 개방성 점수를 얻으려면 최고 수준의 도덕적 상대주의를 견지해야 한다. 하지만 그처럼 강한 도덕적 상대주의는 거의 전적으로 정치적 좌파에게만 존재한다. 그에 따라 그 항목은 개방성과 자유주의 간의 상관관계를 드러내 줄 수밖에 없다.

이념과 가장 일관되게 상관성을 보이는 한 가지 사고 성향은 '능동적 열린 사고'다. 바로 조너선 베이런[53]이 처음 개념화하고, 뒤이어 여러 연구 집단들이 대체로 중첩되는 방식으로 조작적으로 정의한 사고 성향이다.[54] '신념 수정 항목belief revision item'이라 불리는 특정 유형의 항목은 신앙심 없는 피험자보다 신앙심 있는 피험자에게 '인지적 분리(신념 수정)'를 더 많이 요구하는지라 '능동적 열린 사고' 척도와 독실한 신앙심의 상관성을 과장하는 경향이 있다.[55] 신념 수정 항목들은 그보다 정도는 덜하지만. 보수적 피험자에게도 불리하다. 그렇기는 하지만 문제 있는 신념 수정 항목이 전혀 없는 '능동적 열린 사고' 척도조차 자유주의와 '능동적 열린 사고' 간에 .20~.30에 이르는 적잖은 상관관계를 보여 준다.[56]

이러한 결과는 자유주의자가 중요한 한 가지 사고 성향, 즉 우리편 사고와 직접적으로 관련되는 사고 성향에서 우월하다는 것을 기정사실화하는 듯 보인다. '능동적 열린 사고'의 개념적 정의와 조작적 정의는 사전 신념에 어긋나는 정보를 추구하고 처리하는 경향성을 보여 준다. 즉 정당한 이유에서 행동하고, 애매모호함을 참고, 그리고 좀더 많은 정보를 모으기 위해 기꺼이 판단 종료를 미루는 경향성을 말이다.[57] 이 모든 경향성은 우리편 편향을 피하기 위해 갖춰야 할 이상적인 인지적 성향인 것처럼 보인다.

문제는 경험적 연구들이 내놓은 결과가 "'능동적 열린 사고'는 우리편 편향을 줄여 준다"는 내러티브를 지지하지 않는다는 것이다. 나는 로빈 맥퍼슨과 진행한 연구[58]에서 '능동적 열린 사고'는 논증 생성 작업에서도, 증거 평가 작업에서도 우리편 편향과 상관성을 띠지 않음을 발견했다. 리처드 웨스트와 나[59]는 자연주의적 연구 방법을 통해 우리편 편향의 네 가지 효과에 대해 조사했다. 흡연자는 간접 흡연이 건강에 부정적인 영향을 미친다는 사실을 덜 인정하는 듯했다. 알코올을 더 많이 소비하는 응답자일수록 알코올 소비가 건강에 위협이 된다는 사실을 덜 인정하는 것 같았다. 독실한 종교인일수록 그렇지 않은 사람들보다 종교를 가지면 정직해진다고 생각하는 경향이 컸다. 여성은 남성보다 급료를 불공정하게 받고 있다고 여기는 경향이 강했다. 하지만 우리는 표본 크기가 충분히 큰데도 불구하고(피험자가 1천 명이 넘었다), '능동적 열린 사고'가 이들 효과 가운데 달랑 하나와만 유의미한 상관관계를 보인다는 것, 게다가 그것이 채 1퍼센트도 안 되는 분산만을 설명해 줄 따름이라는 것을 발견했다.

댄 캐헌과 조너선 코빈(2016)[60]은 '능동적 열린 사고' 점수와 우리 편 사고의 상관성을 발견했지만, 그 방향이 우리가 기대하는 것과는 정반대였음을 확인했다. '능동적 열린 사고'에서 높은 점수를 받은 보수적 피험자와 자유주의적 피험자는 낮은 점수를 받은 이들보다 기후 변화에 대해 한층 크게 엇갈리는 견해를 내놓은 것이다. 닐 스텐하우스 외(2018)[61]는 '능동적 열린 사고'와 기후 변화를 바라보는 태도에서의 이념적 견해차 사이에는 아무런 유의미한 상관성도 없음을 발견했다. 스텐하우스 외(2018)의 연구 결과는 댄 캐헌과 조너선 코빈(2016)[62]이 관찰한 상관관계와 동일하지는 않았다. 하지만 캐헌과 코빈의 연구 결과(2016), 그리고 맥퍼슨, 웨스트 스타노비치의 연구 결과(2007)[63]에 수렴했다. 즉 그 연구들은 하나같이 '능동적 열린 사고' 점수가 높으면 우리편 사고로 기우는 경향이 줄어든다고 말해 주는 증거는 어디에도 없다고 밝힌다.

후속 연구에서 에이프릴 아이히마이어와 닐 스텐하우스(2019)[64]는 '능동적 열린 사고' 점수와 정당 일체감이 유의미한 상관관계를 보인다는 결과를 얻었다. 하지만 논증 평가 패러다임을 사용했을 때 '능동적 열린 사고' 점수와 논증 강도 평가에서 관측된 우리편 편향 간에는 아무런 상관성도 없음을 발견했다. 스텐하우스 실험실의 연구 결과[65]는 스타노비치 실험실의 연구 결과[66]와 대단히 흡사하다. 즉 두 실험실은 '능동적 열린 사고' 점수는 이념이나 정파성과 .20~.30의 상관관계를 보인다는 것을 확인했다. 하지만 '능동적 열린 사고' 자체가 실제로 우리편 편향 피하기를 예측해 준다는 조짐은 어디서도 발견하지 못했다.

한 걸음 뒤로 물러나서 지난 20년 동안 보수적 이념과 부정적인 인지·성격 심리 특성과의 관련성을 찾아내고자 부심한 연구들을 돌아보자. 그러면 순전히 그 연구의 숫자라는 면에서 쏟아부은 노력을 감안하건대, 그들이 거둬들인 성과가 턱없이 초라하다는 사실에 놀라게 된다. 보수주의와 편견의 척도들 간에 유의미한 상관관계를 포착한 연구도 많지만, 이들 대부분은 의혹에 휩싸여 있다. 피험자와 표적 자극 간의 가치관 충돌을 제대로 통제하고 있지 못하기 때문이다.[67]

이념과 상관관계를 드러낸 일부 심리적 특성들은 해석하기가 까다롭다. 그 특성들이 최적optimality과 뒤집어진 U자형 관계를 보이기 때문이다. 개방성이나 성실성 같은 성격적 특성들이 이런 유다. 편향되지 않은 척도를 사용할 경우 연구들은 '능동적 열린 사고' 점수와 보수주의 간에 -.20~-.30에 이르는 부적 상관관계를 발견한다. 이렇듯 보수주의자는 대체로 '능동적 열린 사고' 점수가 낮다. 하지만 그럼에도 자유주의자보다 우리편 편향의 영향을 더 많이 드러내는 것은 아니다.

심리학 연구자들 사이에는 보수주의를 독단주의나 권위주의 같은 부정적 특성의 척도로 삼고, 보수주의와 이러한 부정적 특성 간의 상관관계를 마치 새롭고 독립적인 연구 결과인 양 제시하는 풍조가 널리 만연해 있다.[68] 실제로 루시안 기돈 콘웨이 외(2016; 2018)[69]는 같은 경우에서 자유주의를 부정적 특성의 척도로 삼으면, *정반대* 방향의 연구 결과―예컨대 자유주의와 권위주의 간의 정적 상관관계―에 도달할 수 있음을 보여 주었다.

콘웨이 외(2018)[70]는 자유주의적 피험자가 보수적 피험자보다 점수를 높게 받도록 권위주의 척도를 설계했다. 그들은 그저 보수주의자에게 불리했던 과거 항목들을 가져와서 이번에는 자유주의자에게 불리한 내용 항목으로 대체했다. 이를테면 "우리가 선조들의 방식을 존중하고, 권위자들이 하라고 시키는 대로 따르고, 모든 것을 망가뜨리는 '썩은 사과들'을 제거한다면 우리나라는 위대해질 것이다"라는 과거 항목은 이렇게 바꾸었다. "우리가 자유주의적인 사고방식을 존중하고, 가장 자유주의적인 권위자들이 하라고 시키는 대로 따르고, 모든 것을 망가뜨리는 종교적이고 보수적인 '썩은 사과들'을 제거한다면 우리나라는 위대해질 것이다." 그 척도의 다른 항목들도 유사한 방식을 따랐다. 이 새로운 항목을 받아든 자유주의적 피험자는 권위주의 척도상에서 더 높은 점수를 얻었다. 과거 척도상에서 보수적 피험자가 그랬던 것과 동일한 이유에서다. 즉 새로운 척도의 내용은 구체적으로 자유주의적 피험자의 견해를 표적으로 삼은 것이다. 콘웨이 외(2016)는 독단주의 척도의 경우에도 정확히 동일한 상황이 펼쳐질 수 있음을 보여 주었다.

심리학 연구자들이 콘웨이 외(2016)가 사용한 것과 같은 분명한 통제 필요성을 인식하기까지 수십 년이 걸렸다니 무척이나 당혹스럽다. 필립 테트록(1986)[71]은 30여 년 전 이 분야에서 이러한 통제를 촉구했다. "이 같은 이념과 이슈 간의 상호 작용을 체계적으로 연구하는 것이 주제와 관련한 미래의 실험실 연구 및 기록학 연구archival studies의 주된 목적이 되어야 한다." 그렇게 하는 데 그토록 오랜 시간이 걸렸다는 사실 그 자체가 오늘날 수없이 논의되는 심리학의 이념적 단일 문화를 드러내는 한 가지 지표라 할 수 있다.[72] 실제로 이 당혹스러움은 나와도 무관치 않다. 나 역시 내가 초기 '능동적 열린 사고' 척도에서 사용한 신념 수정 항목들이 종교를 가진 피험자에게 불리하도록 편향되어 있을지 모른다는 것을 깨닫기까지 20년도 넘게 걸렸으니 말이다.[73] 게다가 숱한 시간이 흘렀건만 그 생각을 자발적으로 한 것도 아니었다. 나는 20년 전 우리가 고안한 항목들이 연구에서 .70이라는 엄청난 상관관계를 내놓은 것을 보고 뭔가 잘못되었다고 느끼게 되었다.

트럼프 투표자에게서 결함 찾기

보수주의와 부정적 심리 특성을 연관 지으려 시도한 심리학 연구는 수확이 변변치 않았다. 그런데도 그 연관성을 찾아내려는 추동력은 2016년 대선의 뜻하지 않은 결과로 인해 더한층 거세졌다. 트럼프의 당선은 인지 엘리트들 사이에서 우리편 편향 사각지대를 더욱 키워 주었다. 그 사실이 그들로 하여금 자신들의 정치적 적은 인지적으로 결함이 있음을 훨씬 더 확신하게끔 내몰았기 때문이다.

2016년 9월, 나는 동료 리처드 웨스트, 매기 토플랙과 함께 《합리성 지수》[74]라는 책을 출간했다. 합리적 사고에 관한 최초의 광범위한 시험을 담아내려는 시도였다. 상당히 학술적인 책이라 우리는 학계 동료들이 그 책에 사용된 통계며 전문적인 세부 사항에 싸움을 걸어오리라 예상했다. 책이 나오기가 무섭게 그들은 정말로 그렇게 하기 시작했다.

하지만 그러던 차에 2016년 11월 8일, 돌연 미국 대통령 선거가 끼어들었다.

 내가 받는 이메일의 어조가 갑자기 기분 나쁜 유머나 노골적인 빈정거림으로 바뀌었다. "와, *이제* 교수님 연구하실 게 늘어나겠어요?"라거나 "*이제* 우리도 교수님이 하는 실험을 따라야겠네요, 안 그래요?"라는 식이었다. 이런 이메일 가운데 상당수는 내가 이제 연구해야 할 마침맞은 집단을 만났음을 암시했다. 바로 트럼프에게 표를 던진 자들 말이다. 나와 이메일을 주고받은 이들이 보기에는 영락없이 비합리적인 사람들이었다.

 나는 선거가 끝나고 수많은 강연 요청을 받기도 했다. 그중 몇 가지 경우에서는 미묘한(혹은 더러 그리 미묘하다고 할 수도 없는) 기류가 감지되었다. 즉 요청자들은 내가 (당연히 먼저 나의 전문 강연을 마치고 난 뒤) 틀림없이 이 나라에서 끔찍한 사태를 초래한 트럼프 지지자들이 합리적 사고 능력에 문제가 있음을 꼬집으리라고 기대하는 듯했다. 나에게 참가를 간청한 어느 유럽 회의는 트럼프에게 투표한 이들뿐 아니라 브렉시트를 지지한 이들에게서 드러난 명백하게 부족한 사고를 이해하려는 노력을 그 회의의 주제로 삼기까지 했다. 장황한 회의 안내서는 "모든 교육받은 사람들은 증가일로인 세계화에 대한 그 어떤 반대도 명백히 비합리적인 행위로 간주한다"고 분명하게 못 박고 있었다. 합리적 사고 시험을 다룬 책을 낸 나야말로 이 결론에 대해 공식적으로 과학적 승인을 내려 줄 이상적 인물로 지목되었다. 수많은 친구와 친지들도 트럼프에 지지를 표명한 상당수 사람들은 사고가 비합리적이라는 본인들 의견을 지지해 줄 적임자로 나를 꼽으면서 성화를 부렸다.

 나와 이메일을 주고받은 이들은 분명 유럽과 미국 양쪽의 인지 엘리트들 사이에 만연한 견해를 드러내고 있었다. 즉 심리적으로 결함이 있거나 무지한 유권자들이 고학력자들의 의견과 충돌하는 파괴적인 결과를 낳았다는 견해 말이다.[75] 확실히 미국의 2016년 대선이 있고 난 뒤, 〈애틀랜틱〉[76]에서 〈뉴 리퍼블릭〉[77] 〈월 스트리트 저널〉[78]에 이르는 유수 출판물은 약속이나 한 듯 트럼프 투표자들을 서슴없이 '인종 차별주의자' '성 차별주의자' 그리고 '외국인 혐오자'로 묘사했다. 제이슨 브레넌[79]은 〈포린폴리시〉지에 기고한 글에서 "트럼프는 무지한 사람들에 기대어 승리했고" 그의 승리는 '멍청이들의 뻘짓*' 탓이었다고 조롱했다. 이 의제는 제임스 트라웁James Traub의 2016년 에세이, 〈엘리트들이 무지한 대중에 맞서 들고일어나야 할 때It's Time for the Elites to Rise Up against the Ignorant Masses〉에서처럼 더러 노골적으로 표현되기도 했다. 영국의 엘리트 언론에서는 브렉시트 지지자에 대한 묘사가 그와 거의 비슷했다.[80]

평균적인 트럼프 지지자가 평균적인 힐러리 지지자보다 더 비합리적이라는 것이 인지 엘리트들 사이에서는 거의 만장일치에 가까운 감정이었다. 그럼에도 이전 섹션에서 논의한 결과에 따르면, 그렇다고 여길 만한 근거는 거의 없는 것으로 보인다. 합리적 사고 성향과 지능은 합리적 사고를 촉진하는 인지 과정의 기저를 이룬다. 하지만 우리가 막 살펴본 바와 같이, 한편의 기본적 지능, 성격, 사고 성향과 다른 한편의 이념, 정파성 간에는 상관관계가 극히 미미하거나 아예 존재하지 않는다. 이에 따르면 트럼프 지지자와 힐러리 지지자 간에는

---

* 원문은 'dance of the dunces(멍청이)'로 운율을 살린 위트 있는 표현이지만, 옮기는 과정에서 그 묘미를 살리지 못했다.

합리성 차이가 있을 것 같지 않다. 차차 소개하겠지만 실제로 인지과학의 이론적 관점이나 다른 경험적 데이터의 관점에서 볼 때, 2016년 미국 대선을 포함해 그 어떤 선거에서도 투표자들 간에 합리성이 차이 난다고 주장하기란 극히 어렵다.

트럼프 투표자에 관해 논의할 때 이해해야 할 첫 번째 사실은 그들의 압도적 다수가 이전 선거에서는 롬니Mitt Romney* 투표자였고, 그 이전 선거에서는 매케인John McCain** 투표자였다는 것이다. 통계적으로 대다수의 트럼프 투표자는 일반적인 공화당 지지자들이었다. 간자흐, 하노흐, 그리고 초마[81]의 연구를 포함한 몇몇 분석은 트럼프 투표자들 간에 정당 소속party affiliation 외에 상이한 특성이 있는지 알아보려는 시도였다. 그런데 이러한 분석들이 가장자리에 놓인 작은 조각의 투표자를 따로 떼어 놓고 있음을 깨닫는 게 중요하다.[82] 선거인단에서 그 선거를 트럼프에게 유리하도록 만들 수도 있는 한 조각의 투표자는 그보다 훨씬 훨씬 더 큰 '트럼프 투표자' 조각과 같지 않다.[83] 따라서 나와 이메일을 주고받은 이들에게서 보듯 그 비난의 내용이 트럼프 투표자가 '비합리적'이다(혹은 '인종 차별주의자'다, '개탄스럽다')***라는 것일 때, 그 비난은 응당 롬니와 매케인 투표자에게도

---

*   2012년 낙선한 공화당 대통령 후보.

**   2008년 공화당 대통령 후보.

*** 2016년 미국 대통령 선거 운동 당시, 트럼프보다 다소 우세했던 힐러리가 트럼프 지지자들이 모이는 것을 두고 '개탄스러운 사람들(Basket of Deplorables)'이라는 표현을 사용했다. 이 발언은 트럼프 지지 세력을 똘똘 뭉치게 한 최대 악재로 힐러리에게 패배를 안겨 준 결정타였다. 2017년 9월 한미 정상회담에서 문재인 대통령이 북한의 잇따른 도발에 '개탄스럽다'는 표현을 쓰고, 통역이 'deplorable'이라고 번역하자, 트럼프는 자신에게 행운을 가져다 준 그 단어를 사용한 데 대해 기쁘고 감사하다며 반색했다는 일화도 있다.

고스란히 적용되어야 한다. 하여 우리가 합리성에 관한 앞으로의 증거를 분석할 때, 나는 정당 소속과 이념도 살펴본 연구를 활용할 것이다. 그 연구가 2016년 트럼프 투표자 대 힐러리 투표자에 엄격하게 기반한 비교와 90퍼센트가량 겹치기 때문이다. 트럼프 투표자에 관해 논의할 때 이해해야 할 두 번째 사항은 다음과 같다. 즉, 우리가 훨씬 더 광범위하고 까다로운 주제인 투표자들 간에 드러나는 *절대적 수준*의 합리성이라는 좀더 광역적인 문제가 아니라, 유형이 상이한 투표자들(힐러리 투표자 대 트럼프 투표자) 간의 *비교*에 초점을 둘 거라는 점이다.[84]

나는 도구적 합리성(무엇을 할 것인가)에 관한 이슈를 먼저 다루고, 이어 인식론적 합리성(무엇이 참인가)으로 옮아갈 셈이다. 인지과학자가 사용하는 도구적 합리성 모델에서 개인은 사용 가능한 선택지 가운데 기대 효용expected utility이 제일 큰 것을 선택한다. 하지만 '효용utility'은 파악하기가 힘든 종잡을 수 없는 용어다. 인지과학자와 의사 결정 이론가들이 사용하는 효용은 일반적인 사전적 정의인 '유용성usefulness'과는 다르다. 대신 의사 결정 이론에서, 그리고 구체적으로 합리적 선택 이론에서 효용은 한 사람이 목적을 달성하면 생기는 이익을 지칭한다. 하지만 투표자의 합리성과 관련한 우리 논의에서 좀더 중요한 점은, 합리적 선택 이론에서 효용은 금전적 가치나 즐거움이라는 개념보다 값어치나 바람직함 같은 개념과 더욱 관련이 깊다는 것이다. 예컨대 사람들은 특별한 신념이나 가치관을 보유하고 그것을 표현함으로써 효용을 얻을 수 있다. 이 점을 알아차리지 못하면 투표 행위에 대해 커다란 오해가 빚어진다.

한 사람이 행동할 때 그의 바람과 욕구는 선호로 표현된다. 의사 결정 이론은 사실상 바람이나 욕구가 무엇이 될 수 있느냐에 대해서는 중립적이다. 돈과 물리적 부를 강조하는 경향이 있는 것은 의사 결정 이론가가 아니라 대중들이다. 의사 결정 이론가와 합리적 선택 이론가는 사회적 명망 추구 같은 비물질적 목적을 효용 가치를 지니는 욕구라고 표현하는 데 더없이 만족한다. 모든 목적이 효용 가치를 지니기 위해 협소한 의미의 엄격한 이기심을 반영할 필요는 없다. 따라서 우리는 남들이 *그들의* 목적을 달성하는 것을 *우리의* 목적으로 삼을 수 있으며, 그 목적은 *우리에게* 효용 가치를 띨 수 있다. 가령 후세를 위한 환경 보존처럼 사람들로 하여금 동기를 갖게 만드는 수많은 목적은 이기적이지도 물질적이지도 않다.

트럼프 투표자가 비합리적이라고 외치는 수많은 주장에는 합리적 선택 이론에 대한 지나치게 단순화된 견해가 깔려 있다. 민주주의적 비평가들 사이에서 흔히 들을 수 있는 불평은 그들(트럼프 투표자)이 스스로의 이익에 반하는 투표를 했다는 것이다. 10년 전 이는 인기를 누린 토머스 프랭크Thomas Frank의 책《왜 가난한 사람들은 부자를 위해 투표하는가What's the Matter with Kansas?》가 다룬 주제였는데, 그것은 그 후로도 거듭해서 제기되었다. 저소득층이 민주당 후보에게 투표한다면 정부로부터 더 많은 혜택을 받을 텐데, 공화당 후보에게 투표하는 행위는 제 이익에 반한다는 게 그 책의 골자다. 이러한 비판의 상당수는 합리적이기 위해서는 선호가 본인에게 이득이 되어야 하며, 사람들의 가장 중요한 욕구는 금전적 욕구라는 가정을 깔고 있다. 하지만 앞서 지적한 대로 합리적 선택 이론에는 그런 가정이 포함되어 있지 않다. 따라서 그 이유만으로 스스로의 금전적 이익에 반하는 투표를 비합리적이라고 몰아세우는 것은 아무 근거도 없다.

공화당에 투표하는 노동 계급을 이런 식으로 비판하는 자유주의자는 그것이 얼마나 잘못되었을뿐더러 모욕적인 언사인지 결코 깨닫지 못하는 듯하다. 이것이야말로 그들이 트럼프 투표자의 합리성을 평가하는 데서 무엇을 잘못 생각하는지 여실히 보여 준다.《왜 가난한 사람들은 부자를 위해 투표하는가》와 같은 비판서들이 가방끈이 긴 전문가·교수·법조인 등에 의해 쓰여지고 있다는 사실을 생각해 보라. 우리는 그들 가운데 일부에게 자신의 투표가 순전히 자기 이익에 봉사하며 스스로의 금전적 이익만을 위한 것인지 되물어야 한다. 그들의 답은 두말할 필요도 없이 '아니요'일 것이다. 그리고 그들은 본인의 투표가 비합리적이라는 것 역시 부인할 터다. 그들은 다른 사람들에게 도움을 주기 위해 스스로의 금전적 이익에 반하는 투표를 하기도 한다고, 혹은 자신의 투표가 스스로의 가치관과 세계관을 반영한다고, 자신의 세계관이 아우르는 좀더 큰 이슈들(낙태할 권리, 기후 변화에 맞선 투쟁, 총기 규제)에 관심이 있다고 외칠 것이다. 그들은 공화당 투표자도 그들 자신의 가치관과 세계관에 애착을 가질 수 있다고는 꿈에도 생각지 못하는 듯하다.《왜 가난한 사람들은 부자를 위해 투표하는가》유의 주장을 펼치는 교육받은 자유주의자는 아마도 이런 입장인 것 같다. '다른 유권자들은 절대 그들의 금전적 이익에 반하는 투표를 해선 안 되지만, 내가 그렇게 하는 것은 비합리적이지 않다. 왜냐? 나는 깨어 있는 시민이니까.'

대체로 인식되지 않기 십상이지만,《왜 가난한 사람들은 부자를 위해 투표하는가》같은 주장에 담긴 멸시가 바로 우리편 편향의 일종이다. 예를 들면 비영리기구NPO에서 일하는 자유주의자는 흔히 금전적 보상보다는 자신의 가치관 편에 선다. 마찬가지로 군대에 지원한 보수주의자 역시 대체로 금전적 보상보다는 자신의 가치관을 선택한다. 《왜 가난한 사람들은 부자를 위해 투표하는가》의 주장은 이러한 대칭성을 무시하거나 부인하는 듯하다. 수입이 시원치 않은 수많은 공화당 투표자는 그들 자신의 금전적 이익에 도움이 되기보다는 남들을 돕기 위해서 투표한다. 그러한 공화당 지지자의 행동을 당혹스러워하는 자유주의적인 민주당 지지자가 하는 행동과 정확히 똑같이 말이다. 따라서 프랭크의 책이 다룬 캔자스의 투표자도, 트럼프 투표자도 그들의 이익—폭넓게(그리고 올바르게) 정의된 바와 같이—에 반하는 투표를 하고 있지 않은 것이다. 백번 양보해서 《왜 가난한 사람들은 부자를 위해 투표하는가》의 비판 가운데 일부, 즉 그들이 자신의 금전적 이익에 반하는 투표를 한다는 비판이 옳다고 치자. 그렇다고 해도 그들이 자신의 가치관이나 세계관을 드러내기 위해 금전적 이익을 희생할 수도 있다는 사실이 그들을 비합리적으로 만들어 주는 것은 아니다.

그렇다면 기질, 성격, 그리고 공직 적합성은 어떤가? 민주당 지지자는 기질·성격·공직 적합성을 중시한다면 트럼프를 찍은 행위가 비합리적이었다고 지적할 수도 있다. 그러나 이런 주장은 합리성이라는 관점에서 볼 때 확실한 성공이 못 된다. 사람들이 자신의 투표 선택에서 한편의 기질·성격·공직 적합성과 다른 한 편의 세계관 간에 어떤 트레이드오프를 하는지는 전혀 명확치 않다. 이는 특히 2016년 대통령 선거에 잘 들어맞는다. 그 선거에서 후보자들은 서로 간의 세계관이 이례적이라 할 만큼 판이했다. 힐러리 클린턴Hillary Clinton은 연설과 논평을 통해 유권자들에게 다음의 두 가지 신호를 보냈다. 첫째, 전 지구적 기후 변화 협약에 대한 지지, 더 많은 난민 수용, 외국인의 권리 보호 등 글로벌global 이슈에 관심이 있다. 둘째, 대부분의 민주당 지지자가 지지하는 아이덴티티 집단group, 즉 LGBT, 아프리카계 미국인, 라틴 아메리카계 미국인의 이익을 대변한다. 나는 이를 '글로벌과 집단global and groups' 세계관이라 부르고자 한다. 반면 도널드 트럼프Donald Trump는 연설과 논평을 통해 유권자들에게 다음의 두 가지 신호를 보냈다. 첫째, '다시 미국을 위대하게Make America great again'라는 슬로건에서 보듯 국가country를 대변한다. 둘째, 집단들의 이익보다는, 미국 노동자에 불리한 통상 협약 반대, 미국의 국경 보호 등 국가 차원의 이익을 지닌 시민들citizens을 대변한다. 나는 이를 '국가와 시민country and citizens' 세계관이라 지칭하겠다.[85]

힐러리와 트럼프는 2016년에 다른 어떤 후보자 쌍보다 세계관이 더욱 극명하게 대비되었다. 버니 샌더스Berney Sanders는 일부 통상 협상을 반대함으로써(이는 그가 힐러리보다 덜 글로벌주의자인 양 보이도록 만들었다)[86], 그리고 민주당 지지자가 우호적으로 바라보는 아이덴티티 집단들에 호소하는 노력을 덜 강조함으로써, 힐러리의 '글로벌과 집단' 세계관을 약화할 수도 있었을 것이다. 마찬가지로 공화당 후보인 젭 부시Jeb Bush나 마르코 루비오Marco Rubio는 전 지구적인 통상 협상에서 공감 능력을 발휘하고, 민주당 지지자가 호의를 드러내는 특정 아이덴티티 집단들(특히 라틴 아메리카계 미국인 유권자)에게 호소함으로써 '국가와 시민' 세계관을 다소 누그러뜨릴 수도 있었을 것이다. 하지만 힐러리와 트럼프는 훨씬 더 순정한 형태로 각각 '글로벌과 집단' '국가와 시민' 세계관을 표방했다. 따라서 '국가와 시민' 세계관을 지닌 공화당 투표자와 무당파층 투표자에게 문제는, 기질·성격·공직 적합성 이슈와 세계관 이슈 중 어느 쪽이 중요한지 저울질하는 것이었다. 두 요소 중 어떤 것이 주어진 유권자에게 최적인지 확인해 줄 도리는 없다. 그러므로 기질·성격·공직 적합성보다 세계관을 선택한 유권자들이 비합리적이라고 보기는 어렵다.

나는 이 같은 내 결론에 난색을 표시한 민주당 지지자 친구들을 위해 내가 2017년 〈퀼렛Quillette〉*에 기고한 글에서 소개한 사고 실험을 제시했다. 대통령 선거 후보로 공화당 측에서는 테드 크루즈Ted Cruz 가, 민주당 측에서는 알 샤프턴Al Sharpton이 출마한 시나리오를 상상해 보자고 제안한 것이다. 이 사고 실험에서는 이제 기질·성격·공직 적합성 이슈에 해당하는 쪽이 '글로벌과 집단' 세계관을 지닌 후보다. 자, 여러분은 누구를 찍겠는가?

내가 민주당 지지자로 하여금 이 가상의 선거에 응하도록 강제하는 데 성공한다면, 상당수가 샤프턴에게 표를 던지겠다고 답할 것이다.[87] 그들은 본인의 세계관에 비추어 대단히 합리적인 이유들을 끌어다 대면서 스스로의 선택을 정당화할 터다. 즉 그들은 대법관 임명, 낙태, 총기 규제 관련 법률에 대해 우려했다. 민주당 지지자가 자신의 선택을 정당화하는 방식은 트럼프 투표자가 기질·성격·공직 적합성을 근거로 들면서 그에게 등 돌리지 않았을 때 했던 방식과 거의 똑같다. 트럼프 투표자는 국경 개방, 그리고 도시들로 하여금 연방 이민법에 저항하도록 장려하는 분위기 등을 우려했다. 즉 그들은 가상의 샤프턴 투표자가 본인의 '글로벌과 집단' 세계관에 대한 위협을 우려한 것과 똑같은 방식으로, 자신의 '국가와 시민' 세계관을 향한 위협을 우려했다. 합리적 선택 이론의 셈법은 대통령 투표 선택처럼 추상

---

* 주로 과학·기술·뉴스·문화·정치에 중점을 두는, 호주 언론인이 설립한 온라인 잡지.

적이고 다면적인 상황에서 기질·성격·공직 적합성 대 세계관 사이의 저울질에 영향을 미칠 만큼 충분히 엄밀한 것이 못 된다. 테드 크루즈가 아니라 알 샤프턴을 선택하고 나서, 스스로가 비합리적이라고 생각한 민주당 지지자는 거의 없을 것이다. 그와 마찬가지로 세계관이 정반대인 사람들이 힐러리 대신 트럼프를 찍었다면 그들 역시 합리적으로 행동한 것이다.

만약 당신이 트럼프 투표자에게 유독 비우호적이라면, 이 시점에서 당신은 여전히 마음속으로 도구적 합리성에 대한 나의 논의가 포괄하지 못한 다른 어떤 잘못인가가 필시 그들에게 있다고 느낄지 모른다. 당신은 트럼프 투표자들이 지식 영역에서 뭔가 잘못되어 있다고 여길 수도 있다. 즉 그들은 충분히 알지 못하거나, 아니면 잘못된 정보를 가지고 있거나, 증거에 귀를 닫고 있는 것 같다. 평가해 볼 가치가 있는 다른 어떤 것이 있다는 당신의 생각은 아마도 옳을 것이다. 그것은 바로 이 부가적 관심을 포괄하는 합리성의 또 다른 측면, 바로 인식론적 합리성이다.

하지만 인식론적 영역에서 트럼프 투표자에 대한 우려는 그리 특별할 게 없다. 지금껏 민주당 지지자는 공화당 지지자를 인식론적으로 비합리적이라고 비난해 왔기 때문이다. 우리 모두가 그렇듯이, 자유주의적인 민주당 지지자는 기후과학의 결론, 또는 진화생물학의 결론을 거부하는 보수적인 공화당 지지자에게 비판적인 언론 보도 방식에 길들어 있다. 물론 이러한 언론의 보도 방식은 옳다. 인간 활동이 기후 변화에서 일정한 역할을 담당했다는 것은 확립된 과학이며, 진화는 생물학적 사실이기 때문이다. 따라서 이렇게 말하고 싶어 입이 근질근질한 것도 무리는 아니다. '자, 민주당 지지자는 기후과학을 올바르게 이해하고, 공화당 지지자는 그것을 잘못 이해하고 있다. 민주당 지지자는 진화론을 올바르게 이해하고, 공화당 지지자는 그것을 잘못 이해하고 있다. 그러므로 우리 자유주의적인 민주당 지지자는 정치 논쟁에서 중요한 온갖 격앙된 주제들, 이를테면 범죄, 이민, 빈곤, 육아, 성적 취향 등에 걸쳐 거의 모든 것을 올바르게 이해하고 있다.' 이렇게 주장하는 것은 기본적으로 민주당 지지자는 공화당 지지자보다 인식론적으로 더 합리적이라고 외치는 셈이다.

몇 년 전, 이런 유의 사고가 민주당으로 하여금 스스로에 대해서는 '과학 정당party of science'이라고 선언하도록, 그리고 공화당에게는 '과학 부인 정당party of science deniers'이라는 꼬리표를 붙이도록 부추겼다. 이런 입장은 크리스 문니Chris Mooney의《과학과 전쟁을 치르는 공화당 The Republican War on Science》을 비롯한 일련의 책에 담겼다. 이처럼 '과학 정당'이라는 꼬리표 붙이기는 정치 전략으로는 주효할지도 모른다. 하지만 인식론적 우월성이란 결코 몇 가지 예를 기반으로 선언할 수 있는 게 아니다. 사실 훈련받은 사회과학자라면 재빠르게 명백한 선택 효과selection effests가 작동하고 있다고 지적할 것이다. 문제의 이슈들 (즉 기후과학과 창조론 대 진화론)은 정치적 이유와 언론의 이해관계 때문에 체리피킹cherry-picking*되었다. 정확하게 하나의 정당을 '과학 정당' 다른 정당을 '과학 부인 정당'이라고 부르려면 당연히 그 정당이 상대 정당보다 과학적 합의를 받아들일 가능성이 더 높은지 여부를 따져보기 위해 과학적 이슈들을 대표하는 표본을 추출해야 한다.[88]

---

* 증거 억압(suppressing evidence), 혹은 불완전한 증거의 오류(fallacy of incomplete evidence)와 같은 것으로서, 자신에게 맞거나 자신이 좋아하는 것만 선별적으로 채택하는 현상.

실제로 자유주의적인 민주당 지지자가 과학적 합의를 수용하지 못하는 과학적 이슈를 찾아내기란 그리 어렵지 않다. 문니의《과학과 전쟁을 치르는 공화당》에 맞서는 책을 출간한 사례는 얼마든지 있다. 《뒤처진 과학: 좋은 기분 오류와 반과학적 좌파의 부상》[89]이 그중 하나다. 나 자신의 심리학 분야에서 가져온 한 가지 예를 언급해 보자. 심리학에서 지능에 대한 연구 결과, 예컨대 지능은 어느 정도 유전될 수 있다, 지능 검사가 소수 집단에 불리하게끔 편향되어 있음을 보여 주는 강력한 증거는 없다[90] 등은 압도적 합의에 이른 것들이다. 그런데도 자유주의자는 이를 한사코 부인하는 경향이 있다. 이 경우에는 자유주의자가 '과학 부인론자'인 셈이다.

하지만 지능만이 자유주의자가 과학을 부인하는 유일한 영역은 아니다. 경제학 분야에서 자유주의자는 '여성이 직업 선택과 경력을 적절히 통제한다면, 같은 일을 하고도 남성보다 급료를 23퍼센트나 덜 받는 일은 없다'는 합의된 견해의 수용을 극구 꺼린다.[91] 보수주의자는 지구 온난화에 인간 활동이 모종의 역할을 했음을 암시하는 연구를 부인하거나 일부러 알아먹기 어렵게 만드는 경향이 있다. 이와 마찬가지로 자유주의자 역시 한부모 가정의 아이들 사이에서 문제 행동의 발생 빈도가 더 잦다고 말해 주는 연구에 대해 같은 태도를 취한다.[92] 자유주의적인 대학 교육학과들은 파닉스 기반 읽기 교육이 대다수 학생, 특히 읽기에서 가장 고전하는 학생들에게 도움이 된다는 강력한 과학적 합의를 압도적이라 할 만큼 부인한다.[93]* 수많은 자유주

---

* 풍부한 독서 경험을 바탕으로 자연스럽게 읽기를 터득하는 '총체적 언어 접근법'을 지지하는 자유주의적인 교사와 학부모들은 단어의 형태나 발음을 분절적으로 가르치는 파닉스 기반 읽기 교육에 반대하는 경향을 보인다. 여기에는 정치 논리도 가세했

의자는 과학·기술·공학·수학 융합 교육Science, technology, engineering, and mathematics, STEM을 비롯한 기타 대학 학과들에서의 여성에 대한 평가, 여성의 고용과 승진에 차별이 있다는 강력한 증거는 없다는 과학적 합의를 믿기 힘들어한다.[94] 자유주의적인 젠더 페미니스트는 성차에 관한 생물학적 사실을 판에 박은 듯이 부인한다.[95] 주로 민주당 지지자가 거주하는 도시나 대학 도시에서 사람들은 임대료 규제가 주택 부족 사태와 주택 질 하락의 원인이라는 데 대해 경제학자 사이에서 강력한 합의가 이루어져 있다는 사실을 도무지 믿지 않으려 든다.[96]

내가 하려는 말이 명확해졌으므로 사례 열거는 이쯤이면 충분하다 싶다. 기후 변화나 진화론과 관련한 공화당 지지자의 과학 부인에 필적할 만큼 민주당 지지자의 과학 부인도 만만치 않다. 따라서 두 정당 모두 '과학 정당'도 '과학 부인 정당'도 아닌 것이다. 이념적으로 갈라져 있는 양측 다 그들 자신의 이념적 신념이나 정책과 어긋나는 과학적 증거를 받아들이길 어려워하는 것은 피차일반이다. 이는 동일한 정파적 우리편 편향을 확인한 피터 디토 외(2019a)의 메타 분석과도 일치하는 결과다.

그렇다면 지식 그 자체는 어떤가? 사회적·정치적 이슈와 관계된 필요 지식을 습득하는 것은 인식론적 합리성의 일부이기도 하다.[97] 흔히 트럼프·공화당 투표자는 힐러리·민주당 투표자에 비해 이 점에서 부족함이 있다고 여겨진다. 하지만 대다수 연구는 공화당 지지자와

다. 이들, 그리고 파닉스 중심의 읽기 교육을 부담스러워하는 이민자를 지지층으로 둔 민주당이 그에 동조하고 나선 것이다. 하지만 과학적 근거도 없이 '총체적 언어 접근법'에 기초해 읽기 교육을 실시한 결과는 처참했다. 학생들의 문해력 저하가 심각한 수준에 이른 것이다. 그에 따라 최근 파닉스의 중요성이 다시금 부각되면서 읽기 교육 논쟁을 재점화했다.

민주당 지지자 간에는 사실적 지식에 있어 차이가 거의 없음을 보여주었다. 퓨 리서치센터의 2015 뉴스 IQ 조사는 전형적인 결과를 보고했다. 그 조사 표본의 응답자는 시사 문제에 관한 12개 질문(키스톤 XL 파이프라인*의 경로 식별, 대법관 가운데 여성의 숫자에 대한 지식 등)에 답했다. 그 결과에 따르면, 공화당 지지자는 12개 질문 문항 가운데 7개에서 민주당 지지자보다 성적이 좋았다. 민주당 지지자는 나머지 5개에서 공화당 지지자 보다 성적이 좋았다. 평균적으로 그 표본에서 정답률이 공화당 지지자는 8.3개 문항이었던 데 반해, 민주당 지지자는 7.9개 문항, 그리고 무당파는 8.0개 문항이었다.[98]

경제학 등 투표와 관련한 특정 지식 영역에서도 유사한 결과가 확인되었다. 대니얼 클라인과 젤즈카 부투로빅(2011)[99]은 온라인상에서 17개 문항으로 구성된 경제학 관련 질문지를 2천여 명의 응답자에게 제시했다. 그 결과 스스로를 '자유 지상주의자libertarian(즉 경제적 보수주의자)' 또는 '극보수주의자very conservative'라고 밝힌 응답자가 스스로를 '자유주의자liberal'나 '진보주의자progressive'라고 밝힌 응답자보다 더 높은 점수를 얻었음이 드러났다. 하지만 클라인과 부투로빅은 보수적인 응답자가 자유주의적인 응답자보다 실제로 더 많이 알고 있다고 결론 내리지는 않았다. 대신 이런 식의 조사가 질문 선별을 통해 얼마나 편향될 수 있는지를 강조했다.[100,101] 이를테면 '임대료 규제법은 결국 주택 부족 사태를 낳는다'는 문항(정답은 참이다)은 자유주의

---

* 캐나다 앨버타주에서 미국 텍사스주까지 송유관을 연결해 하루 80만 배럴의 원유를 수송하는 사업으로, 총 길이 1800킬로미터의 송유관을 건설하는 약 9조 원 규모의 대형 프로젝트다. 환경 단체는 멸종 위기종의 서식지를 파괴한다는 등의 이유를 들어 반대했다. 이 사업에 대해 트럼프 대통령은 취임 후 2017년 허가를 명령했으나, 조 바이든 대통령이 취임 첫날 곧바로 취소했다.

자가 참으로 받아들이기 더 어렵다. 그들의 이념에 어긋나기 때문이다. 반면 '1달러는 부자보다 가난한 사람에게 더 많은 것을 의미한다'는 문항(정답은 참이다)은 보수주의자가 참으로 받아들이기 더 어렵다. 역시 그들의 이념에 위배되기 때문이다.

이러한 영역에서 '지식'의 척도는 선택 효과에 의해 당파적으로 편향되기 쉽다. 이는 이미 언급한 '과학 정당' 문제의 또 다른 버전이다. 민주당이 '과학 정당'이 되느냐 공화당이 '과학 정당'이 되느냐는 전적으로 문제의 이슈가 어떻게 선택되는지에 달려 있다. 클라인과 부투로빅(2011)이 사용한 17개 문항의 질문지는 선택에서 비교적 균형을 잘 이루었다. (8개 문항은 자유주의자에게, 9개 문항은 보수주의자에게 불리하게끔 치우쳐 있었다.)

그와 비슷한 표본 추출 문제는 음모 신념conspiracy belief에 관한 연구들을 괴롭힌다. 그것이 연구에 중요한 까닭은 트럼프 투표자의 문제란 그들이 지식을 너무 적게 획득했다는 게 아니라, *잘못된 정보*misinformation를 너무 많이 획득했다는 것이기 때문이다. 이념과 음모 간의 관계를 다룬 초기 연구 문헌은 음모적 사고는 실상 정치적 우파와 더욱 강한 연관성을 띤다고 암시하는 듯했다. 하지만 좀더 최근의 연구는 이러한 연구 결과는 그저 연구된 특정 음모 신념의 분배와 관련될 따름임을 시사했다. 좀더 균형 잡힌 항목들을 사용한 연구는 음모 신념이 정치적 우파와 정치적 좌파 양쪽에서 똑같이 파다하다고 밝혔다.[102] 합리적 사고 척도, 즉 '종합적인 합리적 사고 평가'에 관한 우리 자체의 연구[103]에는 음모론을 믿는 경향성을 측정하는 하위 테스트가 들어 있었다. 우리는 이 연구를 통해 위의 연구 문헌에 나타난 후자의 경향성을 확인했다.

우리의 하위 테스트는 광범위한 음모 신념을 포괄했다.[104] 하지만 가장 중요한 점으로, 우리 척도에는 분열된 정파를 모두 아우르는 상당수의 음모 항목뿐 아니라 우익과 좌익의 음모 문항 둘 다가 담겨 있었다. 과거의 몇몇 척도와 달리 이 척도는 우익이 보여 주는 정치적 태도의 프록시proxy*에 그치지 않았다. 우리가 평가한 흔히 연구되는 음모 가운데는 존 F. 케네디 대통령의 암살, 9·11 테러, 수돗물 불소화, 달 착륙, 제약 산업, AIDS의 확산, 석유 산업, 그리고 연방준비제도가 포함되었다. 이 연구를 통해 얻은 결과는 이들 이슈에 관한 좀 더 최근 연구의 결과와 일치한다. 즉, 정치적 이념과 '종합적인 합리적 사고 평가' 음모 신념 하위 테스트 점수 간에는 아무런 유의미한 상관관계가 없었던 것이다.

자유주의적 유권자와 보수적 유권자가 확보한 지식이 차이 난다는 것을 보여 주는 강력한 증거는 없다. 하지만 그럼에도 보수주의자(트럼프 투표자)가 지식을 얻는 방식(즉 신념-생성 기제)에는 문제가 있는 듯하다. 지식을 획득하는 데는 올바른 방법과 잘못된 방법이 있다. 누구는 참인 사실을 잘못된 방식으로 획득할 수 있다. 전적으로 자신의 정치적 입장을 지지하는 것들만 찾아다님으로써 참인 정치적 사실을 얻는 사람은 당연히 기술적 의미에서는 지식을 획득하는 것이라 볼 수 있다. 그러나 그 지식 기반이 편향되고 선택적일 것이다. 그 지식은 잘못된 방식으로 얻어진 것일 터다. 우리편 편향의 정도는 이러한 일반적 경향성의 직접적 척도다. 하지만 1장에서 살펴본 바와 같이 우리편 편향은 도처에서 흔히 발견된다. 따라서 공화당 지지자

---

* 측정·계산하려는 다른 것을 대표하는 데 이용하는 대용물.

는 우리편 편향을 특징으로 하되 민주당 지지자는 그렇지 않다는 강력한 가설은 여러 해 전에 이미 거짓임이 판명되었다. 더욱이 디토 외(2019a)가 최근 수행한 메타 분석은 이 가설의 좀더 약한 버전을 본격적으로 다루었다. 그들은 우리편 편향에서의 당파적 차이를 다룬, 1만 2천여 명의 피험자를 포괄하는 실험적 연구 41개를 메타 분석했다. 디토 외는 이 연구들을 모두 합하고 전반적인 우리편 편향의 측정 항목metric을 비교한 뒤, 이들 연구에서 당파적 편향의 정도는 자유주의자와 보수주의자에게서 꽤나 비슷하게 나타났다고 결론지었다. 따라서 여기서 논의한 바와 같이 실제로 획득한 지식에서 당파적 차이가 발견되지 않은 것은 우리편 사고 과정에서 당파적 차이가 드러나지 않은 것과 흡사하다.

요컨대 어떤 지식을 획득했느냐, 그리고 그 지식을 어떻게 획득했느냐, 이 두 가지 측면 모두에서 트럼프 투표자가 힐러리 투표자보다 인식론적으로 비합리적임을 말해 주는 강력한 증거는 없다. 합리성의 두 가지 구성 요소인 도구적 합리성과 인식론적 합리성의 관점에서, 경험적 문헌은 특이한 합리성 문제가 트럼프 투표자에게만 해당한다는 입장을 강력하게 지지하지 않는다. 그러나 이러한 결론이 달갑지 않은 이들은 지금까지의 분석이 어딘가 너무 협소하다는 이유로 그 결론에 반대할지도 모른다. 그들이 옳을 수도 있다. 내가 아직껏 본격적으로 다루지 않은 합리성의 좀더 광범위한 측면이 정말로 남아 있기 때문이다.

우리는 지금껏 누구든 합리적으로 사고하기 위해서는 본인의 목표와 신념에 적합한 행동을 하고(도구적 합리성), 이용 가능한 증거와 일치하는 신념을 고수해야 한다(인식론적 합리성)는 개념에 대해 논의했다. 그런데 이런 분석이 *적합한* 목표를 채택하는 개인의 경향성을 따져 보지 않고 있다고 생각하는 것은 자연스럽다. 하지만 이 세 번째 합리성을 고려하려면 우리는 결정적으로 합리성에 대한 협의의 개념화에서 광의의 개념화로 옮아가야 한다.[105] 전통적인 도구적 합리성 견해는 협소한 이론이다. 개인의 목표와 신념을 있는 그대로 수용하고, 오직 그가 목표와 신념에 비추어 욕구를 최적으로 만족시키는지 여부에만 평가의 초점을 맞추기 때문이다. 그 개인이 지닌 욕구의 내용이 무엇인지는 평가하지 않는 것이다.

욕구의 내용을 평가하지 못하는 협의의 합리성 개념은 수많은 나쁜 사고가 평가를 피해 가도록 허용한다. 하지만 인지과학에서 이루어지는 대다수 연구는 불균형하다 할 정도로 이 협의의 합리성 형태를 다룬다. 그럴 만한 이유가 있기는 하다. 광의의 합리성 이론에는 가장 까다롭고 성가신 철학적 이슈가 일부 포함되어 있기 때문이다. 예컨대 '협의의 합리성을 띠는 것이 합리적인 경우란 언제인가?' '추구하기에 합리적인 목표란 무엇인가?' 같은 이슈 말이다. 실제로 테드 크루즈 대 알 샤프턴 사고 실험을 실시한 우리의 과거 논의는 광의의 합리성 영역으로 잘못 들어섰었다. 그 예에서 나는 목표를 평가하는 일의 어려움을 실제로 보여 주고자 노력했다. '글로벌과 집단' 세계관을 지닌 유권자 입장에서, 그것은 본인과 세계관을 공유하지만 기질은 대통령직에 전혀 어울리지 않는 후보(샤프턴), 그리고 세계관은 본인 입맛에 맞지 않지만 기질만큼은 대통령직을 수행하기에 더없이 적합한 후보(크루즈) 중 누구를 선택할 것이냐였다. 이것이 의도하는 바는 유권자에게 A를 선택하는 게 옳으냐, B를 선택하는 게 옳으냐를 따지는 게 아니다. 그저 이런 유의 트레이드오프가 어렵다는 것을 실제로 증명해 보이고, 그에 비추어 '국가와 시민' 세계관을 가진 유권자도 트럼프 대 힐러리 선택에 직면했을 때 마찬가지로 까다로운 트레이드오프 상황에 처하게 됨을 인식하도록 자극하려는 것이다. 이는 다름 아니라 이러한 판단 속에 우리편 편향이 포함될 가능성을 강조하기 위함이다. 한마디로, 크루즈보다 샤프턴에게 끌리는 민주당 지지자는 그와 마찬가지로 공화당 지지자가 힐러리보다 트럼프에게 우호적인 심경을 이해해야 한다.

물론 이 사고 실험은 트럼프 대 힐러리와 크루즈 대 샤프턴 간의 일대일 특성 유사성이 아니라 오직 특성 트레이드오프에서의 전반적 유사성(세계관 대 공직 적합성)에 기대고 있을 뿐이다. 또한 이는 우리가 목표를 평가하고자 시도할 때 가동되는 우리편 편향을 드러내 준다. 사고 실험에서 샤프턴을 선택하면서도 트럼프 투표자가 비합리적이라고 깔보는 민주당 지지자는 강력한 우리편 편향을 표출하고 있다. 그들은 철학자도 해내지 못하는 일, 즉 가지기에 비합리적인 목표가 어떤 것인지 분간하는 일을 할 수 있다고 생각한다는 신호를 보낸다. 마찬가지로 트럼프를 찍었으면서도 그 사고 실험에서 샤프턴을 선택한 민주당 지지자가 비합리적이라고 얕잡아 보는 공화당 지지자 역시 강력한 우리편 편향을 드러내고 있다.

(2장에서 논의한) 우리 정적의 표현적 합리성에 대한 평가는 시종일관 우리편 편향에 흠씬 젖어 있다. 우리 자신 편이 효용을 희생하고 가치관을 선택하는 이유는 더없이 자명해 보인다. 하지만 우리 정적들이 그렇게 하면 도대체가 비합리적인 것처럼 여겨진다. 공화당 지지자는 민주당 시의회가 흔히 시가 투자한 돈에서 실질 수익률의 상당한 손해를 감수하면서까지 좌파가 싫어하는 기업들에 대한 투자

액을 빼앗는 민주당 시의회의 비합리성을 분명하게 볼 수 있다. 마찬가지로 민주당 지지자 역시 공화당 지지자의 '그냥 거절해(Just say 'no)*'"라는 마약 방지 캠페인이 실제로 주효한지 여부에 신경 쓰지 않는 그들의 비합리성을 똑똑히 볼 수 있다. 이러한 판단들은 우리편 편향에 압도적이라 할 만치 영향을 받는다. 만약 '저들'이 가치관 선택을 드러내기 위해 비용-편익 분석을 포기한다면, 그들은 더할 나위 없이 비합리적이라는 평가를 받는다. 하지만 만약 '우리'가 가치관 쪽에 서기 위해 효용·돈·성과 같은 목표를 희생한다면, 우리 가치관은 올바르므로 그것은 괜찮으며 나무랄 데 없어 보인다.

신념 영역에서도 비슷한 우리편 편향이 드러난다. 기후 변화는 고도로 정치화하고 상징화한 이슈의 분명한 예다.[106] 보수주의자가 질문지 문항에 응답하면서 '인류가 일으킨anthropogenic' 기후 변화의 증거들을 의심한다는 사실을 드러낼 때, 자유주의적 반대파는 옳다구나 하면서 그들의 과학 부인을 물고 늘어진다. 하지만 많은 경우 보수주의자는 그저 자신의 정적인 자유주의자가 애지중지한다고 알고 있는 이슈와 관련하여 그들에게 반대한다는 신호를 보내려고 그런 식으로 응수하는 것이다.[107] 보수주의자가 진정으로 말하려는 바는 자유주의자가 기후과학의 데이터를 사용하는 방식을 수용하지 않겠다는 것이다. 이를테면 저들이 경제에 대한 국가 통제 강화에 찬성론을 펴고자 그 데이터를 사용하는 게 싫다는 것이다. 보수주의자는 가치관을 표

---

* 1980년대와 1990년대 초 로널드 레이건(Ronald Reagan) 대통령의 영부인 낸시 레이건(Nancy Reagan)이 시작하고 전개한 캠페인이며, '마약과의 전쟁'의 일환으로 널리 확산했다. 하지만 그저 캐치프레이즈로 인기를 누렸을 뿐 실제 마약 사용을 줄이는 데 기여했는지는 확실치 않은 것으로 드러났다.

현하는 데 관심이 있지 인식론적 정확성은 알 바가 아니다.

성차의 존재 혹은 지능의 유전 가능성에 관한 데이터에서는 정치적 견해가 역전된다. 이 두 가지 역시 기후 변화와 마찬가지로 정치화한 영역이다. 자유주의자가 질문지 문항에 응답하면서 성차에 관한 증거, 혹은 지능의 유전 가능성을 보여 주는 증거에 의문을 표시할 때, 보수주의적 반대파는 너 잘 만났다는 듯이 그들의 과학 부인을 꼬집는다. 하지만 많은 경우 자유주의자는 그저 정적인 보수주의자에게 반대한다는 신호를 보내려고 이런 식으로 어깃장을 놓는 것이다. 자유주의자가 진정으로 말하려는 바는 보수주의자들이 지능 연구나 성차 연구의 데이터를 사용하는 방식을 못 믿겠다는 것이다. 한마디로 양편 모두 상대가 순전히 인식론적 추론 양식에서 표현적 추론 양식으로 옮아갈 때, 인식론적 비합리성을 드러낸다며 그들을 비난하고 있다. 표현적 추론 양식이 덜 합리적이라고 규정할 수 있다 치자. 설사 그렇다 해도 그것이 힐러리 투표자 사이에서보다 트럼프 투표자 사이에서 더욱 만연하다고 말해 주는 확실한 증거는 없다.

요약하자면, 트럼프 투표자한테서 인지 특성의 결함을 찾아내려던 인지 엘리트의 '큰 흰 고래great white whale*'는 자유주의적 심리학자들에게 부메랑 효과를 안겨 주었다.[108] 그들은 이제 합리성을 다루는 인지과학이 이 경우 자신들의 판단을 지지해 주지 않는 사태를 감수해야 한다. 당신은 트럼프 *자체의* 합리성 혹은 비합리성에 관해서야 하고 싶은 말을 뭐든지 할 수 있다. 하지만 인지과학은 트럼프를 찍은 유권자가 비합리적이다, 좀더 엄밀하게 말해 트럼프를 찍은 유권자가

---

* 강박적으로 추구하는 목표나 대상.

힐러리를 찍은 유권자보다 덜 합리적이다라는 주장을 뒷받침하지 않는다. 실제로 '트럼프를 찍은 유권자는 비합리적이다'는 판단이야말로 맹렬한 우리편 편향을 낳는 바로 그런 유의 확신이 추동한 것이다. 정치 영역에서 우리의 판단은 그 유례가 없을 만큼 우리편 편향에 절어 있다.

6장

우리편 편향을
어떻게 다뤄야 하는가

사회적으로 치러야 할 대가

인지적 편향 가운데 가장 유별난 우리편 편향은 휴리스틱과 편향 문헌에서 종전에 확인된 편향 목록에 잘 들어맞지 않는다. 그것은 지능이나 교육 같은 전통적인 인지적 성숙 척도들과 무관할뿐더러 합리적 사고의 기조를 이루는 사고 성향과도 관계가 없다. 그 문헌이 다루는 다른 편향들은 이들 척도에서 높은 점수를 받은 피험자에게는 별 문제를 일으키지 않는 경향이 있다. 대부분의 우리편 정보 처리가 규범적으로 부적절함을 보여 주는 것 역시 이례적일 정도로 어렵다. 우리가 속한 집단이나 사회적 관계를 북돋우는 방식으로 생각하는 것은 심지어 오늘날에조차 수많은 도구적 이점을 안겨 주는 듯하다. 우리가 엄격하게 인식론적 합리성에 주목하기로 선택할 때마저 우리의 우리편 정보 처리는 대체로 정당한 것 같다. 조너선 퀼러(1993)의 증명 B는 우리가 수많은 상황에서 새로운 증거를 평가하는 데 사전 신념을 사용하는 것을 적극적으로 허락한다. 그 사전 신념이 합리적으로 사전 증거를 축적해 온 데 기초를 둔 검증 가능 신념이라면 말이다. 오직 새로운 증거에 투사하는 사전 신념이 원위 신념(즉 확신)이고 당면 이슈와 관련되는 증거에 기반하지 않을 때만, 새로운 증거에 사전 신념을 투사하는 데 대한 비판이 정당화된다. 이럴 경우조차 만약 그 신념이 집단적 연대라는 도구적 목적에 복무하는 한 '개인으로서는' 손해 볼 일이 거의 없을지 모른다.

하지만 우리편 편향과 관련해서 '사회적으로는' 치러야 할 대가가 어마어마하다. 미국에서, 그리고 다른 수많은 서구 국가에서, 정당과 이념은 현대판 부족tribe에 상당하는 것이 되었다.[1]* 애석하게도 우리는 이 부족들이 국가의 인지적 삶을 함부로 다루도록 허용해 왔다. 부족을 위해 '득점하도록' 설계된 비지적 전략을 구체적 공공 정책 이슈들에 관한 객관적 논쟁보다 우위에 두면서 말이다. 이런 부족적 정치가 부채질한 우리편 사고는 공공 정책 관련 논쟁에서 증거에 대한 모든 고려를 거의 무색하게 만들어 버렸다.

댄 캐헌 외[2]는 공공 정책에 관한 논의에서 확신에 기반한 우리편 추론의 해로운 효과를 걷어 낼 필요가 있음을 설득력 있게 제시했다. 그들은 우리에게는 증거 평가와 신념 투사 간에 장벽을 세워 줄 강력한 제도들이 필요하다고 역설했다. 하지만 안타깝게도 그러한 제도들, 특히 언론과 대학은 21세기 초 우리에게 커다란 실망을 안겨 주었다. 〈폭스 뉴스〉 〈MSNBC〉 〈브라이트바트Breitbart〉 〈복스Vox〉 〈워싱턴 타임스〉 그리고 〈워싱턴 포스트〉 같은 언론 매체들은 당파에 기반한

---

* 2018년 출간되었고 우리나라에는 2020년 번역·출간된 예일대 로스쿨 교수 에이미 추아(Amy Chua)의 《정치적 부족주의: 집단 본능은 어떻게 국가의 운명을 좌우하는가 (Political Tribes: Group Instinct and the Fate of Nations)》를 참조하라.

우리편 정보 처리의 해독제로 기여하기는커녕 외려 부족주의tribalism
와 당파성을 수익성 있는 비즈니스 모델로 삼았다. 대학에 관해 말하
자면, 그들은 논쟁적 이슈들에 관한 증거를 중립적이고 공정하게 심
판해야 할 스스로의 책무를 서슴없이 내팽개쳤다. 대신 우리가 가장
열린 논의를 해야 하는 바로 그런 영역, 즉 종교, 이민, 빈곤, 낙태, 약
자 보호 정책, 약물 중독, 인종 간의 관계, 그리고 공정한 분배에서 정
치적 올바름political correctness*을 내세워 표현을 감시하는 지적 단일 문
화로 제 자신을 바꾸어 놓았다.

그렇다면 이제 우리는 무엇을 해야 하는가? 확신에 기반을 둔 우
리편 편향 중에서도 가장 유해한 유형들에 어떻게 대처할 수 있는가?
이 장에서 우리는 개인적 차원과 제도적 차원에서 보탬이 될 만한 몇
가지 아이디어를 탐색해 볼 것이다.

인지 엘리트의 편향을 피하는 법

만약 당신이 책의 이 지점까지 잘 따라왔다면, 당신은 분명 5장에
서 언급한 인지 엘리트의 일원일 것이다. 마찬가지로 《합리성 지수》
의 출간 후 내게 연락을 해 왔으며, 2016년 대선 결과에 속상해하면
서 나와 이메일을 주고받은 무수한 이들 역시 인지 엘리트다. 그들은

---

* 20세기 이후 전 세계 곳곳의 좌파들이 긍정적·부정적인 의미로 써 온 개념으로 1980
  년대 이후 말의 표현이나 용어의 사용에서 인종·민족·언어·종교·성차별 등의 편견
  이 포함되지 않도록 유의하자고 주장할 때 쓰는 개념으로 굳어졌다. 이 책에서 저자
  는 '정치적 올바름'의 오용에 대해 비판적 논지를 유지한다.

(5장에서 살펴본 대로, 잘못되게도) 인간 추론에 관한 그 어떤 연구도 같은 해에 미국(대통령 선거)과 영국(브렉시트)에서 결정권을 행사한 유권자가 비합리적이라는 자신들 견해를 적극 지지해 주리라 생각했다. 나와 이메일을 주고받은 이들은 정치적 논쟁은 전적으로 합리성과 지식 습득에 관한 이슈라고, 그리고 늘어난 일반적(혹은 구체적) 지식은 피치 못하게 그들 자신의 정치적 신념으로 귀결되리라고 생각하는 듯했다.

한마디로, 그들은 정치학자 아서 루피아[3]가 지칭한 이른바 '가치관 차이를 무지로 탈바꿈시킨 오류error of transforming value differences into ignorance'에 빠져 있는 듯 보였다. 다시 말해 하나의 이슈에 따른 여러 가치관 가운데 어느 쪽에 비중을 둘지에서 드러나는 정당한 차이를, 자기 반대자들이 '그저 사실에 대해 알지 못해서(즉 무지해서)' 생기는 문제라고 오판하는 것 같았다. 여러 해 전 댄 캐헌(2003)은 훌륭한 에세이를 통해 이것이 정확히 총기 규제에 관한 논쟁에서 벌어진 일이라고 주장했다. 그에 따르면, 그 논쟁은 '계량 경제학의 횡포tyranny of econometrics'라 부를 만한 특색을 띠었다. 자기 방어를 위한 무기 사용으로 건진 목숨, 범죄 억지, 가정 소지 총기가 (자살이나 살인에) 위험 요소로 작용할 여지 등의 관점에서 '연구들이 보여 주는 바'에 초점을 맞춘 논쟁들 말이다. 캐헌(2003)은 더 나아가 핵심 이슈는 결코 해결되지 못할 테고, 사실이 무엇인지에 관해 상호 합의를 통한 타협이 이루어지지도 않을 거라고 말했다. 아울러 그 까닭은 논쟁의 중심에 문화적 차이가 자리 잡고 있기 때문이라고 덧붙였다. 미국인들이 어떤 종류의 사회에서 살고 싶어하는지와 관련해 드러나는 차이 말이다. 총기 규제 지지자는 자신들이 소중하게 여기는 불가침nonaggression 및 정부의 집행력에 기댄 상호 안전이라는 가치관에 영향을 받았다. 총기 규제 반대자는 그들이 중시하는 개인적 자급자족, 개인의 자기 방어권이라는 가치관의 지배를 받았다. 특정 개인이 어느 쪽 가치관을 택하게 되느냐는 (다른 무엇보다) 그들이 도시에 사느냐 시골에 사느냐에 좌우되었다. 상반된 양쪽 집단에서 특정 개인이 두 가치관 가운데 어느 쪽에 방점을 찍느냐는 증거에 의해 크게 영향을 받지 않을 것이다. 캐헌(2003)은 오히려 문화적 차이에 관해 좀더 개방적이고 자유롭게 논의해 보는 게 좋겠다고 권고했다. 그러면서 사람들이 기탄 없이 자신의 가치관과 문화적 차이에 대해 분명히 밝히는 좀더 표현적인 논쟁을 지지했다. 하지만 캐헌(2003, 10)은 '경험적 논증에 한정함으로써 총기 규제 논쟁을 덜 호전적으로 만들 수 있다는 것은 사실 너무 안이한 발상'이라고 지적했다. 그러고 나서 '대부분의 학자·정치인·일반 시민은 자신의 문화적 소신을 솔직하게 밝히길 꺼린다. 이것이 결국 총기 관련 논쟁을 점점 더 폭언이 오가는 험악한 쌈박질로 변질시키고 있다'고 경고했다.

나는 전략적 이점과 우리편 편향이 한데 어우러져서 인지 엘리트들로 하여금 캐헌(2003)이 권유하는 문화에 관한 표현적 논쟁을 거부하도록 만든다고 생각한다. 우리편 편향을 분명하게 드러내는 견해를 지닌 인지 엘리트들은 사실에 관한 추론을 통해 논쟁을 해결할 수 있다면 자신들이 언제나 승리하리라고 믿는다. 자신들이야말로 사실과 추론의 전문가이니 말이다. 인지 엘리트들은 그 반대자들이 동의하지 않는 것은 무지하기 때문이라고, 사실에 호소한다면 그들의 무지를 까발릴 수 있을 거라고 자신한다. 하지만 앞의 장들에서 살펴본 바와 같이, 인지 엘리트도 비엘리트와 다를 바 없이 검증 불가능한 원위 신넘을 증거에 투사하는 사태를 피하지 못한다.

정치적 논쟁에 관해서는 어떨까? 인지 엘리트들은 정치적 논쟁이란 어느 편이 사실을 더 잘 파악하고 있는지에 관한 것이라고 강조하면서, 당파적 불일치가 실제로는 정직하게 보유한 가치관들이 충돌한 결과임을 경시하는 경향이 있다. 우리는 스티븐 핑커의 말마따나 수십 년에 걸쳐 사회 문제 대부분을 크게 완화한 진보[4]를 경험해 왔다. 그런 사회 문제들이란 전적으로 경험에 기반을 둔 '논제로섬 해법non-zero-sum solutions(논제로섬 게임이란 한쪽의 이익과 다른 쪽의 손실을 합했을 때 제로가 되지 않는 현상이다. 그러므로 논제로섬 해법은 사회에서 일부 사람들이 이득을 볼 때 다른 사람들이 그로 인해 손해를 보지 않는 정책적 해법을 말한다)'과 관련된 것들이다. 하지만 우리에게 남은 논쟁적인 사회 문제들은 이미 가진 지식(사실)을 이용하여 해결하기가 유독 까다로운 것들이다. 그 사회 문제들이 정확히 논쟁적인 정치 영역에 속해 있다면 그것은 아마 '단순한 사실'에 그치지 않을 것이다.

2년 전 나는 지능 및 기타 사고 기능이 (특히 기후 변화, 빈곤, 오염, 폭력, 테러리즘, 사회 분열, 그리고 소득 불평등 등) 당대의 전 지구적 문제를 해결하는 데 어떤 역할을 하는지 다룬 〈저널 오브 인텔리전스Journal of Intelligence〉*의 특별호[5]에 참여했다. 나는 목록에 실린 수많은 문제를 서로 완전히 다른 범주로 나눌 수 있다고 주장했다. 우선 빈곤, 폭력 같은 그중 일부 문제는 좀더 합리적인 정책을 통해 해결할 수 있을 듯하다. 그리고 실제로 이들 문제는 시간이 가면서 큰 폭으로 *완화되어*

---

* 다학문적 디지털 출판 협회(Multidisciplinary Digital Publishing Institute: MDPI)가 1996년 창립했다. 인간 지능에 관한 연구물을 발행하는 온라인 계간지로 동료 평가를 받고 접근이 자유로운 국제적 잡지다.

왔다.[6]

하지만 목록에 실린 그 외의 문제, 이를테면 기후 변화, 오염, 테러리즘, 소득 불평등, 사회 분열 등은 빈곤이나 폭력과는 전혀 다른 유의 문제다. 이들 가운데 몇 가지는 높은 지능, 합리성, 혹은 지식을 가지고 해결 가능하리라 기대할 수 있는 문제가 아니다. 다양한 세계관이 뒤섞인 사회에서 가치관들이 충돌함에 따라 빚어지는 문제이기 때문이다. 예컨대 오염을 줄이거나 지구 온난화를 늦추려면 뜻하지 않게 경제 성장을 억제하는 조치가 요구된다. 오염과 지구 온난화를 표나게 줄이는 데 필요한 세금 제도나 규제적 통제들은 흔히 불균형하다 할 정도로 가난한 이들에게 더 많은 영향을 끼친다. 예컨대 혼잡구간congestion zones 설정과 혼잡 통행료congestion charge 부과, 자동차세와 유류세 인상을 통해 자동차를 모는 데 따른 비용을 올리면, 부자보다 가난한 사람의 이동성이 훨씬 더 타격을 입는다. 같은 이치에서 지구 온난화를 최소화함과 동시에 경제적 성과(그에 따른 일자리와 경제적 번영)를 최대화하는 방법이란 없다. 사람들은 경제 성장과 환경 보호 간의 트레이드오프에서 '매개 변수 설정parameter setting'이 저마다 다르다. 하지만 그것은 그들 중 일부는 지식이 부족하고 나머지는 그렇지 않아서가 아니다. 그들의 세계관이 서로 달라서다.

기후 변화와 오염 억제 같은 문제는 트레이드오프를 수반한다. 따라서 가치관이 상이한 사람들이 도달한 타협에 어느 편도 만족하지 못한다는 사실은 놀랍지 않다. 저들이 우리보다 더 지적이거나 합리적이거나 지혜로울 때만 정확히 우리가 트레이드오프를 정하는 지점에서 그들도 트레이드오프를 정하리라 생각하는 거야말로 우리편 편향의 극치다. 실제로 경험적 증거에 따르면, 높은 지식이나 지능, 혹은

성찰 능력은 이러한 제로섬적 가치관 충돌을 해결해 주지 못한다는 것을 알 수 있다.[7]

소득 불평등의 경우는 몇 가지 사회 문제 해결과 관련한 트레이드 오프를 보여 주는 또 다른 예다. 소득 불평등에 대한 정치적 논쟁은 지식이 많은 사람과 그렇지 못한 사람 간의 충돌이 아니라, 서로 가치 관이 상이한 사람들 간의 격돌이다. 그러므로 소득 불평등에서 *최적의 수준*이란 없다.

가령 가장 선진적인 제1세계*의 대다수 국가에서 지난 몇십 년 동안 소득 불평등이 점차 심화했음에도, *세계 차원에서 소득 불평등 지수는 같은 기간 감소해 왔다.*[8] 두 가지 추세는 당연히 무역과 이민의 효과로 인해 서로 관련되어 있다.[9] *세계적으로는 소득 불평등 감소를 뒷받침해 주는 동일한 메커니즘이 미국 내에서는 소득 불평등 증가를 부추기고 있는 것 같다.*[10] 두 가지 소득 불평등(세계와 미국) 가운데 우리가 어느 쪽에 주목하고 싶으냐는 당연히 가치 판단의 몫이다.

마찬가지로 지난 30년 동안 미국의 소득 불평등에 관한 다음의 사실을 고려해 보자. 소득과 부에서 인구 상위 10퍼센트가 중간층으로부터 멀어진 정도는 중간층이 하층으로부터 멀어진 정도보다 더 컸다.[11] 따라서 (지니계수 같은 총괄적 통계에 영향을 미치는 식으로) 전반적인 소득 불평등을 줄이고자 노력할 때면, 우리는 두 간극 가운데 어느 편에 더욱 집중하고 싶은지 가치 판단을 내려야 한다. 여기서 소득 평등에 찬성하는 이들에게 분명한 답은 두 *가지* 간극 모두를 개선하고 싶다는 쪽이겠지만, 그것은 절대 가능하지 않을 것이다. 두 가지 간극

---

* 부유한 선진국들.

중 하나를 좁히는 데 주력하는 일부 정책은 아마도 다른 하나의 간극을 벌려 놓는 데 영향을 줄 테니 말이다.[12] 소득 불평등에 반대한다고 말할 때, 우리는 실제로 이 두 간극 가운데 어떤 것이 우리에게 더욱 의미 있는지 가치 판단을 내려야 한다.

한마디로 소득 불평등이라는 '문제'에는 한 가지 해법만 있는 게 아니다. 소득 불평등에 관한 의견 불일치는 가치관 차이에서 비롯한 것이지, 인구 가운데 일부는 지식이 있고 나머지는 그렇지 않아서 생기는 게 아니다. 목록에 담긴 또 하나의 사회 문제인 사회 분열은 지능, 합리성, 지식, 혹은 지혜에 호소함으로써 해법에 이르기가 가장 어려운 '문제'임을 보여 주는 전형적 예다. 사회에서 정치적 분열은 주로 가치관이 충돌하는 데 따른 결과다. 모종의 인지 역량을 키움으로써 정치적 분열을 해결할 수 있다고 믿는 거야말로 우리편 편향 사각지대의 완벽한 본보기다. 더 쉬운 말로 해 보자. 보수주의자가 만약 우리 모두 고도로 지적이고 합리적이고 지극히 아는 게 많고 게다가 매우 지혜롭다면, 다들 보수주의자가 될 테니 모든 분열은 사라지리라고 생각하는 것, 이야말로 우리편 사고의 최고봉이다. 이는 마치 자유주의자가 만약 우리 모두 고도로 지적이고 합리적이고 지극히 아는 게 많고 게다가 매우 지혜롭다면, 다들 자유주의자가 될 테니 모든 분열은 사라지리라고 생각하는 것과 같다.

인지 엘리트인 우리는 다음과 같은 깨달음을 통해 스스로의 우리편 편향을 다스릴 수 있다. 즉, 수많은 경우에서 정치적 적들이 (우리가 체리피킹 덕분에 우연히 알게 된) 특정 사실들에 놀라울 정도로 무지하다는 우리의 생각은, 실제로 지식에 관한 자기 본위의 주장일 뿐 정치적 논쟁이란 가치관의 충돌이라는 사실을 직시하지 못하게 만든다는 깨달음 말이다. 우리는 그저 *우리의* 가치관을 더욱 중시하고 그것을 널리 퍼뜨려야 한다는 우리의 확신에 관심이 쏠리지 않도록 하려고 정적들의 '무지'를 물고 늘어지는 것뿐이다.[13]

충돌하는 가치관을 깨달아라

자유주의자는 그린 이니셔티브에 반대하는 보수주의자를 볼 때면 지구 온난화가 미래에 어떤 함의를 지니는지 이해하지 못한다며 쏘아붙인다. 하지만 보수주의자는 광범위한 그린 이니셔티브를 지지하는 자유주의자를 볼 때면 경제 성장의 감소는 다름 아니라 가장 취약한 사회 구성원에게 빈곤이 확대되고 경제적 곤경이 심화하는 결과로 이어진다는 사실을 이해하지 못한다며 비난한다. 자유주의자도 보수주의자도 상대에 대한 특성 묘사에서 잘못을 저지르고 있다. 대다수 보수주의자는 환경 상태와 지구 온난화의 함의에 당연히 관심을 가진다. 대다수 자유주의자 역시 경제 성장이 빈곤과 곤경을 감소시킨다는 것을 당연히 이해하고 있다. 두 집단은 대체로 그 사실을 똑똑히 알고 있다. 하지만 지구 온난화의 미래 효과에 대한 관심과 경제 성장의 극대화 유지, 이 두 가치관의 트레이드오프에서 각각에 상이한 가중치를 부여할 따름이다. 우리가 논쟁 중인 그 어떤 이슈의 경우에도 고려해야 할 가치관 트레이드오프가 존재한다는 사실을 더 많이 깨달을수록 우리편 사고는 덜해진다.

흔히 우리는 3장에서 논의한 필립 테트록의 1986년 연구가 시사한 대로, 이 같은 가치관 상충이 *당파 집단들 사이에서*뿐 아니라 *우리 자*

*신 안에서*도 일어나고 있음을 깨달음으로써 개인 차원에서 스스로의 우리편 편향을 다스릴 수 있다. 테트록 연구에 쓰인 분화 복잡성 척도는 그야말로 우리편 편향과 정반대 척도였다. 우리로 하여금 우리편 편향을 *피하*도록 해 주는 과정들에 대해 조작적으로 정의 내린 척도 말이다. 그의 연구에 참여한 피험자들은 높은 수준의 우리편 정보 처리 경향을 드러내는 고도로 유의성 있는 이슈들—환경 보호·범죄 억지·의료—에 관해 추론했다. 테트록(1986)은 상당한 영역 특이성 domain specificity*을 발견했다. 즉 개인차 변수들은 특정 피험자가 구체적 이슈에 대해 드러내는 분화 복잡성의 훌륭한 예측자가 되어 주지 못하는 것이다. 피험자가 구체적 이슈에 대해 나타내는 분화 복잡성은 도리어 그 이슈에 대해 심사숙고할 때 경험하는 가치관 충돌의 정도에 의해 더욱 잘 예측할 수 있다. 예컨대 테트록의 피험자들은 정부의 감시에 대한 자기 견해를 추론할 경우, 사생활과 국가 안보를 *동시에* 소중하게 여길 때 우리편 편향이 덜했다.

자유주의자가 기후 변화 이니셔티브에 부여한 우선순위에 대해 우리편 편향이 덜한 상태로 추론하게끔 이끄는 방법은 무엇일까? 그것은 그들 역시 경제 성장이 느려질 경우 가장 먼저, 가장 크게 타격 입을 가난한 사람들에 대해 걱정하고 있음을 그들에게 상기시키는 것이다. 마찬가지로 보수주의자가 기후 변화에 주어진 우선순위에 대해 우리편 편향이 덜한 상태로 추론하게끔 만드는 방법은, 그들 역시 자녀 세대와 손자 손녀 세대에게 살 만한 세상을 물려주는 데 관심이 있음을 그들에게 환기시키는 것이다.

---

* 　영역 일반성(domain generality)의 상대 개념. 17쪽 각주 참조.

예컨대 사마라 클라(2013)[14]는 보통 (성범죄자를 포함한) 모든 범죄자에 대한 형량 감소, 테러 방지를 위한 지출 감소, 그리고 사회복지 사업에 대한 지출 증가를 적극 지지하는 민주당 유권자가 부모로서 역할에 부여하는 가치관을 상기해 보도록 요청받자 세 가지 모두에서 지지 정도가 줄어들었음을 발견했다. 자녀들과 그들이 살아갈 미래 세상을 보호해야 할 필요를 느끼고 있다는 마음속 깊은 곳의 자각이 민주당 유권자로 하여금 범죄자에 대한 연민은 덜해지고, 향후 있을지 모를 테러와 예산 적자에 대한 우려는 커지도록 만드는 데 영향을 끼쳤다. 부모로서 역할을 떠올리게 하자 그들은 자기 안에서 충돌하는 가치관들이 이슈 입장들 간의 트레이드오프를 일으켰음을 깨달았다.

그러나 안타깝게도 평상시의 정치는 클라의 2013년 연구에서 설정된 것과는 판이한 조건에서 펼쳐진다. 정치인과 정당은 마치 이슈들이 아무런 가치관 트레이드오프를 일으키지 않는 것처럼 그것들을 우리에게 제시한다. 그들은 오직 하나의 가치관만 중요하고, 만약 그것을 단단히 고수하고 가장 당파적인 입장을 견지한다면, 우리가 관심을 가질 다른 이슈들에서 아무것도 잃는 게 없으리라고 암시한다. 이는 이념적으로 갈라진 양 진영의 유권자가 동시에 범하는 오류다. 그러므로 그것을 우리 모두에게서 작동하는 인지적 착각으로 인식하고 드러냄으로써, 우리편 편향이 덜한 정치적 논쟁을 장려할 수 있다.

자신의 신념을 의심하라

우리의 신념에 대해 좀더 회의적이 되도록 만들어 주는 것이라면 무엇이든, 신념이 확신으로 변하지 않도록 막아 줌으로써 우리편 편향을 감소시킨다. 우리의 신념이 스스로를 복제하려는 자체적 이익을 추구하는 밈플렉스라는 사실을 이해하면, 그것을 의심해 보는 능력을 기르는 데 도움이 된다.(4장 참조) 우리 뇌 속에 기거하는 밈플렉스는 그에 적대적인 생각을 수용하지 않으려는 경향을 보인다. 그런 생각이 자신의 현재 신념을 내쫓을 수도 있기 때문이다.

4장에서 보았듯이, 유기체는 만약 어떤 새로운 돌연변이 대립 유전자가 협력자가 아닐 경우 유전적 결함을 띠는 경향이 있다. 밈의 논리 역시 약간 다르긴 하나 매우 비슷하다. 하나의 밈플렉스에 속한 서로 지원적 관계인 밈들은 모순되는 밈이 뇌 공간을 차지하지 못하도록 막는 구조를 형성하는 듯하다. 쉽게 동화될 뿐 아니라 전부터 기거하는 밈플렉스를 강화해 주는 밈은 무척이나 쉽게 받아들여진다. 소셜미디어와 전통 언론은 깊은 함의를 지닌 이 논리를 이용해 왔다. 우리는 이제 무리 없이 동화되는 마음에 드는 밈들을 제시하도록 특수하게 구축된 알고리즘이 전달하는 정보 세례를 듬뿍 받으면서 살아간다.[15] 이렇게 되면 우리가 모아들인 온갖 흡족한 밈들은 단순한 검증 가능 신념을 확신으로 바꿔 주는 이념에 단단히 밀착한다.

나는 전작《로봇의 반란*The Robot's Rebellion*》[16]에서 자유 시장이 어떻게 그와 비슷한 논리를 이용해 유전자와 밈 양자의 비성찰적인 일차적 욕망에 복무하게 되었는지 기술한 바 있다. 선사 시대의 생존에 맞도록 설계된 유전적 기제들은 오늘날에는 적응력을 잃었다.[17] 이를테면 지방을 축적하고 사용하는 우리의 유전적 기제는 그런 행위가 인간 생존에 필수 불가결한 시대에 진화했다. 따라서 거의 모든 교차로에 맥도날드가 들어서 있는 오늘날과 같은 기술 사회에서는 더 이상 우리의 생존적 필요에 기여하지 않는다. 하지만 시장의 논리는 지방 가득한 패스트푸드에 대한 선호는 보편적이고 저렴한 비용으로 만족시킬 수 있으므로 그 선호를 행사하면 으레 편리하리라고 부추긴다. 시장은 무비판적인 일차적 선호를 만족시키는 것의 편의성을 강조한다.

밈의 시장 역시 기존의 신념과 일치하는 밈들에 대한 우리의 선호와 관련하여 정확히 그와 동일한 일을 수행한다. 즉 그런 밈들을 더욱 쉽고 저렴하게 획득할 수 있도록 거든다. 예컨대 (밈의 틈새 시장을 공략하는) 폭스 뉴스의 사업 모델은 〈CNN〉 〈브라이트바트〉 〈허핑턴 포스트〉 〈데일리 콜러〉 〈뉴욕타임스〉 그리고 〈워싱턴 이그재미너〉 등 좌우를 가리지 않고 다른 모든 매스컴으로 퍼져 나갔다. 이러한 추세는 2016년 미국 대선 이후 더욱 거세졌다. 〈뉴욕타임스〉는 그 선거에서 패배한 진영의 유권자에 대해 자기 신념을 더욱 공고히 하는 매스컴으로 모여들고 있다고 기술한다.[18] 어느 유권자는 자신이 자꾸만 MSNBC*로 이끌리는 현상에 대해 이렇게 설명한다. "틈만 나면 MSNBC을 켜게 돼요. 그러는 이유는 제가 여성 행진Women's March**에 참여한 것과 같아요. 제가 그러는 까닭은 그것을 믿기 때문이고, 저는 역시 그것을 믿는 이들과 함께 있고 싶거든요.[19]" 활동가이자 작가인

---

* 미국과 캐나다에서 24시간 뉴스를 제공하는 중도·진보 성향의 케이블 뉴스 채널이다. 마이크로소프트와 NBC가 결합된 이름이다.
** 도널드 트럼프 대통령 취임식 이튿날인 2017년 1월 21일 미국 워싱턴 D.C.를 중심으로 세계 각지에서 일어난 시위다. 여성에게 적대적인 것으로 간주되는 트럼프 대통령에 대한 항의 성격이 짙다.

글로리아 스타이넘Gloria Steinem은 이메일에서 이렇게 썼다. "저는 조이 리드Joy Reid, 크리스 헤이즈Chris Hayes, 레이첼 매도Rachel Maddow 그리고 로런스 오도넬Lawrence O'Donnell을 만나기 위해 MSNBC를 봅니다. 언론인으로서 그들을 믿기 때문이에요. …… 언론인의 임무는 균형을 잡는 게 아니에요. 엄밀해야죠."[20]

우리가 몸에 해로운 지방 덩어리를 게걸스레 먹어치우는 까닭은 우리 몸이 이기적 복제라는 생존 논리로 무장한 유전자들로 이루어졌기 때문이다. 문화 복제자의 생존 논리 역시 그와 비슷한지라 우리는 기존 신념에 맞는 밈들만 허겁지겁 받아들이게 된다. 그런데 지방 범벅인 패스트푸드의 과소비가 미국에서 비만 전염병으로 귀결된 것처럼, 마음에 드는 밈들의 과소비는 우리를 밈의 비만 상태로 만들었다. 한 무리의 복제자는 우리를 의료적 위기에 빠뜨렸다. 또 한 무리의 복제자는 우리를 우리편 편향의 추동력인 확신이 지나쳐서 도저히 진실에 수렴할 수 없는 '의사소통 공유지의 비극'으로 내몰았다. 그리고 우리는 자기 복제하는 밈플렉스가 자신과 상이한 밈들을 거부함으로써 신념 망에 과도한 일관성을 부여한 결과 극심한 우리편 편향적 확신에 휩싸였다.

이러한 마음의 비만 전염병을 치유하려면, 신념이 그 자신의 이익에 봉사한다는 것을 깨닫고, 그러한 통찰에 힘입어 스스로의 신념과 약간의 거리를 둘 필요가 있다. 그 거리가 우리의 확신 일부를 검증 가능 신념으로 바꿔 줄지도 모른다. 확신에 가까운 신념의 수가 줄어들면 우리편 편향을 드러내는 경향성도 덩달아 줄어들 것이다.

신념은 소유물이 아니다

"당신은 자기 신념을 의식적으로 선택하지 않았음
(You Didn't Think Your Way to That)"을
깨달음으로써 그것을 소유물처럼 여기지 않도록 힘쓰라

이 대목은 2012년 7월 선거 유세 중이던 오바마 대통령이 행한 연설의 한 문구에 빗댄 언어유희다. 바로 자주 언급되는 "당신은 그것을 만들지 않았다(You didn't build that)"는 유명한 문구다. 그가 말했다. "만약 당신이 성공했다면 혼자 힘으로 거기에 다다른 게 아닙니다. …… 그저 내 머리가 너무 좋으니 성공한 게 당연하다고 여기는 사람들을 보고 저는 늘 충격에 빠집니다. …… 만약 당신이 성공했다면 그 과정에서 누군가가 당신에게 도움을 주었을 겁니다. 당신의 인생 어디쯤에 훌륭한 선생님이 있었습니다. 누군가는 도로와 교량에 투자했겠죠. 만약 당신이 사업체를 꾸려 가고 있다면, '당신은 그것을 만들지 않았습니다.' 다른 누군가가 그렇게 되도록 이끌어 주었을 겁니다. 인터넷은 저절로 발명된 게 아닙니다. 정부가 연구에 투자함으로써 모든 기업이 그것을 통해 돈을 벌 수 있도록 만들어 낸 겁니다."[21] 오바마 대통령의 말은 당파적인 우리 시대에 논란을 불러일으켰지만, 딱히 그럴 필요까지는 없었다. 그의 요지는 꽤나 분명하고, 그것은 사회심리학 문헌에 실제로 잘 정립되어 있으니 말이다. 심리학자들은 상황적 요인이 행동에 끼치는 영향을 과소평가하는 현상을 지칭하는 이른바 '근원적 귀속 오류fundamental attribution error'에 대해 오랫동안 탐구해 왔다.[22]

오바마 대통령의 문구에 빗댄 나의 버전은 가장 강력한 우리의 신념에까지 확장된다. 그리고 그의 예보다 훨씬 더 깊은 곳으로 나아간다. 우리의 사전 신념은 남들의 생각과 상호 작용한 결과다. 그 신념들은 우리가 일평생 겪어 온 경험의 소산이다. 하지만 인지과학에서 이루어진 수십 년간의 연구는 인간의 정보 처리는 인식 영역 밖에서 이루어진다는 것을 우리에게 보여 주었다. 이는 특히 새로운 정보가 우리 뇌 안에 있는 기존의 생물학적 기질基質에 잘 녹아 들어가는 경우에 해당하는 말이다. 우리는 스스로가 자신의 신념을 의식적으로 선택했다고 믿는 경향이 있다. 마치 성공한 기업인이 자신이 벌어들인 부가 대부분 본인 자신의 독보적인 창의성과 노력 덕택이라고 과신하는 것처럼 말이다. 우리 대다수는 의식적 사고를 통해 제 자신의 가장 강력한 견해와 신념에 도달했다고 믿어 의심치 않는 경향이 있다.

　이러한 통찰을 철저히 발휘하노라면 당파적 기원을 지닌 신념이 아니라 오직 검증 가능 신념만을 새로운 정보에 투사하라는 경고에 더욱 쉽게 주의를 기울일 수 있다. 자신의 확신을 소유물로 여기는 경향을 줄여 나갈 때, 당신이 부적절하게 새로운 증거에 그 확신을 투사할 가능성도 줄어든다. 그리고 의식적으로 그 확신에 도달하지 않았음을 깨달을 때, 당신이 본인의 확신을 소유물이라고 느끼는 경향도 낮아진다. 하지만 이런 주장에서 저절로 따라오지 않는 몇 가지에 대해 짚고 넘어갈 필요가 있다. 먼저 당신이 스스로 자신의 확신에 이른 게 아니라고 해서 그 확신이 무의미하다는 뜻은 아니다. 그와 반대로 당신이 스스로의 신념을 값어치 있게 여기는 데는 충분한 이유가 있다. 실제로 당신의 신념은 자신의 행동적·심리적 성향을 형성해 주는 생물학적 기질을 반영할지도 모른다. 또한 당신의 신념은 가족, 직업, 낭만적 기억 등을 포함하는 삶의 경험을 반영할 수도 있는데, 이 모든 것은 커다란 의미를 안겨 주는 당신의 중요한 일부다. 하지만 이들 중 그 어느 것도 당신 편에서의 *사고*를 반영하고 있지 않음을 이해할 필요가 있다. 즉 당신은 현재 신념들이 본인 삶에서 가치로운 일부임에도 불구하고, 그것을 스스로가 *의식적*으로 선택한 거라고 생각해서 가치 있게 여기면 안 된다.[23]

인터넷이 부채질하는 모호함

1장에서 다룬 카일 콥코 외(2011)의 연구는 선거에서 이의 제기된 투표 용지의 적합성에 관한 판결이 당파적 편향에 영향을 받는다는 사실을 알아냈다. 투표 용지 구분과 관련한 규정이 구체적인지 모호한지에 기반을 두고 수행을 조사한 연구자들은 규정이 모호할수록 우리편 편향이 더욱 크게 드러난다는 것도 확인했다. 이는 놀라운 결과처럼 보이지 않을 수 있지만, 그래도 중요한 결과이기는 하다. 우리 모두가 스스로의 우리편 편향을 다룰 때 사용할 수 있는 모종의 메타인식을 강조해 주기 때문이다. 우리 자신의 우리편 추론을 통제하는 데서 모호함은 우리의 친구가 아니다.

모호한 상황이 우리편 편향을 낳는다는 사실을 알게 되면 마음이 무거워진다. 복잡성은 모호함을 증폭시키며, 우리가 나날이 마주하는 인터넷의 부채질로 계속 퍼져 나가는 수많은 정보는 세상의 복잡성을 한층 가중시키고 있으니 말이다. 따라서 좋은 것이든 나쁜 것이든, 우리 편에 속한 것이든 저들 편에 속한 것이든 온갖 유의 증거가 난무할수록 우리는 더욱 쉽게 우리편 편향을 지닌 채 그것을 선택하게 된다. 인터넷에서 드러나는 복잡성 증가와 사회적 교환 규모의 확대는 세상에서 실제로 무슨 일이 벌어지고 있는지 확인하는 일을 한층 더 어렵게 만든다. 이제 우리는 트위터 계정 가운데 어느 정도가 진짜 러시아어 봇bot*인지, 얼마나 많은 사람들이 페이스북에서 얼마나 많은 가짜 정치 광고를 접했으며 그 광고들은 대체 어디서 왔는지 알고 싶다. 우리는 특정 유형의 소셜 미디어 희롱이 늘고 있는지 줄고 있는지, 그것이 어디서 연유하는지, 그리고 그 출처는 대체 누구인지 궁금하다. 이에 대한 답을 알고 싶지만, 우리는 지금 다음과 같은 사실로 둘러싸인 맥락에서 질문을 던지고 있다. 첫째, 트위터 계정의 무려 15퍼센트(4700만 개)가 실제로 봇일 수 있다.[24] 둘째, 같은 날 페이스북에 로그인한 사람들 수가 최근 10억 명에 달했다.[25]

이러한 맥락에서라면 심지어 가장 기량이 뛰어난 과학자조차 혼자 힘으로는 그 질문을 제대로 다룰 수 없다. 실제로 소셜 미디어와 인터넷 관련 주제에 대한 질문은 오직 빅데이터 자원과 인프라를 갖춘 사람만이 답할 수 있다. 제프 호르위츠[26]는 연구자들이 소셜 미디어상에 판치는 가짜 뉴스의 속성과 정도를 연구하고자 시도할 때 마주하는 난관에 대해 기술했다. 2018년 페이스북은 '사회과학 1Social Science One'이라는 프로젝트를 통해 일군의 연구자와 협업하겠다고 선언했다. 페이스북이 10억 기가바이트에 달하는 정보에 접근하도록 허용함으로써 학계 연구자들이 플랫폼에서 정보가 어떻게 공유되는지 연

---

* 자동화된 해킹 작업을 수행하는 소프트웨어.

구하고, 가짜 뉴스가 어떤 형태로 확산하는지 조사할 수 있도록 하기 위해서였다. 연구자들은 그 프로젝트에 착수하고 약 2개월 만에 목적한 데이터 세트를 확보할 수 있으리라 기대했다. 하지만 그들이 원하는 데이터 세트를 손에 넣기까지는 2개월이 아니라 2년이 걸렸다. 그 대부분은 페이스북과 협상하는 데 쏟아부은 시간이었다. 종국에 가서 사기업이 그 데이터 세트를 통제하게 되므로 결국 불발에 그치기 십상인데다 정치적 격론을 부르는 프로젝트에 그렇게나 많은 시간을 투자할 수 있는 한가한 학계 연구자도 거의 없다.

인터넷과 소셜 미디어상의 의사소통 패턴은 고도로 복잡하며, 따라서 지극히 모호하다는 점에서 전례가 없다. 그런 터라 그와 관련한 문제들은 거의 틀림없이 높은 수준의 우리편 편향을 드러내는 영역이 된다. 보완 연구 텍스트 초기판(2009)[27]에서 나는 심리학의 반복 연구를 열린 과정이라고 말했다. 모든 연구자가 최소한의 자원 세트를 가지고 거의 그 어떤 심리학 연구라도 반복 연구할 수 있다는 의미에서였다. 하지만 이는 안타깝게도 더 이상 사실이 아니다. 이제는 인터넷상의 행동에 관해 점점 더 많은 질문에 답하려면 빅데이터 자원이 필요하기 때문이다. 게다가 대다수 연구자는 이러한 질문에 접근할 수 없다. 어마어마한 데이터 세트를 다루는 데 필요한 로지스틱스logistics* 때문이기도 하고, 대기업이 전매권을 쥔 알고리즘 탓에 그 활동의 성격을 파악하기 힘들어졌기 때문이기도 하다.[28] 가령 페이스북이 그 플랫폼에 실린 정치 기반 광고를 통해 러시아가 2016년 선거에 개입했는지 조사하기 시작했을 때, 연구자들은 당시 매일같이 수백만 개의

---

* 수많은 사람과 장비가 동원되는 복잡한 작업의 실행 계획.

서로 다른 광고를 만들어 낸 500만 명의 광고자가 벌인 활동을 일일이 훑어보아야 했다.[29]

순전히 인터넷 의사소통의 규모 때문에 알고리즘 타깃팅을 포함하는 질문들(이를테면 '정확히 누가 제공한 정확히 무엇을 정확히 누가 보았는가?' 같은)에 답하는 일은, 완전히 불가능하지는 않지만, 극도로 어려워진다. 2018년에 클라우드 기반 소프트웨어 기업 도모Domo는 사람들이 날마다 2.5퀸틸리언(2.5 × 10³) 바이트가 넘는 데이터를 만들어 내고 있다고 보고했다. 그에 따라 인터넷에서 기하급수적으로 불어난 데이터는 기술적 복잡성과 결합하여 모호한 환경의 수를 크게 키워 놓았다. 우리로서는 우리편 편향을 투사함으로써 그 모호한 환경을 제힘으로 '명확히 하는' 수밖에 없는 것이다. 페이스북이 이미 적어도 10억 개의 가짜 계정을 제거했음을 감안하면(페이스북, 연도 불명), 음모론과 가짜 뉴스에 대한 우려는 좀처럼 가시지 않을 것이다. 몇 년 전, 오늘날 삶의 특수한 상황을 표현하기 위해 '인포데믹infodemic*'이라는 용어가 생겨 났다.[30] 정확한 것과 부정확한 것이 뒤섞인 무수히 많은 정보 속에 파묻혀 사는 바람에 사람들이 정확한 결론에 이르기가 거의 불가능하다 할 정도로 어려워진 상황을 지칭하는 말이다. '사이버 공격cyber attack'이나 '혐오 캠페인hate campaign'이 인터넷상에서 발생했는지 여부, 또는 그러한 일들이 일어나고 있다는 주장 자체가 거짓말[31]인지 여부는 보통 시민들이 알아내기가 거의 불가능하다. 그 결과 보통 시민들은 무엇이 진짜 진실인지 결정하는 데 도움을 받고자 전적으로 언론 '전문가'에 의존한다. 하지만 어떤 전문가의 말을 들을

---

*　'유행병(epidemic)'에 빗댄 언어유희로, 정보(information)와 유행병(epidemic)을 합한 것.

지 선택하는 것은 온전히 우리편 편향의 몫이다.

한편 이슈들이 꼭 당파적이라서 인터넷상의 잘못된 정보에 얽혀 드는 것만은 아니다. 자폐증이 어렸을 적에 맞은 홍역·볼거리·풍진 measles·mumps·rubella, MMR 예방 접종과 관련이 있다는 유사과학 이론은 재론 레이니어[32]의 말마따나 '편집증적 동료 집단paranoia peer group'에 의해 명맥을 이어 왔고 오늘날에도 그러하다. 이는 방대한 정반대 연구 결과에 의해 틀렸음이 입증된 잘못된 이론이다.[33] 하지만 억제하기 힘든 '밈의 세계memosphere'에서 유포되는 잘못된 정보에 근거한 대화들을 억누르기란 극도로 어렵다.

사람들이 훨씬 더 큰 사건들의 모음 가운데 작은 일부를 떼어 내 논쟁하려 힘쓸 때면 모호함이라는 문제가 불거지곤 한다. 따라서 가령 특정 날씨 사건들이 기후 변화 때문인지 여부에 관한 논쟁은 우리편 편향에 크게 휘둘릴 공산이 있다. 한층 더 큰 집합에 속한 어느 특정particular 사건의 인과적 역사는 대체로 꽤나 모호하기 때문이다. 반면 특정 날씨 사건들이 모인 큰 집합은 인과적 모호성이 덜하다. 그러므로 오랜 세월에 걸친 집합적aggregate 패턴으로서 지구 온난화 자체에 대한 논의는 우리편 편향에 좌우될 가능성이 한결 낮다. 단기 추세는 지극히 모호하므로 당장의 경제 추세에 관한 논쟁은 상당 정도 우리편 편향에 기운다. 반면 장기간에 걸친 총체적 경제 추세는 모호함이 한층 덜고, 따라서 그에 관한 논쟁에서는 우리편 편향에 치우칠 가능성이 더 적다.

원칙을 세우고 확신을 피하라

우리편 편향을 이끌어 가는 것은 확신이지만, 그 상당수는 당파성에 의해 주조된다.[34] 이 섹션에서는 우리편 편향을 낳는 당파성의 흥미로운 특성 몇 가지를 탐구해 볼 것이다. 독자들은 당파성이 빚어낸 몇 가지 우리편 편향 행동은 어떤 의미에서 보면 불필요하다는 것을 알게 될 것이다. 즉 만약 우리의 당파 집단이 어떤 입장을 취하는지 알지 못했다면, 우리는 수많은 이슈에서 우리편 편향 행동을 밀어 주는 확신을 품지 않을 것이다. 과도한 당파성은 우리가 '소박한' 확신을 가지고 견지하는 검증 가능한 사전 신념을 '강력한' 확신을 지닌 채 고수하는 요지부동의 원위 신념으로 탈바꿈시킨다. 대체로 우리는 독자적 사고에 의해서는 결코 당파적 확신에 도달하지 못했을 것이다.

여러 연구에 따르면, 대다수 사람들은 그다지 이념적이지 않다.[35] 그들은 일반적인 정치 원리에 대해 깊이 고심하지 않으며, 특정 이슈가 자신에게 직접 영향을 끼치는 경향이 있을 때만 그에 대해 모종의 입장을 취한다. 그들이 견지하는 입장들은 이슈에 따라 달라지며, 그들이 의식적으로 분명하게 표명할 수 있는 일관된 정치적 세계관에 의해 한데 묶여 있지 않다. 연구에 따르면, 이슈 입장들이 마치 이념처럼 보이는 방식으로 한결같이 일관성을 띠는 것은 오로지 정치에 깊숙이 관여하는 사람들, 혹은 고급 언론 출처에 꾸준히 몰두하는 가방끈이 긴 사람들에게서만 볼 수 있다. 이처럼 이념에 관심이 많은 소수와 대비하기 위해, 제이슨 위든과 로버트 커즈번(2016)[36]은 자신들이 연구한 표본의 80퍼센트를 오직 '이름뿐인nominal 이념의 소유자'

라고 분류했다. 그들은 '자유주의자'와 '보수주의자'라는 이념적 꼬리표를 의미 있게 사용했고, 또 스스로를 그렇게 분류했다. 하지만 그럼에도 다양한 영역에 걸친 여러 이슈에 관한 입장들에서 이념적 연계성alignment을 거의 드러내지 않았다. 따라서 그들은 종교 영역에서는 자유주의적이었지만, 경제 영역에서는 '자유주의적'인 경향성을 거의 드러내지 않았다.(둘의 상관관계는 .02~.05) 또한 사회 영역의 이슈에 대해서는 '자유주의적'인 입장을 취한다 해도, 경제 영역의 이슈에 대해서는 오직 보통 수준의 '자유주의적' 입장을 취하는 것 같았다. (둘의 상관관계는 .35~.45) 그리고 그들은 종교와 사회적 영역에서 입장을 취할 때면, 이념적 일관성을 거의 드러내지 않았다. (둘의 상관관계는 .05~.10)

반면 표본 피험자 가운데 진정으로 이념적인 것으로 보이는 20퍼센트는 이념적 일관성에서의 상관관계가 종교와 경제 영역 간에는 .20~.30, 종교와 사회 영역 간에는 .20~.35, 사회와 경제 영역 간에는 .55~.60에 놓였다. 더욱 중요한 점으로, 교육 수준이 높고 지식과 인지 능력 검사에서 높은 점수를 받은 이 피험자들은 한마디로 인지 엘리트들이었다. 오직 이들 사이에서만 이념적 연계성이 드러났다. 예컨대 위든과 커즈번이 2016년 연구에서 조사한 3개 시간대에 걸쳐, 표본 중 진정으로 이념적인 20퍼센트의 경우, 이슈 입장들은 정당 선호를 중간 정도에서 강한 정도까지 예측해 주었다. (다중 결정 계수 multiple R^2가 각각 .258, .360, .476이었다.) 하지만 같은 시간대에서 표본의 나머지 80퍼센트 피험자의 경우, 이슈 입장들이 정당 선호를 예측해 주는 정도는 그보다 훨씬 낮았다. (다중 결정 계수가 각각 .083, .126, .194였다.)

위튼과 커즈번(2016)은 표본 중 인지 엘리트에 해당하는 20퍼센트에서는 이념적 일관성이 시간이 가면서 점차 증가했지만, 그 추세가 나머지 80퍼센트에서는 드러나지 않았음을 확인했다. 다른 연구들 역시 인구의 절대 다수가 오직 '이름뿐인 이념의 소유자'이며 여러 이슈에 대한 그들의 입장들에는 원칙에 입각한 연계성이 결여되어 있음을 보여 준다는 점에서, 위튼과 커즈번(2016)의 연구 결과와 일치했다.[37] 이러한 연구 결과는 우리를 당혹스럽게 만든다. 대다수 사람들이 미국 정치에서 관찰하고 있는 증가일로의 당파적 적대감과 양극화를 이해하기 어렵게 만들기 때문이다.[38] 우리 대다수가 그다지 이념적이지 않다면, 어째서 우리는 사회 차원에서는 정치적으로 그토록 양극화되어 있단 말인가?

대다수 사람들에게 이념적 일관성이 부족하다는 사실은 우리나라가 점점 더 성난 당파성을 특정으로 삼게 되었다는 사실과 정말이지 아귀가 맞지 않아 보인다. 정치학자들은 수년 동안 당파 간의 정서적 양극화 현상을 측정해 왔다. 정서적 양극화를 측정하기 위해 서로 다른 수많은 질문지와 지표들이 사용되었다. 그런데 그것들은 하나같이 지난 몇십 년 동안, 특히 지난 10년 동안 당파적 적대감이 몰라볼 정도로 증가했음을 보여 주었다.[39] 여기서 중요하게 지적할 점은 양극화 증가가 대부분 '부정적 당파성'이 증가한 데서 비롯되었다는 것이다. 다시 말해, 그것은 피험자들이 우리 정당에 대한 긍정적 감정을 키운 게 아니라 저들 정당에 대한 부정적 감정을 키운 결과였다.[40] 사회적 거리social distance* 척도들도 비슷한 결론을 뒷받침해 준다. 1960년에는

---

* 개인·집단 간의 친밀도.

채 5퍼센트도 되지 않는 미국인이 만약 자녀가 다른 정당을 지지하는 누군가와 결혼하면 속상할 거라고 답했다. 2008~2010년에 이르자 그 수치는 25~50퍼센트까지 늘어났다.[41] 1960년과 비교할 때 2008년에는 저들 정당의 구성원들이 덜 똑똑하다고 여기는 미국인이 8배나 많았고, 저들 정당의 구성원이 우리 정당의 구성원보다 더 이기적이라고 생각하는 미국인이 2배 이상 많았다.[42]

이같이 미국은 점점 더 정치적으로 분열되어 왔다. 연구들은 유권자인 우리 대다수가 점점 더 극단적으로 되지도 않았고, 이념적으로 점점 더 일관성을 띠게 되지도 않았음을 보여 주는데 말이다. 그렇다면 우리는 이처럼 모순되어 보이는 결과를 어떻게 설명할 수 있을까? 여기서 핵심적 통찰은 그것이 실제로는 전혀 모순되지 않는다는 점이다. 먼저, 점차 커지는 당파성은 사람들의 이념적 극단성이 늘어나서도, 그들의 이념적 일관성이 증가해서도 아니다. 그것은 오히려 부족으로서의 역할과 특성을 받아들인 정당과 정당 이념이 빚어낸 결과다.[43] 우리는 2장에서 릴리아나 메이슨(2018a)의 연구에 관해 언급했다. 정치적 당파 집단 간의 정서적 양극화 정도에는 '이슈 기반' 이념보다 '정체성 기반' 이념이 훨씬 더 큰 영향을 미친다는 것을 확인한 연구 말이다. 메이슨은 정당 일체감이 구체적인 사안에 관한 실질적 차이보다 통계적으로 훨씬 더 강력한 예측 변수임을 보여 주었다. 그리고 "'자유주의자'와 '보수주의자'라는 꼬리표가 이념적 내집단에 대한 강력한 선호를 예측하는 힘은 주로 그 꼬리표와 관련한 태도들로 이루어진 구조가 아니라, 그들 집단에 대한 사회적 동일시에 기반을 둔다"고 결론지었다. 그녀는 자신의 논문에 '이슈 없는 이데올로그들'이라는 제목을 달았다.[44]

메이슨(2018a)은 여러 연구에서 거듭 되풀이되는 결과, 즉 대다수 미국인은 이슈에 대해 정치학자들이 말하는 이른바 '구속받지 않는 태도unconstrained attitudes'(이념적으로 일관된 방식으로 서로 결합되어 있지 않은 태도)를 지닌다는 결과를 강조했다. 그러면서 정파적 입장은 피험자의 정책적 태도를 반영하는 방법이자 그 피험자의 정체성과 반대 당에 속한 이들의 '타자성otherness'을 드러내는 방법일 수 있다고 주장했다. 그녀는 정체성으로서의 정당은 단순히 포함과 배제inclusion and exclusion의 의미—즉 '우리us'와 '저들them'이라는 의미—를 띨 수도 있다고 밝혔다.[45] 메이슨(2018a)은 우리가 느끼는 당파성은 특정 이슈에 대한 우리의 입장이라기보다 뜻 맞는 이들과 연결되어 있다는 느낌 쪽에 더 가깝다고 결론 내렸다. 즉 그녀의 결론은 당파성이 이슈에 기반을 둔 도구적 타산의 문제가 아니라, 정체성에 기반을 둔 표현의 문제임을 확인한 다른 연구들의 결론과도 일치한다.[46]

메이슨(2018a, 2018b)의 연구 결과는 앞서 논의한 위든과 커즈번(2016)의 연구 결과와 수렴하며, 인지 엘리트들이 한 나라를 정서적 양극화 상태로 몰아가고 있다는 좀더 큰 결론에 힘을 실어 준다. 위든과 커즈번(2016) 연구의 피험자 표본 80퍼센트는 영역 간에 이념적 일관성을 거의 드러내지 않았다. 그들의 일관성 정도는 시간이 가면서 늘어나는 것처럼 보이지도 않았다. 반면 그들 표본의 20퍼센트에 해당하는 인지 엘리트 사이에서는 영역 간의 일관성이 한층 더 컸다. 더욱 중요한 점으로, 그 일관성은 시간이 흐르면서 더욱 증가했다. 이는 하나의 모델을 암시해 주는데, 거기서는 비교적 이념적이지 않은 사람들이 인지 엘리트들이 좌우하는 정당과의 동일시를 통해 이슈 입장을 지지하도록 내몰린다. 결국 그들은 만약 그런 일이 아니었다면 알 턱이 없었을 이슈 입장을 지지하게 되는 것이다.

위든과 커즈번(2016)의 연구 결과가 지니는 함의를 이해하면, 우리가 특정 이슈에서 우리편 편향을 피하는 데 도움이 된다. 그들은 우리가 한 이슈에서 다른 이슈로 옮아가면 우리의 정치적 적이 같은 *사람들이 아니게 된다*는 사실을 우리에게 상기시킨다. 영역들 간의 중간 정도 상관관계는 통계적으로 이슈 A에서의 정치적 적이 이슈 B에서의 정치적 적과 퍽 다른 사람들의 부분집합이 되도록 보장한다. 이 사실을 마음에 새기면, 당신은 부족의 일원이라는 느낌이 덜해지고 우리편 추론에 기우는 경향도 줄어들 것이다.

대다수 미국인 유권자는 다양한 영역에 걸친 연구 결과에 기반을 두고서 특정 이슈에 대한 자기 입장 아래 깔린 원칙을 분명하게 말할 수 없다. 그뿐만 아니라 흔히 자신의 정파 집단이 지지하는 입장을 듣기 전까지는 수많은 이슈에 대한 스스로의 입장이 뭔지조차 알지 못한다. 이와 관련한 것이 제프리 코헨[47]의 연구다. 그는 중심 이슈로 복지 정책에 대한 태도를 활용한 결과, 어느 정책에 관한 정당의 권유가 그 정책의 실제 내용보다 피험자들의 지지를 더욱 강력하게 예측해 주는 요소임을 확인했다. 피험자들은 어느 당이 그 이슈를 지지하고 있는지 듣기 전까지는 거기에 대한 스스로의 입장을 정하지 못하는 것처럼 보였다. 입타치 렐케스[48]는 이념적 일관성 증가가 정서적 양극화를 부추기지는 않는다는 종단 연구의 증거를 전하면서, 그런데도 수많은 당파들은 심지어 대다수 이슈에 대해 크게 불일치하지 않을 때조차 서로를 미워한다고 지적했다.

대다수 사람은 이슈마다 입장들에 일관성이 없다. 이는 당파적 양극화가 조장한 우리편 편향을 약화하는 방법이 존재함을 우리에게 일

깨워 준다. 나의 권고는 다음과 같다. *비엘리트들의 선례를 따르라. 우리 정당의 견해와 '일치하지 않는' 상태를 유지하라. 우리 정당을 정의하기 위해 한데 묶여 있는 이슈의 상당수는 그 어떤 일관된 원칙에 의해서도 서로 연결되어 있지 않으므로, 일관성을 유지하려고 애쓰는 일을 당장 멈추라.* 상당수 이슈는 양편의 당파적 엘리트들이 정치적 편의를 위해 하나로 묶어 놓은 것들에 불과하다.[49] 크리스토퍼 페더리코와 에어리얼 말카[50]가 지적한 바와 같이, "정치 엘리트들은 전략적으로 상당히 구별되는 정치적 선호들을 한 덩어리로 묶은 다음, 그것을 일반 대중에게 이념이라는 이름으로 '판매'하려고 시도한다. …… 이처럼 입장 묶음position bundles 의존적이고 표현적인 동기는 이따금 사람들로 하여금 '본래' 선호했을지 모를 입장과 상반된 이슈 입장을 취하도록 이끌 수도 있다."

이처럼 중요한 정치적 이슈들이 서로 강력한 일관성을 띠지 *않는다면*, 우리는 그에 어떻게 대처해야 할까? 부족에 기반한 우리편 편향[51]을 억누르기 위해, 잘 모르는 이슈에 대해서는 단지 당의 입장이라는 이유만으로 그것을 따르는 데 대해 회의적인 태도를 취해야 한다. 양당의 입장 묶어 팔기bundling 이면에 드리운 독단주의[52]와 편의주의를 간파한다면, 우리는 당파성이 검증 가능 신념을 원위 신념으로 바꾸도록 가만 내버려 두지 않을 것이다.

당신은 만약 당파 집단의 일원이 되면, 선거에 이로운 몇 가지 이유에서 당의 정치 공작원들이 묶어 팔지 않았던들 취하지 않았을 입장들을 지지하는 결과에 이르기 쉽다. 최악의 경우 당파 집단의 일원이 됨으로써 실제로는 믿지도 않는 입장을 지지하게 될 가능성마저 있다. 흐리시크레시 조시[53]는 이 문제에 대한 철학적 분석—그는 이것을 오늘날의 당파성에 대한 인식론적 도전이라고 규정한다―에서, 당파성에 기반해 정서적 양극화를 드러내는 이슈를 전부 목록화했다. 총기 규제, 치안 유지 활동, 낙태, 기업 규제, 최저임금, 탄소 배출에 대한 과세, 불법 이민, 동성애자 결혼, 인종에 기반을 둔 대학 입학 등이다. 그는 이 가운데 상당수의 이슈 입장들이 서로 상관성을 보일 수도, 직교할 수도* 있다는 점을 지적하면서 시작한다. 조시는 아이러니하게도 당파적인 인지 엘리트에게서 이슈들 간의 당파적 상관관계가 가장 높게 나타나므로, 인식론적 도전이 가장 커지는 것이 바로 그들의 경우라고 주장한다.[54] 양 진영의 당파적 인지 엘리트는 그들 자신의 정당이 견지하는 입장들과 높은 연계성을 드러내므로, 사실상 서로 일관되지 않은(실제로는 서로 충돌하는) 다양한 입장들을 지지한다.

우리가 5장에서 검토한 바와 같이 정치적으로 분열된 양 진영의 당파 집단은 지식, 추론능력, 혹은 인식론적 경향성에서 거의 차이가 없다. 따라서 그중 어느 한쪽 당파 집단이, 조시의 2020년 논문의 제목에서 따온 구절을 빌려 표현하건대 '모든 것에 관해 옳을right about everything' 가능성은 극히 희박하다.** 사정이 이러하므로 우리는 조시의 분석에 따라, 이렇게 말할 수 있다. 즉 양편에서 이슈 상관관계가 높은 사람들이, 스스로의 신념을 누그러뜨리기 위해 합리적이거나 성찰적으로 달라질 필요성을 가장 크게 느껴야 하는 사람들이라고 말이다.

---

* 상관성이 없을 수도.
** 조시가 2020년 저널 〈정치, 철학 그리고 경제학(Politics, Philosophy and Economics)〉에 발표한 논문의 제목은 "당신이 모든 것에 관해 옳을 가능성은 얼마인가? 오늘날의 당파성에 대한 인식론적 도전(What are the chances you're right about everything? An epistemic challenge for modern partisanship)"이다.

따라서 당파성을 완화하기 위해 최대의 압박을 느껴야 하는 것은 다름 아니라 이 책의 독자들과 저자인 나 자신이다. 우리는, 그리고 사실상 모든 인지 엘리트는 당과 높은 차원의 이슈 연계성을 지닌 이들이다.[55] 실제로 오늘날의 입장 묶음—이를 페더리코와 말카[56]는 '메뉴menus'라고 부른다—에 불일치가 존재한다는 것을 알아차리기란 그다지 어렵지 않다. 사실상 병치한 것들 중 일부는 도무지 일관성이 없어 보인다. 예컨대 보수적인 공화당 지지자는 전통적 가치, 안정된 가족, 끈끈한 공동체, 자유시장 자본주의에 찬성한다고 말한다. 문제는 이 네 가지 중 마지막 것은 나머지 세 가지와 전혀 일관되지 않다는 점이다. 제한받지 않는 자본주의보다 세계를 더욱 치명적으로 망가뜨리는 힘은 어디에도 없기 때문이다. 신문이나 전자 미디어의 기업 섹션은 우리에게 부단히 자본주의의 '창조적 파괴creative destruction'(좀더 효과적인 새로운 방법을 촉진하기 위해 기존의 낡은 생산 방식을 뛰어넘는 것)가 인상적일 정도의 물질적 부를 창출한 원동력이라고 말한다. 아마 이 말은 사실일 것이다. 하지만 자본주의가 '창조적으로 파괴한' 가장 주목할 만한 것이 바로 전통적 가치, 안정적인 사회 구조, 가족, 끈끈한 공동체다. 임시 고용과 기한 내 제조의 증가 같은 현상은 가족의 삶을 무너뜨리는 방식으로 일상적 고용을 시간적으로, 그리고 공간적으로 불안정하게 만든다. 교외의 대형 할인점과 전자 상거래는 소도시의 상업 지구를 파괴한다. 보수적인 공화당원이 역사적으로 지지해 온 전통적 가치는 역시 그들의 당이 옹호하는 세계 자본주의로 인해 붕괴된 사회에서 위기에 몰려 있다.[57]

마찬가지로 민주당의 자유주의 역시 서로 갈등을 일으키는 이슈 입장들을 특징으로 한다. 예컨대 자유주의적인 민주당 지지자는 미래의 지구 온난화 방지를 목적으로 하는 입법을 추진하는 데 앞장서 왔다. 수많은 자유주의적 도시에서 지역 법률은 자동차로 출퇴근하는 것을 더 어렵고 한층 비싸게 만드는 식으로 사람들이 자전거와 대중교통을 이용하도록 유도하는 형태를 띤다. 하지만 도시 차원에서 밀어붙이는 이 같은 그린 이니셔티브는 언제나 가난한 이들 편에 선다는 자유주의적인 민주당 지지자의 주장과 거세게 충돌한다. 자동차 운전에 드는 비용 증가로 인한 피해를 가장 크게, 맨 먼저 겪는 이들이 바로 차에서 쫓겨나 대중교통을 이용하지 않을 수 없게 된, 그리고 자동차가 필요한 직업을 잃게 된 가난한 미국인들일 테니 말이다. 부자들은 간단히 인상된 차량 관리국 요금, 자동차세, 혼잡 통행료, 교통 징수액을 지불하고 운전을 계속하면 그만이다. 이와 같이 기후 변화에 대한 민주당의 관심과 가난한 이들에 대한 그 당의 옹호는 서로 상충한다. 공화당의 세계 자본주의 지지와 그 당의 가족 가치 옹호가 서로 충돌하는 것과 마찬가지 이치다.

실제로 우리가 다루는 당파적 논쟁의 양측은 흔히 확신에 차서 상대 입장들은 일관되지 못하고 모순되어 보이게끔 정렬되어 있다고 주장한다. 이러한 주장은 보통 더없이 효과적이다. 이를테면 낙태 논쟁에서 낙태 지지자는 낙태 반대자의 비일관성을 지적한다. 아직 태어나지도 않은 아이의 생명은 보존하고 싶어하되, 사형 선고를 받은 이의 목숨은 가볍게 생각하다니 일관되지 않다고 말이다. 이런 주장은 흔히 효과적이고 설득력이 있다. 하지만 낙태 반대자의 역주장 또한 마찬가지다. 그들은 사형에 반대하면서 낙태는 지지하는 낙태 지지자들이 일관되지 않다고 꼬집는다. 범죄자의 죽음은 수용할 수 없다고 여기는 듯한데, 아직 태어나지 않은 아기의 죽음은 *다르게* 생각하다니 앞뒤가 맞지 않는다고 말이다. 낙태 지지자가 수많은 무고한 사람들이 처형당했다고 주장할 때, 낙태 반대자는 태어나지 않은 모든 아기들이야말로 그런 무고한 존재라며 맞받아친다. 따라서 반대 측의 비일관성에 관한 한, 낙태 지지자와 낙태 반대자 양쪽 모두 기세등등하게 주장을 펼치는 것처럼 보인다. 조시[58]를 따라 이 대목에서 제시할 수 있는 규범적 권고 사항은, 양쪽이 두 이슈 가운데 적어도 하나(둘 다는 아니라 해도)에 관해 자기 견해를 누그러뜨리는 일이다. 두 이슈는 당신이 기대할 법한 것보다 서로 관련성이 훨씬 더 적다. 당신은 그저 당파적 사고의 지도자들이 부추긴 단단한 묶어 팔기(번들링)에 휘둘렸을 따름이다.

마이클 휴머[59]는 오늘날 우리 정치에서 나타나는 얼핏 기이해 보이는 입장 묶어 팔기의 몇 가지 사례에 대해 논의한다. 동물의 권리 지지자는 도덕적 관심과 보호가 인간보다 생물학적으로 하등하고 지각력도 덜한 존재에까지 확대되기를 바란다. 휴머의 주장에 따르건대, 그렇다면 동물권 활동가는 낙태 반대자이기도 해야 할 것 같다. 태어난 인간보다 생물학적으로 덜 복잡하고 지각력도 덜한 존재인 인간 태아야말로 정확히 동물권에 관한 입장의 핵심인 확대된 도덕적 보호를 받아야 마땅한 존재들 가운데 단연 선두일 것이다. 하지만 정치적 태도를 알아보는 경험적 연구들의 결과는 시종일관 그 상관관계가 다소 충격적이게도, 그와 정반대 방향을 가리키고 있음을 보여 준다. 즉 인간보다 하등하고 지각력도 덜한 동물의 보호를 지지하는 이들이 인간 태아의 낙태를 지지할 가능성은 더 높은 것이다. 예컨대 꿀벌에게 피해를 끼칠 소지가 있다는 이유로 꿀도 먹지 않는 일부 엄격한 채식주의자는 제한 없는 낙태권을 떠들썩하게 옹호하는 이들로 밝혀지고 있다.

우리는 두 이슈가 부적 상관관계를 보여야 하는지 여부를 놓고 설전을 벌일 수도 있을 것이다. 어쨌거나 두 이슈를 정적 방향으로 이어 주는 하나의 일관된 도덕 원리를 생각해 내기란 어렵다. 확실히 해 두거니와, 나는 지금 두 특정 이슈에 관한 입장들에서 *어느 하나*는 잘못이라거나 비합리적이라고 주장하려는 게 아니다. 오직 충돌하는 두 가지 도덕적 판단을 나란히 두는 것은 각각에 대한 독자적 사고에서 비롯한 것이라기보다, 사람들이 그 입장들에 대한 당파적 묶어 팔기를 무비판적으로 수용한 결과일 가능성이 높다고 주장하려는 것뿐이다.

이슈 입장들 묶어 팔기의 또 한 가지 사례 역시 기이하기는 마찬가지다. 학자금 대출빚 탕감이 좀더 부유한 사람들에게 유리한 상황에서[60] 그것이 왜 부의 불평등을 개탄하는 민주당의 입장인지는 명확치 않다.* 차터 스쿨charter school**의 확대는 민주당과 민주당을 지지하는 백인 유권자 대다수가 반대한다.[61] 하지만 이 이슈 입장을 둘러싸고는 묶어 팔기 갈등이 불거진다. 민주당은 소수자를 옹호한다고 주장하고

---

* 약간의 부연 설명이 필요한 내용인 듯하다. 이 이슈는 얼핏 들으면 가난한 사람들에게 이로울 것 같지만, 좀더 자세히 들여다보면 그렇지 않다. 애덤 루니(Adam Looney)의 주장에 따르면, 학자금 대출을 받는 이들은 대다수 미국인과 다른 처지다. 즉 그들은 대학에 진학한 이들이다. 그들은 다른 미국인보다 더 부유한 집안 출신으로, 더 많은 교육을 받은 결과 졸업 후 더 많은 돈을 번다. 게다가 학자금 대출의 절반 이상은 대학원생을 둔 가정에서 받는다. 주로 고소득 전문직에 대비한 프로그램을 운영하는 MBA·로스쿨·의과대학 등에서는 학비가 어마어마하기 때문이다. 그 결과 학자금 대출의 36퍼센트는 소득분위 상위 20퍼센트에 속하는 부유한 학생이 받고 있는 실정이다. https://www.bostonglobe.com/2021/03/15/opinion/student-loan-debt-relief-should-be-targeted-those-who-need-it/를 참고했다.
** 공적 자금을 받아 교사·학부모·지역단체 등이 설립한 자율형 공립 학교.

256

있는데, 실제로 백인 민주당 지지자의 경우보다 훨씬 더 많은 비율의 아프리카계 미국인과 라틴아메리카계 미국인이 차터 스쿨의 확대를 지지하고 있기 때문이다. 물론 이 대목에서 선거를 의식한 셈법이 고려되고 있음은 비밀이 아니다. 민주당은 자기 연합체의 일부인 교원 노조를 달래고 싶어 한다.* 여기서 내가 말하려는 바는 이러한 묶어 팔기가 원칙에 입각한 논리가 아니라 정치적 논리에 의해 이루어진다는 것이다.

이슈 입장들 묶어 팔기가 정치적 편의 때문에 행해지고 있다는 사실은 양당의 정책적 입장이 얼마나 삽시간에 대대적으로 바뀌는지 보면 대번에 알 수 있다. 오바마 대통령 집권 당시 재정 적자에 반대하던 공화당이 트럼프 행정부가 들어서자 대규모 재정 적자를 지지하는 쪽으로 급선회하기까지는 불과 몇 년밖에 걸리지 않았다.[62] 저숙련 노동자의 임금을 떨어뜨린다는 이유로 불법 이민을 반대하던 민주당이 이민자 보호 도시sanctuary city**를 지지하고, 거의 모든 밀입국자를 옹호하는 당으로 변신하는 데도 그리 오랜 시간이 걸리지 않았다.[63] 이런 변화가 정치적 원칙을 고수한 결과라기보다 선거 전략의 변화 때문임을 인식한다면, 우리는 스스로의 우리편 편향을 억누르는 데 도움을 받을 수 있다.

당신의 정당이 추상적 이념이라기보다 사회적 정체성 집단처럼 기능하고 있으며[64] 당신의 이익이 아니라 제 스스로의 이익에 봉사하기

---

* 학교 선택권을 넓혀주는 차터 스쿨의 확대는 주로 공화당이 지지하는 이슈다. 교원 노조는 학교 선택권을 강화하는 것은 공립 학교를 약화하는 정책이라며 차터 스쿨의 확대에 반대한다.
** 주로 미국이나 캐나다에서 불법체류자가 거주하거나 일할 수 있도록 허용된 도시.

위해 이슈들을 묶어 팔고 있음을 기억하라. 따라서 나는 당신이 비교적 새로운 이슈를 만나면, 그것을 높은 사전 확률에 대한 확신을 가지고 투사한 원위 신념이 아니라, 기껏해야 그리 균일하지 않은 사전 확률을 지닐 따름인 검증 가능 신념으로 간주할 것을 권한다. 우리가 2장에서 논의한 나쁜 유형의 우리편 편향에 빠지는 이유는 바로 당파적 확신을 지닌 채 새로운 이슈들을 판단하기 때문이다. 우리는 그러는 대신 강력한 사전 신념이 아니라 가능도비에 기반을 두고 경험적으로 새로운 이슈를 판단해야 한다. 예컨대 당신은 단지 당이 건강 저축 계좌health savings account, HSA*, 혹은 차터 스쿨의 효력 같은 이슈에 대해 특정 입장을 취한다는 이유만으로 그 이슈들에 대해 그와 동일한 확신을 가져선 안 된다.

나는 여기서 혹시 있을지 모를 오해를 피하기 위해, 열성적인 정당의 일원이 되는 데는 아무 문제가 없음을 강조하고자 한다. 당신이 정당에 소속되어 있는 것이 당신에게는 확신일 수 있다. 4장에서 논의한 대로, 그런 확신에는 분명 당신의 유전적 배경과 경험이 반영되어 있다. 그러나 정당 충성도가 당신에게는 확신일 수 있음에도, 만약 그것이 없었다면 검증 가능했을 어떤 이슈의 전문적 세부 사항을 잘 알지 못할 경우, 당신은 단지 그것이 정당의 메뉴(즉 이슈 입장들)에 들어 있다는 이유만으로 그에 대한 확신에 찬 사전 신념을 투사하지는 말아야 한다.[65]

---

* 면세 혜택을 받는 의료비 충당 목적의 계좌.

당파적 부족주의가 편향을 부추긴다

어떤 정치적 이슈에 대해 언쟁을 벌일 때, 저들은 우리가 생각하는 것보다 우리와 더 가까울 수도 있다. 많은 경우 이슈가 아니라 부족이 문제가 되기 때문이다. 우리가 사는 현대 사회에서 분열을 부추기는 것은 점점 더 극단적으로 되어가거나 자신의 실제 입장들에서 점점 더 일관성을 띠게 되는 사람들이 아니라 바로 정당 소속이다. 이런 일이 일어날 수 있도록 만드는 통계적 논리를 이해할 필요가 있다. 만약 우리가 동료 시민들에게서 정서적 괴리감을 느끼는 이유가 미국 사회에 관한 사람들의 기본 신념이 크게 동떨어져 있기 때문이라기보다 언론의 사업가적 책략과 정당의 선거 전략에서 비롯되었음을 깨닫는다면, 우리는 그들에게 좀 더 호의적으로 다가갈 수 있다.

그간 우리 사회에서 벌어진 '빅 소트Big Sort[66]*'에 대해 다룬 책들이 적잖이 나와 있다. 그 개념에 따르면, 우리는 지난 수십 년 동안 마음에 맞는 사람들만의 공동체로 스스로를 지리적으로 가두어 왔다. 인구 통계적 특성에서뿐 아니라 개인적 습성, 오락의 선택, 생활 양식, 그리고 정치적 성향 등에서까지 동질적인 사람들과 함께 살아가고 그들과 교류하는 경향은 점차 짙어지고 있다. '빅 소트'는 정치적 선택과 생활 양식의 선택에서 흥미로운 군집 패턴을 낳는다. 가령 2012년 선거에서 버락 오바마는 홀푸드Whole Foods** 식료품점을 둔 미국 카운티county의 77퍼센트에서 승리했다. 반면 크래커 배럴Cracker Barrel***

---

* '대분류'라는 의미.
** 유기농 식품을 주로 취급하는 미국의 슈퍼마켓 체인점.
*** 미국 남부의 가정식을 판매하는 프랜차이즈 식당으로 남부 주에서 흔히 볼 수 있다.

식당이 있는 미국 카운티의 경우 오직 그 29퍼센트에서만 승리했다.[67] 이렇듯 우리는 점점 더 자신과 정치적 견해를 공유하는 이들과 끼리 끼리 어울려서 살아간다.[68] 예컨대 빌 비숍(2008)[69]은 미국인 가운데 어느 정도가 '압승 카운티landslide county'—대통령 선거에서 한 후보가 상대 후보를 20퍼센트 넘는 표차로 낙승한 카운티—에서 살았는지 계산했다. 그 결과 1976년 대통령 선거에서는 미국인의 26.8퍼센트가 압승 카운티에 살았던 데 반해, 2008년 대통령 선거 때는 거의 절반 가량인 미국인의 47.6퍼센트가 한 정당에 크게 치우친 압승 카운티에 서 살았다.

우리 사회에서 발생하는 또 한 가지 유의 분류, 즉 당파적 분류 partisan sorting에서 사람들은 더욱 지속적으로 특정 이슈들에 기반을 둔 정당으로 모여들고 있다. 이러한 분류가 각 정당을 상대 정당과 점점 더 다르게 만들지만, 그럼에도 이 현상으로부터 사람들이 해당 이슈 에 대해 더욱 *극단적*이 되는 결과가 따라오지는 *않는다*는 것을 이해 할 필요가 있다. 이슈에 의한 당파적 분류는 태도 분포에서의 아무런 변화 없이도 일어날 수 있다. 아울러 정당에 기반을 둔 분류만으로 반 드시 한 사람 내에서 신념들 간의 연계성이 커지는 것도 아니다.

이와 관련해서는 서로 밀접하게 영향을 끼치는 여러 개념이 쓰이 고 있다. 그러므로 소규모의 통계 모의 실험을 이용하여 그것을 실 제로 보여 주면 도움이 될 것이다. 표 6.1은 가설적인 피험자 16명의 데이터 세트를 나타낸다. 그것은 각 피험자의 애초 정당 일체감(정당 A 대 정당 B), 몇 개의 일반적 인구 통계 변수(이를테면 사회경제적 지위, 성, 인종 등)에 따른 집단 멤버십(집단 X 대 집단 Y), 두 가지 이슈(이슈 1 과 이슈 2) 각각에 대한 1~10 척도상의 견해(척도 10은 이슈 진술에 예시

표 6.1. 정당 분류의 효과를 보여 주는 데이터 모의 실험

피험자	애초의 정당 일체감	집단 멤버십	이슈 1에 대한 견해	이슈 2에 대한 견해	변화 이후 정당 일체감
1	A	X	5	8	B
2	A	X	4	3	B
3	A	X	9	6	A
4	A	X	8	5	A
5	A	Y	6	5	A
6	A	Y	8	9	A
7	A	Y	10	6	A
8	A	Y	7	8	A
9	B	X	6	4	B
10	B	X	7	8	B
11	B	X	3	2	B
12	B	X	2	5	B
13	B	Y	8	6	A
14	B	Y	7	4	B
15	B	Y	2	5	B
16	B	Y	8	6	A

상관관계: 정당(애초)과 이슈 1에 대한 견해 = .37
정당(애초)과 이슈 2에 대한 견해 = .33
정당(애초)과 집단 멤버십 = .00
이슈 1에 대한 의견과 이슈 2에 대한 견해 = .45
정당(변화 이후)과 이슈 1에 대한 견해 = .76
정당(변화 이후)과 이슈 2에 대한 견해 = .40
정당(변화 이후)과 집단 멤버십 = .50

된 정책에 대한 최대 지지, 1은 그에 대한 최대 반대를 나타낸다)로 구성되어 있다.

표 6.1에서 애초의 정당 일체감은 집단 멤버십과 상관관계가 전혀 없었음에도, 정당 A의 일원임은 이슈 1에 관한 견해와는 .37, 이슈 2

에 관한 견해와는 .33의 상관관계를 보였다. 이슈 1에 대한 견해와 이 슈 2에 대한 견해는 비록 중간 정도(.45)이긴 하나 상관관계를 띤다. 한마디로 정당은 오직 이 모의 실험 세트에서 약간의mild 차이를 만 들어 내는 요소일 뿐이다. 즉 두 이슈에 대한 견해들과 오직 중간 정 도의 상관관계(.37과 .33)를 드러내며, 인구 통계(우리가 집단 멤버십을 말해 주기 위해 사용한 한 가지 지표)와는 .00으로 전혀 상관관계를 보이 지 않았다. 더욱이 이 모의 실험 세트에서 대다수 피험자는 양쪽 이슈 에 대해 전혀 극단적이지 않았다. (이슈 1에서는 16명 가운데 오직 4명만 이 1~2점 혹은 9~10점을, 이슈 2에서는 16명 가운데 단 2명만이 1~2점 혹은 9~10점을 받았다.)

이제 피험자들의 작은 일부가 정당을 바꾼다고 생각해 보자. 만약 16명 중 단 4명이 정당을 바꾸었을 때 정당 멤버십의 상태를 보여 주 는 표 6.1의 마지막 세로줄을 보면, 피험자 1과 2가 정당 A에서 정당 B로 달라졌음을 알 수 있다. 이는 이해할 만하다. 정당 A의 일원임은 이슈 1에서의 높은 점수와 상관관계를 보이는데, 두 피험자는 이 이 슈에 꽤나 낮은 지지(각각 5점과 4점)를 드러내고 있기 때문이다. 역시 마지막 세로줄을 보면 피험자 13과 16이 정당을 B에서 A로 갈아탔음 을 알 수 있다. 이 역시 이해할 만하다. 정당 A의 일원임은 이슈 1에서 의 높은 점수와 상관관계를 보이며, 두 피험자는 이 이슈에 꽤나 높은 지지(둘 다 8점)를 드러내고 있기 때문이다.

16명의 피험자 가운데 정당을 바꾼 4명은 퍽 적은 수다. 하지만 모 의 실험한 데이터 세트에서 그들이 정당들의 분류된 특성에 심대한 영향을 끼쳤음에 주목하라. 이제 정당과 이슈들 간의 상관관계는 높 아진다. 이슈 1과 정당 A의 상관관계는 .37에서 .76으로 껑충 뛰었다.

이슈 2와 정당 A의 상관관계는 .33에서 .40으로 약간 더 커졌다. 하지만 훨씬 더 의미 있는 결과로, 정당은 이전에는 집단 멤버십과 .00으로 전혀 상관관계를 보이지 않았으나, 이제 집단 멤버십과 .50으로 중간 정도의 상관관계를 드러냈다. 이제 집단 X의 8명 가운데 6명이 정당 B에 속하고, 집단 Y의 8명 가운데 6명이 정당 A 소속이다. 정당의 일원이 되면 두 이슈뿐 아니라 피험자의 인구 통계 집단과도 더욱 강력한 관련성을 띤다. 집단 멤버십이 피험자의 정체성을 어느 정도까지 나타내든, 그의 정체성은 이제 정당 멤버십과 더욱 단단하게 밀착되어 있다.

표 6.1의 모의 실험을 통해 파악할 수 있는 중요한 점은, 우리가 이슈 자체에 관한 사람들의 입장을 전혀 바꾸지 않고도 당파성을 강화할 수 있다는 것이다. 즉 *이슈 당파성*issue partisanship과 *이슈 연계성*issue alignment은 같은 게 아니다.[70] 구체적으로 말해, 이 모의 실험에서 피험자들은 분류 전과 마찬가지로 분류 후에도 이슈 1에 대한 견해가 극단적이지 않다. (16명의 피험자 가운데 12명이 3에서 8에 이르는 온건한 견해를 드러낸다.) 이슈 2에 대한 견해도 극단적이지 않다. (16명의 피험자 가운데 14명이 3에서 8에 이르는 온건한 견해를 표명한다.) 더군다나 이슈 1에 대한 견해와 이슈 2에 대한 견해의 상관관계는 과거의 수치(.45)와 정확하게 같다. 두 이슈에 대한 입장들은 그전에도 그랬던 것처럼 여전히 오직 중간 정도의 상관관계를 보일 뿐이다. 그것들이 이제 정당 멤버십과는 상관관계가 더욱 커졌음에도 불구하고 말이다.

표 6.1의 모의 실험은 유권자들에게 지금껏 *실제로* 무슨 일이 진행되어 왔는지 잘 보여 준다.[71] 정당들은 이슈 입장들 및 인구 통계와 훨씬 더 긴밀한 관련을 맺게 되었다. 수많은 연구는 정당 소속이 인구

통계와 점점 더 높은 상관관계를 드러낸 결과, 지난 수십 년 동안 정서적 양극화가 심화했음을 보여 주었다.[72] 예컨대, 릴리아나 메이슨(2018a)[73]은 정당 일체감이 특정 이슈에 대한 실질적인 차이보다 정서적 양극화를 훨씬 강력하게 예측해 주는 요소임을 확인했다. 앞서 언급한 입타치 렐케스(2018)[74]는 심지어 어느 이슈에서 실제로 상대 정파의 견해가 거의 다르지 않을 때조차, 당파적 적대감은 해당 이슈의 상대편에 대한 부정적 감정을 불러일으킬 수 있음을 발견했다.

표 6.1은 우리가 정치에서 왜 이렇듯, 메이슨(2018a)[75]의 말마따나 '이슈 없는 이데올로그들' 상황에 내몰리게 되었는지 통계를 통해 보여 준다. 일반 대중 사이에서는 거의 불일치가 없는 이슈에 대해서조차 정적들이 악의적으로 서로를 향해 으르렁거리게 되는 그런 상황 말이다. 일단 당파적 분류가 일어나면, 우리 정적들의 인구 통계적 차이나 생활 양식상의 차이는 점차 두드러지고, 우리는 정책과 관련한 견해차는 크지 않음에도 그들과 더욱 사이가 틀어졌다고 느낄 가능성이 있다. 이는 결국에 가서 어느 이슈에 대한 추상적인 입장을 본능적으로 느끼는 사회적 정체성으로 바꿔 놓는다.[76] 우리는 어느 이슈에 대한 우리의 실제적 불일치 정도는 전혀 달라지지 않았는데도 그 이슈를 놓고 마치 앙심을 품은 것처럼 상대와 대적하게 된다.

당파적 분류가 하는 일은 여러 정당에 걸친 '교차 정체성crosscutting identities'을 파괴하는 것이다.[77] 몇십 년 전, 미국 민주당에는 상당수의 낙태 반대자가 포진되어 있었으나, 지금은 별로 그렇지 않다. 낙태에 반대하는 국가 기관의 민주당 후보란 거의 생각하기 어렵게 된 것이다. 교차 정체성을 지닌 적잖은 사람들은 당파적 적대감을 누그러뜨리는 데 보탬이 되었다. 하지만 오늘날에는 릴리아나 메이슨(2015)[78]

이 확인한 바와 같이, 실제로 일사불란한 당파적 분노가 더욱 커지고 있다. 표 6.1의 모의 실험이 이론적으로 보여 주었다시피, 이슈 입장들의 분포에 그 어떤 변화조차 없는데도 말이다. 메이슨(2015)이 지적한 대로, 어느 이슈 입장에 발맞춘 인구 통계적 정체성, 그에 발맞춘 정당 정체성은 그렇지 않은 것보다 훨씬 더 강력한 정체성이다. 따라서 부족적 속성을 띠는 오늘의 정치 환경에서는 "유권자가 그들 자신의 이슈 입장들만으로 설명할 수 있는 것보다 더욱 편향되고 한층 화가 나 있는"[79] 상태로 내몰렸다.

따라서 우리가 특정 정책에 대한 입장을 판단할 때, 양극화를 유발하는 *사회적* 요소들이 그 과정에 제멋대로 끼어들지 못하도록 저지하는 것이 중요하다. 우리는 사회적·부족적 충성심을 발동하기 시작할 경우, 조너선 하이트(2012)[80]의 용어를 빌리자면, 좀더 '집단 이기주의적'인 행동에 뛰어드는 경향이 있다. 그 같은 '집단 이기주의 groupishness*'의 한 측면이 바로 확신을 투사하기 시작하는 경향, 즉 좀더 비규범적인 우리편 편향을 드러내는 경향이다. 메이슨(2015)의 비유에 따르면, 우리는 투자를 결정하는 은행가보다는 스포츠 팬처럼 굴게 된다.[81] 우리에게 더 나은 방향으로, 즉 특정 이슈에 관한 우리편 편향이 덜한 상태로 추론할 수 있는 도구를 제공한다는 점에서 좋은 소식이 하나 있다. 바로 부족 기반의 충성심과 생활 양식이라는 사회적 차원에서 보는 것보다는 우리가 특정 이슈와 관련하여 동료 시민들과 더 가깝다는 사실이다.

---

* 다른 집단에 맞서 자기 집단의 이익을 추구하는 경향을 말한다. '이(利)집단성'이라고도 한다.

이것이 애초에 비숍(2008)[82]이 기술한 개념으로 점차 정치 영역을 뒤덮은 인구 통계적 '빅 소트' 현상이 던지는 함의다. 그동안 정당이 해 왔다 싶은 일을 모두가 이해할 수 있는 비유를 들어 설명해 보겠다. 그것은 마치 당신이 자기가 다니던 고등학교에서 싫어했던 모든 종류의 아이들을 골라서 한데 모아 놓은 것과 같은 일이다. 당신이 싫어했던 아이들은 이제 어른이 되었으며, 놀랄 것도 없지만 당신과 완전히 다르게 보이고 생활 방식도 다른데다, 당신이 싫어하는 생활 방식을 누리는 이들과 어울려왔다. 그리고 그들 모두가 당신과 *다른* 정당에 합류했다!

하지만 그러함에도 불구하고 연구자들이 보여 준 바에 따르면, 우리의 동료 시민들은 당면한 특정 이슈에 관해서 우리와 별반 다르게 느끼지 않을 가능성이 크다. 그 이슈가 무엇이든, 즉 미성년 자녀를 위한 세금 공제든, 차터 스쿨의 확대든, 최저임금이든 간에 말이다. 만약 우리가 해당 이슈 명제를 약간mildly 지지한다면, 다른 사람들 역시 설사 그에 반대한다 해도 오직 약간만mildly 그러할 것이다. 전반적인 생활 방식이 *아니라* 하나의 *특정 이슈*에만 주목하는 한, 우리는 다른 편에 속한 동료 시민들과 그리 크게 동떨어져 있지는 않다. 하나의 이슈에 주목하고 확신을 투사하고 싶은 유혹을 떨쳐내는 것, 이것이 정확히 정치적 논쟁에서 우리편 편향을 피하기 위해 우리가 해야 할 일이다.

편향을 강화하는 정체성 정치

만약 우리편 편향이 우리 사회에서 공적 의사소통 공유지를 태우는 불이라면, 정체성 정치identity politics는 진화할 수 있었을 그 불을 엄청난 대화재로 키우는 기름이다. 조너선 라우흐(2017)[83]는 정체성 정치를 '정당, 이념, 혹은 금전적 이해가 아니라, 인종, 성, 성적 취향 같은 집단 특성을 중심으로 조직된 정치 동원'이라고 정의한다. 하지만 정체성 정치가 우리편 편향을 조장하는 데서 맡은 역할을 이해하려는 목적에 비추어 볼 때, 라우흐의 정의는 우리가 사용하기에는 너무 개괄적이고 지나치게 온건하다. 정체성 정치가 문화적·정치적 담론에서 담당하는 유독한 역할을 이해하고자 할 때, 우리는 구체적으로 지적 논쟁에 해악을 끼치는 정체성 정치 형태에 주목해야 한다. 바로 대학 캠퍼스를 이념들이 활발하게 각축을 벌이는 광장이 아니라, 집단적 사고의 진지로 바꿔 놓은 정체성 정치 형태 말이다.

그레그 루키아노프와 조너선 하이트(2018)[84]는 두 가지 형태의 정체성 정치를 명확하게 구분 지음으로써 우리에게 도움을 준다. 하나는 '공동의 인간common-humanity' 형태고, 다른 하나는 '공동의 적common-enemy' 형태다. 마틴 루터 킹 2세가 구현한 '공동의 인간' 정체성 정치는 우리 모두가 열망하는 보편적 공통점을 강조하지만, 특정집단들은 누구나 보편적 사회 개념 아래 응당 누려야 할 존엄성과 권리를 부정당하고 있다고 지적한다.

'공동의 인간 정체성 정치'는 대학 의사소통 공유지의 논리 정연한 논쟁에서 아무런 문제도 일으키지 않는다. 만약 대학에서 이런 형태의 정체성 정치가 통용되었다면, 우리가 대학의 위기를 보게 되지는 않았을 것이다. '공동의 인간 정체성 정치'가 대학 캠퍼스에서 실현되었다면, 우리에게 헤테로독스 아카데미Heterodox Academy*나 '교육에서 개인의 권리를 위한 재단Foundation for Individual Rights in Education, FIRE' 같은 조직은 정녕 필요치 않았을 것이다.[85] 또한 교수들이 이민, 성차, 교육 성취의 격차, 낙태, 가족 구조, 빈곤, 육아, 성적 지향, 범죄율 등 관심이 많고 중요한 문화적·사회 행동적 주제에 대해 '정치적으로 올바른politically correct' 결론을 지지하지 않는 연구 결과나 이론을 내놓았다는 이유로 턱없이 비싼 직업적 대가를 치르지 않아도 되었을 것이다.[86] 그들은 에이미 왁스Amy Wax**와 달리, 동료들에게 실컷 욕먹는 일 없이 이런 주제 혹은 그 어떤 다른 주제들에 관해서도 논평 기사를 쓸 수 있었을 것이다.[87] 또한 그들은 무릇 교수라면 '다양성 진술서diversity statement***'를 '정치적으로 올바르게' 작성해야 한다는 강요에 당당히 맞설 수 있었을 테고, 다른 교수들 역시 '위험한' 주장이라며 거부하거나 학생들에게 그들의 수업을 듣지 말라고 충고하지도 않았을 것이다.[88] 요컨대 마틴 루터 킹 2세가 고취한 유의 정체성 정치

---

* 1500명이 넘는 교수, 행정가, 초중등학교 교사, 직원 및 학생으로 이루어진 집단으로, 연구와 학습에서 다양한 관점과 열린 탐구가 중요하다고 믿는다.

** (1953~) 펜실베이니아대학 법과대학 교수로, 2017년 8월 〈필라델피아 인콰이어러(Philadelphia Inquirer)〉에 기고한 "미국 부르주아 문화의 붕괴가 치러야 할 대가(Paying the price for breakdown of the country's bourgeois culture)"를 통해 1950년대 이후 노력과 근면, 자기관리, 결혼, 권위에 대한 존중 같은 부르주아적 가치의 쇠퇴가 남성 노동의 참가율 하락, 약물 남용, 한부모 가족, 대학생의 학력 저하 등 숱한 사회 문제를 낳았다고 주장함으로써 미국인들 사이에 커다란 관심을 불러일으키면서 시비 논란에 휩싸였다.

*** 다양성을 키워드로 적은 자기 소개서 같은 것이다. 문화·인종·성별·종교·출신 배경 등 모든 측면에서 서로 다른 사람들과 겪은 경험 및 그와 관련한 향후 계획 등으로 구성되는 게 보통이다.

는 대학 캠퍼스의 지적 논쟁을 억누르려 애쓰는 만연한 우리편 편향을 부채질하지 않았을 것이다.

하지만 그레그 루키아노프와 조너선 하이트(2018)[89]가 상세한 논의─여기서 나는 그에 대해 그저 간략하게만 개괄할 것이다─를 통해 기술한 '공동의 적 정체성 정치'는 우리편 편향을 조장한다. 우리가 몸담은 대학에서, 정체성 개념은 다양한 혈통의 마르크스주의, 헤르베르트 마르쿠제Herbert Marcuse*의 저술이 다루는 '억압적 관용repressive tolerance[90]' 그리고 오늘날 학계에서 붐을 이루는 '교차성intersectionality**' 비판 이론[91] 등과 뒤범벅이 되어 왔다. 그로 인한 교리들의 잡탕은 마틴 루터 킹 2세가 구현한 '공동의 인간 정체성 정치'와는 거의 정반대다.

'공동의 적 정체성 정치'는 사회가 거대한 인구 통계 범주들로 나뉜 사람들을 움직이는 대규모의 사회적 힘들로 이루어져 있다고 본다. 그 힘들이란 주로 사람들을 그들의 인구 통계적 특성(인종, 성, 성적 지향 등)이 어우러진 결과에 따라 '특권 계층(지배력을 지닌 계층으로 정의된다)' 또는 '억압받는 계층'으로 나누어 주는 권력 관계다. '공동의 인간 정체성 정치'에서는 이전에 배제된 집단에게 공동의 권리가 부여된다 해도 누구 하나 잃는 게 없다. 그와 전혀 다르게 '공동의 적 정체성 정치'는 엄격한 제로섬이다. 즉 구체적으로 특권 계층의 권력을 줄이고, 그것을 지정된 '피해자 집단들'에게 재분배하는 것을 목표로

---

* (1898~1979) 독일과 미국의 사회철학자로, 프랑크푸르트학파의 사회주의 사회학자로 분류된다.

** 신분·인종·성별·장애 등의 차별 유형이 별개로 존재하는 게 아니라 서로 결합하여 영향을 미치는 현상.

삼기 때문이다. 특정 인구 통계 범주들과 그러한 범주들의 조합을 통해 다른 집단들보다 더 크게 피해 본 집단들이 부각된다. (수많은 상이한 저자들은 이 같은 특징을 '억압 올림픽oppression Olympics*'이라 표현했다.)[92] 이 피해자 집단의 구성원들은 그들의 인구 통계적 지위 프로필에 따라 저마다 정도가 다르긴 하나, 누구랄 것 없이 동일한 '공동의 적' (즉 이성애자 백인 남성)에 의해 억압받고 있다.

'공동의 적 정체성 정치'는 특정 피해자 집단들을 위해 사회적·문화적 통합을 추구하는 대신, 특히 정치와 논쟁이라는 맥락에서, 그 특정 집단들에 *우선권*을 부여하고 싶어 한다. 우리는 이 가운데 논쟁에 주목할 것이다. 비보편적인nonuniversal '공동의 적 정체성 정치'가 우리 편 편향을 확대하고 지적 논의를 가로막는 결과를 낳기 때문이다. 오늘날 대학 캠퍼스에서 쓰이는 '포용성[93]**'과 '다양성 존중' 개념은 학생들로 하여금 이 지적 담론이 결코 그들을 불편하게 만들지 않으리라고 생각하도록 장려한다.[94] 이는 특히 '공동의 적 정체성 정치'의 위계 구조상에 놓인 지정된 피해자 집단들에게는 맞는 말이다.[95] 자신들의 곤궁한 처지를 표현하면 논쟁을 끝장낼 수 있다거나, 혹은 대화상대들이 그들의 견해에 대한 존중을 드러내지 않을 수 없으리라 믿게 된 이들이다.

따라서 '공동의 적 정체성 정치'는 우리편 편향을 두 가지 측면에서 부추긴다. 즉 그것은 사람들로 하여금 모든 이슈를 정체성이라는 렌즈를 통해 바라보도록 함으로써 검증 가능 명제에 대한 단순한 신

---

* 1993년 미국의 사회운동가 엘리자베스 마르티네스(Elizabeth Martínez)가 제시한 개념으로, 소외된 사람들이 누가누가 가장 억압받는지 경쟁한다는 의미다.
** '배제(exclusion)'와 짝을 이룰 때는 '포함'으로 옮기겠다.

념을 확고한 확신(원위 신념)으로 바꾸고 그것을 새로운 증거에 투사하도록 만든다. 정체성은 자신에 대한 내러티브의 핵심적 부분이며, 확신 상당수는 그 정체성을 중심으로 형성될 것이다. 하지만 그렇다고 해서 그것이 우리가 만나는 온갖 이슈가 정체성과 관련되어 있다는 의미는 아니다. 우리 대부분은 그 차이를 알고 있으며, 언제나 단순한 검증 가능 명제를 마치 확신인 것처럼 다루지도 않는다. 하지만 정체성 정치(독자들은 이제부터 내가 말하는 것이 '공동의 적' 버전임을 분명히 알 것이다)는 그 지지자로 하여금 *어디서나* 권력 관계가 작동하고 있다는 것을 보도록, 따라서 신념처럼 다뤄지는 부류의 견해들을 확대하도록 장려한다. 그리고 지정된 피해자 집단 구성원들의 확신을 무기로 삼는다. 의견 충돌이 불거질 때 그들이 '공식적official' 피해자 지위를 주장함으로써 실제 지적 논쟁에서 이기도록 해 주는 무기 말이다.

이렇게 해서 학생들은 모든 논증을 각자가 속한 정체성 집단(혹은 집단들의 조합)의 관점에 비추어 틀 짓기framing 하는 데 익숙해 있다. 대학에서 교수들은 늘 'X로서 말한다[96]'는 말을 들으면 무슨 일이 벌어질지 알고 있다. 바로 그 논증이 특정 인구 통계 범주의 관점이라는 틀에서 이루어지리라는 것을 말이다. 교수의 관점에서 보면 이러한 책략은 자신이 한 학기 내내 개발하고자 애써 온 인지 양식(논리와 경험적 증거, 조작적으로 정의한 용어의 사용, 삼각 측량 관점triangulated perspectives*의 사용에 기대는)을 일거에 뒤엎어 버림으로써 강의실의 토

---

* 연구의 객관성을 확보하기 위해 데이터를 이해하고 해석할 때 다양한 이론과 관점을 취하는 것.

론을 저만치 후퇴하도록 만드는 것이다.

'공동의 적 정체성 정치'는 특정한 방법을 통해 논증의 가치를 높게 보거나 낮게 본다. 이 방법은 그 논증의 논리적 내용이며 경험적 내용에는 전혀 기반을 두지 않는다. 대신 억압 위계 구조상에 놓인 그 논증 출처의 입장에 기반을 둔다. '억압받는 자들의 인식론적 특권', 이는 포스트모던한 학계의 사고에서는 기실 오래된 발상이다. (내가 그 구절을 처음 접한 것은 1990년대 초, 역시 독서 교수법을 주제로 한 어느 회의에서였다.) 이러한 추론에 의해, 그 피해자 올림픽에서 더 상위 메달을 딸수록 당신의 논증은 한층 중요해진다. 다음 단계는 억압받지 않는 자들이 계속해서 발언하고 자신의 견해를 힘주어 역설하는 상황을 어떻게 다룰지 찾아내는 일이다. 이것이 바로 관용은 불관용을 필요로 한다는 마르쿠제의 '억압적 관용' 개념이 작동하는 지점이다.[97] 그리고 이것이 지난 수십 년 동안 대학 캠퍼스에서 강연자들에게 야유를 퍼붓고 그들을 '연단에서 쫓아내는' 우울한 상황이 심심찮게 벌어진 이유를 설명해 준다.[98] '공동의 적 정체성 정치'를 마틴 루터 킹 2세의 '공동의 인간 정체성 정치'와 확연하게 구별 짓는 결정적 특징은 바로 그것의 임무다. 그 의도는 평등을 회복하려는 게 아니다. 권력 관계를 *전복하려는* 것이다. 즉 루키아노프와 하이트(2018)[99]의 말마따나 '마르쿠제식 혁명의 목적은 평등을 실현하는 게 아니라 권력을 뒤바꾸는 것이다.'

물론 이 모든 것은 교수들이 대학에서 가르치고자 노력하는 것과 정반대다. 그에 대해서는 다음 섹션에서 좀더 다루어 볼 참이다. 여기서 우리가 주목할 것은 어떻게 정체성 정치가 그 지지자의 정체성에 관한 거의 모든 사회문화적 내용을 주조함으로써 검증 가능 명제를 확신으로 바꿔 놓느냐 하는 문제다. 당신의 정체성에 관한 것이라면 그것은 언제나 확신이 될 테고, 이는 우리편 편향을 확대하여 당신이 말하려는 그 어떤 문제에서든 그것을 드러내 줄 것이기 때문이다. 필립 테트록의 1986년 연구(이 장의 '충돌하는 가치관을 깨달아라' 섹션에서 다룬)가 이와 관련된다. 테트록은 피험자들이 어느 이슈에 대해 사고할 때 우리편 편향을 가장 쉽게 피할 수 있는 것은 자기 안에도 충돌하는 가치관이 공존함을 인식할 때임을 발견했다. 실제로 그는 '일원론적 이념monistic ideology'에 대해 경고했다. 그에 따르면 모든 가치관이 단 하나의 관점에서 비롯하며, 서로 갈등을 일으키지 않고, 결국 강력한 우리편 추론으로 귀결되기 때문이다.[100] 다른 '일원론적 이념'들과 마찬가지로 정체성 정치도 그 지지자에게 정체성 집단의 단일한 관점에 비추어 가치관을 개발하도록 독려하며, 그에 따라 우리 사회의 우리편 추론을 더한층 부채질하는 것 같다.

정체성 정치를 일삼으면 어떻게 정상적인 사회적 담론조차 교착 상태에 빠질 수 있는지를 보여 주는 흥미로운 예가 있다. 상당한 화젯거리였던 2018년의 한 팟캐스트에서 이루어진 대화다. 작가이자 팟캐스터인 샘 해리스Sam Harris와 에즈라 클라인Ezra Klein[101]은 지능 및 지능 차이라는 주제에 대해 샘이 찰스 머리Charles Murray*와 진행한 인터뷰에 대해 이야기를 주고받았다. 핵심적인 대화는 아래와 같다.

---

* (1943~) 미국의 정치학자이자 저술가이며 대중 강연자다. 특히 그는 1994년 리처드 헌스타인(Richard Herrnstein)과 함께 쓴 《벨 커브(Bell Curve)》를 통해 20세기 전반에 걸쳐 미국 사회에서 지능은 부모의 사회경제적 지위, 교육 수준보다 개인적 결과―소득, 직업적 수행, 혼인 외 임신, 범죄―를 더욱 잘 예측해 주는 지표라고, 사회적 약자들의 성과를 개선하기 위한 복지 제도와 교육적 노력은 지극히 비생산적이라고 주장함으로써 시비 논란의 중심에 섰다.

에즈라 클라인: 당신이 계속 다른 사람들은 다들 부족적으로 사고하지만 본인은 그렇지 않다고 말하는데, 내 생각은 다르거든요. 그걸 깨닫지 못하니까 당신이 그렇게 당황스러운 거 아니겠어요?

샘 해리스: 뭐, 아니에요. 내가 부족적으로 사고하지 않는다는 거야 분명하니까요.

에즈라 클라인: 나는 그렇게 생각하지 않는다니까요? …… 머리와 인터뷰를 막 시작하면서 당신은 머리의 처지가 남의 일 같지 않다고 했어요. 그에게 일어나는 일이 당신에게 벌어지는 일 같다니, 그거야말로 완전 직설적인 말이죠.

샘 해리스: 그게 부족주의랑 무슨 상관이에요? 그냥 생각에 대해서 공개적으로 서로 이야기를 나누는 거죠.

에즈라 클라인: 우리 모두는 언제나 자기가 속한 서로 다른 수많은 정체성을 가져요. 나도 마찬가지고요. 나는 당신이 떠올릴 수 있는 모든 종류의 정체성을 가지고 있어요. 그 모두가 한꺼번에 내가 편향되도록 만들 수 있어요. 그래서 당연히 문제는 그중 어떤 정체성이 주도적이냐, 어떻게 정보를 수집하고 거기에 대해 판단하는 과정을 거쳐 여러 정체성 사이에서 균형을 잡느냐 하는 거겠죠. 나는 여기서 당신의 핵심적 정체성이란 '정치적 올바름'에 경도된 폭도들에 의해 부당한 대접을 받고 있다고 느끼는 사람으로서의 정체성이라고 생각해요.

이 교착 상태에서 우리는 '공동의 적 정체성 정치'의 산물인 부족주의자(에즈라 클라인)와 반부족주의자(샘 해리스)가 펼쳐 가는 대안적인 두 세계를 볼 수 있다. 클라인은 정체성 정치를 일삼는다. 즉 어떻게든 해리스가 그 역시 부족의 일원임을 인정하도록 만들고 싶어 한다. 그러나 해리스는 정체성 정치라는 게임에 발을 들여놓을 마음이 없다. 그는 클라인이 정체성과 무관한 관점을 취하기를, 즉 모든 사람들이 대등하게 사회 이슈에 접근하는 데 동의하기를 바란다. 해리스는 클라인이 적어도 중립적 관점에 입각해 주장하려고 노력하기를 희망한다. 여기서 중립적 관점이란 철학자 토머스 네이글[102]이 사용한 이른바 '아무 데서도 오지 않은 관점view from nowhere'과 비슷한 어떤 것이다. 클라인은 그러한 입장이 존재한다는 것 자체를 아예 부정하고, 그것은 그저 해리스가 부족적 관점에서 말하는 편향된 정체성을 드러내지 않으려는 방편에 지나지 않는다고 쏘아붙인다.

해리스가 여기서 발끈하는 이유는 분명하다. 그는 클라인이 자신에게 한 가지 정체성—이를테면 부유한 이성애자 백인 남성—을 부여하고 싶어 하며, 그런 다음 정체성 정치의 흔한 셈법을 써서 해리스의 견해를 해당 주제(즉 지능의 개인차)와 관련해 문제가 있는 것으로 간주함으로써 평가 절하하려 든다는 것을 알아차렸다. 클라인 역시 백인 남성이지만, 해리스는 클라인이 정체성 정치 피해자 집단의 대변자이자 맹우 노릇을 하면서 'X로서 말하기'를 들먹이고 있음을 간파했다. 그것은 합리적 논증이라는 관점에서 볼 때 가장 유해한 정체성 정치의 책략인 것이다.

마크 릴라(2017)[103]는 그 술수에 관해 논의하면서 우리에게 이와 같이 상기시킨다. "'X로서 말하기'는 온건한 구절이 아니다. 청자들에게 '나는 지금 이 문제에 관해 특권적 입장에서 말하고 있다'고 밝히는 꼴이기 때문이다. …… 그리고 그것은 만남을 권력 관계로 바꿔 놓는다. 즉 그 논증에서는 누구든 도덕적으로 우월한 정체성을 내세우고 이의제기 받는 데 대해 가장 크게 분노하는 사람이 승자가 된다."

이러한 책략은 논증에서 정체성을 '중요하게 작용하는 요소weight'로 간주한다. 실제로 학생들이 대학에서 배워야 하는 내용이 바로 논증을 무관한 맥락 및 무관한 개인적 특성으로부터 분리시키는 방법임에도 불구하고 말이다. 바람직한 대학 교육은 학생들에게 이 같은 분리적 자세를 자연스러운 습관으로 자리 잡도록 가르친다. 반면 정체성 정치는 대학 교육의 목적이라는 개념에 비추어 볼 때, 시계를 한 100년 전으로 돌려 놓고 있다. 구체적으로 말하자면, 학생들로 하여금 지적 싸움에서 불변의 인구 통계적 특성들에 더욱 무게를 싣는 자세를 취하도록 독려하는 것이다.

앤서니 크론먼(2019)[104]은 개인의 감정이나 정서가 논증에서 실질적인 영향력을 지녀야 한다고 생각하는 사람은 누구라도 대화를 가로막는다고 지적한다. 크론먼[105]은 이렇게 강조한다. "그런 생각을 들먹이는 학생들은 그것을 스스로 만들어 내지 않았다. 그들은 그저 교수들의 안내에 따를 뿐이다. 응당 학생들보다 더 아는 게 많으며, 사적 경험의 힘을 사심 없는 관점에서 판단하려 애쓰기보다 학생들에게 그 힘을 존중하도록 요구함으로써 소크라테스를 완전히 곡해한 교수들 말이다." 감정의 정당화 가치는 다른 사람들이 평가할 수 없다. 감정은 철저히 내면적인 어떤 것이고, 그런 만큼 비판을 면제받는 경향이 있다. 크론먼(2019)은 모든 교수들이 알아야 할 점이라며, 모두가 공유된 기반 위에서 평가할 수 있는 지적 명제를 가지고 논증을 펴 나가도록 학생들에게 가르칠 필요가 있다고 지적한다. 실제로 본연의 정신에 충실한 대학이 허락해야 할 'X로서 말하기'는 오로지 '합리적 인간으로서 말하기'뿐이다. 수많은 대학교수들은 멋쩍게도 이런 대학 본연의 기풍을 내팽개친 지 오래다.

위에 언급한 팟캐스트에서 샘 해리스는 이런 모든 일이 어디서 벌어지고 있는지 너무나 잘 알고 있다. 그것이 본인의 정체성 집단을 인정하라는 에즈라 클라인의 요청을 그가 고집스레 거부한 이유다.[106] 릴라(2017)는 우리에게 'X로서 말하기'는 실상 논쟁에서 특권적 지위를 달라는 주장이라고 설명한다. 그 논쟁의 '승자'는 도덕적으로 우월한 정체성을 내세우는 사람이기 때문이다. 이렇듯 아마도 논증 수준을 근대 이전으로 끌어내린 망령 탓에 클라인과의 대화에서 해리스가 그토록 심하게 반발했을 것이다. 분명 해리스는 (내가 보기에는 올바르게) 누구도 예외적인 특권을 요구하지 않는 논증을 끈질기게 촉구했다. 해리스는 두 당사자 모두 '합리적 인간으로서 말하기'라는 태도를 취하길 바랐다. 그에 따라 그들의 논증이 양편 중 어느 쪽도 통제할 수 없는 인구 통계적 특성에 대한 가산점을 들먹이지 않고 그 자체의 진가에 따라 평가받을 수 있었으면 했다.

내가 1970년대 후반 심리학과에서 비판적이고 과학적인 사고에 대해 가르치기 시작했을 때만 해도, 교수들은 누구나 학생들에게 해리스가 클라인에게 바랐던 것처럼 생각하도록 가르치는 게 이상적이라 여겼다. 최고의 가르침은 학생들에게 과학적 세계관에 내포된 '아무 데서도 오지 않은 관점'의 반직관적인 우월성을 알려주는 것이다. 또한 오늘날 흔히 쓰는 표현대로 이른바 '살아온 경험lived experience'에 의존하면 어떤 함정에 빠질 수 있는지 지적해 주는 것이다. 나는 학생들과의 토론을 통해 과학에서 하나의 지식 주장knowledge claim의 참·거짓 여부는 개인이 그 주장에 투사하는 신념의 강도가 결정하는 것도 아니고, 당시 우리가 표현한 이른바 '개인적 경험personal experience' 혹은 직관, 혹은 권위가 결정하는 것도 아니라고 결론 내렸다. 경험에 기반하지 않는 모든 신념 체계의 문제는 충돌하는 주장들 사이에서 결정을 내리도록 도와줄 기제가 없다는 점이다. 한편 모든 논쟁 참가자가 자기 주장의 근거를 '살아온 경험'에 두는데 주장들이 서로 충돌한다면 어떻게 될까? 우리는 누구의 '살아온 경험'이 실제로 참인지 결정할 수 없게 된다. 안타깝게도 역사는 이러한 충돌이 흔히 권력 투쟁으로 귀결됨을 보여 준다.

하지만 과학은 개인적 경험에 의존하기보다 지식 주장을 공적인 것으로 만들어서 모든 논쟁 참가자가 수용 가능한 방식으로 충돌하는 아이디어들을 검증할 수 있도록 해 준다. 참인 과학적 주장은 공적 영역에서 만들어진다. 다름 아니라 과학적 주장을 비판하고 검증하고 개선하거나 거부할 수 있는 영역이다. 이런 과정은 모든 논쟁 참가자가 사전에 동의하는 평화로운 방식에 의해 이론들 간의 선택이 이루어지도록 허락한다. 이것이 바로 과학이 인류사에서 인간을 인간답게 만들어 준 주된 힘인 까닭이다.

한참 거슬러 올라간 1970년대에 입심 좋은 신참 교수였던 나는 학생들이 이 같은 내용의 중요성에 주목하도록 안내하면서 어느 순간에 필시 이렇게 외쳤을 것이다. '과학은 여러분의 개인적 경험 따위에는 관심이 없어! 여러분의 감정에도 흥미가 없다구!' 이런 외침은 학생들의 이목을 끌었다. 하지만 지금 내가 만약 강의실에서 그와 똑같이 선언한다면, 분명 학생들은 자신의 '살아온 경험'이 부정당하고 있다며 억울해할 것이다. 그리고 그 일은 아마도 '편견 대응반bias response team'이 들이닥치고, 나는 내 발언을 해명하는 글을 학장에게 제출해야 하는 결과로 이어질 것이다.

아이러니하게도 1970년대에는 학생들을 개인적 세계관에서 과학적 세계관으로, 즉 자기중심적 관점(X로서 말하기)에서 '어디에서도 오지 않은 관점'으로 옮아가도록 안내하는 편이 정치적으로 *진보적인* progressive 것으로 간주되었다. 인간 조건에 대한 객관적 진실을 드러내는 것은 공정한 사회를 구현하는 데 (방해가 아니라) 도움이 된다는 한층 넓은 가정이 존재했다. 하지만 이러한 마인드셋이 오늘날 대학에서는 자취를 감추었다.

참인 주장에 대한 과학적 판결을 적극적으로 방어하는 것은 더 이상 대학 캠퍼스에서 규범으로 받아들여지지 않는다. 적어도 대학 행정당국에서 나온 공식적 정책에 따르면 그렇다. 그리고 그것은 사회과학과 인문학 교수들이 몸담은 '정치적으로 올바른' 환경, 즉 헤테로독스 아카데미와 '교육에서 개인의 권리를 위한 재단FIRE' 같은 조직의 존재를 반드시 필요로 하는 환경에서는 확실히 규범이 아니다. 새 기준new normal은 샘 해리스가 에즈라 클라인과 함께 경험한 것이다. 그에 따르면, 대학은 이제 클라인 편으로 기우는 듯하다. '다양성'과 '포용성'을 표방하는 포괄적인 행정 인프라는 더 이상 대학의 역할이란 학생들이 세계의 문화가 보존해 온 최고의 생각을 통합하면서 그들만의 독특한 모델을 구축하도록 돕는 것이라 여기지 않는다. 대신 다양성 인프라는 사회적 힘들이 이미 학생들에게 미리 운명 지워진 정체성을 부여했다고, 대학의 역할은 학생들이 확실하게 스스로의 정체성을 믿도록 보장하는 것이라고 생각한다.

정치적 올바름의 응석을 오냐오냐 받아 주고 정체성 정치를 표방한 것이야말로 대학이 증거에 대한 중립적 심판자로서의 공적 신뢰를 잃어버린 이유다. 만약 상태가 좋지 않은 '공적 의사소통 공유지'를 개선하려 한다면, 우리는 마땅히 대학을 진리 추구 기관이라는 본연의 위치로 되돌려 놓아야 한다. 누구든지 정치적 영역에서는 자유롭게 정체성 정치를 펼쳐나갈 수 있다. *정치적 주장으로서* '당신은 한동안 권력을 가졌다. 이제 그것을 내게 내어 줄 때다'라고 말하는 것, 그리고 그런 주장이 당신의 반대자들에게 도덕적으로 강력하고 설득력 있기를 희망하는 것은 온당하다.[107] 또는 *정치적* 주장으로서 '내가 속한 소수자 집단들은 모두 합하면 당신의 집단들보다 더 크다. 그러니 나와 내 집단들에게 권력을 달라'고 말하는 것도 괜찮다. 이런 맥락에서 정체성은 권력 정치를 위해 발휘된다. 그것은 적어도 정체성 정치를 적절한 장소에 둔다. 하지만 우리는 추론할 때만큼은 합리적 논증과 정당한 신념에 초점을 맞추어야 한다. 논증으로서의 정체성은 참인 신념과 추론에 헌신하는 대학에는 설 자리가 없다.

관점을 바꿔 보는 능력

이 마지막 섹션에서는 정체성 정치가 어떻게 학생들이 우리편 편향 피하기에 필요한 인지적 분리 기술을 개발하지 못하도록 가로막는가 하는 문제를 집중적으로 다루겠다. 아울러 그런 기술을 학생들에게 가르치는 대학의 역할에 대해 살펴볼 것이다.[108] 나는 대학에서 최근 전개되는 상황 때문에 우리편 편향 피하기에 꼭 필요한 분리 기술과 탈맥락화decontextualizing 기술을 학생들에게 가르치는 일이 더욱 어려워지고 있다고 주장할 생각이다.

인지적 분리cognitive decoupling란 무엇이며, 그것이 우리편 편향을 피하는 데 가장 중요한 까닭은 무엇인가? 분리는 자동적 반응의 억압과 지속적인 모의 실험이라는 두 가지 중요한 기능을 수행한다. 첫 번째 기능은 실행 기능 문헌에서 연구된 억제 과정들과 유사하다.[109] 두 번째 기능은 가설적 추론을 할 수 있도록 도와준다는 것이다.[110] 가설에 근거해 추론할 때면 우리는 세상에 대한 잠정적 모델을 만들어 내고, 그러한 모의 실험 세계에서 행위들을 검증한다. 아리스토텔레스는 그가 말한 것으로 알려진 다음의 인용문에서 가설적 사고에 대해 이렇게 언급했다. "사고를 수용하지 않은 채 지니고 있을 수 있는 능력이야말로 교육받은 사람의 특징이다."

하지만 가설에 입각해 추론하려면 현실 세계에 대한 표상representation과 가상적 상황에 대한 표상을 헷갈리지 않아야 한다. 우리의 표상을 현실 세계로부터 분리시키면 그렇게 할 수 있다. 이러한 '2차적 표상'을 다루는 것, 즉 그것을 분리된 상태로 유지하는 것이 인지 능력 면에서는 대가가 크다. 하지만 모의 실험을 시행하기 위해 이러한 분리를 시작하는 경향성은 인지 능력과는 구분되는 기질적 변수다.[111] 이러한 경향성은 경험과 훈련을 통해 개발할 수 있다. 논리와 추론의 훈련뿐 아니라, 대학의 수많은 학과목에서 다루는 비공식적 유형의 탈맥락화 사고의 훈련을 통해서다.

수많은 이론가들이 고차원적 사고 개발에서 탈맥락화의 중요성을 강조해 왔다. 장 피아제[112]의 형식적 조작기formal operational stage* 사고에 대한 개념화에서 탈맥락화 기제는 무엇보다 중요한 위상을 차지한다. 또한 비판적 사고 문헌[113]에서 수많은 학자들은 중심에서 벗어나

---

* 피아제 인지 발달 4단계의 마지막 단계로 '추상적 조작기'라고도 하며 11~12세 이후에 발달한다. 가설적·과학적·추상적·체계적·명제적 사고가 가능하다.

기decentering, 거리 두기detaching, 주관성 배제하기depersonalizing 같은 탈맥락화 양식을 합리적 사고의 기본 기술로서 강조해 왔다. 그 문헌에서 중시한 바는 자신의 것이 아닌 관점을 취하는 능력이다. 우리편 편향을 피하는 것은 이처럼 관점을 바꿔 보는 능력과 경향성에 의존한다.

하지만 관점을 바꾸는 우리의 능력은 인간 뇌가 인지적 구두쇠cognitive miser라는 사실에 의해 제약을 받는다. 인간의 뇌는 기본적으로 계산 비용이 적게 드는 정보 처리 기제를 디폴트로 삼으려는 경향이 있다. 이는 심리학과 인지과학에서 지난 50년 동안의 연구를 통해 잘 확립된 주제다.[114] 구두쇠적인 인지 정보 처리가 생겨난 것은 계산상의 효율이라는 확실한 진화적 이유에서다. 그런데 그 같은 효율은 (우리편 편향을 피하기 위한) 관점 바꾸기가 디폴트 정보 처리 행동이 되지 않도록 방해한다. 우리가 얼마 전부터 알게 된 바와 같이, 다른 사람의 관점에서 정보를 처리하는 것은 인지적으로 부담이 큰 일이기 때문이다.[115] 따라서 우리는 우리편 편향을 피하는 데 필요한 관점 바꾸기를 습관이 될 때까지 꾸준히 연습해야 한다. 하지만 정체성 정치는 우리를 자동화한 집단 관점에 가두고 사전 승인된 집단 입장에 기반한 맥락과 연결 지음으로써, 그리고 분리를 통한 관점 바꾸기를 패권적 가부장제에 맞선 변절로 간주함으로써, 그런 일이 일어나지 못하도록 막는다.

진정한 관점 바꾸기는 스스로에게서 떨어져 나올 것을 요구한다. 그것은 우리로 하여금 새로운 방식으로 세상을 개념화하도록 해 주는 일종의 재틀짓기reframing다. 우리가 모델로 만들기에 가장 쉬운 것은 우리 자신의 관점이나 제일 중요한 우리 친화 집단들의 관점이다. 그런데 재틀짓기는 그런 관점에 비추어 상황을 틀짓는 습성에서 벗어나도록 요청한다. 2장에서 살펴본 대로, 우리의 디폴트 틀짓기가 늘 잘못인 것은 아니다. 하지만 대학 학부생들은 정확히 젊은 성인으로서의 인생 단계에 놓여 있는 만큼 *다른* 틀짓기 전략들을 익힐 필요가 있다.

인지심리학 과목을 가르칠 때면, 나는 브로콜리와 아이스크림이라는 비유를 들곤 한다. 어떤 인지 과정은 부담이 크지만 반드시 필요하다. 이것이 브로콜리다. 또 어떤 사고 경향성은 우리에게 자연스럽게 배여 있어서 인지적으로 벅찬 과정이 아니다. 이는 아이스크림이다. 강의에서 나는 학생들에게 브로콜리는 격려자가 필요하지만, 아이스크림은 그렇지 않다고 말한다. 이것이 바로 교육이 올바르게도 브로콜리 사고를 강조하는 이유다. 이 과정은 학생들이 '아이스크림 사고'를 디폴트로 두려는 자연스러운 경향성을 극복하는 데 기여하는 격려자들을 필요로 한다.

관점 바꾸기는 인지적 브로콜리의 한 가지 유형이다. 과거에는 대학 교육이 학생들을 자신의 정체성, 혹은 자기 부족의 정체성이라는 편안한 지대에서 끌어내는 것을 핵심 목표로 삼았다. 하지만 이제는 학생들이 입학하기 전에 받아들인 정체성을 그저 인정하게 되면서, 대학이 가치관을 더해 주는 광경은 더 이상 보기 힘들어졌다. 정체성 정치를 강조하는 대학은 아이스크림만을 마냥 응원하고 있다. 그럴 게 아니라 학생들은 자기가 오랫동안 견지해 온 편안하고 안전한 관점에서 빠져나오는 데 따른 이득이 그로 인한 위험을 능가한다는 것을 배울 필요가 있다. 즉 길게 봐서 우리편 정보 처리는 결코 자신이 살아가는 세상을 깊이 이해하도록 이끌어 주지 않는다는 것을 말이다.

캐헌(2016, 19)은 이렇게 권고한다. "공적 의사소통 공유지 영역에서 분리를 촉진하려면, 한편으로 정책 관련 사실들, 다른 한편으로 그것을 경쟁하는 집단들에 대한 충성심과 그 일원임을 말해 주는 배지badge로 바꿔 놓는 적대적인 사회적 의미들, 그 둘 사이의 연결을 끊어 낼 필요가 있다." 이 일을 하도록 설계된 기관이 바로 대학이다. 이전 섹션에서 다룬 샘 해리스와 에즈라 클라인의 대화에 빗대어 말하자면, 대학은 과거에는 해리스의 입장을 취했다. 우리 문화에서 대학의 독보적인 인식론적 역할은 학생들이 어떤 문제에 대해 논증을 펼치고 증거를 제시하는 방법을 익힐 수 있는 여건을 마련하는 것, 그리고 학생들에게 검증 가능 문제에 관한 증거를 평가할 때 부족적 충성심에서 비롯된 확신을 투사하지 않도록 가르치는 것이다. 대학교수들은 정체성 정치의 부상을, 분리된 논증과 증거 평가를 가르치는 그들의 능력에 대한 위협으로 간주했어야 한다. 정체성 정치는 모든 가치관이 단 하나의 관점에서 유래하는 일원론적 이념[116]으로서, 수많은 검증 가능 명제들을 정체성에 기초한 확신과 뒤엉키도록 내몰았다. 이는 캐헌(2016)의 처방을 뒤집어 버림으로써, 즉 정책 관련 사실들을 집단에 기반한 확신이라는 배지로 바꿔 버림으로써, 우리편 편향을 조장한다. 지난 수십 년 동안 이루어진 사회 변화 가운데 우리를 가장 우울하게 만드는 것이 바로 대학이 정체성 정치의 *지지자*로 전락했다는 사실이다. 정체성 정치는 이제 대학이 지닌 지적 임무의 심장부를 겨누는 교의가 되었다.

예상컨대 오늘날 대학의 일부에서 드러나는 우리편 편향은, 브레트 와인스타인(2019)[117]이 트위터에 실은 글에서 밝힌 대로, 제도로서의 대학에 대한 신뢰를 무너뜨릴 것이다. "억압 연구가 널리 확산하자 과학적 책무가 방기되었다. 대학이 탐구보다 이념의 손을 들어 주게 된데 따른 피치 못할 결과가 바로 과학적 회의주의다.[118]"

'과학 의사소통 공유지의 비극[119]'을 치유하려면, 즉 중요한 사회이슈, 공공 정책 이슈들과 관련해 진실에 수렴할 수 있는 사회를 만들려면, 확신을 증거에 투사하지 못하도록 말림으로써 분리 능력을 키워 주는 제도나 기관을 마련해야 한다. 과거에는 대학이 그런 목적에복무했다. 하지만 이제 대학은 지적으로 치명적이라 할 정체성 정치의 주된 부화 기구이자 조달 장치로 변모했다. 최근에는 그런 사고 양식이 기업 세계에까지 널리 확산했다. 구글에서 일어난 제임스 다모어James Damore 사건이 비근한 예다. 구글의 직원이던 그는 대체로 정확한 사회과학적 연구 결과에 기반을 둔 성차 관련 코멘트를 유포했다는 이유로 해고되었다.[120]

대학은 공공 정책 논쟁에서 증거에 대한 공정한 심판관으로서의역할을 방기하고 있다. 이를 강하게 암시해 주는 것은 대학 행정가와교수들이 미국의 2016년 대선 이후 부적절한 당파적 입장을 내비친숱한 사건들이었다.[121] 미국 전역의 수많은 교육자들이 수업을 취소했으며, 어떤 이들은 강의실에서 선거결과에 대해 열변을 토했다. 미시간 대학 총장 마크 슐리셀Mark Schlissel은 선거가 있고 나서 그 결과에속상해하는 학생들을 '달래기' 위해 '철야 농성somber vigil*'에 참석했다. 그런데 그는 대통령 당선자를 공격함으로써 도리어 학생들의 실망감과 분노에 불을 지폈다.[122] 이는 공공 기관의 일부에서 이루어진

---

* 원래 'vigil'은 특히 밤에 아프거나 죽어가는 사람과 함께 있기 위해, 시위를 하기 위해, 혹은 기도를 하기 위해 자지 않고 깨어 있는 것을 말한다. somber는 '우울한, 침울한'이라는 뜻이므로 'somber vigil'은 '침울한 밤샘 농성'쯤이 되겠다.

행동치고는 더없이 부적절한 것이다. 그런 일이 인구 대다수가 슐리셀 총장이 취한 정치적 입장과는 다른 투표를 행사한 주에서 그 주 기관의 대표에 의해 저질러졌다니 참으로 아이러니하다.

기관에서 부적절한 행동이 이루어진 예를 시간순으로 정리한 캠벨과 매닝[123]은 대학이 제임스 핸킨스[124]가 기술한 티핑포인트tipping point*에 이르렀음을 시사한다. "어느 비정치적 기관에 속한 당신의 동료들 모두가 자유주의자(혹은 여하한 종류의 정치적 급진주의자)라면, 그 기관을 정치적으로 만들고자 하는 유혹, 그 기관의 힘을 본래의 공식 목적과 관계없는 정치적 목적을 달성하는 데 사용하고자 하는 유혹은 거부하기 힘든 것이 된다." 이렇듯 거부할 수 없는 유혹에 굴복한 결과, 우리는 와인스타인이 경고한 지점에 도달했다. 그는 "대학이 탐구보다 이념의 손을 들어 주게 된 데 따른 피치 못할 결과가 바로 과학적 회의주의다"라고 경고했다.

대학이 교수들로 하여금 정치적으로 격론을 부르는 영역에서 '정치적으로 올바르지 않은politically incorrect' 결론에 대해 출간하는 일을 직업적으로 어렵게 만들어 버리면 어떻게 될까? 대중들은 대학의 분위기가 정치적 찬반이 팽팽한 다른 영역에서도 증거를 왜곡하고 있다고 의심할 것이다. 대학교수들이 부르주아 가치관을 고취하면 가난한 이들에게 이로울 수 있다고 주장하는 글을 쓴 동료에게 제재를 가해야 한다고 들고 일어섰다.(에이미 왁스 사건)[125] 이런 모습을 지켜본 대중들은 당연히 대학교수들이 진행한 빈곤이나 소득 불평등에 관한 연구에 대해서도 회의적인 눈길을 보낼 것이다. 한 교수가 트랜스 인종

---

* 초과할 경우 거대한 변화를 초래할 수 있는 한계점.

주의tranracialism와 트랜스 젠더주의transgenderism의 개념을 비교한 논문을 학술 잡지에 발표하자, 수십 명의 동료 교수가 그 논문의 철회를 요구하는 공개 서한에 서명했다. (레베카 투벨Rebecca Tuvel 사건)[126] 대중들이 이를 바라보며 자녀 양육, 결혼, 입양 등 시비 논란이 분분한 주제를 다룬 대학의 연구들에 대해 의심한다고 해서 그들을 비난하기는 어렵다. 대학교수들이 양성 간의 관심사 차이에 관한 증거를 논의한 누군가를 인터넷에서 우르르 몰려가 공격했다. (제임스 다모어 사건)[127] 이럴 경우 대중들이 기후 변화와 관련해 대학에서 나온 연구에 대해 회의를 드러낸다 해도 하등 이상할 게 없다. 한마디로 이제는 오직 민주당 지지자만이 대학의 연구를 철석같이 믿는다는 것, 그리고 공화당 지지자와 무당파는 그것을 훨씬 미심쩍어한다는 것에 우리는 놀라지 않는다.[128]

요컨대, 정체성 정치의 좌파 구성원은 대학 내에서 특정 연구 결과들을 금기시하는 데 성공했다. 그리고 그 어떤 교수(특히 종신 재직권이 없는 교수나 젊은 교수들)도 그들이 싫어하는 결론에 대해 출간하거나 공개적으로 소개하기가 극도로 어려워지게끔 만들었다. 대학교수들은 이제 수많은 주제에 대해 자기 검열하느라 바쁘다.[129] 정체성 정치 이념은 자신들이 탐탁하게 여기지 않는 견해를 억누르는 캠퍼스 전쟁에서 승리를 거두었다. 하지만 그렇게 정치화한 대학교수와 학생들(그리고 대학 행정가도 점차 많아지고 있다)은 그 승리를 얻기 위해 어떤 대가를 치렀는지 제대로 깨닫지 못하는 눈치다. 자신들이 대중들로 하여금, 당연한 일이지만, 이제 논쟁적 주제에 대해 대학에서 나온 그 *어떤* 결론도(심지어 그 이데올로그들이 지지하는 정치적 입맛에 맞는 결론조차) 의심하도록 만들었다는 것을 말이다.

정체성 정치가 결론을 미리 정해 놓은 대학에서, 논쟁적인 온갖 주제에 관한 연구들은 결코 더는 믿을 만한 게 못 된다. 이민, 인종 프로파일링racial profiling*, 동성애자 결혼, 소득 불평등, 대입과 관련한 편견과 차별, 성별 차이, 지능 차이 등 그 목록은 수없이 많다. 어떤 문화가 다른 문화들보다 인류의 번영을 더욱 촉진하는지 여부, 남성과 여성은 관심사와 성향이 서로 다른지 여부, 문화가 빈곤율에 영향을 미치는지 여부, 지능이 부분적으로 유전될 수 있는지 여부, 성별 임금 격차가 주로 차별보다 다른 요소들 때문인지 여부, 인종 기반 입학 정책이 몇 가지 뜻하지 않은 결과를 낳았는지 여부, 전통적 남성성이 사회에 도움을 주는지 여부, 범죄율이 인종 간에 다른지 여부, 이 모두는 오늘날의 대학들이 미처 조사가 이루어지기도 전에 결론부터 내려놓은 주제들이다.[130] 즉 크론먼[131]이 밝힌 바와 같이, 학계 밖에서는 수많은 사람들이 그러한 주제에 대해 치열하게 토론을 벌이고 있는데, "대학이라는 철옹성 안에서는 그렇게 하는 것이 고립과 불명예를 자초하는 일이다."

대중들은 대학이 어떤 주제에 대해 승인된 입장을 가지고 있다는 사실을 알아차릴수록, 대학에서 나오는 연구 결과에 대해, 꽤나 합리적이게도, 점점 더 신뢰를 잃어 간다. 대학에서 칼 포퍼Karl Popper** 식의 사고를 훈련받은 우리 모두가 알고 있듯이, 연구의 증거가 명제를 과학적으로 지지하려면, 명제는 그 자체로 '반증 가능성falsifiability'을

---

* 피부색·인종 등을 기반으로 용의자를 추적하는 수사 기법.

** (1902~1994) 20세기에 가장 영향력 있던 과학철학자로 손꼽히며, 사회 및 정치철학 분야에서도 많은 저술을 남겼다. 고전적인 관찰-귀납의 과학 방법론을 거부하고 과학자가 개별적으로 제시한 가설을 경험적 증거가 결정적으로 반증하는 방법을 통해 과학이 발전한다고 주장했다.

지녀야 한다. 이는 즉 틀렸음을 증명할 수 있어야만 과학적 명제가 될 수 있다는 뜻이다. 하지만 대중들은 대학에서 정체성 정치와 관련한 수많은 주제의 경우 선호하는 결론이 사전에 나와 있는지라, 열린 연구를 통해 그것이 거짓임을 입증하는 일이 더는 용납되지 않고 있음을 서서히 깨달아 가고 있다. 이제 대학 안에는 탐구inquiry보다 옹호 advocacy에 힘쓰는 '고충 연구grievance studies' 학과라 부를 만한 분야들이 자리 잡고 있다.[132]* '반증 가능성 마인드셋'을 지닌 학생이 그런 학과에 들어가면 누구라도 궤도를 이탈하게 될 것이다. 그들 학과에서 나온 특정 명제에 관한 결론이 과학적으로 쓸모없으리라는 것은 자명하다. 만약 대학교수들이 억압적인 분위기, 즉 어떤 주장 A에 반대하는 것을 저지하거나, A에 반하는 데이터를 제시했다는 이유로 명성에 씻을 수 없는 타격을 입히는 분위기를 조성한다면, 그들은 주장 A를 지지하는 데이터의 가치마저 깎아내리는 셈이다.[133]

이렇듯 정체성 정치는 학계가 제출한 공공 정책의 증거를 믿을 수 없는 것으로 만들어 버렸다.[134] 공공 정책 문제를 심판하는 방편으로

---

* 고충 연구(grievance studies)는 헬렌 플럭로즈(Helen Pluckrose), 제임스 린지(James A. Linsay) 그리고 피터 보고시안(Peter Boghossian), 이렇게 3명의 저자가 2017년~2018년 모종의 프로젝트를 추진하면서 만들어 낸 표현이다. 그들은 가짜 논문을 써서 출간하기로 계획한다. 여러 학문 분야의 기준을 무너뜨리는 비과학적이고 형편없는 학계의 풍토를 폭로하기 위해서다. 그들은 성, 페미니스트, 인종, 성적 취향, 비만, 퀴어, 문화연구, 사회학 등과 관련한 가짜 논문을 작성해서 그것들이 동료 평가를 통과하고 출간될 수 있는지 알아보았다. 결국 그중 여러 편이 출간되었는데, 그들은 이 결과를 학계에 대한 자신들의 비판을 뒷받침하는 근거로 삼았다. 그들에 따르면 '고충 연구'란 '사회적 고충(social grievance)'을 객관적 진실보다 우선시하고 특정 결론만 허용하는 학문 분야를 지칭한다. 좌파이자 진보주의자라고 스스로 밝힌 세 저자가 이 프로젝트를 시도한 까닭은 정체성 정치 기반의 학계 풍토가 끼치는 해악을 인식하도록 돕기 위해서다.

서 대학이 내놓은 증거들에 대한 신뢰 상실은, 학계 자체의 행정 구조 안에서 비과학적 관행이 널리 퍼져 나가도록 허용해 왔다는 인식이 커지면서 더욱 악화하고 있다. 최근에 수많은 대학 정책은 정책 과제를 밀어붙이기 위해 '미세 공격microaggression*' '혐오 표현hate speech' '강간 문화rape cultur**' '사회 정의social justice' 그리고 '백인 특혜white privilege' 같은 용어를 사용해 왔다. 이 용어들 중 그 어느 것 하나 가장 기본적인 과학의 기준—즉 공통의 측정 절차 면에서 최소한도로 동의된 조작적 정의를 가진다—조차 충족하지 못하고 있음에도 불구하고 말이다. 일례로 '혐오 표현'에는 최소한으로 동의된 정의가 존재하지 않는다.[135] 그리고 조지 오웰George Orwell 식의 '편견 대응반'이 캠퍼스를 타깃 삼는 것 가운데 하나인 '미세 공격' 역시 일관된 조작적 정의가 없는, 개념적으로 혼란스러운 용어다.[136] 스콧 릴리언펠드[137]는 미세 공격이 적절한 근거를 가지려면, 즉 그것을 단지 정치적 무기로서의 현재 지위로부터 행동과학적 개념으로 변화시키려면, 무엇이 필요한지 철저히 규명했다. 하지만 그렇게 하기 위한 노력은 거의 이루어지지 않았다.

실제로 오늘날 대학에서 주도적인 도덕적 원칙이자 정책적 개념인 '다양성'은 제대로 정의되지 않은 모호한 상태로 남아 있다. 게다가 교육적 목적보다 정치적 목적에 쓰이고 있다. 아마도 그 용어가 기이하게도 1978년 '캘리포니아 대학 이사진 v. 배키' 소송에서 대법원

---

* 소외된 집단의 구성원을 향해 미묘하지만 해로운 언어적·비언어적, 의식적·무의식적 차별을 저지르는 것.

** 1970년대에 미국에서 2세대 페미니스트들이 내건 주요 개념으로, 리베카 솔닛(Rebecca Solnit)은 그에 대해 '강간이 만연한 환경, 미디어와 대중 문화가 여성에 대한 성폭력을 규범화하고 용인하는 환경'이라고 정의한다.

판사 루이스 포웰Lewis Powell이 밝힌 균형을 깨는tie-breaking 견해 속의 대학 개념에 기원을 두고 있어서일 것이다.[138]* 그리고 대학 내에서 사용된 다양성 개념은 기괴할 정도로 왜곡된 결과, '입시 공정을 바라는 학생들 v. 하버드[139]' 소송에서 하버드가 사실상 (말로는 아니었지만) 자기 입장을 방어하기 위한 근거로 삼는 지경에까지 이르렀다. 즉 하버드 대학 측은 입학 과정에서 아시아계 미국인을 *차별 대우*하는 것은 다양성이라는 도덕적 개념에 입각한 조치라고 주장한 것이다.** 하버드는 자교의 입시 정책에서 인종을 감안하는 것이 학생의 입학 가능성에 "도움이 되면 되었지 해가 되지는 않는다"는 궤변을 늘어놓기까지 했다.[140] 물론 우리는 심지어 고등학생조차 제로섬 입학이라는 맥락에서 이런 주장은 웃기는 소리임을 대번에 알아차리리라 생각한다. 결국 우리는 비논리적인 주장을 펼치면서 조작적으로 정의되지 않은 모호한 용어를 옹호하는 명문 대학의 모습을 본다. 이런 마당이니 제 잇속만 차리는 우리편 편향에 일상적으로 젖어 있는 기관들에서 나온, 긴급 현안에 관한 연구 결과를 대중들이 신뢰하지 못한다고 해서 그들을 나무라기란 어렵다.

---

* 앨런 배키(Allan Bakke)라는 백인이 본인보다 성적이 나쁜 흑인 학생들 때문에 자신의 의과대학 입학이 두 번 연거푸 거부당한 것은 불법이라며 캘리포니아대학 이사진을 상대로 소송을 제기했다. 이 소송에서 대법원 판사 루이스 포웰은 그의 입학은 허용되었어야 옳았지만, 입학 결정에서 인종을 고려하는 것이 잘못은 아니라는 판결을 내렸다. 그의 판결은 '약자 보호 정책'의 기조를 유지하는 데는 찬성했다. 그러나 그 과정을 통해 입학에서의 인종과 평등 문제에 대한 대학의 생각을 바꿔 놓았다. 이 일로 이후 40년 동안 약자 보호 정책을 둘러싸고 논쟁이 이어졌다.

** 워낙 똑똑하고 학업 성과가 좋은 것으로 유명한 아시아계 미국인 학생들을 차별 대우하지 않으면, 그들이 차지하는 비율이 턱없이 높아져서 결국 하버드가 지향하는 다양성을 해치게 된다는 논리.

대학에서 볼 수 있는 대대적인 지식인의 임무 방기는 우리가 바라고 희망했을 법한 모습과는 확연히 다르다. 우리는 대학이 학생들에게 우리편 편향을 부채질하는 지적 전략에 관해 가르친 다음, 학생들이 그런 전략을 사용하지 않도록 거들어 주는 분위기를 조성해 줬으면 하고 바란다. 하지만 대학이 의사소통 공유지로서의 책무에 거듭 실패함에 따라 너무나 빈번하게 그와는 정반대 상황이 펼쳐지고 있다.

'격차 오류disparity fallacy[141]'를 예로 들어 보자. 격차 오류란 정체성 정치의 피해자 집단 가운데 하나에 불리하게 여겨지는 결과 변수에서의 어떤 차이는 필경 차별 때문이라는 생각이다. 이 오류는 정치적 토론과 일반적 언론에서 수시로 제기된다. 실제로 최근에는 〈뉴욕타임스〉가 그 오류를 가장 열렬하게 고취하는 언론인 것 같다. 정보가 넘쳐나는 오늘날 환경에서, 당신의 소속 집단이 피해자처럼 보이게 만드는 격차를 발견하기는 쉽다. 따라서 격차 오류는 우리편 편향의 주요 원천으로 자리 잡았다. 대학은 이 오류가 불을 지른 우리편 논증들의 수를 줄이는 데 기여할 수도 있었을 것이다. 심리학과·사회학과·정치학과·경제학과에서 격차를 차별이 아닌 다른 변수들에 의해 설명할 수 있는지 여부를 검증하는 데 필요한 온갖 도구(회귀분석, 인과 분석, 교란 변수 탐지)를 보유하고 있으니 말이다. 하지만 대학은 격차 오류를 줄이기 위해 이러한 도구를 부지런히 활용하는 대신, 너무나 흔하게도 그 오류의 조달자 노릇을 자처하고 있다. 물론 이는 특히 확산 일로인 '고충 연구 학과'에 해당하는 말이다. 그러나 심리학과·사회학과 등 그보다 사정이 좀 나아야 하는 정통 학과들 역시 크게 다를 바 없다.

예컨대 우리는 '정치' 운동이 동일 노동에 대해 여성의 임금이 남성의 77퍼센트(또는 79퍼센트, 81퍼센트 등 수치는 저마다 다르다)에 그친다는 잘못된 주장을 펼칠 때면 그리 크게 놀라지 않는다. 하지만 수많은 대학생들이 77퍼센트라는 수치를 실제로 '대학'에서 배운 통찰력 있는 내용의 하나라고 생각하면서 대학 문을 나선다는 것은 정말이지 말도 안 되는 일이다. 우리 사회에서는 '성별 임금 격차'를 인식하는 것이 심지어 문화적 세련도를 나타내는 징표로까지 받아들여지고 있다. 이는 마치 젊은이가 술집에서 자신이 대학을 나왔다는 사실을 증명하려고 잽싸게 본인의 성기를 드러내 보이는 격이다. 얼토당토않은 것이다.

물론 77퍼센트라는 유사 사실factoid*은 격차 오류를 보여 주는 하나의 예다. 77퍼센트는 단순히 모든 근로 여성의 평균 수입을 모든 근로 남성의 평균 수입으로 나눠서 얻은 결과다. 여성이 그 수치가 더 낮다는 사실은 그 자체로는 여성이 동일 노동에 대해 임금을 덜 받는다는 것을 말해 주지 않는다. 그저 대단히 상이한 이력을 가진 서로 다른 2개의 인구 집단에서 다양한 직종에 걸쳐 평균 낸 총소득을 말해 줄 따름인 것이다. 그 수치가 차별이 개입해 있다는 가설과 모순되지 않으려면, 그것을 (앞서 언급한 모든 사회과학 학과에서 흔히 쓰는 회귀 분석 기법을 이용하여) 직업 선택, 이력, 정확한 근무 시간, 자질, 초과 근무 수당, 비임금 부가 혜택benefits**에 대한 포기 의사, 단기 통보 노동에 임할 의향 등 더없이 다양한 요소를 고려해서 보정해야 한다. 통계적으로 이런 통제 요소들을 적용하면 이른바 성별 임금 격차는 거의 사라진다. 77퍼센트는 정치적 맥락에서는 귀가 따갑게 들을 수 있는 주장

---

* 근거가 없는데도 자꾸만 활자화됨으로써 사실로 여겨지는 것.

** 고용인이 고용주로부터 임금 외에 추가적으로 받는 현금·현물·서비스 따위를 말한다. 대략 '복리후생'과 같은 의미.

이다. 하지만 그것이 임금률에서의 성적 차별 때문임을 보여 주는 강력한 증거는 없다. 기후 변화에 관한 공적 오보를 바로잡는 데는 열성인(물론 나는 이것이 올바르다고 생각한다) 대학교수들이 전통적 언론과 정치 운동에서 흔히 볼 수 있는 이런 유의 잘못된 정보를 바로잡고자 노력하는 데에는 훨씬 덜 적극적이다.

격차 오류는 경찰에 의해 살해당하는 아프리카계 미국인이 불균형할 정도로 많다는 주장에서도 드러난다. 이 주장은 정치적으로는 매우 유용한 것으로 밝혀졌다. 하지만 역시나 전반적인 범죄율, 경찰과 마주치는 빈도 등의 요소들에 의한 보정을 거치지 않은 통계를 사용한 결과다. 적절한 기준율을 활용해 계산하면, 데이터는 경찰이 아프리카계 미국인에게 총격을 가해 살해할 가능성이 백인에게 그렇게 할 가능성보다 높지 않음을 보여 준다.[142] 하지만 역시나 격차를 차별의 직접적 지표로 써먹는 것이 정치적으로는 쓸모가 있기에, 격차에 관한 주장은 언론에서 끊임없이 되풀이된다. 더군다나 그런 오류를 드러내고 거기서 비롯된 추론을 바로잡는 데 필요한 분석적 도구를 가르치고 있으리라고 사람들이 기대하는 대학의 학과들까지 어김없이 그 추세를 따르고 있다. 이 사실이야말로 우리를 한없이 울적하게 만든다.

격차 오류는 오늘날 우리편 주장을 낳는 당파적 논쟁에서 주되게 쓰이는 도구들 가운데 하나다. 우리편 편향과 싸울 도구를 제공해 주고 있어야 마땅한 대학이 그에 편승하고 있다는 사실이야말로 대학이 우리편 편향으로 얼룩진 공적 의사소통 공유지를 정화하는 데 실패하는 또 한 가지 이유다. 예컨대 당신은 대학교수 대부분이 탐구 역할보다 옹호 역할에 힘쓰는 학과, 연구소, 그리고 센터들을 제도화하는 조치가 나쁜 발상이라는 데 동의하리라고 생각할 것이다. 그리고 당연히 그 옹호라는 덫은 고층 연구 학과의 정당성 정치에만 국한하지 않으리라 여길 것이다. 그 덫에 빠진 연구자들로서는 종교를 탐구하는 쪽에서 옹호하는 쪽으로, 경제 제도를 탐구하는 편에서 옹호하는 편으로 전락하기가 쉽다. 하지만 연구의 목적이 옹호 쪽으로 기우는 이 모든 경우에서 대학은 지지를 철회해야 한다. 그리고 연구가 시작되기 전에 이미 결론이 나와 있지 않은, 열린 탐구의 장으로서 본래 임무를 재확인하고 강화해야 한다.

대학 내의 지적 단일 문화를 성토하는 이들 가운데 이념 스펙트럼 전반에 걸쳐 공정 비율로 의무 고용하는 쿼터제를 바라는 사람은 없다. 실제로 이런 비판론자 대부분은 이념적 쿼터제를 인종적 쿼터제만큼이나 질색할 것이다. 하지만 오늘날 대학 내에는 공식적인 이념 동조 기제들이 존재한다. 너무 터무니없는 우리편 편향의 엔진이라서 그것을 심각한 제도적 실책이라고 보는 일반적 합의가 이루어지고 있을 정도다. 바로 더 높은 단계로의 승진뿐 아니라 진입 단계의 교수직 지원에도 요구되는 다양성 진술서, 평등 진술서, 포용성 진술서 따위가 그러한 예다.

현재의 대학교수나 그 잠재적 후보군은 '다양성 진술서'를 제출하라는 요청을 받으면, '다양성'을 *지적* 다양성으로 해석해선 안 된다는 것을 명확히 꿰뚫고 있다.[143] 리 주심(2019a)[144]은 '다양성 진술서'는 사회 정의라는 미명 아래 숨은 사실상의 정치적 차별이라고 주장한다. 그러면서 우리에게 자신이 제출할 법한 '다양성 진술서'에 대해 한번 상상해 보라고 권유한다. 그가 언론의 자유와 강의실에서의 검열에 대해 논의한 점, '헤테로독스 아카데미' 회원이라는 점, '교육에서 개인의 권리를 위한 재단FIRE'에서 강연한 점, 〈월 스트리트 저널〉〈퀼렛〉〈아레오Areo〉에 학계의 불관용을 비판하는 글을 실은 점, 학자들 사이의 정치적 불관용에 대해 연구하고 있는 점 등을 강조한 '다양성 진술서'를 말이다. 모두가 알고 있다시피, 오늘날의 대학에서 새로운 교수직을 얻거나 승진을 하는 데서 이런 유의 '다양성 진술서'를 제출하는 후보는 바로 부적격자 취급을 받는다. 이렇게 해서 이제 대학들은 주심(2019a)의 말마따나, "기본적으로 사회 정의 활동주의에 대한 헌신을 공공연히 자처하는 이들을 요구하고 있다."

또한 대학교수들은 '다양성'을 학계에 다양성을 조성한다는 식의 고전적이고 낡은 의미로 해석하면 안 된다는 것도 간파하고 있다. 즉 마틴 루터 킹 2세가 구현한 '공동의 인간 정체성 정치'로 해석하면 안 된다는 것을 말이다. 그에 따르면 대학교수들은 자신의 수업에서 모든 종류의 학생들과 모든 종류의 관점을 편견 없이 공명정대하게 포괄하려 노력한다. 이런 식의 고전적 틀로 다양성 진술서를 작성한 교수 지원자는 캘리포니아 대학 시스템*이 그 진술서에 적용하는 채점 규정집에 따르면, 형편없는 점수를 받게 된다. 그 규정집에 의거할 때, '나는 나의 연구실에 온갖 배경의 학생들이 참여하는 것을 언제나 환영하고 요청하며, 사실 여러 명의 여성을 지도해 왔다'는 내용을 담은 진술서는 채점 범주에서 *최하* 점수를 받는다. 마찬가지로 "다양성은 과학에 중요하다"도 최하 점수 범주에 든다. 반면 "민족, 사회 경제적 배경, 인종, 성별, 성적 취향 등 상이한 정체성에서 비롯된 여러 차원의 다양성에 대한 관심 …… *개인적 경험*을 통해 이런 이해에 도달할 수 있다"(이탤릭은 저자)유의 내용이 담기면 최고 점수를 받는다. 아비

---

* 캘리포니아주 전역에 포진한 UC버클리 등 10개 주립 대학 시스템.

296

가일 톰슨(2019)의 주장에 따르면, 이 규정집은 사람들을 집단의 대표자가 아니라 개인으로 대하라는 고전적인 진보적 교리를 고수하는 사람은 벌한다. 그러면서 '후보자들은 필히 특정 정치 이념, 즉 사람들을 고유한 개인이 아니라 그들의 성이나 민족적 정체성을 대표하는 존재로서 간주하는 데 기반을 둔 정치 이념을 지지해야 한다'고 강조한다.

이런 채점 규정집은 다양성 진술서가 현재 혹은 미래 교수진이 '공동의 적 정체성 정치'의 기본원리―즉 미국에서 많은 인구 통계 집단이 다른 집단들에 의해 억압당하고 있다―를 수용하느냐 여부, 그리고 그의 정치 신념이 비판적 인종 이론critical race theory[145]의 정치 신념과 일치하는지 여부를 판가름하려는 것임을 말해 준다. 다양성 진술서는 탐구를 육성하기보다 차단하려는 시도다. 열린 탐구에 헌신하는 기관에서 모종의 역할을 담당해야 하는 다른 수많은 사회 이론을 억누르고, 오직 하나의 특정 사회 이론만을 지지하도록 대학교수들에게 강요하기 때문이다. 대학교수들은 경쟁하는 수많은 대안이 있음에도 단 하나의 특정 사회 이론에 충성을 맹세하지 않을 수 없다. 이러한 다양성 진술서는 심지어 1950년대의 충성 서약loyalty oath*보다도 더 권위적인 방식이다.

과거에 대학의 필수 요소sine qua non는 특정 신념의 주입이 아닌 열린 탐구였다. 다양성 진술서가 도입되면서 대학의 목표는 이제 부족적인 것으로 달라졌다. 교수에게도 학생에게도 특정 정치적 내용에 대한 충성을 요구하는 것 말이다. 만약 주립 대학이 다양성 진술서의

---

* 　보통 강제적으로, 공직 취임자가 반체제 활동을 하지 않겠다고 서약하는 것.

제출 요구를 중단하지 않으면, 주 입법부가 나서서 그들이 그렇게 할 때까지 지원금을 끊어야 한다. 대학 행정가나 교수 조직은 나의 권고를 대학이라는 제도 전체에 대한 공격으로 받아들일 수도 있다. 하지만 그렇지 않다. 주립 대학이 다양성 진술서 제도를 철폐하도록 강제하는 것, 그리고 희망컨대, 주립 대학이 그렇게 할 때 그 예를 사립 대학이 따르도록 설득하는 것, 이는 대중들이 모든 대학을 본연의 임무로 되돌아가도록 이끄는 주효한 시도다. 오직 그래야만 대학은 우리의 공적 의사소통 공유지를 파괴하는 우리편 편향을 저지할 수 있다.

감사의 글

1   Macpherson, R., and Stanovich, K. E. 2007. Cognitive ability, thinking dispositions, and instructional set as predictors of critical thinking. *Learning and Individual Differences* 17 (2): 115 – 127.
    Stanovich, K. E., and West, R. F. 2007. Natural myside bias is independent of cognitive ability. *Thinking & Reasoning* 13 (3): 225 – 247.
    Stanovich, K. E., and West, R. F. 2008a. On the failure of intelligence to predict myside bias and one-sided bias. *Thinking & Reasoning* 14 (2): 129 – 167.
    Toplak, M. E. and Stanovich, K. E. 2003. Associations between myside bias on an informal reasoning task and amount of post-secondary education. *Applied Cognitive Psychology* 17 (7): 851 – 860.

2   Stanovich, K. E., West, R. F., and Toplak, M. E. 2013. Myside bias, rational thinking, and intelligence. *Current Directions in Psychological Science* 22 (4): 259 – 264.

3   Stanovich, K. E., West, R. F., and Toplak, M. E. 2016. *The rationality quotient: Toward a test of rational thinking*. Cambridge, MA: MIT Press.

1장

1   Edwards, K., & Smith, E. E. 1996. A disconfirmation bias in the evaluation of arguments. *Journal of personality and social psychology*, 71 (1), 5.
    Toplak, M. E. and Stanovich, K. E. 2003.

2   Ditto, P., Liu, B., Clark, C., Wojcik, S., Chen, E., Grady, R. et al. 2019a. At least bias is bipartisan: A meta-analytic comparison of partisan bias in liberals and conservatives. *Perspectives on Psychological Science* 14 (2): 273 – 291.

3   Taber, C. S., and Lodge, M. 2006. Motivated skepticism in the evaluation of political beliefs. *American Journal of Political Science* 50 (3): 755 – 769.

4   Babcock, L., Loewenstein, G., Issacharoff, S., and Camerer, C. 1995. Biased judgments of fairness in bargaining. *American Economic Review* 85 (5): 1337 – 1343.

5   Kahan, D. M., Hoffman, D. A., Braman, D., Evans, D., and Rachlinski, J. J. 2012. "They saw a protest": Cognitive illiberalism and the speech-conduct

distinction. *Stanford Law Review* 64 (4): 851 – 906.

6   Westen, D., Blagov, P., Kilts, C., and Hamann, S. 2006. Neural bases of motivated reasoning: An fMRI study of emotional constraints on partisan political judgment in the 2004 U.S. presidential election. *Journal of Cognitive Neuroscience* 18 (11): 1947 – 1958.

7   Kuhn, D., and Modrek, A. 2018. Do reasoning limitations undermine discourse? *Thinking & Reasoning* 24 (1): 97 – 116.

8   Bolsen, T., and Palm, R. 2020. Motivated reasoning and political decision making. In W. Thompson, ed., *Oxford Research Encyclopedia, Politics*. doi:10.1093/acrefore /9780190228637.013.923. https://oxfordre.com/ politics/politics/view/10.1093/acrefore/9780190228637.001.0001/acrefore‐9780190228637‐e‐923

Clark, C. J., Liu, B. S., Winegard, B. M., and Ditto, P. H. 2019. Tribalism is human nature. *Current Directions in Psychological Science* 28 (6): 587 – 592.

Ditto, P., Liu, B., Clark, C., Wojcik, S., Chen, E., Grady, R. et al. 2019a.

Epley, N., and Gilovich, T. 2016. The mechanics of motivated reasoning. *Journal of Economic Perspectives* 30 (3): 133 – 140.

Hart, W., Albarracin, D., Eagly, A. H., Brechan, I., Lindberg, M. J., and Merrill, L. 2009. Feeling validated versus being correct: A meta‐analysis of selective exposure to information. *Psychological Bulletin* 135 (4): 555 – 588.

Mercier, H. 2017. Confirmation bias — Myside bias. In R. Pohl, ed., *Cognitive illusions*, 2nd ed., 99 – 114.

New York: Routledge.

Taber, C. S., and Lodge, M. 2006.

9   Hastorf, A. H., and Cantril, H. 1954. They saw a game: A case study. *Journal of Abnormal Psychology* 49 (1): 129 – 134.

10   Kahan, D. M., Hoffman, D. A., Braman, D., Evans, D., and Rachlinski, J. J. 2012.

11   캐헌, 호프먼 외(2012)는 실제로 단순한 보수적인·자유주의적인 사회적 태도보다 좀더 복잡하고 다차원적인 정치적 태도를 측정했다. 하지만 나는 여기에 기술하려 는 목적에서 그들의 논의를 단순화하고 있다.

12   Beyth‐Marom,R., and Fischhoff, B. 1983. Diagnosticity and pseudodiagnositicity. *Journal of Personality and Social Psychology* 45 (6): 1185 – 1195.

13   Klayman, J. 1995. Varieties of confirmation bias. *Psychology of Learning and Motivation* 32:385 – 417.

14   Evans, J. St. B. T. 1989. *Bias in human reasoning:Causes and consequences*. Hove, UK: Erlbaum.

Beyth‐Marom, R., and Fischhoff, B. 1983. Diagnosticity and pseudodiagnositicity. *Journal of Personality and Social Psychology* 45 (6): 1185 – 1195.

Hahn, U., and Harris, A. J. L. 2014. What does it mean to be biased: Motivated reasoning and rationality. In B. H. Ross, ed., *Psychology of Learning and Motivation*, 61:41 – 102. Academic Press.

Klayman, J., and Ha, Y. 1987. Confirmation, disconfirmation, and information in hypothesis testing. *Psychological Review* 94 (2): 211 – 228.

Nickerson, R. S. 1998. Confirmation bias: A ubiquitous phenomenon in many guises. *Review of General Psychology* 2 (2): 175 – 220.

15   Baron, J. 1985. *Rationality and intelligence*. New York: Cambridge University Press.

Klayman, J., and Ha, Y. 1987.

McKenzie, C. R. M. 2004. Hypothesis testing and evaluation. In D. J. Koehler and N. Harvey, eds., *Blackwell handbook of judgment and decision making*, 200 – 219. Malden, MA: Blackwell.

Mercier, H. 2017.

Oaksford, M. and Chater, N. 1994. A rational analysis of the selection task as optimal data selection. *Psychological Review* 101 (4): 608 – 631.

Oaksford, M., and Chater, N. 2003. Optimal data selection: Revision, review, and reevaluation. *Psychonomic Bulletin & Review* 10 (2): 289 – 318.

16   Bolsen, T., and Palm, R. 2020.

Kunda, Z. 1990. The case for motivated reasoning. *Psychological Bulletin* 108 (3): 480 – 498.

17   연구자들이 초기의 확증 편향 연구에서 조사한 것들 상당수는 선호하는 가설에 유리하도록 정보를 처리한다는 의미에서의 우리편 편향이 아니라, 그것의 비동기화된 요소에 관한 것이었다. 에번스(Evans 1989)의 긍정성 효과(positivity effects), 또는 클레이먼과 하(Klayman and Ha 1987)의 '긍정적 검증 전략(positive test strategy)'이 그 예다.) 확증 편향이라는 용어에는 아직도 문제가 많다. 일반 대중이 그것을 점점 더 많이 사용함에도 불구하고, 아니 아마도 그렇기 때문에 말이다. 때로 확증 편향은 내가 지칭하는 우리편 편향, 즉 선호하는 가설에 유리한 방식으로 정보를 처리하는 것과 동의어로 쓰이곤 한다. 여기서 주된 문제는 확증 편향이 반드시 우리편 편향의 의미를 함축하는 것은 아니라는 점이다.(Eil and Rao 2011; Mercier 2017) 중심 가설을 검증하는 추론자가 꼭 자신이 선호하는 가설에 유리한 방식으로만 정보를 처리하는 것은 아니기 때문이다.

18   인지과학에서 규범적(normative)이라 함은 '규범(norm)'의 의미에서 가장 흔한 반응을 뜻하는 게 아니라, 완벽한 합리성 모델에 따른 최적의 수행을 뜻한다는 데 유의하라.

19   Baron, J. 1985.

Klayman, J. 1995.

20   베이즈 정리가 포착한 가장 중요한 추론 원칙은 증거의 진단 능력(가능도비)에 대한 평가가 중심 가설을 지지하는 사전 확률비의 평가와 독립적으로 이루어져야 한다는 것이다. (아래 참조)

De Finetti, B. 1989. Probabilism: A critical essay on the theory of probability and on the value of science. *Erkenntnis* 31 (2-3): 169-223.

Earman, J. 1992. *Bayes or bust*. Cambridge, MA: MIT Press.

Fischhoff, B., and Beyth-Marom, R. 1983. Hypothesis evaluation from a Bayesian perspective. *Psychological Review* 90 (3): 239-260.

Howson, C., and Urbach, P. 1993. *Scientific reasoning: The Bayesian approach.* 2nd ed. Chicago: Open Court.

21 McKenzie, C. R. M. 2004.

22 심리학에서 '편향(bias)'을 둘러싼 혼란상에 대해 자세히 알아보려면 다음 논문을 참조하라.

Hahn, U., and Harris, A. J. L. 2014.

23 Evans, J. St. B. T. 2017. Belief bias in deductive reasoning. In R. Pohl, ed., *Cognitive illusions*, 2nd ed., 165-181. London: Routledge.

24 위와 같음.

25 Levin, I. P., Wasserman, E. A., and Kao, S. F. 1993. Multiple methods of examining biased information use in contingency judgments. *Organizational Behavior and Human Decision Processes* 55 (2): 228-250.

Stanovich, K. E., and West, R. F. 1997. Reasoning independently of prior belief and individual differences in actively open-minded thinking. *Journal of Educational Psychology* 89 (2): 342-367.

Stanovich, K. E., and West, R. F. 1998a. Individual differences in rational thought. *Journal of Experimental Psychology: General* 127 (2): 161-188.

Thompson, V., and Evans, J. St. B. T. 2012. Belief bias in informal reasoning. *Thinking & Reasoning* 18 (3): 278-310.

26 Mercier, H. 2017.

Stanovich, K. E., West, R. F., and Toplak, M. E. 2013.

27 Abelson, R. P. 1988. Conviction. *American Psychologist* 43 (4): 267-275.

28 위와 같음. 더욱 최근 논의로는 아래 논문을 참조하라.

Fazio, R. H. 2007. Attitudes as object-evaluation associations of varying strength. *Social Cognition* 25 (5): 603-637.

Howe, L. C., and Krosnick, J. A. 2017. Attitude strength. *Annual Review of Psychology* 68: 327-351.

29 Skitka, L. J., Bauman, C. W., and Sargis, E. G. 2005. Moral conviction: Another contributor to attitude strength or something more? *Journal of Personality and Social Psychology* 88 (6): 895-917.

30 Baron, J., and Spranca, M. 1997. Protected values. *Organizational Behavior and Human Decision Processes* 70 (1): 1-16.

31 Ditto, P., Liu, B., and Wojcik, S. 2012. Is anything sacred anymore? *Psychological Inquiry* 23 (2): 155-161.

Tetlock, P. E. 2003. Thinking the unthinkable: Sacred values and taboo cognitions. *Trends in Cognitive Sciences* 7 (7): 320 – 324.

32　Baron, J., and Leshner, S. 2000. How serious are expressions of protected values? *Journal of Experimental Psychology: Applied* 6 (3): 183 – 194.

Bartels, D. M., and Medin, D. L. 2007. Are morally-motivated decision makers insensitive to the consequences of their choices? *Psychological Science* 18 (1): 24 – 28.

33　Abelson, R. P. 1986. Beliefs are like possessions. *Journal of the Theory of Social Behaviour* 16 (3): 223 – 250.

Abelson, R. P., and Prentice, D. 1989. Beliefs as possessions: A functional perspective. In A. Pratkanis, S. Breckler, and A. Greenwald, eds., *Attitudes, structure, and function*, 361 – 381. Hillsdale, NJ: Erlbaum.

34　Abelson, R. P. 1988. Conviction. *American Psychologist* 43 (4): 267 – 275.

35　Fisher, M., and Keil, F. C. 2014. The illusion of argument justification. *Journal of Experimental Psychology: General* 143 (1): 425 – 433.
매튜 피셔와 프랭크 케일은 피험자가 논증을 통해 자기 신념을 정당화하는 본인의 능력을 평가할 때 그리 엄밀하지 않음을 발견했다. 우리편 편향 연구와 가장 관련이 깊은 연구 결과가 피셔와 케일의 것이다. 그들은 피험자의 신념이 확신에 가까우면 가까울수록 그가 스스로에 대한 평가에서 점점 더 엄밀하지 않아진다는 것을, 즉 그는 거의 언제나 실제로는 그럴 수 없을 때조차 자기 신념을 지지하는 충분한 논증을 할 수 있다고 믿는다는 것을 확인했다.

36　Bar-Hillel, M., Budescu, D., and Amor, M. 2008. Predicting World Cup results: Do goals seem more likely when they pay off? *Psychonomic Bulletin and Review* 15 (2): 278 – 283.

Ditto, P., and Lopez, D. 1992. Motivated skepticism: Use of differential decision criteria for preferred and nonpreferred conclusions. *Journal of Personality and Social Psychology* 63 (4): 568 – 584.

Lench, H. C., and Ditto, P. H. 2008. Automatic optimism: Biased use of base rate information for positive and negative events. *Journal of Experimental Social Psychology* 44 (3): 631 – 639.

37　우리편 편향과 희망적 사고가 둘 다 동기화된 추론을 다루는 일반적 문헌에 속해 있고 정보 처리 효과의 하위 범주인 점은 같다. 하지만 여러 면에서 서로 다르다. 희망적 사고는 미래의, 또는 미지의 결과가 우리 자신의 선호와 일치할 거라는, 즉 미래에 일어날 일은 정확히 우리가 일어나기를 원하는 일이라는 사고를 뜻한다. 반면 우리편 편향은 우리가 강력하게 고수하고 있는 신념, 즉 확신과 일치하도록 증거를 해석한다. 희망적 사고는 우리가 일어나기를 바라는 어떤 일에 관한 것인 반면(실용적 관심), 우리편 편향은 우리가 사실이기를 바라는 신념에 관한 것이다.(인식론적 관심)

38　자세한 사항은 아래 논문을 참조하라. Stanovich, K. E., and West, R. F. 2008b.

On the relative independence of thinking biases and cognitive ability. *Journal of Personality and Social Psychology* 94 (4): 672 – 695.

39 Feather, N. T. 1964. Acceptance and rejection of arguments in relation to attitude strength, critical ability, and intolerance of inconsistency. *Journal of Abnormal and Social Psychology* 69 (2): 127 – 136.

40 Gampa, A., Wojcik, S. P., Motyl, M., Nosek, B. A., and Ditto, P. H. 2019. (Ideo) logical reasoning: Ideology impairs sound reasoning. *Social Psychological and Personality Science* 10 (8): 1075 – 1083.

41 Wason, P. C. 1966. Reasoning. In B. M. Foss ed., *New horizons in psychology 1*. Harmondsworth,UK: Pelican.
피터 웨이슨(Peter Wason 1966)의 '4개 카드 선택 과업'의 추상적 버전에서는 피험자에게 책상 위에 놓인 직사각형 4개를 보여 준다. 연구자는 피험자에게 4장의 카드 각각에 한 면에는 문자가, 다른 면에는 숫자가 적혀 있다고 말한다. 그런 다음 '만약 문자 면에 모음이 적혀 있는 카드면 다른 면에는 짝수가 적혀 있다'는 규칙을 들려준다. 4개 카드 가운데 2개는 문자 면이 위로, 다른 2개는 숫자 면이 위로 올라와 있다. 피험자의 과업은 그 규칙이 옳은지 그른지 판단하기 위해 어떤 카드, 혹은 어떤 카드들을 뒤집어야 하는지 결정하는 것이다. 피험자가 보고 있는 4개 카드의 자극은 K, A, 8, 5다. 정답은 A와 5이다. 그 규칙이 거짓임을 보여 줄 수 있는 유일한 카드 2개이기 때문이다. 하지만 대다수 피험자는 'A와 8'이라는 오답을 고른다. (그들이 드러내는 것이 '매칭 편향(matching bias)'이다. 에번스(1989, 2010 참조) (부연 설명을 하자면, 규칙을 정확히 읽는 데 힌트가 있다. 규칙은 '문자 면에 모음이 적혀 있는 카드는 뒷면에 짝수가 적혀 있다'고만 말했지, 문자 면에 자음이 적혀 있는 카드에 대해서는 언급하고 있지 않다. 규칙에 따르면, 문자 면에 자음이 적혀 있는 카드의 뒷면에는 짝수도 홀수도 나올 수 있는 것이다. 따라서 숫자 면에 홀수가 적혀 있는 경우에만 문자 면이 자음이 된다. 그러므로 규칙의 참 거짓을 판별하려면 앞면이 8이 아니라 5인 카드를 골라야 한다.—옮긴이) 어떤 연구에서는 내용 관련 규칙이 쓰이기도 하고('메뉴의 한쪽에 생선류가 있으면, 다른 쪽에는 반드시 와인이 있다'), 어떤 연구에서는 행동을 요구하거나 금지하거나 허락하는 규칙이 사용되기도 한다. ('30달러 이상의 판매는 반드시 부서장의 승인을 받아야 한다.')

42 Dawson, E., Gilovich, T., and Regan, D. T. 2002. Motivated reasoning and performance on the Wason selection task. *Personality and Social Psychology Bulletin* 28 (10): 1379 – 1387.

43 Feather, N. T. 1964.

44 Gampa, A., Wojcik, S. P., Motyl, M., Nosek, B. A., and Ditto, P. H. 2019.

45 Dawson, E., Gilovich, T., and Regan, D. T. 2002.

46 Abelson, R. P. 1986.

47 Ditto, P., Liu, B., Clark, C., Wojcik, S., Chen, E., Grady, R. et al. 2019a.

48 Crawford, J. T., Kay, S. A., and Duke, K. E. 2015. Speaking out of both sides of their mouths: Biased political judgments within (and between) individuals.

Social Psychological and Personality Science 6 (4): 422 – 430.

49   Kopko, K. C., Bryner, S. M., Budziak, J., Devine, C. J., and Nawara, S. P. 2011. In the eye of the beholder? Motivated reasoning in disputed elections. *Political Behavior* 33 (2): 271 – 290.

50   Messick, D. M., and Sentis, K. P. 1979. Fairness and preference. *Journal of Experimental Social Psychology* 15 (4): 418 – 434.

51   Bazerman, M., and Moore, D. A. 2008. *Judgment in managerial decision making.* 7th ed. New York: John Wiley.

52   Babcock, L., Loewenstein, G., Issacharoff, S., and Camerer, C. 1995.

53   Stanovich, K. E., and West, R. F. 2008a.

54   Baron, J. 1995. Myside bias in thinking about abortion. *Thinking and Reasoning* 1 (3): 221 – 235.

55   Taber, C. S., and Lodge, M. 2006.

56   Edwards, K., and Smith, E. E. 1996. A disconfirmation bias in the evaluation of arguments. *Journal of Personality and Social Psychology* 71 (1): 5 – 24.

57   Lord, C. G., Ross, L., and Lepper, M. R. 1979. Biased assimilation and attitude polarization: The effects of prior theories on subsequently considered evidence. *Journal of Personality and Social Psychology* 37 (11): 2098 – 2109.

58   내가 '처음에 얼핏'라는 표현을 쓴 것은, 2장에서 확인하게 되겠지만 여기서의 규범적 이슈들이 언뜻 보는 것보다 한층 복잡하기 때문이다. (아래 참조)
     Hahn, U., and Harris, A. J. L. 2014.

59   Taber, C. S., and Lodge, M. 2006.

60   Lord, C. G., Ross, L., and Lepper, M. R. 1979.

61   Gerber, A. S., and Green, D. P. 1998. Rational learning and partisan attitudes. *American Journal of Political Science* 42 (3): 794 – 818.
     Hahn, U., and Harris, A. J. L. 2014. What does it mean to be biased: Motivated reasoning and rationality. In B. H. Ross, ed., *Psychology of Learning and Motivation*, 61:41 – 102. Academic Press.
     Kuhn, D., and Lao, J. 1996. Effects of evidence on attitudes: Is polarization the norm? *Psychological Science* 7 (2): 115 – 120.
     MacCoun, R. J. 1998. Biases in the interpretation and use of research results. *Annual Review of Psychology* 49:259 – 287.
     Munro, G. D., and Ditto, P. H. 1997. Biased assimilation, attitude polarization, and affect in reactions to stereotype-relevant scientific information. *Personality and Social Psychology Bulletin* 23 (6): 636 – 653.

62   Klaczynski, P. A., and Lavallee, K. L. 2005. Domain-specific identity, epistemic regulation, and intellectual ability as predictors of belief-based reasoning: A dual-process perspective. *Journal of Experimental Child Psychology* 92 (1): 1 – 24.

63   Perkins, D. N. 1985. Postprimary education has little impact on informal

reasoning. *Journal of Educational Psychology* 77 (5): 562 – 571.

64 Toplak, M. E. and Stanovich, K. E. 2003.
    Macpherson, R., and Stanovich, K. E. 2007.

65 Macpherson, R., and Stanovich, K. E. 2007.

66 사고실험은 경험적 증거와 무관하게 이것이 왜 그런지 암시해 줄 수 있다. 위험 (risk)과 이익(benefit)의 조합이 만들어 내는 4사분면을 생각해 보라. 칸 4개 가운 데 하나, 즉 고위험 저이익 활동은 자연적인 환경에서는 사람이 가장 적게 모일 것 이다. 흔히 이런 유형의 활동은 사람들이 채택하지 않으며 관계 당국도 금지한다. 이러한 활동은 위험 대비 이익의 비율이 현저히 낮으므로 대다수 환경에서는 배 제될 가능성이 크다. 고위험·저이익 사분면에 해당하는 사람들이 거의 없다면, 실 제 세상에서 위험과 이익의 결합분포는 분명 정적 상관관계를 보일 것이다. (아래 참조)
    Finucane, M. L., Alhakami, A., Slovic, P., and Johnson, S. M. 2000. The affect heuristic in judgments of risks and benefits. *Journal of Behavioral Decision Making* 13 (1): 1 – 17.

67 위와 같음.
    Slovic, P., and Peters, E. 2006. Risk perception and affect. *Current Directions in Psychological Science* 15 (6): 322 – 325.

68 위와 같음.

69 Stanovich, K. E., and West, R. F. 2008b.

70 Liu, B. S., and Ditto, P. H. 2013. What dilemma? Moral evaluation shapes factual belief. *Social Psychological and Personality Science* 4 (3): 316 – 323.

71 Finucane, M. L., Alhakami, A., Slovic, P., and Johnson, S. M. 2000.

72 Huemer, M. 2015. Why people are irrational about politics. In J. Anomaly, G. Brennan, M. Munger, and G. Sayre-McCord, eds., *Philosophy, politics, and economics: An anthology*, 456 – 467. Oxford: Oxford University Press.

73 Stanovich, K. E., and West, R. F. 1998b. Who uses base rates and P(D/~H)? An analysis of individual differences. *Memory & Cognition* 26 (1): 161 – 179.

74 Kahan, D. M., Peters, E., Dawson, E., and Slovic, P. 2017. Motivated numeracy and enlightened self-government. *Behavioural Public Policy* 1 (1): 54 – 86.

75 Washburn, A. N., and Skitka, L. J. 2018. Science denial across the political divide: Liberals and conservatives are similarly motivated to deny attitude-inconsistent science. *Social Psychological and Personality Science* 9 (8): 972 – 980.

76 Baker, S. G., Patel, N., Von Gunten, C., Valentine, K. D., and Scherer, L. D. 2020. Interpreting politically charged numerical information: The influence of numeracy and problem difficulty on response accuracy. *Judgment and Decision Making* 15 (2): 203 – 213.

77 Nurse, M. S., and Grant, W. J. 2020. I'll see it when I believe it: Motivated numeracy in perceptions of climate change risk. *Environmental Communication* 14

(2): 184 – 201.

78   Van Boven, L., Ramos, J., Montal-Rosenberg, R., Kogut, T., Sherman, D. K., and Slovic, P. 2019. It depends: Partisan evaluation of conditional probability importance. *Cognition* 188: 51 – 63. https://doi.org/10.1016/j.cognition.2019.01.020.

79   Ward, J., and Singhvi, A. 2019. Trump claims there is a crisis at the border: What's the reality? *New York Times*, January 11. https://www.nytimes.com/interactive/2019/01/11/us/politics/trump-border-crisis-reality.html.

80   여기서의 내 논지와 관련이 없긴 하지만, 미국에서 밀입국 이민자의 유죄 판결률이 실상 본토 태생인 시민의 그것보다 더 낮다는 〈뉴욕타임스〉의 주장은 옳지 않았던 것 같다. (아래 참조)
Martinelli, R. 2017. The truth about crime, illegal immigrants and sanctuary cities. *Hill.* April 19. https://thehill.com/blogs/pundits-blog/crime/329589-the-truth-about-crime-illegal-immigrants-and-sanctuary-cities.

81   Fodor, J. A. 1983. *The modularity of mind.* Cambridge, MA: MIT Press.
Friedrich, J. 1993. Primary error detection and minimization (PEDMIN) strategies in social cognition: A reinterpretation of confirmation bias phenomena. *Psychological Review* 100 (2): 298 – 319.
Haselton, M. G., and Buss, D. M. 2000. Error management theory: a new perspective on biases in cross-sex mind reading. *Journal of Personality and Social Psychology* 78 (1): 81 – 91.
Haselton, M. G., Nettle, D., and Murray, D. J. 2016. The evolution of cognitive bias. In D. M. Buss, ed., *The handbook of evolutionary psychology*, 968 – 987. New York: John Wiley.

82   Haselton, M. G., Nettle, D., and Murray, D. J. 2016.
Johnson, D. P., and Fowler, J. H. 2011. The evolution of overconfidence. *Nature* 477 (7364): 317 – 320.
Kurzban, R., and Aktipis, C. 2007. Modularity and the social mind: Are psychologists too self-ish? *Personality and Social Psychology Review* 11 (2): 131 – 149.
McKay, R. T., and Dennett, D. C. 2009. The evolution of misbelief. *Behavioral and Brain Sciences* 32 (6): 493 – 561.
Stanovich, K. E. 2004. *The robot's rebellion: Finding meaning in the age of Darwin.* Chicago: University of Chicago Press.

83   Dunbar, R. I. 1998. The social brain hypothesis. Evolutionary Anthropology: Issues, News, and Reviews: Issues, News, and Reviews, 6(5), 178-190.
Dunbar, R. I. 2016. Do online social media cut through the constraints that limit the size of offline social networks?. Royal Society Open Science, 3(1), 150292.

84 Levinson, S. C. 1995. Interactional biases in human thinking. In E. Goody, ed., *Social intelligence and interaction*, 221 – 260. Cambridge: Cambridge University Press.

85 Humphrey, N. 1976. The social function of intellect. In P. P. G. Bateson and R. A. Hinde, eds., *Growing points in ethology*, 303 – 317. London: Faber and Faber.

86 Nozick, R. 1993. *The nature of rationality*. Princeton: Princeton University Press.

87 Dennett, D. C. 1996. *Kinds of minds: Toward an understanding of consciousness*. New York: Basic Books. (126~127도 참조.)

88 Sterelny, K. 2001. *The evolution of agency and other essays*. Cambridge: Cambridge University Press

89 Gibbard, A. 1990. *Wise choices, apt feelings*. Cambridge, MA: Harvard University Press.

Mithen, S. 1996. *The prehistory of mind: The cognitive origins of art and science*. London: Thames & Hudson.

Nichols, S., and Stich, S. P. 2003. *Mindreading: An integrated account of pretence, self-awareness, and understanding other minds*. Oxford: Oxford University Press.

90 Richerson and Boyd 2005

Richerson, P. J., and Boyd, R. 2005. *Not by genes alone: How culture transformed human evolution*. Chicago: University of Chicago Press.

91 Mercier, H., and Sperber, D. 2011. Why do humans reason? Arguments for an argumentative theory. *Behavioral and Brain Sciences* 34 (2): 57 – 111.

Mercier, H., and Sperber, D. 2017. *The enigma of reason*. Cambridge, MA: Harvard University Press.

92 Mercier, H., and Sperber, D. 2011. Why do humans reason? Arguments for an argumentative theory. *Behavioral and Brain Sciences* 34 (2): 57 – 111.

Mercier, H., and Sperber, D. 2017. *The enigma of reason*. Cambridge, MA: Harvard University Press.

93 Dennett, D. C. 2017. *From bacteria to Bach and back*. New York: Norton.

94 Mercier, H., and Sperber, D. 2011. Why do humans reason? Arguments for an argumentative theory.
Behavioral and Brain Sciences 34 (2): 57 – 111.

Mercier, H., and Sperber, D. 2017. *The enigma of reason*. Cambridge, MA: Harvard University Press.

95 Mercier, H. 2016. The argumentative theory: Predictions and empirical evidence. *Trends in Cognitive Science* 20 (9): 689 – 700.

96 우리는 2장에서 문제가 되는 것은 검증 가능 신념이 아니라 원위 신념이 이끌어가는 우리편 편향임을 볼 것이다. 머시어와 스퍼버(Mercier and Sperber 2016, 2017)가 우리편 편향 없이 증거를 잘 평가한다고 말하는 경우(즉 검증 가능 신념 영역)에는 우리편 편향이 크게 문제가 되지 않는다. 반면 그들이 우리편 편향이 제대로 억제

되지 않는다고 말하는 경우(즉 원위 신념 영역)에는 우리편 편향이 규범적으로 가장 크게 문제가 된다.

97   Richerson, P. J., and Boyd, R. 2005. *Not by genes alone: How culture transformed human evolution*. Chicago: University of Chicago Press.

98   Klayman, J. 1995.

99   Kahan, D. M. 2003. The gun control debate: A culture-theory manifesto. *Washington and Lee Law Review* 60 Part 1:3 – 15.

      Kahan, D. M. 2015. Climate-science communication and the measurement problem. *Political Psychology* 36 (S1): 1 – 43.

      Kahan, D. M., Jenkins-Smith, H., and Braman, D. 2011. Cultural cognition of scientific consensus. *Journal of Risk Research* 14 (2): 147 – 174.

      Kahan, D. M., Peters, E., Dawson, E., and Slovic, P. 2017.

2장

1   1장의 18번 주석에서 밝힌 유의사항을 여기서 다시 한번 되풀이하고자 한다. 즉 인지과학에서 규범적(normative)이라 함은 '규범(norm)'의 의미에서 가장 흔한 반응을 뜻하는 게 아니라, 완벽한 합리성 모델에 따른 최적의 수행을 뜻한다.

2   조슈아 클레이먼 (1995)

3   Baron, J. 2008. *Thinking and deciding*. 4th ed. Cambridge, MA: Cambridge University Press.

     Lipman, M. 1991. *Thinking in education*. Cambridge: Cambridge University Press.

     Nussbaum, E. M., and Sinatra, G. M. 2003. Argument and conceptual engagement. *Contemporary Educational Psychology* 28 (3): 384 – 395.

     Perkins, D. N. 1995. *Outsmarting IQ: The emerging science of learnable intelligence*. New York: Free Press.

     Sternberg, R. J. 2001. Why schools should teach for wisdom: The balance theory of wisdom in educational settings. *Educational Psychologist* 36 (4): 227 – 245.

     Sternberg, R. J. 2003. *Wisdom, intelligence, and creativity synthesized*. Cambridge: Cambridge University Press.

4   De Finetti, B. 1989.

     Beyth-Marom, R., and Fischhoff, B. 1983.

     Howson, C., and Urbach, P. 1993.

5   Beyth-Marom, R., and Fischhoff, B. 1983.

6   위와 같음.

     Stanovich, K. E., and West, R. F. 1998b.

7   Koehler, J. J. 1993. The influence of prior beliefs on scientific judgments of evidence quality. *Organizational Behavior and Human Decision Processes* 56 (1): 28 – 55.

8 Koehler, J. J. 1993. The influence of prior beliefs on scientific judgments of evidence quality. *Organizational Behavior and Human Decision Processes* 56 (1): 28 – 55.

9 Hahn, U., and Harris, A. J. L. 2014.

10 Koehler, J. J. 1993. The influence of prior beliefs on scientific judgments of evidence quality. *Organizational Behavior and Human Decision Processes* 56 (1): 28 – 55.

11 Koehler, J. J. 1993. The influence of prior beliefs on scientific judgments of evidence quality. *Organizational Behavior and Human Decision Processes* 56 (1): 28 – 55.

12 Stanovich, K. E. 1999. *Who is rational? Studies of individual differences in reasoning.* Mahwah, NJ: Erlbaum.

13 Kornblith, H. 1993. *Inductive inference and its natural ground.* Cambridge, MA: MIT Press. 104-105

14 Stanovich, K. E. 1999. *Who is rational? Studies of individual differences in reasoning.* Mahwah, NJ: Erlbaum.
분명히 하기 위해 이 책의 나머지 전반에서, '지식 투사(knowledge projection)'와 그의 동의어인 '사전 확률 투사하기'라는 용어는 사전 지식을 이용하여 새로운 정보를 해석하는 것(Cook and Lewandowsky 2016; Gershman 2019; Jern, Chang, and Kemp 2014), 사전 확률과 새로운 정보 간의 차이에 비추어 새로운 정보의 출처에 대한 신뢰도를 확인하는 것(Druckman and McGrath 2019; Gentzkow and Shapiro 2006; Hahn and Harris 2014; Koehler 1993; Tappin, Pennycook, and Rand 2020), 또는 둘 다를 의미하는 데 쓰임을 밝힌다.

15 Alloy, L. B., and Tabachnik, N. 1984. Assessment of covariation by humans and animals: The joint influence of prior expectations and current situational information. *Psychological Review* 91 (1): 112 – 149.

16 Alloy, L. B., and Tabachnik, N. 1984. Assessment of covariation by humans and animals: The joint influence of prior expectations and current situational information. *Psychological Review* 91 (1): 112 – 149.

17 Evans, J. St. B. T., Over, D. E., and Manktelow, K. 1993. Reasoning, decision making and rationality. *Cognition* 49 (1 – 2): 165 – 187.

18 Evans, J. St. B. T., Over, D. E., and Manktelow, K. 1993. Reasoning, decision making and rationality. *Cognition* 49 (1 – 2): 165 – 187.

19 유사한 주장으로 Edward and Smith 1996를 참조하라.

20 Koehler, J. J. 1993. The influence of prior beliefs on scientific judgments of evidence quality. Organizational Behavior and Human Decision Processes 56 (1): 28 – 55.

21 Lord, C. G., Ross, L., and Lepper, M. R. 1979.

22 Cook, J., and Lewandowsky, S. 2016. Rational irrationality: Modeling climate

주   317

change belief polarization using Bayesian networks. *Topics in Cognitive Science* 8 (1): 160 – 179.

23 Evans, J. St. B. T. 1996. Deciding before you think: Relevance and reasoning in the selection task. *British Journal of Psychology* 87 (2): 223 – 240.

Evans, J. St. B. T. 2019. Reflections on reflection: The nature and function of type 2 processes in dual-process theories of reasoning. *Thinking and Reasoning* 25 (4): 383 – 415.

Evans, J. St. B. T., and Wason, P. C. 1976. Rationalization in a reasoning task. *British Journal of Psychology* 67 (4): 479 – 486.

Nisbett, R. E., and Wilson, T. D. 1977. Telling more than we can know: Verbal reports on mental processes. *Psychological Review* 84 (3): 231 – 259.

Wason, P. C. 1969. Regression in reasoning? *British Journal of Psychology* 60 (4): 471 – 480.

24 Druckman, J. N., & McGrath, M. C. 2019. The evidence for motivated reasoning in climate change preference formation. *Nature Climate Change*, 9(2), 111-119.

Gentzkow, M., and Shapiro, J. 2006. Media bias and reputation. *Journal of Political Economy* 114 (2): 280 – 316.

Hahn, U., and Harris, A. J. L. 2014.

Kim, M., Park, B., and Young, L. 2020. The psychology of motivated versus rational impression updating. *Trends in Cognitive Sciences* 24 (2): 101 – 111.

O'Connor, C., and Weatherall, J. O. 2018. Scientific polarization. *European Journal for Philosophy of Science* 8 (3): 855 – 875.

Tappin, B. M., and Gadsby, S. 2019. Biased belief in the Bayesian brain: A deeper look at the evidence. *Consciousness and Cognition* 68:107 – 114.

Tappin, B. M., Pennycook, G., and Rand, D. G. 2020. Thinking clearly about causal inferences of politically motivated reasoning. *Current Opinion in Behavioral Sciences* 34:81 – 87.

표 1.1에 실린 다양한 우리편 편향 패러다임은 사전 신념의 투사가 규범적으로 허용되는 정도가 저마다 다르다. 이 점에 유의할 필요가 있다. 예컨대 증거 평가 패러다임은 쾰러(1993) 및 한과 해리스(2014)의 논증―즉 정보 출처에 대한 신뢰성을 평가할 때 지식 투사는 정당화된다―에 가장 잘 들어맞는다. 하지만 피터 디토 외(Peter Ditto and colleagues 2019b)는 우리편 편향이 그저 내집단을 지지하는 데 지나지 않는 패러다임도 있다고 언급했다. 그러면서 선거 운동의 추잡한 계략을 만약 피험자가 지지하는 정당이 행하면 그에 대한 판단이 덜 객관적임을 드러내는 연구, 그리고 "이의 제기된 투표 용지(disputed ballots)"에 대한 판단은 피험자가 지지한 후보자에게 유리한 방향으로 기운다는 것을 보여 주는 연구를 소개한다. 여기서 문제는 인식론적 합리성이 아니라, 도구적 가치관들 간의 트레이드오프에 관한 것이다. 이를테면 당신 자신의 집단과 그 집단의 정치를 지지하는 도구

적 가치관, 그리고 우리 사회의 공정한 절차적 처리를 지지하는 도구적 가치관 간의 트레이드오프가 한 가지 예다. (이에 대해서는 이 장 뒷부분에서 논의할 것이다.)

25 Deary, I. J. 2013. Intelligence. *Current Biology* 23 (16): R673 – R676.
    Plomin, R., DeFries, J. C., Knopik, V. S., and Neiderhiser, J. M. 2016. Top 10 replicated findings from behavioral genetics. *Perspectives on Psychological Science* 11 (1): 3 – 23.
    Rindermann, H., Becker, D., and Coyle, T. R. 2020. Survey of expert opinion on intelligence: Intelligence research, experts' background, controversial issues, and the media. *Intelligence* 78. https://doi.org/10.1016/j.intell.2019.101406.

26 Pinker, S. 2002.

27 Bullock, J. G. 2009. Partisan bias and the Bayesian ideal in the study of public opinion. *Journal of Politics* 71 (3): 1109 – 1124.

28 벤 태핀, 고든 페니쿡, 그리고 데이비드 랜드(Ben Tappin, Gordon Pennycook, and David Rand 2020)는 정치적으로 동기화된 인지의 정보 처리 궤적을 밝혀내는 것이 방법론적으로 까다롭다고 말했다. 구체적으로 말해, 그것이 직접적으로 가능도비에 대한 평가를 바꾸는지, 아니면 사전 확률을 통해 간접적으로 작용하는지 여부를 밝혀내는 것 말이다. (Tappin and Gadsby 2019도 참조) 댄 캐헌(2016)은 이 2가지 궤적을 구분하는 것이 이론적으로도 실질적으로도 중요하다고 지적했다. 그리고 그와 관련한 방법론적 어려움에 대한 저만의 탐색을 진행했다. 가능도비에 직접적으로 영향을 주는 정치적으로 동기화된 추론은 명백히 비규범적이다. 태핀, 페니쿡, 그리고 랜드(2020)는 사전 확률에 영향을 끼치는 정치적으로 동기화된 추론이 사실상 베이즈주의와 일치한다(즉 쾰러의 증명 B의 의미에서 볼 때 규범적이다)고 지적함으로써 이 장의 주장 일부를 되풀이한다. 하지만 캐헌(2016)이 강조한 대로, 이런 추론은 비록 베이즈식 추론과 일치한다 하더라도 진실에 수렴하지는 않는다. 내가 이 장에서 쓴 용어를 빌려서 말하자면, '광역적으로 합리적(globally rational)'이지는 않기 때문이다. 따라서 이런 형태의 정치적으로 동기화된 추론은 규범적 관점에서 보자면, 매우 제한적인 의미의 합리성만 지닐 따름이다.

29 내가 여기서 '선택'이라는 단어를 사용한 것은 오직 가설에 의식적으로 당도할 때만 이런 주장을 지지할 수 있음을 뜻하는 게 아니다. 이 섹션에서 나는 몇 가지 예를 기술할 것이다. 사람들이 자신이 알기로 증거로부터 나온 가설과 참이기를 바라는 가설 사이에서 의식적으로 선택하는 것 같은 예들 말이다. 하지만 대다수 예에서는 사람들이 이런 식으로 본인의 사전 확률에 도달하는 것을 의식하지 않는다. 특정 사전 확률로 이끄는 추론 행동은 대다수 사람들이 의식적으로 접근할 수 있는 게 아닐 터다. 게다가 그들은 '증거가 지지하는 가설'보다 '개인이 지지하는 가설'을 선택한다(혹은 반대로 '개인이 지지하는 가설'보다 '증거가 지지하는 가설'을 선택한다)는 것 역시 의식하지 않는다. 이어지는 논증들 가운데 증거에 기반한 지식 투사와 개인이 지지하는 가설에 기반한 지식 투사 간의 갈등 정도를 의식적으로 인식하는 경우란 없다.

30 Abelson, R. P. 1986.

31 원위 신념이 늘 세계관인 것은 아니라는 우려가 있다면, 그냥 '주변 신념(peripheral beliefs)'(검증 가능 경향을 띤다)과 '핵심 신념(core beliefs)' (확신이기에 흔히 검증 가능 경향을 띠지 않는다)이라는 대안적 용어를 사용할 수도 있겠다.

32 쾰러(1993)

33 (아래도 참조)
Taber, C. S., and Lodge, M. 2006.

34 Lord, C. G., Ross, L., and Lepper, M. R. 1979.

35 Jern, A., Chang, K., and Kemp, C. 2014. Belief polarization is not always irrational. *Psychological Review* 121 (2): 206 – 224.

36 Jern, A., Chang, K., and Kemp, C. 2014. Belief polarization is not always irrational. *Psychological Review* 121 (2): 206 – 224.

37 Plous, S. 1991. Biases in the assimilation of technological breakdowns: Do accidents make us safer? *Journal of Applied Social Psychology* 21 (13): 1058 – 1082.

38 Jern, A., Chang, K., and Kemp, C. 2014. Belief polarization is not always irrational. *Psychological Review* 121 (2): 206 – 224.

39 Edwards, W. 1982. Conservatism in human information processing. In D. Kahneman, P. Slovic, and A. Tversky, eds., *Judgment under uncertainty: Heuristics and biases*, 359 – 369. New York: Cambridge University Press.

40 Hahn, U., and Harris, A. J. L. 2014.

41 이 책이 아우르는 범위를 넘어서긴 하지만, 이들 복잡성은 증언 증거(testimonial evidence), 정보 원천의 신빙성, 신뢰, '제프리 조건화(Jeffrey conditionalization)'를 다룬 베이즈주의 문헌에 포괄되어 있다. (Bovens and Hartmann 2003; Gentzkow and Shapiro 2006; Hahn and Harris 2014; Howson and Urbach 1993; Jeffrey 1983, chapter 11; Kim, Park, and Young 2020; O'Connor and Weatherall 2018; Schum 1994; Schwan and Stern 2017; Talbott 2016; Tappin, Pennycook, and Rand 2020 참조) 이 문헌들은 명쾌한 공식적 분석으로 가득하며, 그 상당수는 다음과 같은 유사한 주제를 공유한다. 즉 당신의 가설이 다소 정확성을 띠는 환경에서는 당신의 사전 신념과 새로운 증거 간의 차이를 이용해 새로운 증거의 출처 신빙성을 평가하는 것이 타당하다. 또한 당신의 사전 신념과 다른 연구자의 사전 신념 간의 차이를 이용해 그 연구자로부터 받은 새로운 증거의 신뢰성을 평가하는 것 역시 타당하다. (O'Connor and Weatherall 2018 참조) 하지만 이런 규범적 관례들은 우리편 편향과 신념 양극화를 낳을 수 있다.

42 Hahn, U., and Harris, A. J. L. 2014.

43 Bovens, L., and Hartmann, P. 2003. *Bayesian epistemology*. Oxford: Oxford University Press.
Gentzkow, M., and Shapiro, J. 2006. Media bias and reputation. *Journal of Political Economy* 114 (2): 280 – 316.
Olsson, E. J. 2013. A Bayesian simulation model of group deliberation and polarization. In F. Zenker, ed., *Bayesian argumentation*, 113 – 133.

Netherlands: Springer.

44   (아래 참조)

Gershman, S. J. 2019. How to never be wrong. Psychonomic Bulletin & Review 26 (1): 13 – 28.

Kahan, D. M. 2016. The politically motivated reasoning paradigm, part 1: What politically motivated reasoning is and how to measure it. In R. A. Scott, S. M. Kosslyn, and M. C. Buchmann, eds., *Emerging trends in the social and behavioral sciences: An interdisciplinary, searchable, and linkable resource*. doi:10.1002/9781118900772.etrds0417.

45   (아래 참조)

Andreoni, J., and Mylovanov, T. 2012. Diverging opinions. *American Economic Journal:Microeconomics* 4 (1): 209 – 232.

Benoit, J., and Dubra, J. 2016. A theory of rational attitude polarization. *SSRN*. March 24. https://ssrn.com/abstract=2754316 or http://dx.doi.org/10.2139/ssrn.2754316.

46   Gershman, S. J. 2019.

47   Kahneman, D., and Tversky, A. 1973. On the psychology of prediction. *Psychological Review* 80 (4): 237 – 251.

Tversky, A., and Kahneman, D. 1974. Judgment under uncertainty: Heuristics and biases. *Science* 185 (4157): 1124 – 1131.

48   Mercier, H. 2017.

49   (여기에 인용된 연구들과 아래를 참조하라)

Stanovich, K. E. 1999. *Who is rational? Studies of individual differences in reasoning*. Mahwah, NJ: Erlbaum.

50   내가 《누가 합리적인가(Who Is Ratinal?)》(Stanovich 1999)에서 다룬 "거대한 합리성 논쟁(Great Rationality Debate)"(Stanovich 2011)-'인간은 합리적인가 비합리적인가' 라는 질문을 다룬다·옮긴이-에서는 한없이 낙천적인(Panglossian)-볼테르의 작품 《캉디드 혹은 낙관주의(Candide, ou l'Optimisme)》에 나오는 낙천적인 교수 팡글로스(Pangloss)에서 온 표현·옮긴이- 입장이 나온다. 쾰러(1993)의 분석과 전, 챙, 그리고 켐프(2014)의 분석은 그 입장이 지니는 약점 몇 가지를 공유한다. 쾰러(1993)는 사전 신념의 기원에 아무런 제약을 두지 않으며, 전, 챙, 그리고 켐프(2014) 역시 피험자가 증거에 가져오는 상이한 틀짓기에 그 어떤 제약도 가하지 않는다. 양쪽 모두에서 피험자의 해석(construal)은 수용된다. 국지적 합리성을 보존하기 위해 그 문제에 대한 피험자의 해석은 무엇이든 받아들여진다. 하지만 이같은 허용적 전략은 우리에게 좀더 중요한 문제, 즉 피험자들은 왜 이처럼 이례적인 해석을 내렸는가, 라는 문제를 분석해 보도록 요청한다. 그러나 이 문제는 전혀 다루어지지 않은 채로 남아 있다. 이것이 바로 내가 이 전략을 "한없는 낙관주의(Panglossianism)"의 "상처뿐인 승리(Pyrrhic victory)"라고 부른 이유다. 비합리성이라는 비난을 추론능력으로부터 분리하고자 대안적 과업 해석이라는 개념을 사

용할 때, 그것은 종종 그저 문제의 표현에 비합리성을 옮겨놓을 따름이다. 비합리성은 없어지는 게 아니라 다만 다른 인지 작용으로 옮아갔을 뿐이다. 한없는 낙천주의자들이 지지할 게 분명한 해석들 상당수는 그들이 변명하고자 애쓴 오류들보다 한층 더 당혹스러운 것으로 드러나고 있다. "반응의 논리에 대한 미스터리를 줄어들지 않은 상태로 이전 단계에 이전시킬 만큼 너무나 편향적이기" 때문이다. (Margolis 1987, 20)

51 (도구적 합리성 영역, 아래 참조)

Manktelow, K. I. 2004. Reasoning and rationality: The pure and the practical. In K. I. Manktelow and M. C. Chung, eds., *Psychology of reasoning: Theoretical and historical perspectives*, 157 – 177. Hove, UK: Psychology Press.

52 Foley, R.1991. Rationality, belief, and commitment. *Synthese,*89 (3): 365 – 392

53 Golman, R., Hagmann, D., and Loewenstein, G. 2017. Information avoidance. *Journal of Economic Literature* 55 (1), 96 – 135.

54 Chater, N., and Loewenstein, G. 2016. The under-appreciated drive for sense-making. *Journal of Economic Behavior & Organization* 126 Part B:137 – 154.

55 Chater, N., and Loewenstein, G. 2016. The under-appreciated drive for sense-making. *Journal of Economic Behavior & Organization* 126 Part B:137 – 154.

56 Golman, R., Hagmann, D., and Loewenstein, G. 2017. Information avoidance. *Journal of Economic Literature* 55 (1), 96 – 135.

57 Golman, R., Hagmann, D., and Loewenstein, G. 2017. Information avoidance. *Journal of Economic Literature* 55 (1), 96 – 135.

McKay, R. T., and Dennett, D. C. 2009.

Sharot, T. 2011. *Optimism bias*. New York: Pantheon.

Sharot, T., and Garrett, N. 2016. Forming beliefs: Why valence matters. *Trends in Cognitive Sciences* 20 (1): 25 – 33.

58 Foley, R.1991. Rationality, belief, and commitment. *Synthese,*89 (3): 365 – 392.

59 Boyer, P. 2018. *Minds make societies*. New Haven: Yale University Press.

Clark, C. J., Liu, B. S., Winegard, B. M., and Ditto, P. H. 2019.

Clark, C. J., and Winegard, B. M. 2020. Tribalism in war and peace: The nature and evolution of ideological epistemology and its significance for modern social science. *Psychological Inquiry* 31 (1): 1 – 22.

Dunbar, R. I. 2016. Do online social media cut through the constraints that limit the size of offline social networks?. Royal Society Open Science, 3(1), 150292.

Greene, J. D. 2013. *Moral tribes: Emotion. reason, and the gap between us and them*. New York: Penguin.

Haidt, J. 2012. *The righteous mind: Why good people are divided by politics and religion*. New York: Pantheon.

Kim, M., Park, B., and Young, L. 2020. The psychology of motivated versus rational impression updating. *Trends in Cognitive Sciences* 24 (2): 101 – 111.

Sloman, S., and Fernbach, P. M. 2017. *The knowledge illusion*. New York: Riverhead Books.

Van Bavel, J. J., and Pereira, A. 2018. The partisan brain: An identity-based model of political belief. *Trends in Cognitive Sciences* 22 (3): 213 – 224.

60　Mason, L. 2018a. Ideologues without issues: The polarizing consequences of ideological identities. *Public Opinion Quarterly* 82 (S1): 866 – 887.

61　(이와 일치하는 연구 결과에 대해서는 아래를 참조하라.)

Cohen, G. L. 2003. Party over policy: The dominating impact of group influence on political beliefs. *Journal of Personality and Social Psychology* 85 (5): 808 – 822.

Iyengar, S., Sood, G., and Lelkes, Y. 2012. Affect, not ideology: A social identity perspective on polarization. *Public Opinion Quarterly* 76 (3): 405 – 431.

62　Mason, L. 2018a.

63　위와 같음.

64　(Chen, Duckworth, and Chaiken 1999; Flynn, Nyhan, and Reifler 2017; Golman, Hagmann, and Loewenstein 2017; Haidt 2001, 2012; Kunda 1990; Loewenstein and Molnar 2018; Petty and Wegener 1998; Taber and Lodge 2006; Tetlock 2002; West and Kenny 2011)

Chen, S., Duckworth, K., and Chaiken, S. 1999. Motivated heuristic and systematic processing. *Psychological Inquiry* 10 (1): 44 – 49.

Flynn, D. J., Nyhan, B., and Reifler, J. 2017. The nature and origins of misperceptions: Understanding false and unsupported beliefs about politics. *Advances in Political Psychology* 38 (S1): 127 – 150.

Golman, R., Hagmann, D., and Loewenstein, G. 2017. Information avoidance. *Journal of Economic Literature* 55 (1), 96 – 135.

Haidt, J. 2001. The emotional dog and its rational tail: A social intuitionist approach to moral judgment. *Psychological Review* 108 (4): 814 – 834.

Haidt, J. 2012. *The righteous mind: Why good people are divided by politics and religion*. New York: Pantheon.

Kunda, Z. 1990.

Loewenstein, G., and Molnar, A. 2018. The renaissance of belief-based utility in economics. *Nature Human Behaviour* 2 (3): 166-167.

Petty, R. E., and Wegener, D. T. 1998. Attitude change: Multiple roles for persuasion variables. In D. T. Gilbert, S. Fiske, and G. Lindzey, eds., *The handbook of social psychology*, 323 – 390. Boston: McGraw-Hill.

Taber, C. S., and Lodge, M. 2006.

Tetlock, P. E. 2002. Social functionalist frameworks for judgment and choice: Intuitive politicians, theologians, and prosecutors. *Psychological Review* 109 (3):

451 – 471.

West, T. V., and Kenny, D. A. 2011. The truth and bias model of judgment. *Psychological Review* 118 (2): 357 – 378.

65   Stanovich, K. E., and West, R. F. 2008b.

66   Clark, C. J., Liu, B. S., Winegard, B. M., and Ditto, P. H. 2019.

67   Clark, C. J., and Winegard, B. M. 2020. Tribalism in war and peace: The nature and evolution of ideological epistemology and its significance for modern social science. *Psychological Inquiry* 31 (1): 1 – 22.

Clark, C. J., Liu, B. S., Winegard, B. M., and Ditto, P. H. 2019.

Haidt, J. 2012. *The righteous mind: Why good people are divided by politics and religion*. New York: Pantheon.

68   (아래 참조)

Kahan, D. M. 2013. Ideology, motivated reasoning, and cognitive reflection. *Judgment and Decision Making* 8 (4): 407 – 424.

Kahan, D. M. 2015. Climate-science communication and the measurement problem. *Political Psychology* 36 (S1): 1 – 43.

Kahan, D. M., Peters, E., Dawson, E., and Slovic, P. 2017.

69   Kahan, D. M. 2013. Ideology, motivated reasoning, and cognitive reflection. *Judgment and Decision Making* 8 (4): 407 – 424.

Kahan, D. M. 2015. Climate-science communication and the measurement problem. *Political Psychology* 36 (S1): 1 – 43.

70   Johnston, C. D., Lavine, H. G., and Federico, C. M. 2017. *Open versus closed: Personality, identity, and the politics of redistribution*. Cambridge: Cambridge University Press.

71   Kahan, D. M. 2012. Why we are poles apart on climate change. *Nature* 488 (7411): 255. doi:10.1038/488255a.

72   Kahan, D. M. 2013. Ideology, motivated reasoning, and cognitive reflection. *Judgment and Decision Making* 8 (4): 407 – 424.

Kahan, D. M. 2015. Climate-science communication and the measurement problem. *Political Psychology* 36 (S1): 1 – 43.

73   아래 참조.

Stanovich, K. E. 2004.

74   Tetlock, P. E. 2002. Social functionalist frameworks for judgment and choice: Intuitive politicians, theologians, and prosecutors. *Psychological Review* 109 (3): 451 – 471.

75   (아래 참조)

Abelson, R. P. 1986.

Akerlof, G., and Kranton, R. 2010. *Identity economics*. Princeton: Princeton University Press.

Anderson, E. 1993. *Value in ethics and economics*. Cambridge, MA: Harvard University Press.

Golman, R., Hagmann, D., and Loewenstein, G. 2017. Information avoidance. *Journal of Economic Literature* 55 (1), 96 – 135.

Hargreaves Heap, S. P. 1992. Rationality. In S. P. Hargreaves Heap, M. Hollis, B. Lyons, R. Sugden, and A. Weale, eds., *The theory of choice: A critical guide*, 3 – 25. Oxford: Blackwell.

Stanovich, K. E. 2004.

Stanovich, K. E. 2013. Why humans are (sometimes) less rational than other animals: Cognitive complexity and the axioms of rational choice. *Thinking & Reasoning* 19 (1): 1 – 26.

76   Nozick, R. 1993. *The nature of rationality*. Princeton: Princeton University Press.

77   위와 같음.

78   Bénabou, R., and Tirole, J. 2011. Identity, morals, and taboos: Beliefs as assets. *Quarterly Journal of Economics* 126 (2): 805 – 855.

Golman, R., Hagmann, D., and Loewenstein, G. 2017. Information avoidance. *Journal of Economic Literature* 55 (1), 96 – 135.

Sharot, T., and Sunstein, C. R. 2020. How people decide what they want to know. *Nature Human Behaviour* 4 (1): 14 – 19.

79   Baron, J. 1998. *Judgment misguided: Intuition and error in public decision making*. New York: Oxford University Press.

Brennan, G., and Hamlin, A. 1998. Expressive voting and electoral equilibrium. *Public Choice* 95 (1 – 2): 149 – 175.

80   (아래 참조)

Anderson, E. 1993. *Value in ethics and economics*. Cambridge, MA: Harvard University Press.

Hirschman, A. O. 1986. *Rival views of market society and other recent essays*. New York: Viking.

Hollis, M. 1992. Ethical preferences. In S. Hargreaves Heap, M. Hollis, B. Lyons, R. Sugden, and A. Weale, eds., *The theory of choice: A critical guide*, 308 – 310. Oxford: Blackwell.

81   Brennan, G., and Lomasky, L. 1993. *Democracy and decision: The pure theory of electoral preference*. Cambridge: Cambridge University Press.

Johnston, C. D., Lavine, H. G., and Federico, C. M. 2017. *Open versus closed: Personality, identity, and the politics of redistribution*. Cambridge: Cambridge University Press.

Lomasky, L. 2008. Swing and a myth: A review of Caplan's *The Myth of the Rational Voter*. *Public Choice* 135 (3 – 4): 469 – 484.

82   (Bartels 2002; Gerber and Huber 2010; Jerit and Barabas 2012)

Bartels, L. M. 2002. Beyond the running tally: Partisan bias in political perceptions. *Political Behavior* 24 (2): 117 – 150.

Gerber, A. S., and Huber, G. A. 2010. Partisanship, political control, and economic assessments. *American Journal of Political Science* 54 (1): 153 – 173.

Jerit, J., and Barabas, J. 2012. Partisan perceptual bias and the information environment. *Journal of Politics* 74 (3): 672 – 684.

83 Bullock, J. G., Gerber, A. S., Hill, S. J., and Huber, G. A. 2015. Partisan bias in factual beliefs about politics. *Quarterly Journal of Political Science* 10 (4): 519 – 578.

84 Bullock, J. G., and Lenz, G. 2019. Partisan bias in surveys. *Annual Review of Political Science* 22 (1): 325 – 342.

McGrath, M. C. 2017. Economic behavior and the partisan perceptual screen. *Quarterly Journal of Political Science* 11 (4): 363 – 383.

85 Baron, J., and Spranca, M. 1997.

Tetlock, P. E. 2003.

86 Medin, D. L., and Bazerman, M. H. 1999. Broadening behavioral decision research: Multiple levels of cognitive processing. *Psychonomic Bulletin & Review* 6 (4): 533 – 546.

Medin, D. L., Schwartz, H. C., Blok, S. V., and Birnbaum, L. A. 1999. The semantic side of decision making. *Psychonomic Bulletin & Review* 6 (4): 562 – 569.

87 Kahneman, D. 2011. *Thinking, fast and slow*. New York: Farrar, Straus and Giroux.

Li, N., van Vugt, M., and Colarelli, S. 2018. The evolutionary mismatch hypothesis: Implications for psychological science. *Current Direction in Psychological Science* 27 (1): 38 – 44.

Stanovich, K. E. 2004. *The robot's rebellion: Finding meaning in the age of Darwin*. Chicago: University of Chicago Press.

88 Kahan, D. M. 2013. Ideology, motivated reasoning, and cognitive reflection. *Judgment and Decision Making* 8 (4): 407 – 424.

89 위와 같음.

Kahan, D. M., Peters, E., Dawson, E., and Slovic, P. 2017.

90 Colman, A. M. 1995. *Game theory and its applications*. Oxford: Butterworth – Heinemann.

Komorita, S. S., and Parks, C. D. 1994. *Social dilemmas*. Boulder, CO: Westview Press.

91 Hardin, G. 1968. The tragedy of the commons. *Science* 162 (3859): 1243 – 1248.

92 Kahan, D. M. 2013.

Kahan, D. M., Peters, E., Dawson, E., and Slovic, P. 2017.

93 Koehler, J. J. 1993. The influence of prior beliefs on scientific judgments of evidence quality. *Organizational Behavior and Human Decision Processes* 56 (1): 28 – 55.

94 Jern, A., Chang, K., and Kemp, C. 2014. Belief polarization is not always irrational. *Psychological Review* 121 (2): 206–224.

95 Clark, C. J., and Winegard, B. M. 2020. Tribalism in war and peace: The nature and evolution of ideological epistemology and its significance for modern social science. *Psychological Inquiry* 31 (1): 1–22.

Kahan, D. M. 2012. Why we are poles apart on climate change. *Nature* 488 (7411): 255. doi:10.1038/488255a

Kronman, A. 2019. *The assault on American excellence.* New York: Free Press.

Lukianoff, G., and Haidt, J. 2018. *The coddling of the American mind: How good intentions and bad ideas are setting up a generation for failure.* New York: Penguin.

Pinker, S. 2002.

96 최근에 수많은 논평가들은 같은 유의 공유지 딜레마가 이제 우리 사회에서 소셜 미디어와 인터넷의 사용을 에워싸고 있다고 주장했다. 실리콘밸리의 기업가 로저 맥나미(Roger McNamee 2019, 163)가 강조했다시피, "대다수 사용자들은 정말이지 페이스북을 좋아한다. 구글에 열광한다. 그러니 당연히 일일 사용자 수가 엄청날 수밖에 없다. 그러나 페이스북이나 구글이 그들에게는 매우 좋지만 사회에는 나쁠지도 모르는 어두운 측면을 지닌다는 것을 어떤 식으로든 의식하는 이들은 거의 없다."

97 Taber, C. S., Cann, D., and Kucsova, S. 2009. The motivated processing of political arguments. *Political Behavior* 31 (2): 138.

3장

1 (Stanovich and West 1997, 1998a, 1998b; Sá, West, and Stanovich 1999)

Stanovich, K. E., and West, R. F. 1997.

Stanovich, K. E., and West, R. F. 1998a.

Stanovich, K. E., and West, R. F. 1998b.

Sá, W., West, R. F., and Stanovich, K. E. 1999.

2 Baron, J. 1985.

Baron, J. 1988. *Thinking and deciding.* New York: Cambridge University Press.

3 Stanovich, K. E., and West, R. F. 1997.

Stanovich, K. E., and West, R. F. 2007.

Stanovich, K. E., and Toplak, M. E. 2019. The need for intellectual diversity in psychological science: Our own studies of actively open-minded thinking as a case study. *Cognition* 187:156–166. https://doi.org/10.1016/j.cognition.2019.03.006.

4 (그 증거를 검토하려면 아래를 참조하라.)

Stanovich, K. E., West, R. F., and Toplak, M. E. 2016.

5 Aczel, B., Bago, B., Szollosi, A., Foldes, A., and Lukacs, B. 2015. Measuring individual differences in decision biases: Methodological considerations.

Frontiers in Psychology 6. Article 1770. doi:10.3389/fpsyg.2015.01770.

Bruine de Bruin, W., Parker, A. M., and Fischhoff, B. 2007. Individual differences in adult decision-making competence. *Journal of Personality and Social Psychology* 92 (5): 938 – 956.

Finucane, M. L., and Gullion, C. M. 2010. Developing a tool for measuring the decision-making competence of older adults. *Psychology and Aging* 25 (2): 271 – 288.

Klaczynski, P. A. 2014. Heuristics and biases: Interactions among numeracy, ability, and reflectiveness predict normative responding. *Frontiers in Psychology* 5:1 – 13.

Parker, A. M., and Fischhoff, B. 2005. Decision-making competence: External validation through an individual differences approach. *Journal of Behavioral Decision Making* 18 Part 1:1 – 27.

Parker, A. M., Bruine de Bruin, W., Fischhoff, B., and Weller, J. 2018. Robustness of decision-making competence: Evidence from two measures and an 11-year longitudinal study. *Journal of Behavioral Decision Making* 31 (3): 380 – 391.

Viator, R. E., Harp, N. L., Rinaldo, S. B., and Marquardt, B. B. 2020. The mediating effect of reflective-analytic cognitive style on rational thought. *Thinking & Reasoning* 26 (3): 381 – 413. doi:10.1080/13546783.2019.1634151.

Weaver, E. A., and Stewart, T. R. 2012. Dimensions of judgment: Factor analysis of individual differences. *Journal of Behavioral Decision Making* 25 (4): 402 – 413.

Weller, J., Ceschi, A., Hirsch, L., Sartori, R., and Costantini, A. 2018. Accounting for individual differences in decision-making competence: Personality and gender differences. *Frontiers in Psychology* 9. Article 2258. https://www.frontiersin.org/articles/10.3389/fpsyg.2018.02258/full.

6   Kahneman, D. 2011.

Tversky, A., and Kahneman, D. 1974.

7   Stanovich, K. E., West, R. F., and Toplak, M. E. 2016.

8   Perkins, D. N., Farady, M., and Bushey, B. 1991. Everyday reasoning and the roots of intelligence. In J. Voss, D. Perkins, and J. Segal, eds., *Informal reasoning and education*, 83 – 105. Hillsdale, NJ: Erlbaum.

9   위와 같음.

10   Toplak, M. E. and Stanovich, K. E. 2003.

11   Macpherson, R., and Stanovich, K. E. 2007.

12   Stanovich, K. E., and West, R. F. 2008b.

13   Stanovich, K. E., and West, R. F. 2008a.

14   Klaczynski, P. A. 1997. Bias in adolescents' everyday reasoning and its

relationship with intellectual ability, personal theories, and self-serving motivation. *Developmental Psychology* 33 (2): 273 – 283.

Klaczynski, P. A., and Lavallee, K. L. 2005.

Klaczynski, P. A., and Robinson, B. 2000. Personal theories, intellectual ability, and epistemological beliefs: Adult age differences in everyday reasoning tasks. *Psychology and Aging* 15 (3): 400 – 416.

15 Stanovich, K. E., and West, R. F. 2007.

Stanovich, K. E., and West, R. F. 2008a.

16 위와 같음.

17 Drummond, C., & Fischhoff, B. 2019. Does "putting on your thinking cap" reduce myside bias in evaluation of scientific evidence?. Thinking & Reasoning, 25(4), 477-505.

18 위와 같음.

19 이는 물론 2장에서 논의한 쾰러(1993)의 주장을 무시할 때만 직관에 반한다. 새로운 증거에 사전 신념을 투사하는 것이 얼마간 규범적이라면, 우리는 인지 능력이 우수한 사람들이 이런 경향성을 더 많이 드러낼 거라고 짐작해 볼 수 있다.

20 Kahan, D. M. 2013.

Kahan, D. M. Peters, E., Wittlin, M., Slovic, P., Ouellette, L., Braman, D., and Mandel, G. 2012. The polarizing impact of science literacy and numeracy on perceived climate change risks. *Nature Climate Change* 2 (10): 732 – 735.

Kahan, D. M., Peters, E., Dawson, E., and Slovic, P. 2017.

21 Kahan, D. M. Peters, E., Wittlin, M., Slovic, P., Ouellette, L., Braman, D., and Mandel, G. 2012. The polarizing impact of science literacy and numeracy on perceived climate change risks. *Nature Climate Change* 2 (10): 732 – 735.

22 캐헌, 피터스 외(2012)는 실제로 정치적 태도를 좀더 복잡하고 다차원적인 방식으로 측정했다. 하지만 나는 여기에 기술하려는 목적을 위해 그들의 논의를 단순화했다.

23 Kahan, D. M. 2013.

24 Frederick, S. 2005. Cognitive reflection and decision making. *Journal of Economic Perspectives* 19 (4): 25 – 42.

25 (아래 참조)

Liberali, J. M., Reyna, V. F., Furlan, S., Stein, L. M., and Pardo, S. T. 2012. Individual differences in numeracy and cognitive reflection, with implications for biases and fallacies in probability judgment. *Journal of Behavioral Decision Making* 25 (4): 361 – 381.

Sinayev, A., and Peters, E. 2015. Cognitive reflection vs. calculation in decision making. *Frontiers in Psychology* 6. Article 532. doi:10.3389/fpsyg.2015.00532.

Toplak, M. E., West, R. F., and Stanovich, K. E. 2011. The Cognitive Reflection Test as a predictor of performance on heuristics and biases tasks. *Memory &*

Cognition 39 (7): 1275 – 1289.

Toplak, M. E., West, R. F., and Stanovich, K. E. 2014a. Assessing miserly processing: An expansion of the Cognitive Reflection Test. *Thinking & Reasoning* 20 (2): 147 – 168.

26　Van Boven, L., Ramos, J., Montal-Rosenberg, R., Kogut, T., Sherman, D. K., and Slovic, P. 2019.

27　Joslyn, M. R., and Haider-Markel, D. P. 2014. Who knows best? Education, partisanship, and contested facts. *Politics & Policy* 42 (6): 919 – 947.

28　위와 같음.

29　Jones, P. E. 2019. Partisanship, political awareness, and retrospective evaluations, 1956 – 2016. *Political Behavior*. doi:10.1007/s11109-019-09543-y.

30　Drummond, C., & Fischhoff, B. 2017. Individuals with greater science literacy and education have more polarized beliefs on controversial science topics. Proceedings of the National Academy of Sciences, 114(36), 9587-9592.

Ehret, P. J., Sparks, A. C., and Sherman, D. K. 2017. Support for environmental protection: An integration of ideological-consistency and information-deficit models. *Environmental Politics* 26 (2): 253 – 277.

Hamilton, L. C. 2011. Education, politics and opinions about climate change evidence for interaction effects. *Climatic Change* 104 (2): 231 – 242.

Henry, P. J., and Napier, J. L. 2017. Education is related to greater ideological prejudice. *Public Opinion Quarterly* 81 (4): 930 – 942.

Kahan, D. M., and Stanovich, K. E. 2016. Rationality and belief in human evolution. Annenberg Public Policy Center Working Paper no. 5, September 14. https://ssrn.com/abstract=2838668.

Kraft, P. W., Lodge, M., and Taber, C. S. 2015. Why people "don't trust the evidence": Motivated reasoning and scientific beliefs. *Annals of the American Academy of Political and Social Science* 658 (1): 121 – 133.

Lupia, A., Levine, A. S., Menning, J. O., and Sin, G. 2007. Were Bush tax cut supporters "simply ignorant?" A second look at conservatives and liberals in "Homer Gets a Tax Cut." *Perspectives on Politics* 5 (4): 773 – 784.

Sarathchandra, D., Navin, M. C., Largent, M. A., and McCright, A. M. 2018. A survey instrument for measuring vaccine acceptance. *Preventive Medicine* 109:1 – 7.

Yudkin, D., Hawkins, S., and Dixon, T. 2019. The perception gap: How false impressions are pulling Americans apart. *More in Common*. https://psyarxiv. com/r3h5q/.

31　Ditto, P. H., Clark, C. J., Liu, B. S., Wojcik, S. P., Chen, E. E., Grady, R. H., … & Zinger, J. F. 2019. Partisan bias and its discontents. Perspectives on Psychological Science, 14(2), 304-316.

32　Bruine de Bruin, W., Parker, A. M., and Fischhoff, B. 2007. Individual differences in adult decision-making competence. *Journal of Personality and Social Psychology* 92 (5): 938 – 956.

Finucane, M. L., and Gullion, C. M. 2010.

Kokis, J., Macpherson, R., Toplak, M., West, R. F., and Stanovich, K. E. 2002. Heuristic and analytic processing: Age trends a;nd associations with cognitive ability and cognitive styles. *Journal of Experimental Child Psychology* 83 (1): 26 – 52.

Macpherson, R., and Stanovich, K. E. 2007.

Parker, A. M., and Fischhoff, B. 2005.

Stanovich, K. E., and West, R. F. 1997.

Stanovich, K. E., and West, R. F. 1998a.

Toplak, M. E., Liu, E., Macpherson, R., Toneatto, T., and Stanovich, K. E. 2007. The reasoning skills and thinking dispositions of problem gamblers: A dual-process taxonomy. *Journal of Behavioral Decision Making* 20 (2): 103 – 124.

Toplak, M. E., and Stanovich, K. E. 2002. The domain specificity and generality of disjunctive reasoning: Searching for a generalizable critical thinking skill. *Journal of Educational Psychology* 94 (1): 197 – 209.

Toplak, M. E., West, R. F., and Stanovich, K. E. 2011.

Toplak, M. E., West, R. F., and Stanovich, K. E. 2014a.

Toplak, M. E., West, R. F., and Stanovich, K. E. 2014b. Rational thinking and cognitive sophistication: Development, cognitive abilities, and thinking dispositions. *Developmental Psychology* 50 (4): 1037 – 1048.

Viator, R. E., Harp, N. L., Rinaldo, S. B., and Marquardt, B. B. 2020.

Weller, J., Ceschi, A., Hirsch, L., Sartori, R., and Costantini, A. 2018.

33　(다음의 13장 참조)

Stanovich, K. E., West, R. F., and Toplak, M. E. 2016.

34　'인지 반응 검사(Cognitive Reflection Test, CRT)'를 활용한 연구에서 나는 그 검사를 인지 능력과 수리력을 드러내는 복잡한 지표로서뿐 아니라, 구두쇠적 혹은 비구두쇠적 사고 성향의 지표로도 삼았다. ('인지 반응 검사'가 측정하는 복잡한 심리 요소들에 대해 살펴보려면 다음을 참조하라.)

Liberali et al. 2012; Patel et al. 2019; Sinayev and Peters 2015; Stanovich, West, and Toplak 2016; Toplak, West, and Stanovich 2011, 2014a

Liberali, J. M., Reyna, V. F., Furlan, S., Stein, L. M., and Pardo, S. T. 2012. Individual differences in numeracy and cognitive reflection, with implications for biases and fallacies in probability judgment. *Journal of Behavioral Decision Making* 25 (4): 361 – 381.

Patel, N., Baker, S. G., and Scherer, L. D. 2019. Evaluating the cognitive reflection test as a measure of intuition/reflection, numeracy, and insight problem solving, and the implications for understanding real-world judgments and beliefs. *Journal of Experimental Psychology:General* 148 (12): 2129 –2153.

Sinayev, A., and Peters, E. 2015. Cognitive reflection vs. calculation in decision making. *Frontiers in Psychology* 6. Article 532. doi:10.3389/fpsyg.2015.00532.

Stanovich, K. E., West, R. F., and Toplak, M. E. 2016.

Toplak, M. E., West, R. F., and Stanovich, K. E. 2011.

Toplak, M. E., West, R. F., and Stanovich, K. E. 2014a.

Kahan, D. M. 2013. Ideology, motivated reasoning, and cognitive reflection. *Judgment and Decision Making* 8 (4): 407 –424.

Kahan, D. M., and Corbin, J. C. 2016. A note on the perverse effects of actively open–minded thinking on climate–change polarization. *Research & Politics* 3 (4): 1 –5. doi:10.1177/2053168016676705.

Kahan, D. M., Peters, E., Dawson, E., and Slovic, P. 2017.

Stanovich, K. E., and West, R. F. 2007.

Stenhouse, N., Myers, T. A., Vraga, E. K., Kotcher, J. E., Beall, L., and Maibach, E. W. 2018. The potential role of actively open–minded thinking in preventing motivated reasoning about controversial science. *Journal of Environmental Psychology* 57:17 –24.

35 Perkins, D. N. 1985.

36 Toplak, M. E. and Stanovich, K. E. 2003.

37 Macpherson, R., and Stanovich, K. E. 2007.

38 Stanovich, K. E., and West, R. F. 2007.

39 Stanovich, K. E., and West, R. F. 2008a.

40 Simas, E. N., Clifford, S., and Kirkland, J. H. 2019. How empathic concern fuels political polarization. *American Political Science Review* 114 (1): 258 –269.

41 Thompson, V., and Evans, J. St. B. T. 2012.

42 또 하나의 차이로서 신념 편향 과업은 사전 신념이 추론에 영향을 끼치지 않도록 피험자들에게 지시하는 데서 흔히 우리편 편향 과업보다 좀더 명시적이다. (Stanovich, West, and Toplak 2013) 하지만 늘 그런 것은 아니다.

43 Sá, W., West, R. F., and Stanovich, K. E. 1999.
Stanovich, K. E., and West, R. F. 1998a.

44 Macpherson, R., and Stanovich, K. E. 2007.
Stanovich, K. E., and West, R. F. 2008a.

45 Kokis, J., Macpherson, R., Toplak, M., West, R. F., and Stanovich, K. E. 2002. Heuristic and analytic processing: Age trends and associations with cognitive ability and cognitive styles. *Journal of Experimental Child Psychology* 83 (1): 26 –52.
Toplak, M. E., West, R. F., and Stanovich, K. E. 2014b. Rational thinking and cognitive sophistication: Development, cognitive abilities, and thinking dispositions. *Developmental Psychology* 50 (4): 1037 –1048.

46 (다음의 표 7.3)

Stanovich, K. E., West, R. F., and Toplak, M. E. 2016.

47 De Neys, W. 2006. Dual processing in reasoning—Two systems but one reasoner. *Psychological Science* 17: 428-433.

De Neys, W. 2012. Bias and conflict: A case for logical intuitions. *Perspectives on Psychological Science* 7: 28-38.

Ding, D., Chen, Y., Lai, J., Chen, X., Han, M., and Zhang, X. 2020. Belief bias effect in older adults: Roles of working memory and need for cognition. *Frontiers in Psychology* 10. Article 2940. doi:10.3389/fpsyg.2019.02940.

Gilinsky, A., and Judd, B. B. 1994. Working memory and bias in reasoning across the life span. *Psychology and Aging* 9 (3): 356-371.

Handley, S. J., Capon, A., Beveridge, M., Dennis, I., and Evans, J. St. B. T. 2004. Working memory, inhibitory control and the development of children's reasoning. *Thinking and Reasoning* 10 (2): 175-195.

Newstead, S. E., Handley, S. J., Harley, C., Wright, H., and Farrelly, D. 2004. Individual differences in deductive reasoning. *Quarterly Journal of Experimental Psychology* 57A (1): 33-60.

48 Sá, W., West, R. F., and Stanovich, K. E. 1999.

Stanovich, K. E., and West, R. F. 1998a.

49 Macpherson, R., and Stanovich, K. E. 2007.

Stanovich, K. E., and West, R. F. 2008a.

50 Kokis, J., Macpherson, R., Toplak, M., West, R. F., and Stanovich, K. E. 2002.

Toplak, M. E., West, R. F., and Stanovich, K. E. 2014b. Rational thinking and cognitive sophistication: Development, cognitive abilities, and thinking dispositions. *Developmental Psychology* 50 (4): 1037-1048.

51 (다음의 표 7.4)

Stanovich, K. E., West, R. F., and Toplak, M. E. 2016.

52 Stanovich, K. E., and West, R. F. 2000. Individual differences in reasoning: Implications for the rationality debate? *Behavioral and Brain Sciences* 23 (5): 645-726.

53 위와 같음.

54 Spearman, C. 1904. General intelligence, objectively determined and measured. *American Journal of Psychology* 15 (2): 201-293.

Spearman, C. 1927. *The abilities of man*. London: Macmillan.

55 (다음도 참조)

Tversky, A., and Kahneman, D. 1974.

Kahneman, D., and Tversky, A. 1973.

Kahneman, D. 2011.

56 어째서 정적 다양체를 보존하는 것이 적어도 통계적으로는 좀더 적절한 반응일 수 있는지에 대해 좀더 자세한 내용을 살펴보려면 Stanovich 1999과 Stanovich

and West 2000를 참조하라.

57 Stanovich, K. E. 1999.
    Stanovich, K. E., and West, R. F. 1998a.

58 Ross, L., Greene, D., and House, P. 1977. The "false consensus effect": An egocentric bias in social perception and attribution processes. *Journal of Experimental Social Psychology* 13 (3): 279 - 301.

59 Dawes, R. M. 1989. Statistical criteria for establishing a truly false consensus effect. *Journal of Experimental Social Psychology* 25 (1): 1 - 17.
    Dawes, R. M. 1990. The potential nonfalsity of the false consensus effect. In R. M. Hogarth, ed., *Insights into decision making*, 179 - 199. Chicago: University of Chicago Press.
    Hoch, S. J. 1987. Perceived consensus and predictive accuracy: The pros and cons of projection. *Journal of Personality and Social Psychology* 53 (2): 221 - 234.

60 Toplak, M. E. and Stanovich, K. E. 2003.

61 Bruine de Bruin, W., Parker, A. M., and Fischhoff, B. 2007.
    Stanovich, K. E., West, R. F., and Toplak, M. E. 2016.

62 Bruine de Bruin, W., Parker, A. M., and Fischhoff, B. 2007.
    Dentakos, S., Saoud, W., Ackerman, R., and Toplak, M. E. 2019. Does domain matter? Monitoring accuracy across domains. *Metacognition and Learning* 14 (3): 413 - 436.https://doi.org/10.1007/s11409-019-09198-4.
    Parker, A. M., Bruine de Bruin, W., Fischhoff, B., and Weller, J. 2018.
    Stanovich, K. E., and West, R. F. 1998a.
    Stanovich, K. E., West, R. F., and Toplak, M. E. 2016.
    Weaver, E. A., and Stewart, T. R. 2012.
    Weller, J., Ceschi, A., Hirsch, L., Sartori, R., and Constantini, A. 2018.

63 Toplak, M. E. and Stanovich, K. E. 2003.

64 위와 같음.

65 Stanovich, K. E., and West, R. F. 2008a.

66 Toplak, M. E. and Stanovich, K. E. 2003

67 Stanovich, K. E., and West, R. F. 2008a.

68 신념의 강도가 우리편 편향을 예측해 주는 요소라는 연구 결과는 수많은 초기 연구들이 보고한 패턴과도 일맥상통한다. (다음 참조)
    Bolsen, T., and Palm, R. 2020.
    Druckman, J. N. 2012. The politics of motivation. Critical Review, 24(2), 199-216.
    Edwards, K., & Smith, E. E. 1996.
    Houston, D. A., and Fazio, R. H. 1989. Biased processing as a function of attitude accessibility: Making objective judgments subjectively. *Social Cognition* 7 (1): 51 - 66.

Taber, C. S., and Lodge, M. 2006.

69 Stanovich, K. E., and West, R. F. 2008a.

70 Tetlock, P. E. 1986. A value pluralism model of ideological reasoning. *Journal of Personality and Social Psychology* 50 (4): 819 – 827.

71 Toner, K., Leary, M. R., Asher, M. W., and Jongman-Sereno, K. P. 2013. Feeling superior is a bipartisan issue: Extremity (not direction) of political views predicts perceived belief superiority. *Psychological Science* 24 (12): 2454 – 2462.

72 Stanovich, K. E., and West, R. F. 2008a.

73 Abelson, R. P. 1986.
   Abelson, R. P. 1988.

74 Abelson, R. P. 1988.

75 위와 같음.

76 Toner, K., Leary, M. R., Asher, M. W., and Jongman-Sereno, K. P. 2013. Feeling superior is a bipartisan issue: Extremity (not direction) of political views predicts perceived belief superiority. *Psychological Science* 24 (12): 2454 – 2462.

77 Stanovich, K. E., and West, R. F. 2008a.

78 Ditto, P., Liu, B., Clark, C., Wojcik, S., Chen, E., Grady, R. et al. 2019a.

79 Toner, K., Leary, M. R., Asher, M. W., and Jongman-Sereno, K. P. 2013.

80 Ditto, P., Liu, B., Clark, C., Wojcik, S., Chen, E., Grady, R. et al. 2019a.

4장

1 (다음도 참조)
   Carroll, J. B. 1993. *Human cognitive abilities: A survey of factor-analytic studies*. Cambridge:Cambridge University Press.
   Cattell, R. B. 1963. Theory for fluid and crystallized intelligence: A critical experiment. *Journal of Educational Psychology* 54 (1): 1 – 22.
   Cattell, R. B. 1998. Where is intelligence? Some answers from the triadic theory. In J. J. McArdle and R. W. Woodcock, eds., *Human cognitive abilities in theory and practice*, 29 – 38. Mahwah, NJ: Erlbaum.
   Horn, J. L., and Cattell, R. B. 1967. Age differences in fluid and crystallized intelligence. *Acta Psychologica* 26:1 – 23.
   Walrath, R., Willis, J., Dumont, R., and Kaufman, A. 2020. Factor-analytic models of intelligence. In R. J. Sternberg, ed., *The Cambridge Handbook of Intelligence*, 75 – 98. Cambridge: Cambridge University Press.

2 Dawes, R. M. 1976. Shallow psychology. In J. S. Carroll and J. W. Payne, eds., *Cognition and social behavior*, 3 – 11. Hillsdale, NJ: Erlbaum.
   Kahneman, D. 2011.
   Simon, H. A. 1955. A behavioral model of rational choice. *Quarterly Journal of Economics* 69 (1): 99 – 118.

Simon, H. A. 1956. Rational choice and the structure of the environment. *Psychological Review* 63 (2): 129 – 138.

Taylor, S. E. 1981. The interface of cognitive and social psychology. In J. H. Harvey, ed., *Cognition, social behavior, and the environment*, 189 – 211. Hillsdale, NJ: Erlbaum.

Tversky, A., and Kahneman, D. 1974.

3   De Neys, W., ed. 2018. *Dual process theory 2.0*. London: Routledge.

De Neys, W., and Pennycook, G. 2019. Logic, fast and slow: Advances in dual-process theorizing. *Current Directions in Psychological Science* 28 (5): 503 – 509.

Evans, J. St. B. T. 2019. Reflections on reflection: The nature and function of type 2 processes in dual-process theories of reasoning. *Thinking and Reasoning* 25 (4): 383 – 415.

Pennycook, G., Fugelsang, J. A., and Koehler, D. J. 2015. What makes us think? A three-stage dual-process model of analytic engagement. *Cognitive Psychology* 80:34 – 72.

Stanovich, K. E. 2018a. Miserliness in human cognition: The interaction of detection, override and mindware. *Thinking & Reasoning* 24 (4): 423 – 444.

4   Stanovich, K. E., West, R. F., and Toplak, M. E. 2016.

5   Proch, J., Elad-Strenger, J., and Kessler, T. 2019. Liberalism and conservatism, for a change! Rethinking the association between political orientation and relation to societal change. *Political Psychology* 40 (4): 877 – 903.

6   (Feldman and Huddy 2014; Jost et al. 2003; Kerlinger 1984)

Feldman, S., and Huddy, L. 2014. Not so simple: The multidimensional nature and diverse origins of political ideology. *Behavioral and Brain Sciences* 37 (3): 312 – 313.

Jost, J. T., Glaser, J., Kruglanski, A. W., and Sulloway, F. J. 2003. Political conservatism as motivated social cognition. *Psychological Bulletin* 129 (3): 339 – 375.

Kerlinger, F. N. 1984. *Liberalism and conservatism: The nature and structure of social attitudes*. Hillsdale, NJ: Erlbaum.

7   2장에서 논의한 Stanovich and Toplak 2019을 참조하라.

8   Crawford, J. T. 2018. The politics of the psychology of prejudice. In J. T. rawford and L. Jussim, eds., *The politics of social psychology*, 99 – 115. New York: Routledge.

9   (다음도 참조)

Tetlock, P. E. 1986. A value pluralism model of ideological reasoning. *Journal of Personality and Social Psychology* 50 (4): 819 – 827.

Ray, J. J. 1983. Half of all authoritarians are left-wing: A reply to Eysenck and Stone. *Political Psychology* 4 (1): 139 – 143.

Ray, J. J. 1989. The scientific study of ideology is too often more ideological than
scientific. *Personality and Individual Differences* 10 (3): 331 – 336.

10 Brandt, M. J., Reyna, C., Chambers, J. R., Crawford, J. T., and Wetherell, G.
2014. The ideological-conflict hypothesis: Intolerance among both liberals and
conservatives. *Current Directions in Psychological Science* 23 (1): 27 – 34.

Chambers, J. R., Schlenker, B. R., and Collisson, B. 2013. Ideology and
prejudice: The role of value conflicts. *Psychological Science* 24 (2): 140 – 149.

11 Chambers, J. R., Schlenker, B. R., and Collisson, B. 2013. Ideology and
prejudice: The role of value conflicts. *Psychological Science* 24 (2): 140 – 149.

12 작가 데이비드 프렌치(David French 2018)는 스콧 알렉산더(Scott Alexander)의 블로그 '슬레이트 스타 코덱스(Slate Star Codex)'에 나오는 상상의 만남을 다음과 같이 바꾸어 썼다. 어느 자유주의자가 자유주의자들은 동성애자, 흑인, 라틴아메리카계, 아시아계, 그리고 트랜스젠더를 정말이지 좋아하는지라 관대한(tolerant: 관용을 지닌) 사람들이라고 주장한다. 한 보수주의자가 그에게 묻는다. "당신은 동성애자들에게 반대하는 점이 있나요?" 그 질문에 소스라치게 놀라면서 자유주의자가 답한다. "그럴 리가요. 저는 동성애 혐오자가 아니거든요." 프렌치의 주장에 따르면, 이 대화는 그 자유주의자가 관용이 무엇인지에 대해 오해하고 있음을 보여준다. 프렌치는 이런 자유주의자에게 "이봐요. 당신은 아무것도 참아내고 있지 않아요. 관용을 유대감, 혹은 부족주의와 혼동하고 있어요. 관용(tolerance)이라는 단어는 당연히 참아내야 할(tolerate) 무언가가 있다는 것을 암시해요." 프렌치가 하려는 말은 아무것도 참아낼 게 없으면 관용을 행사할 건덕지가 없다는 것이다. 프렌치의 주장에 따르면, 이 경우 그 자유주의자는 "부족주의라는 특정 상표에서 악덕을 떼어 내 그것을 가짜 관용이라는 잘못된 미덕으로 바꿔치기했다."

13 Brandt, M. J., and Crawford, J. T. 2019. Studying a heterogeneous array of
target groups can help us understand prejudice. *Current Directions in Psychological
Science* 28 (3): 292 – 298.

Chambers, J. R., Schlenker, B. R., and Collisson, B. 2013. Ideology and
prejudice:
The role of value conflicts. *Psychological Science* 24 (2): 140 – 149.

Crawford, J. T., and Pilanski, J. M. 2014. Political intolerance, right and left.
Political Psychology 35 (6): 841 – 851.

Wetherell, G. A., Brandt, M. J., and Reyna, C. 2013. Discrimination across
the ideological divide: The role of value violations and abstract values in
discrimination by liberals and conservatives. *Social Psychological and Personality
Science* 4 (6): 658 – 667.

14 Carney, R. K., and Enos, R. 2019. Conservatism, just world belief, and racism:
An experimental investigation of the attitudes measured by modern racism
scales. 2017 NYU CESS Experiments Conference. Working paper under review.

http://www.rileycarney.com/research; or https://pdfs.semanticscholar.org/ad3f
/1d704c09d5a80c9b3af6b8abb8013881c4a3.pdf.

15   Henry, P. J., and Sears, D. O. 2002. The Symbolic Racism 2000 Scale. *Political Psychology* 23 (2): 253 – 283.

16   Carney, R. K., and Enos, R. 2019.

17   al Gharbi, M. 2018. Race and the race for the White House: On social research in the age of Trump. *American Sociologist* 49 (4): 496 – 519.

Edsall 2018

Goldberg, Z. 2019. America's white saviors. *Tablet*, June 5. https://www.tabletmag.com/jewish-news-and-politics/284875/americas-white-saviors.

Uhlmann, E. L., Pizarro, D. A., Tannenbaum, D., and Ditto, P. H. 2009. The motivated use of moral principles. *Judgment and Decision Making* 4 (6): 476 – 491.

18   차후에 더 많은 연구가 이 같은 상이한 가능성들에 대해 판결을 내려야 할 것이다. 다만 자흐 골드버그(Zach Goldberg 2019)가 시행한 조사연구 분석이 특별히 이 대목과 관련될 듯하다. 골드버그는 "백인 자유주의자는 최근 미국에서 '친(親)외집단 편향(pro-out-group bias)'을 드러내는 유일한 인구 통계 집단으로 떠올랐다. 즉 조사대상이 된 모든 집단 가운데 오직 백인 자유주의자만이 본인이 속한 공동체보다 다른 인종 및 민족 공동체를 더욱 선호한다고 밝힌 유일한 집단이라는 의미다."

19   Brandt, M. J., and Crawford, J. T. 2016. Answering unresolved questions about the relationship between cognitive ability and prejudice. *Social Psychological and Personality Science* 7 (8): 884 – 892.

Brandt, M. J., and Crawford, J. T. 2019. Studying a heterogeneous array of target groups can help us understand prejudice. *Current Directions in Psychological Science* 28 (3): 292 – 298.

Brandt, M. J., Reyna, C., Chambers, J. R., Crawford, J. T., and Wetherell, G. 2014. The ideological-conflict hypothesis: Intolerance among both liberals and conservatives. *Current Directions in Psychological Science* 23 (1): 27 – 34.

Brandt, M. J., and Van Tongeren, D. R. 2017. People both high and low on religious fundamentalism are prejudiced toward dissimilar groups. *Journal of Personality and Social Psychology* 112 (1): 76 – 97.

Crawford, J. T., and Brandt, M. J. 2020. Ideological (a)symmetries in prejudice and intergroup bias. *Current Opinion in Behavioral Sciences* 34:40 – 45.

Crawford, J. T., and Jussim, L., eds. 2018. *The politics of social psychology*. New York: Routledge.

Crawford, J. T., and Pilanski, J. M. 2014. Political intolerance, right and left. *Political Psychology* 35 (6): 841 – 851.

Wetherell, G. A., Brandt, M. J., and Reyna, C. 2013. Discrimination across the ideological divide: The role of value violations and abstract values in discrimination by liberals and conservatives. *Social Psychological and Personality*

Science 4 (6): 658 – 667.

20 Brandt, M. J., and Crawford, J. T. 2019. Studying a heterogeneous array of target groups can help us understand prejudice. *Current Directions in Psychological Science* 28 (3): 292 – 298.

21 Abelson, R. P. 1986.

22 행동경제학 연구들도 비슷한 은유를 써서 신념을, 도구적 셈법의 구성요소로서 그 저 간접적인 가치를 지니는 게 아니라, 직접적인 효용가치를 지니는(Eil and Rao 2011; Loewenstein 2006; Sharot and Sunstein 2020) 투자(Golman, Hagmann, and Loewenstein 2017)로, 또는 자산(Bénabou and Tirole 2011)으로 간주해 왔다. 이런 식의 개념 이동은 매몰비용 오류(sunk costs fallacy: 현시점에서 볼 때 지속비용이 기대 이익보다 더 큰데도 기존 투자금액을 근거로 자금 지원을 추가 투입하는 행위를 합리화하는 현상―옮긴이)나 소유효과(endowment effect: 자신이 갖게 된 대상의 가치를 그 이전보다 높게 인식하는 현상―옮긴이) 등의 개념에 의거하여 신념 고수(belief perseverance)를 분석하도록 길을 터준다.

23 예컨대 다음 논문.
Toplak, M. E. and Stanovich, K. E. 2003.

24 좀더 전문적이되 여전히 간단하게 말하자면, 밈이라는 용어는 유전자와 유사한 것으로 이해될 수 있는 문화적 정보의 단위를 의미한다. "다른 뇌에서 복제될 때 근본적으로 새로운 행동이나 사고를 유발할 수 있는 뇌 제어(또는 정보) 상태"(Stanovich 2004, 175)가 가장 내 마음에 드는 밈의 정의다. 밈의 복제는 출처와 인과적으로 유사한 제어 상태가 새로운 주인에서 복제되는 현상이다. 밈은 유전자가 그러한 것과 정확히 같은 의미에서 진정으로 이기적인 복제자다. 유전자의 경우처럼 내가 "이기적(selfish)"이라는 용어를 사용한다고 해서 그게 밈이 사람들을 이기적으로 만들어 준다는 의미는 아니다. 그렇다기보다 밈은 복제자로서 (유전자처럼) 제 스스로의 "이익"을 위해 움직인다는 의미다.

25 Aunger, R., ed. 2000. *Darwinizing culture: The status of memetics as a science*. Oxford: Oxford University Press.
Aunger, R. 2002. *The electric meme: A new theory of how we think*. New York: Free Press.
Blackmore, S. 1999. *The meme machine*. New York: Oxford University Press.
Dennett, D. C. 1995. *Darwin's dangerous idea: Evolution and the meanings of life*. New York: Simon & Schuster.
Dennett, D. C. 2017. *From bacteria to Bach and back*. New York: Norton.
Distin, K. 2005. *The selfish meme*. Cambridge: Cambridge University Press.
Sterelny, K. 2006. Memes revisited. *British Journal of the Philosophy of Science* 57 (1): 145 – 165.

26 복제자로서의 활동을 이렇게 의인화해 기술하는 것은 생물학 저술에서 흔히 볼 수 있는 내용으로, 그저 속기(速記, shorthand) 비유에 불과하다는 것을 이해할 필요가 있다. 나는 독자들이 그 비유가 그저 이해를 돕기 위한 편의적 방편일 뿐이라는

점을 분명히 파악하고 있다고 믿고, 복제자와 유전자가 저만의 "이익"을 가진다는 관례적 비유를 여기서도 계속 이어갈 생각이다. 블랙모어(1999, 5)가 지적한 대로, "'유전자가 X를 원한다'는 속기는 언제든지 'X를 하는 유전자는 좀더 후대에 전달될 가능성이 높다'로 풀어읽을 수 있다." 하지만 복잡한 주장을 전개할 때 후자의 언어는 거추장스럽다. 따라서 나는 도킨스(1976, 88)를 따를 테고, "우리 자신에게 유전자에 대해 마치 의식적 목적을 가지고 있는 양 말할 수 있는 허가증을 주고자 한다. 언제나 우리가 쓰는 어수룩한 언어를 원한다면 남부끄럽지 않은 용어들로 번역해낼 수 있다고 스스로를 안심시키면서 말이다." 도킨스(1976, 278)는 이에 대해 "그것을 이해할 채비가 제대로 되어 있지 않은 사람들 수중에 들어가지 않는 한, 아무 해될 게 없다"고 지적한다. 더 나아가 "원자가 질투할 수 없는 것처럼 유전자도 이기적일 수 없다"며 생물학자들을 나무란 어느 철학자의 말을 인용한다. 나는 도킨스가 인용한 철학자와 다르게, 이 점을 지적받아야 할 독자는 아무도 없으리라 믿는다.

27 Dawkins, R. 1982. *The extended phenotype*. New York: Oxford University Press.
    Skyrms, B. 1996. *The evolution of the social contract*. Cambridge: Cambridge University Press.
    Stanovich, K. E. 2004. *The robot's rebellion: Finding meaning in the age of Darwin*. Chicago: University of Chicago Press.

28 Dennett, D. C. 2017. *From bacteria to Bach and back*. New York: Norton.

29 이 네 가지 이유는 진화심리학(Atran 1998; Sperber 1996; Tooby and Cosmides 1992), 유전자-문화 공진화(Cavalli-Sforza and Feldman 1981; Durham 1991; Gintis 2007; Lumsden and Wilson 1981; Richerson and Boyd 2005), 그리고 밈학(Aunger 2000, 2002; Blackmore 1999; Boudry and Braeckman 2011, 2012; Dennett 1995, 2017; Lynch 1996) 문헌에서 논의되고 있다.

30 Richerson, P. J., and Boyd, R. 2005. *Not by genes alone: How culture transformed human evolution*. Chicago: University of Chicago Press.

31 Golman, R., Hagmann, D., and Loewenstein, G. 2017. Information avoidance. *Journal of Economic Literature* 55 (1), 96–135.

32 '밈의 세계(memosphere)'는 대니얼 데닛(Daniel Dennett's 1991, 1995)이 만든 용어다. 비판적 사고 문헌이 어떻게 분리 기술을 강조하고 있는지 다룬 자료로는 Baron(2008), Paul(1984, 1987), Perkins(1995), 그리고 Stanovich(1999)를 참조하라.

33 Ridley, M. 2000. *Mendel's demon: Gene justice and the complexity of life*. London: Weidenfeld & Nicolson.

34 Golman, R., Loewenstein, G., Moene, K., and Zarri, L. 2016. The preference for belief consonance. *Journal of Economic Perspectives* 30 (3): 165–188.

35 Stanovich, K. E., and West, R. F. 2008a.
    Toplak, M. E. and Stanovich, K. E. 2003.

36 Dawkins, R. 1993. Viruses of the mind. In B. Dahlbom, ed., *Dennett and his critics: Demystifying mind*, 13–27. Cambridge, MA: Blackwell.

37 Blackmore, S. 2000. The memes' eye view. In R. Aunger, ed., *Darwinizing culture: The status of memetics as a science*, 25 - 42. Oxford: Oxford University Press.

38 Blackmore, S. 2000. The memes' eye view. In R. Aunger, ed., *Darwinizing culture: The status of memetics as a science*, 35~36. Oxford: Oxford University Press.

39 Atran, S., and Henrich, J. 2010. The evolution of religion: How cognitive by-products, adaptive learning heuristics, ritual displays, and group competition generate deep commitments to prosocial religions. *Biological Theory* 5 (1): 18 - 30.

Barrett, J. L. 2004. *Why would anyone believe in God?* Lanham, MD: AltaMira Press.

Bering, J. M. 2006. The folk psychology of souls. *Behavioral and Brain Sciences* 29 (5): 453 - 498.

Bloom, P. 2004. *Descartes' baby*. New York: Basic Books.

Boyer P. 2001. *Religion explained: The evolutionary origins of religious thought*. New York: Basic Books.

Boyer, P. 2018. *Minds make societies*. New Haven: Yale University Press.

Haidt, J. 2012. *The righteous mind: Why good people are divided by politics and religion*. New York: Pantheon.

Wilson, D. S. 2002. *Darwin's cathedral*. Chicago: University of Chicago Press.

40 Sperber, D. 2000. Metarepresentations in evolutionary perspective. In D. Sperber, ed., *Metarepresentations: A multidisciplinary perspective*, 117 - 137. Oxford: Oxford University Press. http://cogprints.org/851/1/metarep.htm.

41 블랙모어(Blackmore 2010)는 그녀가 블랙모어(2000)에서 취한 입장을 철회했다.

42 문화의 이중유전 이론-유전자-문화 공진화·옮긴이-을 지지하는 이론가들이 늘 밈 개념을 향한 데닛의 열정을 공유하는 것은 아니다. 그럼에도 문화 발전의 상당 부분은 의식적 흡수에 의해 설명할 수 없다는 인식이 중요하다는 데 대해서는 그와 같은 입장이다. (Richerson and Boyd 2005 참조)

43 Dennett, D. C. 2017. *From bacteria to Bach and back*. New York: Norton.

44 Haidt, J. 2012. *The righteous mind: Why good people are divided by politics and religion*. New York: Pantheon.

45 위와 같음.

46 (다음 참조)

Van Bavel, J. J., and Pereira, A. 2018.

47 Alford, J. R., and Hibbing, J. R. 2004. The origin of politics: An evolutionary theory of political behavior. *Perspectives on Politics* 2 (4) 707 - 723.

Bell, E., Schermer, J. A., and Vernon, P. A. 2009. The origins of political attitudes and behaviours: An analysis using twins. *Canadian Journal of Political Science* 42 (4): 855 - 879.

Funk, C. L., Smith, K. B., Alford, J. R., Hibbing, M. V., Eaton, N. R., Krueger, R. F., et al. 2013. Genetic and environmental transmission of political orientations.

Political Psychology 34 (6): 805 – 819.

Hatemi, P. K., and McDermott, R. 2016. Give me attitudes. *Annual Review of Political Science* 19 (1): 331 – 350.

Hufer, A., Kornadt, A. E., Kandler, C., and Riemann, R. 2020. Genetic and environmental variation in political orientation in adolescence and early adulthood:
A Nuclear Twin Family analysis. *Journal of Personality and Social Psychology* 118 (4): 762 – 776.

Ludeke, S., Johnson, W., and Bouchard, T. J. 2013. "Obedience to traditional authority": A heritable factor underlying authoritarianism, conservatism and religiousness. *Personality and Individual Differences* 55 (4): 375 – 380.

Oskarsson, S., Cesarini, D., Dawes, C., Fowler, J., Johannesson, M., Magnusson, P.,
and Teorell, J. 2015. Linking genes and political orientations: Testing the cognitive ability as mediator hypothesis. *Political Psychology* 36 (6): 649 – 665.

Twito, L., and Knafo-Noam, A. 2020. Beyond culture and the family: Evidence from twin studies on the genetic and environmental contribution to values. *Neuroscience & Biobehavioral Reviews* 112:135 – 143.

48   Bouchard, T. J., and McGue, M. 2003. Genetic and environmental influences on human psychological differences. *Journal of Neurobiology* 54 (1): 4 – 45.

Funk, C. L., Smith, K. B., Alford, J. R., Hibbing, M. V., Eaton, N. R., Krueger, R. F., et al. 2013. Genetic and environmental transmission of political orientations. *Political Psychology* 34 (6): 805 – 819.

49   Carney, D. R., Jost, J. T., Gosling, S. D., and Potter, J. 2008. The secret lives of liberals and conservatives: Personality profiles, interaction styles, and the things they leave behind. *Political Psychology* 29 (16): 807 – 840.

De Neve, J.-E. 2015. Personality, childhood experience, and political ideology. *Political Psychology* 36: 55 – 73.

Fatke, M. 2017. Personality traits and political ideology: A first global assessment. *Political Psychology* 38 (5): 881 – 899.

Hirsh, J. B., DeYoung, C. G., Xu, X., and Peterson, J. B. 2010. Compassionate liberals and polite conservatives: Associations of agreeableness with political ideology and moral values. *Personality and Social Psychology Bulletin* 36 (5): 655 – 664.

Iyer, R., Koleva, S., Graham, J., Ditto, P., and Haidt, J. 2012. Understanding libertarian morality: The psychological dispositions of self-identified libertarians. *PloS One* 7 (8). doi:10.1371/journal.pone.0042366.

McCrae, R. R. 1996. Social consequences of experiential openness. *Psychological Bulletin* 120 (3): 323 – 337.

Onraet, E., Van Hiel, A., Roets, A., and Cornelis, I. 2011. The closed mind: "Experience" and cognition" aspects of openness to experience and need for closure as psychological bases for right-wing attitudes. *European Journal of Personality* 25 (3): 184－197.

Sibley, C. G., and Duckitt, J. 2008. Personality and prejudice: A meta-analysis and theoretical review. *Personality and Social Psychology Review* 12 (3): 248－279.

빅5 같은 성격 척도에서 자유 지상주의자의 점수는 자유주의자와 더 비슷한 경향을 보인다. 하지만 도덕적 기반 척도에서는 두 집단의 점수가 상이하다. (Haidt 2012; Iyer et al. 2012 참조; Yilmaz et al. 202도 참조) 나는 또한 사회적 자유주의 · 보수주의의 심리적 기질(基質)은 경제적 자유주의 · 보수주의의 그것과 다를 수 있음을 지적하려 한다. 두 가지 유형의 이념이 흔히 기준변수와 상이한 상관관계를 드러낼 수 있기 때문이다. (Baron 2015; Carl 2014b; Crawford et al. 2017; Everett 2013; Federico and Malka 2018; Feldman and Johnston 2014; Malka and Soto 2015; Pennycook and Rand 2019; Stanovich and Toplak 2019; Yilmaz and Saribay 2016; Yilmaz et al. 2020; 이 책 5장도 참조)

50 Hatemi, P. K., Gillespie, N. A., Eaves, L. J., Maher, B. S., Webb, B. T., Heath, A. C., et al. 2011. A genome-wide analysis of liberal and conservative political attitudes. *Journal of Politics* 73 (1): 271－285.

Hatemi, P. K., and McDermott, R. 2012. The genetics of politics: Discovery, challenges, and progress. *Trends in Genetics* 28 (10): 525－533.

Hatemi, P. K., and McDermott, R. 2016. Give me attitudes. *Annual Review of Political Science* 19 (1): 331－350.

51 Carraro, Castelli, and Macchiella 2011; Hibbing, Smith, and Alford 2014a; Inbar, Pizarro, and Bloom 2009; Inbar et al. 2012; Jost et al. 2003; Oxley et al. 2008; Schaller and Park 2011

Carraro, L., Castelli, L., and Macchiella, C. 2011. The automatic conservative: Ideology-based attentional asymmetries in the processing of valenced information. *PloS One* 6 (11). e26456. https://doi.org/10.1371/journal. pone.0026456.

Hibbing, J. R., Smith, K. B., and Alford, J. R. 2014a. Differences in negativity bias underlie variations in political ideology. *Behavioral and Brain Sciences* 37 (3): 297－307. doi:10.1017/S0140525X13001192.

Inbar, Y., Pizarro, D. A., and Bloom, P. 2009. Conservatives are more easily disgusted than liberals. *Cognition and Emotion* 23 (4): 714－725.

Inbar, Y., Pizarro, D., Iyer, R., and Haidt, J. 2012. Disgust sensitivity, political conservatism, and voting. *Social Psychological and Personality Science* 3:537－544.

Jost, J. T., Glaser, J., Kruglanski, A. W., and Sulloway, F. J. 2003. Political conservatism as motivated social cognition. *Psychological Bulletin* 129 (3): 339－375.

Oxley, D. R., Smith, K. B., Alford, J. R., Hibbing, M. V., Miller, J. L., Scalora, M., et al. 2008. Political attitudes vary with physiological traits. *Science* 321 (5896): 1667‒1670.

Schaller, M., and Park, J. H. 2011. The behavioral immune system (and why it matters). *Current Directions in Psychological Science* 20 (2): 99‒103.

52 Block, J., and Block, J. H. 2006. Nursery school personality and political orientation two decades later. *Journal of Research in Personality* 40 (5): 734‒749.

De Neve, J.-E. 2015. Personality, childhood experience, and political ideology. *Political Psychology* 36: 55‒73.

Fraley, R. C., Griffin, B. N., Belsky, J., and Roisman, G. I. 2012. Developmental antecedents of political ideology: A longitudinal investigation from birth to age 18 years. *Psychological Science* 23 (11): 1425‒1431.

Wynn, K. 2016. Origins of value conflict: Babies do not agree to disagree. *Trends in Cognitive Sciences* 20 (1): 3‒5.

53 Ahn, W.-Y., Kishida, K., Gu, X., Lohrenz, T., Harvey, A., Alford, J., et al. 2014. Nonpolitical images evoke neural predictors of political ideology. *Current Biology* 24 (22): 2693‒2699.

Dodd et al

Hatemi, P. K., and McDermott, R. 2016. Give me attitudes. *Annual Review of Political Science* 19 (1): 331‒350.

Krummenacher, P., Mohr, C., Haker, H., and Brugger, P. 2010. Dopamine, paranormal belief, and the detection of meaningful stimuli. *Journal of Cognitive Neuroscience* 22 (8): 1670‒1681.

Van Bavel, J. J., and Pereira, A. 2018.

54 일테면 자렛 크로포드(Jarret Crawford 2014)는 데이터를 통해 보수주의자는 자신의 육체적 안전에 대한 위협에 좀더 민감한 반면, 자유주의자는 자신의 권리에 가해지는 인지된 위협에 좀더 예민하다는 것을 보여 주었다. (Federico and Malka 2018도 참조) 나중에 크로포드(2017)는 또 다른 모델(보정한 정치 행동 모델)을 개발한 뒤 관련 개념을 가다듬었다. 그런 다음 자유주의자와 보수주의자는 자신의 가치관·정체성에 가해지는 위협에 비슷하게 영향을 받지만, 사회적 보수주의자(경제적 보수주의자는 아님)는 육체적 위협에 더욱 민감하다는 결론을 얻었다.

55 Pennycook, G., Fugelsang, J. A., and Koehler, D. J. 2015. What makes us think? A three-stage dual-process model of analytic engagement. *Cognitive Psychology* 80:34‒72.

Stanovich, K. E. 2011. *Rationality and the reflective mind*. New York: Oxford University Press.

56 Evans, J. St. B. T., and Stanovich, K. E. 2013. Dual-process theories of higher cognition: Advancing the debate. *Perspectives on Psychological Science* 8 (3): 223‒241.

Kahneman, D. 2011.

57 Haidt, J. 2012. *The righteous mind: Why good people are divided by politics and religion*. New York: Pantheon.

58 Harris, J. R. 1995. Where is the child's environment? A group socialization theory of development. *Psychological Review* 102 (3): 458 – 489.
Iyengar, S., Konitzer, T., and Tedin, K. 2018. The home as a political fortress: Family agreement in an era of polarization. *Journal of Politics* 80 (4): 326 – 1338.
Jennings, M. K., Stoker, L., and Bowers, J. 2009. Politics across generations: Family transmission reexamined. *Journal of Politics* 71 (3): 782 – 799.

59 좀더 자세한 논의를 위해서는 다음을 참조하라.

Haidt, J. 2012. *The righteous mind: Why good people are divided by politics and religion*. New York: Pantheon.
Clark, C. J., and Winegard, B. M. 2020. Tribalism in war and peace: The nature and evolution of ideological epistemology and its significance for modern social science. *Psychological Inquiry* 31 (1): 1 – 22.

60 Hibbing, J. R., Smith, K. B., and Alford, J. R. 2014b. *Predisposed: Liberals, conservatives, and the biology of political differences*. New York: Routledge.
Taber, C. S., and Lodge, M. 2016. The illusion of choice in democratic politics: The unconscious impact of motivated political reasoning. *Political Psychology* 37 (S1): 61 – 85.

61 Flynn, D. J., Nyhan, B., and Reifler, J. 2017. The nature and origins of misperceptions: Understanding false and unsupported beliefs about politics. *Advances in Political Psychology* 38 (S1): 127 – 150.
Nyhan, B., and Reifler, J. 2010. When corrections fail: The persistence of political misperceptions. *Political Behavior* 32 (2): 303 – 330.

62 Hopkins, D. J., Sides, J., and Citrin, J. 2019. The muted consequences of correct information about immigration. *Journal of Politics* 81 (1): 315 – 320. doi:10.1086/699914.

63 위와 같음.

64 Harari, Y. N. 2018. *21 Lessons for the 21st century*. New York: Spiegel & Grau.

65 Sloman, S., and Rabb, N. 2019. Thought as a determinant of political opinion. *Cognition* 188:1 – 7.

66 정치적 추론에 관한 연구에서는, 인지적 성숙이 더 많은 우리편 편향과 상관관계를 보인다는 연구 결과(Kahan et al. 2017; Lupia et al. 2007; Van Boven et al. 2019)가 흔히 관찰된다. 그런데 이 연구 결과는 이 책에서 지금껏 검토한 문헌을 고려해 보건대, 다양한 해석을 허락한다. 거기에는 다음과 같은 주장이 포함된다. 신념의 투사는 우리가 생각하는 것보다 더 합리적이다, 인지적으로 좀더 성숙한 사람은 그렇지 않은 사람보다 훨씬 더 아는 게 많으므로 그들의 사전 신념은 실제로 검증 가능 신념일 가능성이 크다, 인지적으로 좀더 성숙한 사람은 그렇지 않은 사람보

다 집단 보존에 유리한 주장이 무엇인지 분간하는 데서 좀더 영악하다……. 지면 관계상 그밖의 주장은 생략하겠다.

67   Kahan, D. M. 2013.

Kahan, D. M., Peters, E., Dawson, E., and Slovic, P. 2017.

68   Kahan, D. M. 2013. Ideology, motivated reasoning, and cognitive reflection. *Judgment and Decision Making* 8 (4): 407 – 424.

Kahan, D. M., Peters, E., Dawson, E., and Slovic, P. 2017.

응용 합리성 센터(Center for Applied Rationality)가 개발한 이중-핵심 전략(double-crux strategy)(Sabien 2017)은 확신을 약간 누그러뜨림으로써 사전 확률을 얻을 때 확신보다는 증거에 기반한 검증 가능 신념을 사용하자는 나의 권고와 유사한 면이 있다. 이중-핵심 상황에서는 2명의 개인이 있고, 1명은 명제 A를, 다른 1명은 명제 ~A를 믿는다. (이때는 명제 A가 확신이기 쉽다.) 이중-핵심 전략은 짝지은 쌍들로 하여금 서로 동의하지 않는 또 하나의 진술 세트를 생성하도록 만든다. 여기서는 한쪽이 명제 B를 믿고, 다른 한쪽이 ~B를 믿는다. 두 개인은 명제 B가 명제 A를 지지하고, 명제 ~B가 명제 ~A를 지지한다는 데 동의해야 한다. 여기서 중요한 것은 둘 다 명제 B가 더 '구체적이고, 근거에 기반하며, 더 잘 정의되어 있다'는 데, 요컨대 둘 다 명제 B가, 내가 여기서 말하는 바에 따르면, '좀더 검증 가능하다'는 데 합의해야 한다.

69   폴 처치랜드(Paul Churchland 1989, 1995)가 강조한 바와 같이, 발전 중인 인지과학은 당연히 사람들로 하여금 자신의 인지 과정을 조사하고 그에 대해 이야기하도록 하는 데 지대한 영향을 끼친다. 실제로 과거에 이루어진 심리학적 발전도 지금껏 그래 왔다. 사람들은 이제 일상적으로 내향성(introversion)이니 외향성(extroversion) 같은 개념에 대해 언급한다. 그뿐만 아니라 '단기 기억(short-term memory)' 같은 용어를 써 가면서 본인의 인지 수행을 검사하고 있다. 자기 분석을 위한 이 모든 언어적 도구는 100년 전만 해도 이용할 수 없었던 것들이다. 보통 사람들 사이에서 정신을 다루는 언어가 발달하게 된 것은 부분적으로 과학 지식의 확산에 힘입은 결과임을 인식할 필요가 있다.

70   여기서의 개념 틀은 매우 느린 시스템 2를 지닌 이중-과정 모델과 유사하다. 이는 대니얼 카너먼(Daniel Kahneman 2011)이 기술한 이중-과정 모델 유형으로, 이 모델에서는 시스템 2 활동의 상당 비율이 무의식적이고 자동적인 과정(Baumard and Boyer 2013; Stanovich 2004, 2011; Kraft, Lodge, and Taber 2015; Taber and Lodge 2016)에 의해 이루어지는 의사 결정을 합리화하는 활동이다. (Evans 2019; Haidt 2012; Mercier and Sperber 2011, 2017)

71   Golman, R., Loewenstein, G., Moene, K., and Zarri, L. 2016. The preference for belief consonance. *Journal of Economic Perspectives* 30 (3): 165 – 188.

72   Richerson, P. J., and Boyd, R. 2005. *Not by genes alone: How culture transformed human evolution*. Chicago: University of Chicago Press.

73   '신념의 속성'을 통해 내가 하려는 말은 신념이 검증 가능 신념인지 아니면 확신인지 여부, 그리고 만약 확신이라면 그것을 얼마나 강력하게 견지하는지다. 그뿐

만 아니라 특정 이슈들은 때로 그 유의성(valence)이 정적이냐 부적이냐에 따라 상이한 정도의 우리편 편향을 낳으면서 비대칭적 신념들을 만들어 낸다. (Stanovich and West 2008a; Toner et al. 2013 참조)

74 Stanovich, K. E., and West, R. F. 2008a.

Toner, K., Leary, M. R., Asher, M. W., and Jongman-Sereno, K. P. 2013.

75 Stanovich, K. E., and West, R. F. 2008a.

Toner, K., Leary, M. R., Asher, M. W., and Jongman-Sereno, K. P. 2013. Feeling superior is a bipartisan issue: Extremity (not direction) of political views predicts perceived belief superiority. *Psychological Science* 24 (12): 2454 – 2462.

Ditto, P., Liu, B., Clark, C., Wojcik, S., Chen, E., Grady, R. et al. 2019a.

5장

1 Pronin, E., Lin, D. Y., and Ross, L. 2002. The bias blind spot: Perceptions of bias in self versus others. *Personality and Social Psychology Bulletin* 28 Part 3:369 – 381.

2 Pronin, E. 2007. Perception and misperception of bias in human judgment. *Trends in Cognitive Sciences* 11 (1): 37 – 43.

Scopelliti, I., Morewedge, C. K., McCormick, E., Min, H. L., Lebrecht, S., and Kassam, K. S. 2015. Bias blind spot: Structure, measurement, and consequences. *Management Science* 61 (10): 2468 – 2486.

3 Keltner, D., and Robinson, R. J. 1996. Extremism, power, and the imagined basis of social conflict. *Current Directions in Psychological Science* 5 (4): 101 – 105.

Robinson, R. J., Keltner, D., Ward, A., and Ross, L. 1995. Actual versus assumed differences in construal: "Naive realism" in intergroup perception and conflict. *Journal of Personality and Social Psychology* 68 (3): 404 – 417.

Skitka, L. J. 2010. The psychology of moral conviction. *Social and Personality Psychology Compass* 4 (4): 267 – 281. doi:10.1111/j.1751 – 9004.2010.00254.x.

4 다음 참조.

West, R. F., Meserve, R. J., and Stanovich, K. E. 2012. Cognitive sophistication does not attenuate the bias blind spot. *Journal of Personality and Social Psychology* 103 (3): 506 – 519.

5 Abrams, S. 2016. Professors moved left since 1990s, rest of country did not. Heterodox Academy (blog), January 9.

Klein, D. B., and Stern, C. 2005. Professors and their politics: The policy views of social scientists. Critical Review 17 (3 – 4): 257 – 303. doi:10.1080/08913810508443640.

Langbert, M. 2018. Homogenous: The political affiliations of elite liberal arts college faculty. Academic Questions 31 (2): 186 – 197.

Langbert, M., and Stevens, S. 2020. Partisan registration and contributions of faculty in flagship colleges. National Association of Scholars. January 17. HYPERLINK "https//www.nas.org/blogs/article/partisan-registration-and-contributions-of-faculty-in-flagship-colleges"https://www.nas.org/blogs/article/partisan-registration-and-contributions-of-faculty-in-flagship-colleges.

Peters, U., Honeycutt, N., De Block, A., & Jussim, L. 2020. Ideological diversity, hostility, and discrimination in philosophy. Philosophical Psychology 33 (4): 511-548. doi:10.1080/09515089.2020.1743257

Rothman, S., Lichter, S. R., and Nevitte, N. 2005. Politics and professional advancement among college faculty. Forum 3 (1): 1-16.

Wright, J. P., Motz, R. T., and Nixon, T. S. 2019. Political disparities in the academy: It's more than self-selection. Academic Questions 32 (3): 402-411.

6   Buss, D. M., and von Hippel, W. 2018. Psychological barriers to voluntory psychology: Ideological bias and coalitional adaptations. Archives of Scientific Psychology 6 (1): 148-158.

Cardiff, C. F., and Klein, D. B. 2005. Faculty partisan affiliations in all disciplines: A voter-registration study. Critical Review 17 (3-4): 237-255.

Clark, C. J., and Winegard, B. M. 2020. Tribalism in war and peace: The nature and evolution of ideological epistemology and its significance for modern social science. Psychological Inquiry 31 (1): 1-22.

Horowitz, M., Haynor, A., and Kickham, K. 2018. Sociology's sacred victims and the politics of knowledge: Moral foundations theory and disciplinary controversies. American Sociologist 49 (4): 459-495.

Turner, J. H. 2019. The more American sociology seeks to become a politically-relevant discipline, the more irrelevant it becomes to solving societal problems. American Sociologist 50 (4): 456-487.

7   Duarte, J. L., Crawford, J. T., Stern, C., Haidt, J., Jussim, L., & Tetlock, P. E. 2015.

Lukianoff, G., and Haidt, J. 2018. *The coddling of the American mind: How good intentions and bad ideas are setting up a generation for failure.* New York: Penguin.

8   Duarte, J. L., Crawford, J. T., Stern, C., Haidt, J., Jussim, L., & Tetlock, P. E. 2015.

9   위와 같음.

10   Buss, D. M., and von Hippel, W. 2018. Psychological barriers to evolutionary psychology: Ideological bias and coalitional adaptations. *Archives of Scientific Psychology* 6 (1): 148-158.

Ceci, S. J., and Williams, W. M. 2018. Who decides what is acceptable speech on campus? Why restricting free speech is not the answer. *Perspectives on Psychological Science* 13 (3): 299-323.

11 Bikales, J., and Goodman, J. 2020. Plurality of surveyed Harvard faculty support Warren in presidential race. *Harvard Crimson*, March3. https://www. thecrimson.com/article/2020/3/3/faculty-support-warren-president/#disqus_ thread

12 Ditto, P., Liu, B., Clark, C., Wojcik, S., Chen, E., Grady, R. et al. 2019a.

13 위와 같음.

14 (가령 다음의 연구)

15 Clark, C. J., and Winegard, B. M. 2020. Tribalism in war and peace: The nature and evolution of ideological epistemology and its significance for modern social science. *Psychological Inquiry* 31 (1): 1 – 22.

Duarte, J. L., Crawford, J. T., Stern, C., Haidt, J., Jussim, L., & Tetlock, P. E. 2015.

Adorno, T. W., Frenkel-Brunswik, E., Levinson, D. J., and Sanford, R. N. 1950. *The authoritarian personality*. New York: Harper.

Altemeyer, B. 1981. *Right-wing authoritarianism*. Winnipeg: University of Manitoba Press.

16 Jost, J. T., Glaser, J., Kruglanski, A. W., and Sulloway, F. J. 2003. Political conservatism as motivated social cognition. Psychological Bulletin 129 (3): 339 – 375.

17 Jost, J. T., Glaser, J., Kruglanski, A. W., and Sulloway, F. J. 2003. Political conservatism as motivated social cognition. *Psychological Bulletin* 129 (3): 339 – 375. (다음 참조)

Reyna, C. 2018. Scale creation, use, and misuse: How politics undermines measurement. In J. T. Crawford and L. Jussim, eds., *The politics of social psychology*, 81 – 98. New York: Routledge.

18 Brandt, M. J. 2017. Predicting ideological prejudice. *Psychological Science* 28 (6): 713 – 722.

19 Brandt, M. J., and Crawford, J. T. 2019.

Crawford, J. T., and Brandt, M. J. 2020. Ideological (a)symmetries in prejudice and intergroup bias. Current Opinion in Behavioral Sciences 34:40 – 45.

20 Brandt, M. J., and Crawford, J. T. 2019. Studying a heterogeneous array of target groups can help us understand prejudice. *Current Directions in Psychological Science* 28 (3): 292 – 298.

Crawford, J. T., and Brandt, M. J. 2020. Ideological (a)symmetries in prejudice and intergroup bias. *Current Opinion in Behavioral Sciences* 34:40 – 45.

Crawford, J. T. 2014. Ideological symmetries and asymmetries in political intolerance and prejudice toward political activist groups. *Journal of Experimental Social Psychology* 55:284 – 298.

21 Harari, Y. N. 2018. *21 Lessons for the 21st century*. New York: Spiegel & Grau.

22 Goldberg, Z. 2018. Serwer error: Misunderstanding Trump voters. *Quillette*, January 1. https://quillette.com/2018/01/01/serwer-error-misunderstanding-trump-voters/.

Haidt, J. 2016. When and why nationalism beats globalism. *American Interest*, July 10. https://www.the-american-interest.com/2016/07/10/when-and-why-nationalism-beats-globalism/.

Kaufmann, E. 2019. *Whiteshift*. New York: Abrams Press.

23 Harari, Y. N. 2018. *21 Lessons for the 21st century*. New York: Spiegel & Grau.

24 다음 참조.

Regenwetter, M., Hsu, Y.-F., and Kuklinski, J. H. 2019. Towards meaningful inferences from attitudinal thermometer ratings. *Decision* 6 (4): 381–399.

Brandt, M. J. 2017. Predicting ideological prejudice. *Psychological Science* 28 (6): 713–722.

Correll, J., Judd, C. M., Park, B., and Wittenbrink, B. 2010. Measuring prejudice, stereotypes and discrimination. In J. F. Dovidio, M. Hewstone, P. Glick, and V. M. Esses, eds., *The SAGE handbook of prejudice, stereotyping and discrimination*, 45–62. Thousand Oaks, CA: Sage.

25 Reyna, C. 2018. Scale creation, use, and misuse: How politics undermines measurement. In J. T. Crawford and L. Jussim, eds., *The politics of social psychology*, 81–98. New York: Routledge.

26 위와 같음.

27 al Gharbi, M. 2018. Race and the race for the White House: On social research in the age of Trump. *American Sociologist* 49 (4): 496–519.

Edsall 2018.

Goldberg, Z. 2019. America's white saviors. *Tablet*, June 5. https://www.tabletmag.com/jewish-news-and-politics/284875/americas-white-saviors.

Uhlmann, E. L., Pizarro, D. A., Tannenbaum, D., and Ditto, P. H. 2009. The motivated use of moral principles. *Judgment and Decision Making* 4 (6): 476–491.

28 Reyna, C. 2018. Scale creation, use, and misuse: How politics undermines measurement. In J. T. Crawford and L. Jussim, eds., *The politics of social psychology*, 81–98. New York: Routledge.

Snyderman, P. M., and Tetlock, P. E. 1986. Symbolic racism: Problems of motive attribution in political analysis. *Journal of Social Issues*, 129–150.

Tetlock, P. E. 1994. Political psychology or politicized psychology: Is the road to scientific hell paved with good moral intentions? *Political Psychology* 15 (3): 509–529.

29 Carney, R. K., and Enos, R. 2019. Conservatism, just world belief, and racism: An experimental investigation of the attitudes measured by modern racism scales. 2017 NYU CESS Experiments Conference. Working paper under review.

http://www.rileycarney.com/research; or https://pdfs.semanticscholar.org/ad3f/1d704c09d5a80c9b3af6b8abb8013881c4a3.pdf.

Reyna, C. 2018. Scale creation, use, and misuse: How politics undermines measurement. In J. T. Crawford and L. Jussim, eds., *The politics of social psychology*, 81–98. New York: Routledge.

30 Weeden, J., and Kurzban, R. 2014. *The hidden agenda of the political mind: How self-interest shapes our opinions and why we won't admit it*. Princeton: Princeton University Press.

31 Duarte, J. L., Crawford, J. T., Stern, C., Haidt, J., Jussim, L., & Tetlock, P. E. 2015.

32 위와 같음.

33 Haslam, N. 2016. Concept creep: Psychology's expanding concepts of harm and pathology. *Psychological Inquiry* 27 (1): 1–17.

34 Glick, P., and Fiske, S. T. 1996. The ambivalent sexism inventory: Differentiating hostile and benevolent sexism. *Journal of Personality and Social Psychology* 70 (3): 491–512.

35 Gul, P., and Kupfer, T. R. 2019. Benevolent sexism and mate preferences. *Personality and Social Psychology Bulletin* 45 (1): 146–161.

36 Onraet, E., Van Hiel, A., Dhont, K., Hodson, G., Schittekatte, M., and De Pauw, S. 2015. The association of cognitive ability with right-wing ideological attitudes and prejudice: A meta-analytic review. *European Journal of Personality* 29 (6): 599–621.

37 Federico, C. M., and Malka, A. 2018. The contingent, contextual nature of the relationship between needs for security and certainty and political preferences: Evidence and implications. *Political Psychology* 39 (S1): 3–48.

Kemmelmeier, M. 2008. Is there a relationship between political orientation and cognitive ability? A test of three hypotheses in two studies. *Personality and Individual Differences* 45 (8): 767–772.

Oskarsson, S., Cesarini, D., Dawes, C., Fowler, J., Johannesson, M., Magnusson, P., and Teorell, J. 2015. Linking genes and political orientations: Testing the cognitive ability as mediator hypothesis. *Political Psychology* 36 (6): 649–665.

38 Carl, N. 2014b. Verbal intelligence is correlated with socially and economically liberal beliefs. *Intelligence* 44:142–148.

39 Carl, N., Cofnas, N., and Woodley of Menie, M. A. 2016. Scientific literacy, optimism about science and conservatism. *Personality and Individual Differences* 94:299–302.

40 Caplan, B., and Miller, S. C. 2010. Intelligence makes people think like economists: Evidence from the General Social Survey. *Intelligence* 38 (6): 636–647.

41 Carl, N. 2014a. Cognitive ability and party identity in the United States. *Intelligence* 47:3 − 9.

Carl, N. 2014b. Verbal intelligence is correlated with socially and economically liberal beliefs. *Intelligence* 44:142 − 148.

42 Ganzach, Y. 2016. Cognitive ability and party identity: No important differences between Democrats and Republicans. *Intelligence* 58:18 − 21.

43 Carl, N. 2014b.

44 흔히 지능과 편견의 상관관계를 보여 주는 연구들은 보수주의자가 지능이 낮은 사람들임을 자동적으로 암시한다(편견이 보수주의의 프록시(proxy: 측정·계산하려는 다른 것을 대신해 이용하는 대용물─옮긴이)라는 가정 아래)고 여기고 있다. 하지만 그럼에도 브랜트와 크로포드(Brandt and Crawford 2016)는 우리가 앞서 살펴본 대로, 그 상관관계가 평가되는 표적 집단이 누구냐에 따라 달라진다는 것을 실증적으로 증명해 보였다. 예컨대, 라틴아메리카계 미국인, 흑인, 불법 이민자 집단에 대한 편견과 지능의 상관관계는 부적으로 각각 -.15, -.09, -.09인 반면, 기독교 근본주의자, 대기업, 군부, 노동 계급 사람들에 대한 편견과 지능의 상관관계는 정적으로 각각 +.19, +.14, +.12, +.08을 나타내, 그 정도가 거의 막상막하임을 관찰했다. 지능이 높은 사람들은 그렇지 않은 사람들보다 전반적으로는 편견이 적다고 할 수 있다. 하지만 지능이 높은 사람들의 편견은 그저 지능이 낮은 사람들 경우와는 다른 집단들을 겨냥하고 있을 따름이다. (Brandt and Van Tongeren 2017도 참조)

45 Ganzach, Y., Hanoch, Y., and Choma, B. L. 2019. Attitudes toward presidential candidates in the 2012 and 2016 American elections: Cognitive ability and support for Trump. *Social Psychological and Personality Science* 10 (7): 924 − 934.

46 Federico, C. M., and Malka, A. 2018. The contingent, contextual nature of the relationship between needs for security and certainty and political preferences: Evidence and implications. *Political Psychology* 39 (S1): 3 − 48.

47 Feldman, S., & Johnston, C. 2014. Understanding the determinants of political ideology: Implications of structural complexity. Political Psychology, 35(3), 337-358.

48 '인지 반응 검사'─인지 능력, 사고 성향, 그리고 수리력과 관련된 복잡한 척도─를 활용한 연구들(Sinayev and Peters 2015; Stanovich, West, and Toplak 2016)은 지능과 관련해 이와 유사한 결과를 보여 주었다. '인지 반응 검사' 점수는 경제적 보수주의와는 거의 상관관계가 없으며, 설사 있다손 쳐도 최소한 부적 상관관계와 정적 상관관계 간의 정도 차가 거의 없었다. (Baron 2015; Yilmaz and Saribay 2016, 2017; Yilmaz, Saribay, and Iyer 2020) '인지 반응 검사' 점수와 사회적 보수주의 간에는 일관되지만 '작은(small)' 상관관계가, 경제적 보수주의와 사회적 보수주의를 따로 구분하지 않은 연구들에서는 '매우 작은(very small)' 상관관계가 드러났다. (Burger, Pfattheicher, and Jauch 2020; Deppe et al. 2015; Yilmaz and Saribay 2016, 2017; Yilmaz and Alper 2019; Yilmaz, Saribay, and Iyer 2020) 전반적으로 '인지 반응 검사'에서 자유주의와 보수주의 간에 강력한 차이가 드러남을 보여 주는 징후는

없다. 다만 자유 지상주의는 대체로 자유주의와 보수주의 양쪽을 능가하는 점수를 거두었다. (Pennycook and Rand 2019; Yilmaz, Saribay, and Iyer 2020)

49 좀더 철저한 논의를 살펴보려면 다음을 참조하라.
Stanovich, K. E., West, R. F., and Toplak, M. E. 2016.

50 Weeden, J., and Kurzban, R. 2014. *The hidden agenda of the political mind: How self-interest shapes our opinions and why we won't admit it.* Princeton: Princeton University Press.

51 Charney, E. 2015. Liberal bias and the five-factor model. *Behavioral and Brain Sciences* 38:e139. doi:10.1017/S0140525X14001174.

52 Costa, P. T., and McCrae, R. R. 1992. *Revised NEO personality inventory.* Odessa, FL: Psychological Assessment Resources.

53 Baron, J. 1985.
Baron, J. 1988. *Thinking and deciding.* New York: Cambridge University Press.

54 Baron, J. 2019. Actively open-minded thinking in politics. *Cognition* 188:8 – 18.
Haran, U., Ritov, I., and Mellers, B. A. 2013. The role of actively open-minded thinking in information acquisition, accuracy, and calibration. *Judgment and Decision Making* 8 (3): 188 – 201.
Sá, W., West, R. F., and Stanovich, K. E. 1999. The domain specificity and generality of belief bias: Searching for a generalizable critical thinking skill. *Journal of Educational Psychology* 91 (3): 497 – 510.
Stanovich, K. E., and Toplak, M. E. 2019.
Stanovich, K. E., and West, R. F. 1997.

55 Stanovich, K. E., and Toplak, M. E. 2019.

56 위와 같음.

57 위와 같음.
Stanovich, K. E., and West, R. F. 2007.

58 Macpherson, R., and Stanovich, K. E. 2007.

59 Stanovich, K. E., and West, R. F. 2007.

60 Kahan, D. M., and Corbin, J. C. 2016.

61 Stenhouse, N., Myers, T. A., Vraga, E. K., Kotcher, J. E., Beall, L., and Maibach, E. W. 2018.

62 Kahan, D. M., and Corbin, J. C. 2016.

63 Macpherson, R., and Stanovich, K. E. 2007.
Stanovich, K. E., and West, R. F. 2007.

64 Eichmeier, A., and Stenhouse, N. 2019. Differences that don't make much difference: Party asymmetry in open-minded cognitive styles has little relationship to information processing behavior. *Research & Politics* 6 (3). doi:10.1177/2053168019872045.

65 Eichmeier, A., and Stenhouse, N. 2019. Differences that don't make much

difference: Party asymmetry in open-minded cognitive styles has little relationship to information processing behavior. *Research & Politics* 6 (3). doi:10.1177/2053168019872045.

Stenhouse, N., Myers, T. A., Vraga, E. K., Kotcher, J. E., Beall, L., and Maibach, E. W. 2018.

66   Macpherson and Stanovich 2007; Stanovich and Toplak 2019; Stanovich and West 2007

Macpherson, R., and Stanovich, K. E. 2007.

Stanovich, K. E., and Toplak, M. E. 2019.

67   Brandt, M. J., and Crawford, J. T. 2019. Studying a heterogeneous array of target groups can help us understand prejudice. *Current Directions in Psychological Science* 28 (3): 292–298.

Chambers, J. R., Schlenker, B. R., and Collisson, B. 2013. Ideology and prejudice:

The role of value conflicts. *Psychological Science* 24 (2): 140–149.

Crawford, J. T., and Brandt, M. J. 2020. Ideological (a)symmetries in prejudice and intergroup bias. *Current Opinion in Behavioral Sciences* 34:40–45.

68   Conway, L. G., Gornick, L. J., Houck, S. C., Anderson, C., Stockert, J., Sessoms, D., and McCue, K. 2016. Are conservatives really more simple-minded than liberals? The domain specificity of complex thinking. *Political Psychology* 37 (6): 777–798.

Conway, L. G., Houck, S. C., Gornick, L. J., and Repke, M. A. 2018. Finding the Loch Ness monster: Left-wing authoritarianism in the United States. *Political Psychology* 39 (5): 1049–1067.

Snyderman, P. M., and Tetlock, P. E. 1986. Symbolic racism: Problems of motive attribution in political analysis. *Journal of Social Issues*, 129–150.

Ray, J. J. 1983. Half of all authoritarians are left-wing: A reply to Eysenck and Stone. *Political Psychology* 4 (1): 139–143.

Ray, J. J. 1988. Cognitive style as a predictor of authoritarianism, conservatism, and racism. *Political Psychology* 9 (2): 303–308.

Reyna, C. 2018. Scale creation, use, and misuse: How politics undermines measurement. In J. T. Crawford and L. Jussim, eds., *The politics of social psychology*, 81–98. New York: Routledge.

69   Lucian Gidoen Conway et al. 2016; Conway et al. 2018

Conway, L. G., Gornick, L. J., Houck, S. C., Anderson, C., Stockert, J., Sessoms, D., and McCue, K. 2016. Are conservatives really more simple-minded than liberals? The domain specificity of complex thinking. *Political Psychology* 37 (6): 777–798.

Conway, L. G., Houck, S. C., Gornick, L. J., and Repke, M. A. 2018. Finding the

Loch Ness monster: Left-wing authoritarianism in the United States. *Political Psychology* 39 (5): 1049 – 1067.

70 Conway, L. G., Houck, S. C., Gornick, L J., and Repke, M. A. 2018. Finding the Loch Ness monster: Left-wing authoritarianism in the United States. *Political Psychology* 39 (5): 1049 – 1067.

71 Tetlock, P. E. 1986. A value pluralism model of ideological reasoning. *Journal of Personality and Social Psychology* 50 (4): 819 – 827.

72 예컨대 다음 참조.
Clark, C. J., and Winegard, B. M. 2020. Tribalism in war and peace: The nature and evolution of ideological epistemology and its significance for modern social science. *Psychological Inquiry* 31 (1): 1 – 22.
Duarte, J. L., Crawford, J. T., Stern, C., Haidt, J., Jussim, L., & Tetlock, P. E. 2015. Political diversity will improve social psychological science 1. Behavioral and brain sciences, 38.

73 다음 참조.

74 Stanovich, K. E., and Toplak, M. E. 2019.
Stanovich, K. E., West, R. F., and Toplak, M. E. 2016.

75 Fuller, R. 2019. *In defence of democracy*. Cambridge: Polity Press.

76 Serwer, A. 2017. The nationalist's delusion. *Atlantic*, November 20. https://www.theatlantic.com/politics/archive/2017/11/the-nationalists-delusion/546356/.

77 Heer, J. 2016. Are Donald Trump's supporters idiots? *New Republic*, May 11. https://newrepublic.com/minutes/133447/donald-trumps-supporters-idiots.

78 Stephens, B. 2016. Staring at the conservative gutter: Donald Trump gives credence to the left's caricature of bigoted conservatives. *Wall Street Journal*, February 29. https://www.wsj.com/articles/staring-at-the-conservative-gutter-1456791777.

79 Brennan, J. 2016. Trump won because voters are ignorant, literally. *Foreign Policy*, November 10. https://foreignpolicy.com/2016/11/10/the-dance-of-the-dunces-trump-clinton-election-republican-democrat/

80 다음 참조.
Fuller, R. 2019. *In defence of democracy*. Cambridge: Polity Press.

81 Ganzach, Y., Hanoch, Y., and Choma, B. L. 2019. Attitudes toward presidential candidates in the 2012 and 2016 American elections: Cognitive ability and support for Trump. *Social Psychological and Personality Science* 10 (7): 924 – 934.

82 al Gharbi, M. 2018. Race and the race for the White House: On social research in the age of Trump. *American Sociologist* 49 (4): 496 – 519.

83 간자흐, 하노흐, 그리고 초마(Ganzach, Hanoch, and Choma 2019)는 여러 변수를 갖는 회귀 방정식에서 트럼프에 대한 온도 등급을 분석한 결과, 정당 소속의 베타 가

중치(회귀 계수)가 .610로 단연 우세했다는 것, 그 예측치는 성별(-.091), 언어 구사 능력(-.061) 등 다른 주요 예측치보다 훨씬 더 강력한 예측력을 지녔다는 것을 밝혀냈다.

84 절대적 수준의 합리성 문제는 개념적으로 한층 더 복잡하다. (Caplan 2007; Fuller 2019; Lomasky 2008 참조)

85 이와 관계된 것으로 세계관을 포함한 정치적 구분에 대해서는 수많은 다른 저자들도 논의한 바 있다. (예컨대 Goodhart 2017; Haidt 2016; Lind 2020)

86 또한 샌더스는 불법 이민이 저숙련 노동자의 임금을 떨어뜨릴 수 있다는 사실에 대해 오랫동안 우려해 왔다. 그는 2017년 어느 인터뷰에서 "빈곤이 줄곧 심화하고 임금이 지속적으로 떨어지는 상황에서 수백만 명의 이주 노동자가 이 나라에 들어와서 미국인 노동자보다 더 낮은 임금을 받고 일하도록 허용하는 것, 그래서 그들의 현재 임금을 더욱 낮추도록 내모는 것이 과연 필요한 일인지 모르겠다"고 말했다. (Frizell 2016 참조) 2015년 에즈라 클라인과 행한 인터뷰에서, 샌더스는 정치적 좌파 진영이 국경 개방 옹호 쪽으로 기우는 데 대해 비판했다. 그는 그것은 코흐 형제(Koch brothers-찰스 코흐(Charles G Koch)와 데이비드 코흐(David H. Koch)를 흔히 '코흐 형제'라 부른다. 이들은 제조업·석유·화학·에너지 등 수많은 분야에 걸친 사업체를 거느린 대기업 총수들로 보수주의 이념을 견지하고 표방한다—옮긴이)같은 대부호들이 밀어붙이는 일종의 '우익 안건'이라고 경고했다. 그러면서 '여러분은 지금 민족국가라는 개념을 무너뜨리고 있는데, 나는 세상에 그걸 믿고 있는 나라가 존재한다곤 생각지 않는다'고 강변했다. (Lemon 2019 참조)

87 나는 2017년 이후 좀더 통제된 상황에서 이 질문에 대한 데이터를 수집해 왔다. 그리고 동료 매기 토플랙과 함께 확보한 데이터(Stanovich and Toplak 2019)를 결합하여 프롤리픽(Prolific)-연구 참여자 모집을 돕는 기관·옮긴이-이 모집한 일군의 피험자에게 테드 크루즈 대 알 샤프턴 문제를 제시했다.(Palan and Schitter 2018) 모든 피험자가 제1 언어로 영어를 사용했으며 미국 시민이었다. 우리 표본에는 2016년에 도널드 트럼프나 제3당의 후보보다 힐러리 클린턴에게 표를 주었을 법한 피험자가 332명 포함되어 있었다. 이들 가운데 90.4퍼센트라는 압도적 피험자가 만약 선택권이 주어진다면 테드 크루즈보다 알 샤프턴을 선택하겠다고 답했다.

88 Lupia, A. 2016. *Uninformed: Why people know so little about politics and what we can do about it*. New York: Oxford University Press.

89 Berezow, A., and Campbell, H. 2012. *Science left behind: Feel-good fallacies and the rise of the anti-scientific left*. New York: Public Access.

90 Deary 2013. Haier, Richard J. 2016. Plomin et al. Rindermann, Becker, and Coyle 2020. Warne, R. T., Astle, M. C., & Hill, J. C. 2018. What do undergraduates learn about human intelligence? An analysis of introductory psychology textbooks. Archives of Scientific Psychology, 6(1), 32-50.

91 Bertrand, M., Goldin, C., and Katz, L. 2010. Dynamics of the gender gap for young professionals in the financial and corporate sectors. *American Economic Journal: Applied Economics* 2 (3): 228–255.

Black, D., Haviland, A., Sanders, S., and Taylor, L. 2008. Gender wage disparities among the highly educated. *Journal of Human Resources* 43 (3): 630 – 659.

CONSAD Research Corporation. 2009. An analysis of the reasons for the disparity in wages between men and women. January 12. U.S. Department of Labor, Contract Number S-23F-02598. https://www.shrm.org/hr-today/public-policy/hr-public-policy-issues/Documents/Gender%20Wage%20Gap%20Final%20Report.pdf.

Kolesnikova, N., and Liu, Y. 2011. Gender wage gap may be much smaller than most think. *Regional Economist*, October 1. Federal Reserve Bank of St. Louis. https://www.stlouisfed.org/Publications/Regional-Economist/October-2011/Gender-Wage-Gap-May-Be-Much-Smaller-Than-Most-Think?hc_location=ufi#endnotes.

O'Neill, J., and O'Neill, D. 2012. *The declining importance of race and gender in the labor market: The role of federal anti-discrimination policies and other factors.* Washington, DC: AEI Press.

Solberg, E. and Laughlin, T. 1995. The gender pay gap, fringe benefits, and occupational crowding. *ILR Review* 48 (4): 692 – 708.

92 Chetty, R., Hendren, N., Kline, P., Saez, E., and Turner, N. 2014. Is the United States still a land of opportunity? Recent trends in intergenerational mobility. *American Economic Review* 104 (5): 141 – 147.

McLanahan, S., Tach, L., and Schneider, D. 2013. The causal effects of father absence. *Annual Review of Sociology* 39:399 – 427.

Murray, C. 2012. *Coming apart: The state of white America, 1960–2010.* New York: Crown Forum.

93 Seidenberg, M. 2017. *Language at the speed of sight.* New York: Basic Books.

Stanovich, K. E. 2000. *Progress in understanding reading: Scientific foundations and new frontiers.* New York: Guilford Press.

94 Jussim, L. 2017a, Gender bias in science? Double standards and cherry-picking in claims about gender bias. *Psychology Today*, July 14. https://www.psychologytoday.com/us/blog/rabble-rouser/201707/gender-bias-in-science.

Madison, G., and Fahlman, P. 2020. Sex differences in the number of scientific publications and citations when attaining the rank of professor in Sweden. *Studies in Higher Education.* doi:10.1080/03075079.2020.1723533.

Williams, W. M., and Ceci, S. J. 2015. National hiring experiments reveal 2:1 faculty preference for women on STEM tenure track. *Proceedings of the National Academy of Sciences* 112 (17): 5360 – 5365.

95 Baron-Cohen, S. 2003. *The essential difference: The truth about the male and female brain.* New York: Basic Books.

Buss, D. M., and Schmitt, D. P. 2011. Evolutionary psychology and feminism. *Sex Roles* 64 (9–10): 768–787.

Pinker, S. 2002. The blank slate: The modern denial of human nature. New York: Viking.

Pinker, S. 2008. *The sexual paradox: Men, women, and the real gender gap*. New York: Scribner.

96 Klein, D. B., and Buturovic, Z. 2011. Economic enlightenment revisited: New results again find little relationship between education and economic nlightenment but vitiate prior evidence of the left being worse. *Econ Journal Watch* 8 (2): 157–173.

97 다음 참조.
Stanovich, K. E., West, R. F., and Toplak, M. E. 2016.

98 퓨 리서치센터의 2013년 조사에서도 비슷한 결과가 나왔다.
Pew Research Center. 2013. What the public knows—In words, pictures, maps and graphs. September 5. https://www.people-press.org/2013/09/05/what-the-public-knows-in-words-picture-maps-and-graphs/.

99 Klein, D. B., and Buturovic, Z. 2011.

100 광범위한 논의를 위해서는 다음을 참조하라.
Lupia, A. 2016.

101 대니얼 클라인(Daniel Klein)은 2011년 〈애틀랜틱〉에 실은 글에서 자신이 원래 사용한 척도가 얼마나 우리편 편향에 젖어 있었는지 돌아보았다. 즉 그 질문들은 너무 흔하게도 보수주의적 신념보다 자유주의적 신념에 의문을 제기했고, 따라서 자유주의자들 사이에서 점수를 낮추는 결과를 초래한 것이다. 클라인은 자신이 자유 지상주의자라서 좌파 진영 사람들이 경제학에 대해 잘못된 신념을 지닐 가능성이 유독 크다고 지레짐작한 것 같다고 실토한다. 이처럼 이전부터 존재해 온 편향은 그로 하여금 문항 선택이 자유주의자에게 불리했음을 인식하기 어렵도록 만들었다. "누가 더 아는 게 많은가?" 유형에 관해 수많은 언론과 학자가 수행한 연구들도 테스트 설계자의 편향이 반영된 항목 선정이라는 문제점을 드러내고 있다. (Lupia 2016 참조)

102 Enders, A. M. 2019. Conspiratorial thinking and political constraint. *Public Opinion Quarterly* 83 (3): 510–533.
Oliver, J. E., and Wood, T. 2014. Conspiracy theories and the paranoid style(s) of mass opinion. *American Journal of Political Science* 58 (4): 952–966.

103 Stanovich, K. E., West, R. F., and Toplak, M. E. 2016.

104 Dagnall, N., Drinkwater, K., Parker, A., Denovan, A., and Parton, M. 2015. Conspiracy theory and cognitive style: A worldview. *Frontiers in Psychology* 6. Article 206, doi:10.3389/fpsyg.2015.00206.
Goertzel, T. 1994. Belief in conspiracy theories. *Political Psychology* 15 (4): 731–742.

Majima, Y. 2015. Belief in pseudoscience, cognitive style and science literacy. *Applied Cognitive Psychology* 29 (4): 552 – 559.

Oliver, J. E., and Wood, T. 2014. Conspiracy theories and the paranoid style(s) of mass opinion. *American Journal of Political Science* 58 (4): 952 – 966.

Swami, V., Coles, R., Stieger, S., Pietschnig, J., Furnham, A., Rehim, S., and Voracek, M. 2011. Conspiracist ideation in Britain and Austria: Evidence of a monological belief system and associations between individual psychological differences and real-world and fictitious conspiracy theories. *British Journal of Psychology* 102 (3) : 443 – 463.

105 Elster, J. 1983. *Sour grapes: Studies in the subversion of rationality*. Cambridge: Cambridge University Press.

Nozick, R. 1993. *The nature of rationality*. Princeton: Princeton University Press.

Stanovich, K. E. 2004. *The robot's rebellion: Finding meaning in the age of Darwin*. Chicago: University of Chicago Press.

Stanovich, K. E. 2013. Why humans are (sometimes) less rational than other animals: Cognitive complexity and the axioms of rational choice. *Thinking & Reasoning* 19 (1): 1 – 26.

106 Kahan, D. M. 2015. Climate-science communication and the measurement problem. *Political Psychology* 36 (S1): 1 – 43.

Kahan, D. M. 2016.

107 Bullock, J. G., Gerber, A. S., Hill, S. J., and Huber, G. A. 2015. Partisan bias in factual beliefs about politics. *Quarterly Journal of Political Science* 10 (4): 519 – 578.

Bullock, J. G., and Lenz, G. 2019. Partisan bias in surveys. *Annual Review of Political Science* 22 (1): 325 – 342.

108 과학작가이자 의사소통 전문가인 매튜 니스벳 교수(Matthew Nisbet 2020, 27)는 이 연구가 지닌 안건 중심의 편향된 특성은 몇몇 사례에서 진보주의의 대의명분을 약화한다면서 이렇게 경고한다. "우리는 옹호주의자 공동체로서 보수주의적 '부인론자'들에게 집착해 왔다. ……이들 연구는 다시 주류 언론과 논평에 영향을 끼쳤다. 그 결과 〈가디언〉〈워싱턴 포스트〉 같은 매체의 독자들은 끊임없이 '반과학', '부인론자' 공화당 지지자들이 실제로 인지적으로 무능력해서, 사실상 홀로코스트 부인론자들과 비슷하게, 청정에너지 정책을 지지하는 추론이나 타협을 할 수 없을지 모른다는 인상을 받게 되었다." 니스벳은 이런 전략에 대해 비생산적이라고 비판하면서 다음과 같이 덧붙였다. "오늘날 너무도 흔히 볼 수 있듯이 공화당을 '부인(denial)' 정당이라고 낙인찍는 것은 중도 우파에 속한 이들 사이에서 기후 및 청정 에너지 해법에 대한 반대 강도를 한층 높임으로써 잘못된 인식의 자기 강화 나선을 빚어낸다." (Nisbet 2020, 27)

6장

1 Clark, C. J., and Winegard, B. M. 2020. Tribalism in war and peace: The nature

and evolution of ideological epistemology and its significance for modern social science. *Psychological Inquiry* 31 (1): 1 – 22.

Greene, J. D. 2013. *Moral tribes: Emotion. reason, and the gap between us and them.* New York: Penguin.

Haidt, J. 2012. *The righteous mind: Why good people are divided by politics and religion.* New York: Pantheon.

Iyengar, S., Lelkes, Y., Levendusky, M., Malhotra, N., and Westwood, S. J. 2019. The origins and consequences of affective polarization in the United States. *Annual Review of Political Science* 22:129 – 146.

Mason, L. 2018b. *Uncivil agreement: How politics became our identity.* Chicago: University of Chicago Press.

Westwood, S. J., Iyengar, S., Walgrave, S., Leonisio, R., Miller, L., and Strijbis, O. 2018. The tie that divides: Cross-national evidence of the primacy of partyism. *European Journal of Political Research* 57 (2): 333 – 354.

2   Kahan, D. M. 2016.
Kahan, D. M., Peters, E., Dawson, E., and Slovic, P. 2017.

3   Lupia, A. 2016. *Uninformed: Why people know so little about politics and what we can do about it.* New York: Oxford University Press.

4   Pinker, S. 2011.
Pinker, S. 2018. *Enlightenment now: The case for reason, science, humanism and progress.* New York: Viking.

5   Sternberg, R. J. 2018. "If intelligence is truly important to real-world adaptation, and IQs have risen 30+ points in the past century (Flynn Effect), then why are there so many unresolved and dramatic problems in the world, and what can be done about it?". *Journal of Intelligence* 6 (1): 4. https://www.mdpi.com/journal/jintelligence/special_issues/Intelligence_IQs_Problems.

6   Pinker, S. 2011.
Pinker, S. 2018.

7   Henry, P. J., and Napier, J. L. 2017.
Kahan, D. M. 2013. Ideology, motivated reasoning, and cognitive reflection. *Judgment and Decision Making* 8 (4): 407 – 424.

Kahan, D. M., Jenkins-Smith, H., and Braman, D. 2011. Cultural cognition of scientific consensus. *Journal of Risk Research* 14 (2): 147 – 174.

Kahan, D. M., Peters, E., Dawson, E., and Slovic, P. 2017.

Kahan, D. M. Peters, E., Wittlin, M., Slovic, P., Ouellette, L., Braman, D., and Mandel, G. 2012. The polarizing impact of science literacy and numeracy on perceived climate change risks. *Nature Climate Change* 2 (10): 732 – 735.

8   Roser, M. 2013. Global economic inequality. *OurWorldInData.org.* https://ourworldindata.org/global-economic-inequality.

9   Borjas, G. J. 2016. *We wanted workers:Unraveling the immigration narrative*. New York: Norton.

10 Krugman, P. 2015. Recent history in one chart. *New York Times*, January 1. https://krugman.blogs.nytimes.com/2015/01/01/recent-history-in-one-chart/?r=0.

11 OECD. 2011. *An overview of growing income inequalities in OECD countries:Main findings*. Paris: Organisation for Economic Co-operation and Development. http://www.oecd.org/els/soc/dividedwestandwhyinequalitykeepsrising.htm.

12 Reeves, R. V. 2017. *Dream hoarders*. Washington, DC: Brookings Institution Press.

13 (사람들에게 '기후 변화 부인론자'라는 낙인을 찍는 경우처럼) 지구 온난화 논의에서 신념이라는 이슈에 집중하는 것이 좋은 예다. 인간 활동이 지구 온난화에 상당 정도 기여했음을 인정한다고 해서 탄소배출 감축량과 트레이드오프하기 위한 경제 성장의 정도에 영향이 가는 것은 아니다.

14 Klar, S. 2013. The influence of competing identity primes on political preferences. *Journal of Politics* 75 (4): 1108 – 1124.

15 Lanier, J. 2018. Ten arguments for deleting your social media accounts right now. New York: Henry Holt.
    Levy, S. 2020. Facebook: The inside story. New York: Blue Rider Press.
    Pariser, E. 2011. The filter bubble: What the Internet is hiding from you. New York: Penguin.

16 Stanovich 2004.

17 Stanovich, K. E. 2004. *The robot's rebellion: Finding meaning in the age of Darwin*. Chicago: University of Chicago Press.
    Li, N., van Vugt, M., and Colarelli, S. 2018. The evolutionary mismatch hypothesis: Implications for psychological science. *Current Direction in Psychological Science* 27 (1): 38 – 44.

18 Grynbaum, M., and Koblin, J. 2017. For solace and solidarity in the Trump age, liberals turn the TV back on. *New York Times*, March 12. https://www.nytimes.com/2017/03/12/business/trump-television-ratings-liberals.html.

19 위와 같음.

20 위와 같음.

21 Kiely, E, 2012. "You didn't build that," Uncut and unedited. *Factcheck.org*. July 23. https://www.factcheck.org/2012/07/you-didnt-build-that-uncut-and-unedited/.

22 Ross, L. 1977. The intuitive psychologist and his shortcomings: Distortions in the attribution process. In L. Berkowitz, ed., *Advances in experimental social psychology*, 173 – 220. New York: Academic Press.

23 이 장 뒷부분에서 우리는 특정 이슈에 관한 신념이 의식적 선택의 결과가 아니게

끔 해 주는 또 하나의 방법이 있음을 볼 것이다. 우리는 일단 어느 정당 쪽에 서기로 결정하면, 정당 엘리트들로 하여금 우리를 위해 특수한 이슈 입장들을 묶어 팔기할 수 있도록 허락한다. 수많은 경우에서, 우리는 우리 정당이 어떤 이슈에 대해 특정 입장을 내놓기 전까지는 그에 대해 생각해 본 적도 없기 일쑤다.

24 Varol, O., Ferrara, E., Davis, C., Menczer, F., and Flammini, A. 2017. Online human-bot interactions: Detection, estimation, and characterization. In *Proceedings of the Eleventh International AAAI Conference on Web and Social Media*, 280 – 289. https://www.aaai.org/ocs/index.php/ICWSM/ICWSM17/paper/viewPaper/15587.

25 Levy, S. 2020. *Facebook:The inside story*. New York: Blue Rider Press.

26 Horwitz, J. 2020. Facebook delivers long-awaited trove of data to outside researchers. *Wall Street Journal*, February 13. https://www.wsj.com/articles/facebook-delivers-long-awaited-trove-of-data-to-outside-researchers-11581602403.

27 Stanovich, K. E. 2019. *How to think straight about psychology*. 11th ed. New York: Pearson.

28 Levy, S. 2020. *Facebook:The inside story*. New York: Blue Rider Press.
    Pariser, E. 2011. *The filter bubble: What the Internet is hiding from you*. New York: Penguin.

29 Levy, S. 2020. *Facebook:The inside story*. New York: Blue Rider Press.

30 Zimmer, B. 2020. "Infodemic": When unreliable information spreads far and wide. *Wall Street Journal*, March 5. https://www.wsj.com/articles/infodemic-when-unreliable-information-spreads-far-and-wide-11583430244.

31 Neuding, P. 2020. Scandinavian Airlines: Get woke, cry wolf. *Quillette*, March 1. https://quillette.com/2020/03/01/scandinavian-airlines-get-woke-cry-wolf/.

32 Lanier, J. 2018. *Ten arguments for deleting your social media accounts right now*. New York: Henry Holt.

33 Grant, J. 2011. *Denying science: Conspiracy theories, media distortions, and the war against reality*. Amherst, NY: Prometheus Books.
    Nyhan, B., and Reifler, J. 2010. When corrections fail: The persistence of political misperceptions. *Political Behavior* 32 (2): 303 – 330.
    Offit, P. A. 2011. *Deadly choices: How the anti-vaccine movement threatens us all*. New York: Basic Books.

34 Leeper, T. J., and Slothuus, R. 2014. Political parties, motivated reasoning, and public opinion formation. *Political Psychology* 35 (S1): 129 – 156.

35 Kinder, D., and Kalmoe, N. 2017. *Neither liberal nor conservative: Ideological innocence in the American public*. Chicago: University of Chicago Press.
    Mason, L. 2018b.
    Weeden, J., and Kurzban, R. 2014. *The hidden agenda of the political mind: How self-*

interest shapes our opinions and why we won't admit it. Princeton: Princeton University Press.

36 Weeden, J., and Kurzban, R. 2016. Do people naturally cluster into liberals and conservatives? *Evolutionary Psychological Science* 2 (1): 47 – 57.
Weinstein, B. 2019. *Twitter*, January 11. https://twitter.com/BretWeinstein/status/1083852331618193408.

37 Kinder, D., and Kalmoe, N. 2017.
Mason, L. 2018a.
Mason, L. 2018b.

38 Kinder, D., and Kalmoe, N. 2017. *Neither liberal nor conservative: Ideological innocence in the American public.* Chicago: University of Chicago Press.
Mason, L. 2018a.
Mason, L. 2018b.

39 Westwood, S. J., Iyengar, S., Walgrave, S., Leonisio, R., Miller, L., and Strijbis, O. 2018. The tie that divides: Cross-national evidence of the primacy of partyism. *European Journal of Political Research* 57 (2): 333 – 354.
Iyengar, S., Lelkes, Y., Levendusky, M., Malhotra, N., and Westwood, S. J. 2019. The origins and consequences of affective polarization in the United States. *Annual Review of Political Science* 22:129 – 146.
Pew Research Center. 2019. Partisan antipathy: More intense, more personal. October 10. https://www.people-press.org/2019/10/10/partisan-antipathy-more-intense-more-personal/.

40 Abramowitz, A. I., and Webster, S. W. 2016. The rise of negative partisanship and the nationalization of U.S. elections in the 21st century. *Electoral Studies* 41:12 – 22.
Abramowitz, A. I., and Webster, S. W. 2018. Negative partisanship: Why Americans dislike parties but behave like rabid partisans. *Political Psychology* 39 (S1): 119 – 135.
Groenendyk, E. 2018. Competing motives in a polarized electorate: Political responsiveness, identity defensiveness, and the rise of partisan antipathy. *Political Psychology* 39 (S1): 159 – 171.
Pew Research Center. 2019. Partisan antipathy: More intense, more personal. October 10. https://www.people-press.org/2019/10/10/partisan-antipathy-more-intense-more-personal/.

41 Iyengar, S., Sood, G., and Lelkes, Y. 2012.
Iyengar, S., Lelkes, Y., Levendusky, M., Malhotra, N., and Westwood, S. J. 2019. The origins and consequences of affective polarization in the United States. *Annual Review of Political Science* 22:129 – 146.

42 Iyengar, S., Sood, G., and Lelkes, Y. 2012.

43 Clark, C. J., and Winegard, B. M. 2020. Tribalism in war and peace: The nature and evolution of ideological epistemology and its significance for modern social science. *Psychological Inquiry* 31 (1): 1－22.

44 이와 수렴하는 연구 결과를 확인하려면 Cohen 2003 and Iyengar, Sood, and Lelkes 2012를 참조하라.

45 Greene, J. D. 2013. *Moral tribes: Emotion. reason, and the gap between us and them*. New York: Penguin.

Haidt, J. 2012. *The righteous mind: Why good people are divided by politics and religion*. New York: Pantheon.

46 Huddy, L., Mason, L., and Aaroe, L. 2015. Expressive partisanship: Campaign involvement, political emotion, and partisan identity. *American Political Science Review* 109 (1): 1－17.

Johnston, C. D., Lavine, H. G., and Federico, C. M. 2017. *Open versus closed: Personality, identity, and the politics of redistribution*. Cambridge: Cambridge University Press.

47 Cohen, G. L. 2003.

48 Cohen, G. L. 2003.

Lelkes, Y. 2018. Affective polarization and ideological sorting: A reciprocal, albeit weak, relationship. *Forum* 16 (1): 67－79.

49 통계적으로 말하자면, 다당제 정치 제도는 이슈들에 대해 좀더 일관된 묶어 팔기에 이르기가 쉽다. 미국과 같은 양당 주도의 정치 체제는 일관되지 못한 묶어 팔기를 초래할 가능성이 특히 높다.

50 Federico, C. M., and Malka, A. 2018. The contingent, contextual nature of the relationship between needs for security and certainty and political preferences: Evidence and implications. *Political Psychology* 39 (S1): 3－48.

51 Clark, C. J., and Winegard, B. M. 2020. Tribalism in war and peace: The nature and evolution of ideological epistemology and its significance for modern social science. *Psychological Inquiry* 31 (1): 1－22.

52 이슈 묶어 팔기 및 결합에서의 역사적 변화가 문화 의존적이라는 사실로 보아, 우리는 이슈 입장들 간의 관련성이 심오한 정치 철학에 기반한다기보다 외려 오늘날의, 그리고 지역의 선거 상황을 반영한다는 것을 알 수 있다. (Federico and Malka 2018)

53 Joshi, H. 2020. What are the chances you're right about everything? An epistemic challenge for modern partisanship. *Politics, Philosophy & Economics* 19 (1): 36－61.

54 Lelkes, Y. 2018. Affective polarization and ideological sorting: A reciprocal, albeit weak, relationship. *Forum* 16 (1): 67－79.

Mason, L. 2018a.

Weeden, J., and Kurzban, R. 2016. Do people naturally cluster into

liberals and conservatives? *Evolutionary Psychological Science* 2 (1): 47 – 57.
Weinstein, B. 2019. *Twitter*, January 11. https://twitter.com/BretWeinstein/
status/1083852331618193408.

55 Weeden, J., and Kurzban, R. 2016. Do people naturally cluster into
liberals and conservatives? *Evolutionary Psychological Science* 2 (1): 47 – 57.
Weinstein, B. 2019. *Twitter*, January 11. https://twitter.com/BretWeinstein/
status/1083852331618193408.

56 Federico, C. M., and Malka, A. 2018. The contingent, contextual nature of the
relationship between needs for security and certainty and political preferences:
Evidence and implications. *Political Psychology* 39 (S1): 3 – 48.

57 Lind, M. 2020. *The new class war: Saving democracy from the managerial elite*. New York:
Penguin.

58 Joshi, H. 2020. What are the chances you're right about everything? An
epistemic challenge for modern partisanship. *Politics, Philosophy & Economics* 19 (1):
36 – 61.

59 Huemer, M. 2015.

60 Looney, A. 2019. How progressive is Senator Elizabeth Warren's loan
forgiveness proposal? *Brookings*, April 24. https://www.brookings.edu/blog/
up-front/2019/04/24/how-progressive-is-senator-elizabeth-warrens-loan-
forgiveness-proposal/.

61 Barnum, M. 2019. New Democratic divide on charter schools emerges, as
support plummets among white Democrats. *Chalkbeat*, May 14. https://
chalkbeat.org/posts/us/2019/05/14/charter-schools-democrats-race-polling-
divide/

62 Albera 2019

63 Borjas, G. J. 2016.
Lind, M. 2020.

64 Borjas, G. J. 2016. *We wanted workers: Unraveling the immigration narrative*. New York:
Norton.
Lind, M. 2020. *The new class war: Saving democracy from the managerial elite*. New York:
Penguin.

65 Voelkel, J. G., and Brandt, M. J. 2019. The effect of ideological identification
on the endorsement of moral values depends on the target group. *Personality
and Social Psychology Bulletin* 45 (6): 851 – 863.
Federico, C. M., and Malka, A. 2018. The contingent, contextual nature of the
relationship between needs for security and certainty and political preferences:
Evidence and implications. *Political Psychology* 39 (S1): 3 – 48.

66 다음 참조.

67 Bishop, B. 2008. *The big sort; Why the clustering of like-minded America is tearing us apart*.

New York: First Mariner Books.

Wasserman, D. 2014. Senate control could come down to Whole Foods vs. Cracker Barrel. *FiveThirtyEight*. October 8. https://fivethirtyeight.com/features/senate-control-could-come-down-to-whole-foods-vs-cracker-barrel/.

Wasserman, D. 2020. To beat Trump, Democrats may need to break out of the "Whole Foods" bubble. *New York Times*, February 27. https://www.nytimes.com/interactive/2020/02/27/upshot/democrats-may-need-to-break-out-of-the-whole-foods-bubble.html.

68   Golman, R., Loewenstein, G., Moene, K., and Zarri, L. 2016. The preference for belief consonance. *Journal of Economic Perspectives* 30 (3): 165 – 188.

69   Bishop, B. 2008.

70   Bishop, B. 2008. *The big sort; Why the clustering of like-minded America is tearing us apart.* New York: First Mariner Books.

Baldassarri, D., and Gelman, A. 2008. Partisans without constraint: Political polarization and trends in American public opinion. *American Journal of Sociology* 114 (2): 408 – 446.

Westfall, J., Van Boven, L., Chambers, J. R., and Judd, C. M. 2015. Perceiving political polarization in the United States: Party identity strength and attitude extremity exacerbate the perceived partisan divide. *Perspectives on Psychological Science* 10 (2): 145 – 158.

71   Baldassarri, D., and Gelman, A. 2008. Partisans without constraint: Political polarization and trends in American public opinion. *American Journal of Sociology* 114 (2): 408 – 446.

Groenendyk, E. 2018. Competing motives in a polarized electorate: Political responsiveness, identity defensiveness, and the rise of partisan antipathy. *Political Psychology* 39 (S1): 159 – 171.

Johnston, C. D., Lavine, H. G., and Federico, C. M. 2017. *Open versus closed: Personality, identity, and the politics of redistribution*. Cambridge: Cambridge University Press.

Mason, L. 2015. "I disrespectfully agree": The differential effects of partisan sorting on social and issue polarization. *American Journal of Political Science* 59 (1): 128 – 145.

72   Iyengar, S., Sood, G., and Lelkes, Y. 2012.

Iyengar, S., Lelkes, Y., Levendusky, M., Malhotra, N., and Westwood, S. J. 2019. The origins and consequences of affective polarization in the United States. *Annual Review of Political Science* 22:129 – 146.

Pew Research Center. 2019. Partisan antipathy: More intense, more personal. October 10. https://www.people-press.org/2019/10/10/partisan-antipathy-more-intense-more-personal/.

73 Mason, L. 2018a.

74 입타치 렌케스(2018)

75 Mason, L. 2018a.

76 Mason, L. 2015. "I disrespectfully agree": The differential effects of partisan sorting on social and issue polarization. *American Journal of Political Science* 59 (1): 128–145.

77 Bougher, L. D. 2017. The correlates of discord: Identity, issue alignment, and political hostility in polarized America. *Political Behavior* 39 (3): 731–762.

Iyengar, S., Lelkes, Y., Levendusky, M., Malhotra, N., and Westwood, S. J. 2019.

Johnston, C. D., Lavine, H. G., and Federico, C. M. 2017. *Open versus closed: Personality, identity, and the politics of redistribution.* Cambridge: Cambridge University Press.

Lelkes, Y. 2018. Affective polarization and ideological sorting: A reciprocal, albeit weak, relationship. *Forum* 16 (1): 67–79.

Mason, L. 2018b.

78 Mason, L. 2015. "I disrespectfully agree": The differential effects of partisan sorting on social and issue polarization. *American Journal of Political Science* 59 (1): 128–145.

79 위와 같음.

80 조너선 하이트 (2012)

81 Johnston, Lavine, and Federico 2017 참조.

82 Bishop, B. 2008.

83 Rauch, J. 2017. Speaking as a . . . *New York Review of Books,* November 9. Review of Mark Lilla, The Once and Future Liberal: After Identity Politics. https://www.nybooks.com/articles/2017/11/09/mark-lilla-liberal-speaking/.

84 Greg Lukianoff and Jonathan Haidt 2018

85 Campbell, B., and Manning, J. 2018. *The rise of victimhood culture.* New York: Palgrave Macmillan.

Kronman 2019

Lukianoff, G., and Haidt, J. 2018.

Mac Donald, H. 2018. *The diversity delusion: How race and gender pandering corrupt the university and undermine our culture.* New York: St. Martin's Press.

86 다음 참조.

87 Clark, C. J., and Winegard, B. M. 2020.

Crawford, J. T., and Jussim, L., eds. 2018. *The politics of social psychology.* New York: Routledge.

Jussim, L. 2018. The reality of the rise of an intolerant and radical left on campus. *Areo,* March 17. https://areomagazine.com/2018/03/17/the-reality-of-the-rise-of-an-intolerant-and-radical-left-on-campus/.

Jussim, L. 2019a. My diversity, equity, and inclusion statement. *Quillette*. February 24. https://quillette.com/2019/02/24/my-diversity-equity-and-inclusion-statement/.

Jussim, L. 2019b. Rapid onset gender dysphoria. *Psychology Today*, March 20. https://www.psychologytoday.com/us/blog/rabble-rouser/201903/rapid-onset-gender-dysphoria.

Jussim, L. 2019c. The threat to academic freedom . . . from academics. *Medium*, December 27. https://medium.com/@leej12255/the-threat-to-academic-freedom-from-academics-4685b1705794.

Kronman, A. 2019.

Murray, D. 2019. *The madness of crowds: Gender, race, and identity*. London: Bloomsbury.

Reilly, W. 2020. *Taboo: 10 facts you can't talk about*. Washington, DC: Regnery.

Lukianoff and Haidt 2018; Mac Donald 2018 참조.

88 다음 참조.

Thompson, A. 2019. The university's new loyalty oath: Required "diversity and inclusion" statements amount to a political litmus test for hiring. *Wall Street Journal*, December 19. https://www.wsj.com/articles/the-universitys-new-loyalty-oath-11576799749.

89 Lukianoff and Haidt 2018

90 다음 참조.

Wolff, R., Moore, B., and Marcuse, H. 1969. *A critique of pure tolerance*. Boston: Beacon Press. 95-137

91 Pluckrose, H., & Lindsay, J. 2020. *Cynical theories*. Durham, NC: Pitchstone Publishing.

92 다음 참조.

Chua, A. 2018. *Political tribes*. New York: Penguin.

Lilla, M. 2017. *The once and future liberal: After identity politics*. New York: HarperCollins.

93 오늘날 대학 다양성 산업에서 흔히 사용되는 '포용성' 용어는 특수교육 분야에서 훨씬 더 진술한 역사를 지녀 왔다. 거기서는 포용성이 '공동의 인간 정체성 정치'의 정신에 입각해서 쓰였다. (Lipsky and Gartner 1997 참조) 장애를 지닌 개인과 그 옹호자들은 오직 비장애인인 다른 동료 시민과 '동일한' 정도의 교육적 권리만을 원했다. 반면 대학 캠퍼스에서 사용되어 온 '포용성' 용어는 오직 몇몇 집단의 감정에 '특별한' 지위를 부여하는 '공동의 적 정체성 정치' 책략을 구현한다. 따라서 그 몇몇 집단은 공동의 적에 맞서 그들을 입 다물게 만드는 특권을 누린다.

94 이런 추세에 대해서는 Kronman 2019과 Lukianoff and Haidt 2018에서 상세하게 논의되었다.

95 이것이 바로 사회학자 브래들리 캠벨과 제이슨 매닝(Bradley Campbell and Jason

368

Manning 2018)이 '공동의 적 정체성 정치'는 피해자 의식(victimhood), 문화를 반영하는 것으로, '공동의 인간 정체성 정치'는 존엄성 문화를 반영하는 것으로 기술한 까닭이다.

96 데이비드 랜달(David Randall 2019)은 '나는 당신이 볼 수 없는 방식으로 세상을 본다' '당신의 견해는 나를 배제당한 것처럼 느끼게 만든다' '당신은 오직 본인의 특권만을 보호하길 원한다' 등 'X로서 말하기'의 몇 가지 이형에 대해 논의한다. 그리고 그것들은 모두가 선의를 지닌 채 논의에 참가하고 있다는, 우리에게 꼭 필요한 가정을 파괴하는 데 일조한다고 덧붙인다.

97 Wolff, Moore, and Marcuse 1969, 95~137 참조.

98 다음 참조.
Ceci, S. J., and Williams, W. M. 2018. Who decides what is acceptable speech on campus? Why restricting free speech is not the answer. *Perspectives on Psychological Science* 13 (3): 299 – 323.
Jussim, L. 2019c.
Lukianoff and Haidt 2018
Mac Donald 2018

99 Lukianoff and Haidt 2018

100 Tetlock 1986, 820

101 Harris, S. 2018. Identity and honesty. *Making Sense Podcast*, #123, April 9. https://samharris.org/podcasts/123-identity-honesty/.

102 Nagel, T. 1986. *The view from nowhere*. New York: Oxford University Press.

103 Mark Lilla 2017, 90

104 Kronman, A. 2019.

105 위와 같음 (115)

106 정체성 정치의 논리를 다룬 글(Stanovich 2018b)에서, 나는 샘 해리스가 정체성을 선택하는 데 동의해야 하지만, 그에게 제공된 그런 유의 정체성은 아니라고 제안했다. 또한 정체성 정치라는 게임을 좌절시키는 한 가지 방법은 그것이 제시한 수용 가능한 정체성 목록을 받아들이지 않는 거라고 제의했다. 나는 해리스에게 클라인의 정체성 정치는 그 자신이 지지하고자 한 정파 집단들(이를테면 민주당)에게 부정적인 영향을 끼칠 수 있음을 보여 줌으로써 그의 정체성 정치를 자승자박에 빠뜨리라고 제안했다. 사실 해리스는 이렇게 말했어야 옳다. "좋아요, 하죠. 분명하게 정체성 관점을 취하겠습니다. 저는 제 부족의 이름을 댈 테고, 그 관점에 비추어 주장하겠습니다. 제 부족은 미국 시민입니다. 미국 시민으로서의 정체성을 인구 통계적 범주들(인종, 성별, 민족, 종교, 성적 지향, 사회경제적 지위 등)에서 비롯된 그 어떤 정체성보다 중시하는 미국 시민 말입니다. 저는 이것을 '시민 미국인(Citizen American)' 부족, 줄여서 '카머(C-Amer)'라 부르겠습니다." 나는 과학적 합리성의 옹호자들이 사회적 이슈에 대해 내놓고 싶어 하는 논증의 상당수는, 만약 공인된 '카머' 관점—즉 국가 차원(미국인)에서 확인된 개인(시민)에 초점을 맞추는 관점—에서 이루어진다면, 거의 오해를 사지 않을 거라고 지적했다. 카머 정

체성은 단순한 신념을 우리편 편향에 불을 지르는 확신으로 바꿔 놓지 않는다. 카머 정체성은 클라인이 해리스와 벌이는 게임—즉 개인으로 하여금 그들의 정체성 편향을 선언하도록 강제함으로써 '교차적 피해자의식(intersectional victimhood)'의 규칙에 따라 그것을 무시하거나 보완해 줄 수 있는 게임—이 선거를 위험에 빠뜨린다는 사실을 드러내준다고 나는 주장했다. 이전에는 신원미상이던 미국인들을 그들이 원치도 않는 게임에 강제로 떠미는 것, 그에 따라 그들 상당수(공화당 지지자, 버니 샌더스에게 표를 던진 이들, 정체성 정치 비판론자, 잭슨(Henry M. Jackson) 혹은 모이니헌(Daniel P. Moynihan)을 지지하는 민주당원, 무당파 유권자)가 카머 정체성을 선택하게 만드는 것은 민주당 지지자들이 원하는 최선의 결과가 아닐 것이다. 카머들은 '공동의 적 정체성 정치'라는 집단의 셈법에 의해 제 견해가 평가절하되도록 가만 놔두지 않을 것이다. 나는 이러한 노선들에 따른 무언가가 미국의 2016년 대통령 선거에서 뜻밖의 결과를 낳는 데 일조했을지 모른다고 주장했다. (Zito and Todd 2018 참조)

107 내가 '온당하다'고 한 것은 정체성 논증이 좋은 논증임을 암시하기 위한 게 아니다. 심지어 정치에서조차 말이다. 다만 그 논증이 (설 자리가 없는 대학이라는 환경이 아니라) 적어도 올바른 영역에 놓여 있다고 말하려는 것뿐이다.

108 여기서 나는 대학에 집중할 생각이다. 하지만 언론에서 우리편 편향이 점차 심화하고 있는 것 역시 또 하나의 혼란스러운 추세임은 물론이다. 폭스 뉴스 같은 언론 매체의 선택적 폭로 문제는 꾸준히 악화일로를 걸어왔다. 그런데 다른 방송망(CNN, MSNBC)이나 〈뉴욕타임스〉 같은 전통적인 언론 매체들도 (특히 2016년 선거 이후) 다투어 그 사업 모델을 채택하거나 모방하고 있는 형국이다. (Frost 2019; McGinnis 2019; Paresky et al., 2020)

109 Kovacs, K., and Conway, A. R. A. 2016. Process overlap theory: A unified account of the general factor of intelligence. *Psychological Inquiry* 27 (3): 151 – 177.

Miyake, A., and Friedman, N. P. 2012. The nature and organization of individual differences in executive functions: Four general conclusions. *Current Directions in Psychological Science* 21 (1): 8 – 14.

Nigg, J. T. 2017. Annual research review: On the relations among self-regulation, self-control, executive functioning, effortful control, cognitive control, impulsivity, risk-taking, and inhibition for developmental psychopathology. *Journal of Child Psychology and Psychiatry* 58:361 – 383.

110 Evans, J. St. B. T. 2007. *Hypothetical thinking: Dual processes in reasoning and judgment.* New York: Psychology Press.

Evans, J. St. B. T. 2010. *Thinking twice: Two minds in one brain.* Oxford: Oxford University Press.

Evans, J. St. B. T., and Stanovich, K. E. 2013. Dual-process theories of higher cognition: Advancing the debate. *Perspectives on Psychological Science* 8 (3): 223 – 241.

Oaksford, M., and Chater, N. 2012. Dual processes, probabilities, and cognitive architecture. *Mind & Society* 11(1): 15 – 26.

Stanovich, K. E., and Toplak, M. E. 2012. Defining features versus incidental correlates of Type 1 and Type 2 processing. *Mind & Society* 11 (1): 3 – 13.

111 Stanovich, K. E. 2011. *Rationality and the reflective mind*. New York: Oxford University Press.

112 Jean Piaget 1972

113 예컨대 다음.

Neimark, E. 1987.

Paul 1984.

Siegel, H. 1988.

114 Dawes, R. M. 1976. Shallow psychology. In J. S. Carroll and J. W. Payne, eds., Cognition and social behavior, 3 – 11. Hillsdale, NJ: Erlbaum.

Kahneman, D. 2011. Thinking, fast and slow. New York: Farrar, Straus and Giroux.

Simon, H. A. 1955. A behavioral model of rational choice. Quarterly Journal of Economics 69 (1): 99 – 118.

Simon, H. A. 1956. Rational choice and the structure of the environment. Psychological Review 63 (2): 129 – 138.

Shah, A. K., and Oppenheimer, D. M. 2008. Heuristics made easy: An effort-reduction framework. Psychological Bulletin 134 (2): 207 – 222.

Stanovich, K. E. 2018a.

Taylor, S. E. 1981. The interface of cognitive and social psychology. In J. H. Harvey, ed., Cognition, social behavior, and the environment, 189 – 211. Hillsdale, NJ: Erlbaum.

Tversky, A., and Kahneman, D. 1974. Judgment under uncertainty: Heuristics and biases. Science 185 (4157): 1124 – 1131.

115 Dawes, R. M. 1976.

Kahneman, D. 2011.

Simon, H. A. 1955.

Simon, H. A. 1956. Rational choice and the structure of the environment. *Psychological Review* 63 (2): 129 – 138.

Shah, A. K., and Oppenheimer, D. M. 2008.

Stanovich, K. E. 2018a.

Taylor, S. E. 1981.

Tversky, A., and Kahneman, D. 1974.

Gilbert, D. T., Pelham, B. W., and Krull, D. S. 1988.

Taber, C. S., and Lodge, M. 2006.

116 Tetlock, P. E. 1986.

117 Weinstein, B. 2019.

118 에버그린 주립 대학(Evergreen State University)에 재직하는 자유주의적인 교수 브
렛 와인스타인(Bret Weinstein)은 2017년 백인 학생과 교수들을 하루 동안 학교에
오지 못하게 막자고 제안한 대학 방침에 반대했다. 그는 학생들로부터 '인종 차별
주의자'라는 공격을 받았다. 그에 반대하는 시위가 벌어졌다. 그에게는 백인 우월
주의자라는 터무니없는 죄목이 씌워졌다. 일평생 진보적인 정치적 대의를 지지해
온 인물임에도 불구하고 말이다. (Campbell and Manning 2018) 그가 몸담은 대학
의 총장을 비롯해 행정 당국도 대학 방침에 반대할 수 있는 그의 권리와 진실성을
변호해 주지 않았다. 소심한 교수들 역시 벌떼 같은 학생들의 공격에 맞서 그를 보
호하는 데 거의 아무런 힘이 되어 주지 못했다. 결국 와인스타인과 역시 같은 대학
교수였던 그의 아내는 사직을 통한 해결책을 받아들였다. (Campbell and Manning
2018; Lukianoff and Haidt 2018; Murray 2019)

119 Kahan, D. M. 2013.
Kahan, D. M., Peters, E., Dawson, E., and Slovic, P. 2017.

120 Damore, J. 2017. Google's ideological Echo chamber: How bias clouds our
thinking about diversity and inclusion. July. https://assets.documentcloud.org/
documents/3914586/Googles-Ideological-Echo-Chamber.pdf.
Jussim, L. 2017b. The Google memo: Four scientists respond. Quillette, August
7. http://quillette.com/2017/08/07/google-memo-four-scientists-respond/.

121 Damore, J. 2017. Google's ideological Echo chamber: How bias clouds our
thinking about diversity and inclusion. July. https://assets.documentcloud.org/
documents/3914586/Googles-Ideological-Echo-Chamber.pdf.
Jussim, L. 2017b. The Google memo: Four scientists respond. *Quillette*, August 7.
http://quillette.com/2017/08/07/google-memo-four-scientists-respond/.
긴 목록에 포함된 예들을 알고 싶으면 Campbell and Manning 2018을 참조하라.

122 Fournier, H. 2016. UM students' petition condemns Schlissel's anti-Trump
statements. *Detroit News*, November 14. https://www.detroitnews.com/
story/news/2016/11/14/um-students-condemn-schlissels-anti-trump-
statements/93802864/.

123 Campbell and Manning 2018.

124 Hankins, J. 2020. Hyperpartisanship: A barbarous term for a barbarous age.
Claremont Review of Books 20 (1): 8 – 17.

125 Lukianoff and Haidt 2018, 107 참조.

126 Lukianoff and Haidt 2018, 104~105 참조.

127 Jussim 2018 참조.

128 Blank, J. M., and Shaw, D. 2015. Does partisanship shape attitudes toward
science and public policy? The case for ideology and religion. *Annals of the
American Academy of Political and Social Science* 658 (1): 18 – 35.
Cofnas, N., Carl, N., and Woodley of Menie, M. A. 2018. Does activism in

social science explain conservatives' distrust of scientists? *American Sociologist* 49 (1): 135 – 148.

Funk, C., Hefferon, M., Kennedy. B., and Johnson, C. 2019. Trust and mistrust in American's views of scientific experts. *Pew Research Center*. August 2. https://www.pewresearch.org/science/2019/08/02/trust-and-mistrust-in-americans-views-of-scientific-experts/.

Gauchat, G. 2012. Politicization of science in the public sphere: A study of public trust in the United States, 1974 to 2010. *American Sociological Review* 77 (2): 167 – 187. doi:10.1177/0003122412438225

Pew Research Center. 2017. Sharp partisan divisions in views of national institutions. July 10. https://www.people-press.org/2017/07/10/sharp-partisan-divisions-in-views-of-national-institutions/.

129 Clark, C. J., and Winegard, B. M. 2020.

Honeycutt, N., and Jussim, L. 2020. A model of political bias in social science research. *Psychological Inquiry* 31 (1): 73 – 85.

Peters, U., Honeycutt, N., De Block, A., & Jussim, L. 2020. Ideological diversity, hostility, and discrimination in philosophy. *Philosophical Psychology* 33 (4): 511– 548. doi:10.1080/09515089.2020.1743257

Zigerell, L. J. 2018. Black and White discrimination in the United States: Evidence from an archive of survey experiment studies. *Research & Politics* 5 (1). 2053168017753862.

130 Campbell, B., and Manning, J. 2018.

Ceci, S. J., and Williams, W. M. 2018.

Jussim, L. 2018.

Jussim, L. 2019c.

Lukianoff and Haidt 2018.

Mac Donald, H. 2018.

Murray, D. 2019.

Pluckrose, H., & Lindsay, J. 2020.

131 Kronman, A. 2019.

132 다음 참조.

Heying, H. 2018. Grievance studies vs. the scientific method. *Medium*, November 1. https://medium.com/@heyingh/grievance-studies-goes-after-the-scientific-method-63b6cfd9c913.

Pluckrose, H., Lindsay, J., and Boghossian, P. 2018. Academic grievance studies and the corruption of scholarship. *Areo*, October 2. https://areomagazine.com/2018/10/02/academic-grievance-studies-and-the-corruption-of-scholarship/.

133 물론 이런 연구가 일반 언론을 통해 알려지는 과정에서 신뢰성 결여는 더욱 배가

될 것이다. 예컨대 어떤 대학교수가 〈뉴욕타임스〉에 당신의 결혼을 "동성애자 결혼생활과 더 비슷한(gayer)"것으로 만들어야 한다는 결론을 얻은 연구를 소개했다 치자.(coontz 2020) 그는 왜 그랬을까? 자신이 대학에서 실시한 연구를 통해 동성애자(gay)의 결혼생활이 스트레스와 긴장감이 더 적음을 밝혀냈기 때문이다. 그런데 만약 이성애자 남성 교수가 동성애자 커플이 이성애자 커플보다 스트레스와 긴장이 더 컸다는 연구 결과를 얻어서 발표한다면 과연 어떻게 될까? 이제 대중들은 그가 누구든 간에 학계에서 조리돌림을 면치 못할 것임을 서서히 알아차리고 있다. 그런 연구 결과가 어떤 기적에 힘입어 용케 사회과학 저널의 평가과정을 통과했다 치자. 그랬다 해도 대중들은 〈뉴욕타임스〉가 그것을 저명 요약 논문으로 채택해서 "동성애자 결혼생활의 단점—더 많은 스트레스와 긴장감"이라는 제목으로 실어 주는 일은 결단코 없으리라는 것을 차차 깨달아가는 중이다. "동성애 배우자들의 만족감이 더 높다"는 연구 결과는 열렬히 환영받겠지만 말이다. 이는 〈뉴욕타임스〉의 독자들이 이런 결론을 듣고 싶어하되, 그 반대는 외면하기 때문이다. 학계도 언론도 그저 우리편 편향에 기꺼이 돈을 지불할 의향이 있는 그 지지층에 봉사하고 있을 따름이다. 그들은 특정 주제에 관한 증거를 중립적으로 심판해 주는 존재가 못 된다. 대중들은 이제 그 사실을 똑똑히 간파했다.

134 조너선 터너(Jonathan Turner 2019; al Gharbi 2018도 참조)는 자신의 학문 분야인 사회학이 공공 정책에 영향을 끼치는 스스로의 능력을 망가뜨리고 있다고 우려했다. 그는 그 분야의 진정성 있는 학자들 상당수가 자신이 몸담은 분야가 사회과학에서 사회운동으로 변질되면서 사기가 저하되었다고 지적했다. 이런 추세는 그 어떤 사회과학 분야에도 좋을 게 없다. 실제로 심리학계의 지적 단일문화는 이런 자조 섞인 농담을 낳았다. "심리학과가 존재하는 이유는 민주당 지지자들이 '연구에 따르면……'이라고 말할 수 있게 해 주기 위해서다." 유감스럽게도 전혀 틀린 말이 아니다. 연구지원금 담당기관들이, 주립대학에 돈을 대주는 주 입법부나 주 납세자들과 마찬가지로, 그들의 이념적 편향에 대해 서서히 알아차리게 될 날도 머지 않았다.

135 Ceci, S. J., and Williams, W. M. 2018.
Chemerinsky, E., and Gillman, H. 2017. *Free speech on campus*. New Haven: Yale University Press.
Fish, S. 2019. *The first: How to think about hate speech, campus speech, religious speech, fake news, post-truth, and Donald Trump.* New York: One Signal.

136 Lukianoff, G., and Haidt, J. 2018

137 Lilienfeld, S. O. 2017. Microaggressions: Strong claims, inadequate evidence. *Perspectives on Psychological Science* 12 (1): 138 – 169.
Lilienfeld, S. O. 2019. Microaggression research and application: Clarifications, corrections, and common ground. *Perspectives on Psychological Science* 15 (1): 27 – 37.

138 좀 더 자세한 논의로는 다음을 참조하라.
Kronman, A. 2019.

139 Hartocollis, A. 2020. The affirmative action battle at Harvard is not over. *New York Times*, October 19.

140 Hartocollis, A. 2018. Harvard's admissions process, once secret, is unveiled in affirmative action trial. *New York Times*, October 19. https://www.nytimes.com/2018/10/19/us/harvard-admissions-affirmative-action.html.

Ponnuru, R. 2019. In Harvard's magical admissions process, nobody gets hurt. *Bloomberg Opinion*. October 6. https://www.bloomberg.com/opinion/articles/2019-10-06/in-harvard-s-magical-admissions-process-nobody-gets-hurt.

141 Clark, C. J., and Winegard, B. M. 2020.

Hughes, C. 2018. The racism treadmill. *Quillette*, May 14. https://quillette.com/2018/05/14/the-racism-treadmill/.

Sowell, T. 2019. *Discrimination and disparities*. New York: Basic Books.

142 Bertrand, M., Goldin, C., and Katz, L. 2010.

Black, D., Haviland, A., Sanders, S., and Taylor, L. 2008.

CONSAD Research Corporation. 2009.

Kolesnikova, N., and Liu, Y. 2011.

O'Neill, J., and O'Neill, D. 2012.

Phelan, J. 2018. Harvard study: "Gender wage gap" explained entirely by work choices of men and women. *Foundation for Economic Education*, December 10. https://fee.org/articles/harvard-study-gender-pay-gap-explained-entirely-by-work-choices-of-men-and-women/.

Solberg, E. and Laughlin, T. 1995.

Fryer, R. G. 2019. An empirical analysis of racial differences in police use of force. *Journal of Political Economy* 127 (3): 1210 – 1261.

Johnson, D. J., Tress, T., Burkel, N., Taylor, C., and Cesario, J. 2019. Officer characteristics and racial disparities in fatal officer-involved shootings. *Proceedings of the National Academy of Sciences* 116 (32): 15877 – 15882. doi:10.1073/pnas.1903856116.

Lott, J., and Moody, C. 2016. Do white police officers unfairly target black suspects? *SSRN.* November 15. https://ssrn.com/abstract=2870189.

Miller, T. R., Lawrence, B. A., Carlson, N. N., Hendrie, D., Randall, S., Rockett, I. R. H., and Spicer, R. S. 2017. Perils of police action: A cautionary tale from U.S. data sets. *Injury Prevention* 23 (1).doi:10.1136/injuryprev-2016-042023.

143 대학에서의 '다양성' 용어 사용에 관한 데이비드 로자도의 양적 연구(David Rozado 2019)는 그것이 지적 다양성을 조성하기 위해서가 아니라 인구 통계적 집단들에 초점을 맞추기 위해서였음을 분명하게 보여 준다.

144 Jussim, L. 2019a.

145 Pluckrose, H., & Lindsay, J. 2020.

우리편 편향

초판 1쇄 발행   2022년 2월 4일
초판 3쇄 발행   2023년 6월 15일

지은이   키스 E. 스타노비치
옮긴이   김홍옥
책임편집   박소현
디자인   주수현

펴낸곳   (주)바다출판사
주소   서울시 종로구 자하문로 287
전화   02-322-3885(편집), 02-322-3575(마케팅)
팩스   02-322-3858
e-mail   badabooks@daum.net
홈페이지   www.badabooks.co.kr

ISBN   979-11-6689-073-4 03180